清代财政史四种

从国家财政到财政国家
——清朝咸同年间的财政与社会

倪玉平　著

科学出版社
北京

内 容 简 介

本书是首部研究清代咸丰、同治年间国家财政体制与财政结构转变的专著。咸丰、同治年间，清政府的财政制度在经历数千年未有之变局的背景下，发生了重大转变。本书依托大量的档案、官书、政书、方志等相关史料，从农业型财政的固化、战争与旧体制崩溃、重建新体系、财政改革、收支结构演变、财政与社会等六个方面进行了系统的研究分析，揭示了捐输、加派等传统财政措施的失效，厘金、洋税、海关等新兴工商税作为财政收入主体的确立，以及清政府财政理念从“量入为出”到“量出为入”的转变过程。本书资料宏富，论证严谨，可堪参用。

本书适合历史学和经济学领域的相关研究人员，对清代历史感兴趣的人士也可阅读使用。

图书在版编目（CIP）数据

从国家财政到财政国家：清朝咸同年间的财政与社会 / 倪玉平著. —北京：科学出版社，2017.3

ISBN 978-7-03-052367-9

I. ①从… II. ①倪… III. ①财政史-研究-中国-清代 IV. ①F812.949

中国版本图书馆 CIP 数据核字（2017）第 054124 号

责任编辑：李春伶 / 责任校对：邹慧卿
责任印制：张 伟 / 封面设计：黄华斌
编辑部电话：010-64005207
E-mail：lichunling@mail. sciencep. com

科学出版社 出版
北京东黄城根北街 16 号
邮政编码：100717
http://www.sciencep.com

北京中石油彩色印刷有限责任公司 印刷
科学出版社发行 各地新华书店经销
*

2017 年 3 月第 一 版 开本：720×1000 1/16
2021 年 8 月第三次印刷 印张：21 1/4
字数：264 000

定价：85.00 元

（如有印装质量问题，我社负责调换）

前　言

咸丰、同治年间（简称“咸同年间”，1851—1874 年），中国经历数千年未有之变局，发生了自传统社会以来最为激烈的变动。咸同年间既是清朝统治者起死回生的阶段，也是中国由传统社会向近代社会转变的关键时期。发生在 1840 年的第一次鸦片战争是西方打开中国门户的关键之战，中国从此走上了一条和传统迥异的道路。但中国社会的真正转型，却发生在稍后的咸丰、同治年间。在中西交锋及太平天国运动的交互作用下，旧有的各种制度都发生了天翻地覆的变化，不仅无法应付当时的各种临时性需要，连之前的一些功能也逐渐消失，只能任由新鲜事物萌芽、发展和壮大。

就财政体制和财政结构而言，咸丰、同治年间的中国，也经历了从国家财政到财政国家的巨大转变。这种转变，经晚清和民国，而后达到高潮。

太平天国运动是中国近代史上同时也是清代历史上规模最大的农民运动，对近代中国政治、经济和社会的发展，以及清代财政产生了根本性的影响。在太平天国运动的冲击下，旧有的财政体制基本失效，为避免彻底失败的命运，清廷从上到下都开展了前所未有的自救运动。为应付危机，清朝统治者被迫抛弃了“不加赋”的祖制，动用一切常规和非常规的财政金融手段，来搜刮银钱、拼凑军费。

大致而言，咸丰、同治年间的财政，是从中央到各省全面挽救财政困难的自救过程，也可以说是从捐输和铸造大钱等传统政策失败，到厘金、洋税等新兴商税大幅度增加和确立的过程。此消彼长，传统的农业型租税收支结构在这一时期发生了巨大扭转，原有的财政制度全面崩溃并开始了向以工商业财政税收为主体的转型。虽然对统治者而言，这种转型是被迫的、无奈的。

这一时期，传统的中央集权格局也受到挑战。中央与地方、省份与省份之间的部门利益矛盾变得明朗起来，不再遮遮掩掩。尤其是中央税与地方税的分野，格外引人注目。面对战火纷扰及战后凋敝的困难，中央或是通过权力频频强行指派、摊征，或是通过哀求希图地方各省顾全大局、设法救济中央；但另一方面，中央对于地方的各种实际困难又往往充耳不闻、敷衍了事。与此同时，各省督抚也纷纷奏疏，要求朝廷体贴民情、推行减赋，但私下里又拼命加征厘金，截留财源，以图自便。

相较清前期较为整齐划一的中央高度集权财政体制而言，咸丰、同治时期的中央财政权力显得极为分散和力不从心。清朝统治者通过准许各省督抚自筹饷需，地方督抚得以控制部分税源，以供练兵、平叛灭匪，从而把清朝的寿命延长了数十年，但却对整个国家产生极大危害，直接为民国时期的军阀割据和混战埋下了伏笔。

咸同年间，由于在镇压太平军过程中创办的厘金和海关税收的大幅度增加，以及战争之后的善后、洋务等支出费用的激增，清王朝的财政收入和支出结构都发生了很大的变化。这些新增的收入和支出，并不在清前期已经成为固定内容和管理模式的经制收支之内，再加上战争时各省独立财政利益的形成，清政府难以对新增收入和支出进行有效控制，进而导致旧有的财政管理体制失灵，“实不足以尽度支之全”[①]。这一经制与非经制的矛盾和冲突，背后正是中央政府力图恢复传统管理体制与各省不断扩张财政自主权两者之间斗争的尖锐反应。

---

①（清）刘锦藻：《清朝续文献通考》七十，《考八·会计》，光绪三十一年铅印本。

这一时期的清朝，显然缺少治国兴邦的雄才大略之人。包括中兴名臣曾国藩、左宗棠、李鸿章在内的诸多名臣，都不足以带领清朝开辟一条新的道路。各省督抚往往只知保障各自辖区内的利益，置大局于不顾。画地为牢的部门利益，直接导致了国内经济的阻滞、民族工业的落后、边地防务的空虚，最后的结果就是中国近代化的迟缓。这一恶果，也在中日甲午之战中显露无遗。

熊彼特在《税务国家的危机》中曾提出过领地国家和税收国家的概念，认为前者必将向后者转变，后者最终也会走向灭亡。[①]这里所说的税收国家，是指以税收为主要收入来源的国家形态。后来，马克·奥尔默德与玛格丽特·鲍尼等用这一理论解释欧洲历史上的国家与社会变迁，提出了“财政国家”（fiscal state）的概念，即具有“自我持续增长”特征的国家，能够通过借贷手段解决财政支出问题，并且能够通过税收保证偿还。[②]

咸丰、同治年间的财政，与西方的发展道路并不完全相同，但这一时期厘金、洋税地位的上升并最终超过地丁钱粮，却和西方财政的演变有异曲同工之处。虽然是一种被动的转变，但这一时期清廷既经历了“量入为出”到“量出为入”指导思想的转变，也使得财政这一本为常规的、日常的行政活动，变成了清廷一切行政活动中的重中之重。有鉴于此，本书名之曰“从国家财政到财政国家”。

咸同年间，中央政府和地方各省全力应付战时军需，收支极度混乱，钱粮奏销几乎完全停顿。这段时间的全国岁入岁出，在官方记载中几乎空白，留存下来的零星记载，很难据以推断收支全貌。与此同时，因银钱比价混乱和通货膨胀等原因，可资利用的数字也必须进行小心分析才行。这些无疑都加大了研究这一时期财政状况的难度。

---

① Joseph A. Schumpeter. *The Crisis of the Tax State* // International Economic Association, ed. International Economic Papers, no. 4 (1954):5-38.

② W. M. Ormrod, M. Bonney and R. Bonney. *Crises, Revolutions and Self-Sustained Growth: Essays in European Fiscal History, 1130-1830.* Standford, 1999:11.

财政是国家政权得以生存、国家机器赖以运转的经济基础，也是国家为实现其基本目标与职能，参与和管理国民收入的分配而形成的各种活动与分配关系。财政是政治与经济、中央与地方之间的联系纽带，本书即欲在前人研究的基础上，依托档案等相关史料，对这一时期的财政状况做系统分析。同时，更希望能通过本书，再次强调政治因素在国家转型、社会变革中的重要作用。至于目标是否能够达到，还有望于读者诸君批评指正。

倪玉平

2017 年 3 月

目录

CONTENTS

图目录

表目录

第一章

农业型财政的固化

清初财政几乎完全承袭明朝旧制。中央设立户部为全国最高财政监督机关，地方设立承宣布政使司（简称“布政使司”）为各省最高财政机关，厅、州、县则是基层单位。一般钱粮由厅、州、县直接征收，府、道加以督催，汇缴布政使司。布政使司总核一省钱粮，依规定酌留部分供本省庶政开支，其余悉数提解户部，或依部令协拨邻省，或解往指定地区。布政使司对所属各级政府经征钱粮有考核的责任。至于部分特殊的财政，如关税、盐政、茶课、漕政、官产收入等，除悉由户部统理外，各省并设有专官董理其事。

这一时期的财政指导思想是“量入为出”，基本保持略有盈余的状态。财政收入以地丁钱粮为大宗，占全部收入的一半以上，手工业税、商业税所占比例极小；财政开支方面，则以军饷、河工、皇室开支为大项。国家对财政的管理，是以满足基本开支为需要的，很少考虑利用财政来调节社会经济发展、引导部门产业发展，简言之，可以将其概括为传统的、保守的农业型财政。

一、清前期财政制度

（一）机构

户部作为清朝政府的财政中枢，“掌天下之地政与其版籍，以赞上养万民，凡赋税征课之则，俸饷颁给之制，仓库出纳之数，川陆转运之宜，百司以达于部，尚书侍郎率其属以定议，大事上之，小事则行，以足邦用”[①]。户部由尚书主管，左、右侍郎佐之，下设郎中、员外郎、堂主事、司主事、司库、司务等官，这些官职都分为满官缺和汉官缺，满人可以任汉官缺，汉人不得任满官缺。户部管理全国疆土、田亩、户口、财谷的政令，由下属 14 个清吏司分别掌核，相较于明代，只是增加了江南一司。清吏司按地区分司，以省区命名。各省清吏司除掌管和审核本省钱粮外，还兼管其他省份的赋税。有时，同一性质的职掌，也会由几个清吏司分别掌管，如江宁、苏州两处织造奏销由江南清吏司兼管，杭州织造奏销由浙江清吏司兼管，八旗官养廉银由山东清吏司兼管，在京官俸兵饷则由陕西清吏司兼管。简言之，清吏司分工极为混乱，清廷欲借此达到互相监督和牵制的目的。

户部还有一些特殊机构，如捐纳房、钱法堂、井田科和三库等。捐纳房专管捐纳之事；钱法堂专管钱币事务和铸钱政令，下设宝泉局（工部又下设宝源局铸钱）；井田科掌管八旗土田及内府庄户，征收岁租。在这些机构中，尤以三库为最重要。三库即银库、缎匹库和颜料库，分别掌管银钱、绸缎布匹及颜料纸朱出纳，是中央银钱出纳和各省起解物料、绸缎布匹的总库。清朝户部银库的建立可追溯到顺治初年，设立后库（因设于户部署后而得名）。至顺治十三年（1656 年），又分设三库，成立三库衙门，而银库仍位于户部署后，内分南、北二库，同归于三库衙门管理的银库内库则位于紫禁城内。就体制而言，清代银库是户部的下属机构，但在实际的运作过程中却并非如此。按照定制，户部满汉左侍郎例兼三库事务，但真正负责的是由皇帝另派的“管理户部三库大臣”（简称“三库大臣”或“管库大臣”）。三库大臣无定额（一般为满汉各二人），每三年更派一次，从雍正元年（1723 年）始一般以亲王、大学士兼理部务，铸管三库银印。户部银库实际上起着国库的作用，但它每年的出纳数并不代表全国财政的

① （清）昆冈等纂：光绪《大清会典》卷十三《户部》，上海：商务印书馆，光绪三十四年石印本。

岁入和岁出，因为银库的收入主要是各省税收除存留作为本省经费和协饷之外起运到京城的部分，还有宝泉局的铸钱交库数。

户部除主管财政外，负责的事务还包括土地、户口、农业收成、矿务、仓储、灾赈、盐茶产销、旗务等，在六部中首屈一指，但其编制虽较其他部院略多，堂官数目却是一样的，因此导致其部内的事务远非五六位科甲出身的尚书、侍郎所能胜任，"在嘉、道之际，户部已显得日益无能，不足担负它综理全国财政的重任了。"[①]因铨选制度所限，"缺一正卿，必升一亚卿，缺一亚卿，必取诸司寺。于是右者转左，丞者转少"，一官升迁，满朝官员均要调动，造成"廨有十年之吏，堂无百日之官"[②]。户部堂官、司员不一定由本部或外省有关财政官署升转而来，对本部堂专管事务常苦不知底细，不能不倚仗胥吏办理，胥吏乃乘机"倚法为奸，上下其手"[③]。另外，在清代"部费"（各部的日常开支，由各省承担）也是公开的秘密，有时皇帝还会下旨，催令各省上交部费，以免"延误"。

清朝入关后，吸收明朝教训，专设内务府，管理皇室宫禁事务及财政收支。内务府的收入主要靠皇庄地租、各地岁贡及内外官员报效，以及借贷内帑给盐商生息获取高额"帑息"，而不依赖于外廷。内务府下设广储司，掌库藏出纳之政令，设六库以储上用，即银库、皮库、瓷库、缎库、衣库和茶库，各稽其出纳之数，书于黄册、蓝册，每五年钦派大臣察核。内库独立于户部银库之外，从而使广储司成为专门的内廷经费机关，在一定程度上限制了皇室支出的规模。内务府另设：计司，掌内府庄园户口、地亩及赋税；掌仪司，除职掌宫廷祭祀、礼仪事务外，还负责管理皇室果园。此外，内务府所属的三织造处、三旗庄头处、官三仓、恩丰仓等机构，所司也都与皇室财务有关。

---

① 何烈：《清咸同时期的财政》，中华丛书编审委员会出版，1981 年，第 28—29 页。

②（清）王命岳：《请定京官久任之法疏》，《魏源全集》第 13 册《皇朝经世文编》，长沙：岳麓书社，2004 年，第 586 页。

③（清）孙光祀：《衙蠹宜剔其源疏》，《魏源全集》第 14 册《皇朝经世文编》，长沙：岳麓书社，2004 年，第 469 页。

清前期，宫廷的部分费用由户部支出，但内府与外廷的区别较为清楚。户部定例向内务府拨解 60 万两的固定经费，在出现非常支出时，内务府拨款支持户部也是常事。自康熙年间起，内帑银两逐渐增多，乾隆时维持在 200 万两的水平，其余银两均拨给户部应用。乾隆四十六年（1781 年）上谕称，“以内帑论，乾隆初年内务府尚有奏拨部银备用之事，今则裁减浮费，厘剔积弊，不但无须奏拨，且每岁将内务府库银拨归户部者动以百万计。”①至嘉庆十九年（1814 年），内库存银已有 1240 万两，及至道光末年，此项存储仍在 800 余万两。②道光时期，皇帝“制节谨度，三十年如一日，即一服一物之细，时时以黜华戒侈为主”③，此间内务府“前后拨出外库者，凡一千数百万”。④正如吴廷燮指出的，“前代每竭左藏以供内储，此则发内储以供国用，求之历史盖所罕见。”⑤由此可见，当时两者存在着一种良好的互动关系。

鸦片战争前，除于京师、盛京及其附近地区特设顺天、奉天作为特别行政区直隶中央外，清朝共设有十八行省，每一省或二、三省设总督，如四川总督、陕甘总督、两江总督；又于每省设巡抚一人，如山西巡抚、山东巡抚；亦有设巡抚无总督，总督兼巡抚者。总督为正二品官，加尚书衔者为从一品；巡抚为从二品官，一般例兼都察院右副都御史，负责监察本地政务，又多兼提督衔，节制本省各镇总兵。总督比巡抚事权更重，但以负责军政为主，兼管民政。

清承明制，于各省设立承宣布政使司，置布政使一人。自乾隆二十五年（1760 年）以后，江苏分设苏州、江宁二布政使司，较其他各省为突出。布政使司之职责为：“掌一省之政，司钱谷之出纳。十年会户版，均税役，登民数、田数，以达于户部。”⑥可见布政使司系一省最高民事行政机

① （清）刘锦藻：《清朝续文献通考》卷七十《国用考八・会计》，上海：商务印书馆，1936 年，考 8271。
② （清）孙鼎臣：《通论唐以来国计》，盛康辑：《皇朝经世文续编》卷二九，光绪三年刻本。
③ （清）刘锦藻：《清朝续文献通考》卷六三《国用考一・节用》，上海：商务印书馆，1936 年，考 8200。
④ （清）徐继畬：《三浙宜防疏》，盛康辑：《皇朝经世文续编》卷十，光绪三年刻本。
⑤ （清）吴廷燮：《道光时之财政》，《清财政考略》1914 年校印本，中国社会科学院经济研究所图书馆藏。
⑥ （清）戴衢亨等修：《清朝文献通考》卷八五《职官考九》，上海：商务印书馆，1936 年，考 5617。

关，亦为最高财务主管机关，凡一省户口、田亩、仓储、库藏之统计与上报，各州县岁征田赋及杂税之报拨及运解京、协各饷，地方存留经费之支出，每年的钱粮奏销，均由其主持。又称："布政使掌宣化承流，帅府、州、县官，廉其录职能否，上下其考，报督抚，上达吏部。三年宾兴，提调考试事，升贤能，上达礼部。十年会户版，均税役，登民数、田数，上达户部。凡诸政务，会督抚议行。"[①]故虽以统理一省财政为主要职责，但吏治、教育也系其职权范围。不过，布政使所管只是地丁银和杂赋，其他收入则归他库管理，如诉讼所入归按察使司库，漕赋银归粮道库，驿站夫马工料归驿道库，河工饷银归河道库，各省兵饷归兵备道库，盐课归盐法道库，关税归部设监督库，或由地方官兼理。

省下设道员，原非实职，仅为布政使司与按察使司的临时兼差。乾隆十八年（1753 年）以后，定道员职衔，始为实职。司道与基层州县之间设府，直隶州与府同。边疆和少数民族地区多设直隶厅，厅为府的分防机构，直隶厅则直辖于布政使，地位略如府及直隶州。知府、知州、同知或通判总掌各该府、州、厅之政令，负责所属州县赋役及诉讼，汇总于藩臬二司。县或散州为地方基层行政单位，辖于府或直隶州。另有散厅，或辖于将军，或辖于道、府，亦为基层单位。

除此之外，漕运、河工、盐务、榷关等特别财政事务，均单设专门机构管理。

漕运。明代漕运及漕仓管理归云南司，清代一仍其旧，"凡漕政皆掌之"，人员安排则为郎中满二人，汉一人；员外郎满三人，汉一人；主事满一人，汉一人。[②]在地方，漕运最高长官为漕运总督，驻淮安，统领漕政，

---

①（清）赵尔巽：《清史稿》卷一一六《职官志三》，北京：中华书局，1977 年，第 3346 页。

②（清）昆冈等纂：（光绪朝）《大清会典》卷二二《户部·云南清吏司》，上海：商务印书馆，光绪三十四年石印本。又，其司内分工，苏松、湖南、湖北三粮道归北漕科，江西、江安两粮道归南漕科，河南、山东、浙江三粮道归支科。因极为复杂，曾主管该事的董恂特编歌诀："松广北，西安南，豫东浙江支科三。"至于漕项名目，则更为繁琐，江苏谓之漕赠银，浙江谓之漕截银，河南、山东谓之润耗银，江西、湖南、湖北谓之贴运银，董恂又编歌诀："江漕赠，浙漕截，豫东润耗江广贴。"见董恂：《还读我书室老人手订年谱》，光绪十一年正月，光绪十八年刻本。

凡收粮起运，过淮抵通，“皆以时稽核催趱，综其政令”①。漕运总督亦统辖有绿营官兵本标及分防各营，称为“漕标”，专司催护粮船事宜。总督之下为各省粮道，掌本省粮储，辖所属军卫，遴选领运随帮官员，责成各府会齐、佥选运军，并坐守水次，监督、验明漕粮兑换、面交押运官，随船督行至淮安，呈总督盘验。②粮道之下有管粮同知、通判和押运同知、通判，均为地方佐贰，前者专司漕粮监兑，后者专司漕船押运。清朝亦有卫所之制，卫所官兵给以屯田，专司领运，寻改卫军为屯丁，毋许混入民籍，五年一审，由粮道掌其事。领运按船分帮，每帮以卫所千总一到两人领运，武举人一名随帮效力。乾隆以后，常有“以不堪营伍”者出任运官，他们自知升进无阶，“聊复虱于其间，寄衣食焉。征粮理讼，小分州县之权；裘带肩舆，略无骑射之责”③，隶之粮道，而粮道相悬数百里；帅之漕督，而漕督相悬数千里，所以贪污盛行。

明代仓场在京师，称为“总督仓场公署”，以专职带户部尚书衔，或以侍郎衔充总督，全盘管辖北京、通州两地各仓，下设坐粮厅等官。清代因袭明制，不同之处在于，仓场衙署移于通州，设满汉官各一人，以下各官也多为满汉同任，带有浓厚的民族统治色彩。为确保漕运无误，于淮安、济宁、天津、通州运河沿线设置巡漕御史，稽察本段漕运。此外，淮安、淮北沿河置有镇道将领，以催促入境漕船前行。在镇江与瓜州的南漕枢纽处，由镇江道催促，总兵官（后改为副将）巡视河岸，协同督促漕船过江。河道总督和各省巡抚负责催趱漕船挽运，征收漕粮由州县官员负责。漕粮北上，专设押运官员和领运官。漕粮抵京通，设有仓场侍郎、坐粮厅科道官、大通桥监督、仓监督等官员。这些部门和官员彼此监督，互相纠葛。

河工。清承明制，于顺治元年（1644 年）设河道总督，驻山东济宁。康熙十六年（1677 年），因江南河工紧要，河督移驻淮安清江浦；康熙四十

① （清）纪昀：《历代职官表》卷六十《漕运官制·国朝官制》，光绪二十二年广雅书局刻本。

② 押运原为粮道之责，后选管粮通判一人专职督押，约束运军，但因官卑职微，不得已仍改由粮道押运。

③ （清）王芑孙：《转般私议》，《魏源全集》第 15 册《皇朝经世文编》，长沙：岳麓书社，2004 年，第 536 页。

四年（1705 年），山东河道任务由山东巡抚兼管。雍正二年（1724 年），以河南堤工紧要，设副总河一人，管理河南河务，仍驻济宁，专管北河事务。雍正四年（1726 年），山东河务改由副总河兼管。雍正七年（1729 年），改总河为总督江南河道，副总河为总督河南、山东河道，分管南北两河。雍正八年（1730 年），又因直隶河工紧要，增设河道水利总督，驻天津。但到乾隆二年（1737 年），裁直隶河道水利总督，河道归直隶总督兼领，且加“兼理河道”字样。此后，副总河时有增减，但整个河务系统已基本确立，即全国共有北河、南河、东河三河道总督，其中北河由直隶总督兼管，南河由漕运总督兼管，东河则专任，称河东河道总督，与漕运总督同为正二品，并兼兵部侍郎右副都御史衔，与各省巡抚的品秩和兼衔相同。河道总督主要负责南北各河的疏浚及堤防，包括河道的挑浚淤浅、导引泉流，以及沿河堤坝堰闸的岁修和抢修，沿河道流域州县的同知、县丞等官吏都受河道总督的节制。三大区域的总体目标是治河保漕，淮安地当黄河、淮河和运河三河交汇之处，工程最为浩繁，关系漕运最重。

这些官员的职守是协助河督工作，同知、通判的官署为“厅”，州同以下官员的官署为“汛”，这些官署都设在治河紧要地方，一旦河道决口，便可全力实施堵塞；平时进行日常事务（如检查河兵的挑土、种柳等）也较方便。以上官员例由河督考核黜陟，其品秩升补也与同级地方官类似，但河缺的拣选补授较为复杂，或河督挑选谙习河务者引见补授（如江南淮扬道）；或吏部请旨简用（如直隶天津道）；或河督将派往人员委署一年后，经三次决汛期，胜任者保题，送部实授（如直隶顺天府南岸同知）。至于闸官，所掌为按时蓄水、泄水及各闸之维修，例由吏员除授，为未入流的杂佐。

河道总督也如各省督抚一样，拥有直辖军队，名为“河标”，负责河工调遣、督护、守汛、防险及疏浚之事。河兵人数屡有变更，试以永定河道所属的河兵为例，康熙三十七年（1698 年）始设河兵，人数为 2000 名，康熙四十年（1701 年）时裁掉 1200 名，仅留 800 名，到了嘉庆七年（1802 年），因人手不够，又从天津和宣化调拨400名，后又屡经变化，最终才固定为1497名。根据光绪《大清会典事例》可知，清代的河兵数为13 719名。河兵虽系绿营系统，但仍略有区别。河兵所领粮饷，经乾隆帝特批，按“战二守八”（战银每月一两五钱，守银每月一两）的比例分配，也可“由守拔战”而升迁。如因公遇难，则按军功条例抚恤。其钱粮报销，有的归兵部（如永定河道），有的归工部（如河南省河兵）。有些地方的河兵可分得土地，以资贴补。河兵的工作，平日是“学习椿堤，并填补沟窝堆土植柳等事”[①]，霜降后稍事休闲，可放假两月，但要求他们在此期间为河堤积土30方。河兵之下有河夫，起初由政府指派，至康熙十三年（1674年）改为招募。河夫亦有定额，总计堡夫、闸夫、浅夫等共30 066人。他们的工资依工种和地点而有所不同，但都由各省报销。笼统而言，嘉道时期，河工支出每年不少于350万两。

盐务。清代在盐务设官方面，亦基本上沿袭明制，“以盐务根本在场产，枢纽在转运，归墟在岸销”，故设长芦、山东、两淮、两浙、两广各运司并河东、四川、云南各盐道，以司产运。设河南、陕西、甘肃、湖北、湖南、江南、江西、广西各盐道，以司岸销，“皆受成于盐政”[②]。具体而言，户部山东清吏司是盐务管理的最高行政机构，“职掌盐法而分其任于各省盐政，自运司、盐道以下皆受成焉”。巡盐御史，或称盐课监察御史、盐政监察御史，雍正后一般简称“盐政”，系户部差遣至各盐区的最高盐务专官，官级各有差异，均统辖一区盐务，任期一年，掌理盐政而纠察部属之不法者，以时审盐价之高低而酌剂之，“凡盐赋之奏课与盐法之宜更者，以闻”。清初最早差遣巡盐御史的是长芦、两淮、两浙、河东等盐区。当然，各盐区也并非全都设置巡盐御史，有的归总督或巡抚兼管，如四川、云南等区就是如此。另外，清代巡盐御史的设置也多有变更，如顺治十年（1653年）即停差巡盐御史，盐务责成各运司之盐运使管理；顺治十二年（1655年）又因盐课多有逋欠，

---

① （清）李鸿章等纂：（光绪朝）《大清会典事例》卷九〇一《河工》，上海：商务印书馆，光绪三十四年石印本。

② 财政部盐务署编：《清盐法志》卷五《通例五·职官门一·官制》，民国九年铅印本。

运司权轻，难以纠劾，仍复旧制。康熙十一年（1672 年），裁撤巡盐御史，盐务由巡抚兼管；次年仍复差巡盐御史。道光元年（1821 年），又进行了较大规模的调整。该年奏准，长芦盐务，专设盐政管理，兼辖直隶、山东、河南等处；两淮盐务，专设盐政管理，兼辖江西、湖广、江宁、安徽等处；两浙盐务，浙江巡抚管理，兼辖江西、江苏、安徽等处；福建盐务，闽浙总督管理；两广盐务，两广总督管理；河东盐务，山西巡抚管理，兼辖山西、陕西、河南等处；四川盐务，四川总督管理；云南盐务，云南巡抚管理；陕西汉中府盐务，陕西巡抚管理；甘肃花马小池盐务，陕甘总督管理；贵州盐务，贵州巡抚管理。由此可以看出，管理体制已经由向各盐区差遣巡盐御史，而明显地转向由各总督、巡抚兼管。道光十年（1830 年）和咸丰十年（1860 年），前后议裁两淮、长芦盐政。[①]至此，长芦盐务由直隶总督、山东盐务由山东巡抚、两淮盐务由两江总督、两浙盐务由浙江巡抚、两广盐务由两广巡抚、福建盐务由闽浙总督、河东盐务由山西巡抚、陕西汉中府盐务由陕西巡抚、甘肃花马小池盐务由陕甘总督、云南盐务由云南巡抚、贵州盐务由贵州巡抚、四川盐务由四川总督管理。[②]

盐运使，全称为“都转运盐使司运使”，有时也称“运司运使”，简称为“运使”。盐运使为一区运司的长官，从三品，其职权仅次于巡盐御史，具体掌管食盐的运销、征课、钱粮的支兑拨解，以及盐属各官的升迁降调，各地的私盐案件，缉私考核等。盐运使职权较重，事务亦繁，各运司一般下设吏、户、礼、兵、刑、工各房办事，两淮运司更设置 19 房承办公事。所谓“书吏之冗，莫过于两淮运司衙门；公事之杂，亦莫过于两淮运司衙门”[③]，这正是两淮盐政衙门的真实写照。

盐法道，简称盐道，正四品。清代在不设盐运使的省区一般设盐法道或盐茶道。在产盐省份的盐法道，“掌督察场民之生计，与商之行息，而平

---

① 财政部盐务署编：《清盐法志》卷一五《职官志三・山东》，民国九年铅印本。
② 财政部盐务署编：《清盐法志》卷一四六《两淮四十七・职官门一・官制》，民国九年铅印本。
③（清）李澄：《淮鹾备要》卷八《官守吏行》，道光三年刻本。

其盐价”，与盐运使的职掌大致相同，但同时又注重食盐的疏销。在不产盐省份的盐法道，职掌重在督察食盐的疏销，即所谓“水陆挽运必计其道里，时其往来，平其贵贱，俾商无滞引，民免淡食”。咸丰以后，由于普遍裁撤盐政，盐务归督抚管辖，各省区多设督销、官运局，盐法道名存实亡。河南、江西等省盐道改由藩司及巡警道兼理，两湖之盐道“均名存而实去”，江南盐巡道，“亦仅管江宁食岸之销数，均与设官初意不合”。

盐运司同知（即运同，从四品）、盐运司副使（即运副，从五品）、盐运司运判（即运判，从六品）等官，为盐运使的重要属官，或各盐区盐运分司的长官，“掌分司产盐之地而纠察之，辅运使、盐道以分治其事”①。盐运临掣同知，简称同知，正五品，掌验掣引盐之政令，称掣盐斤，割没余盐，并防查盐商夹带。盐课提举司提举，简称提举，从五品，设置于井盐之区，职掌与运使所属分司同。盐引批验所大使，或称盐运司批验所大使，正八品，专掌盐引的批验。各盐区各按事务繁简或设批验所大使一人，或设数人。盐课司大使，或称场大使、盐课大使，正八品，各盐场均设大使一人，职掌场课的收纳、食盐的生产、收贮以及缉查灶私等。另外，还有盐运司经历（从七品）、盐运司知事（从八品）、盐运司巡检（正九品）、库大使（分为盐运司库大使和盐道库大使，均为正八品）等职，亦各有所掌。

从上可知，从食盐的颁引、征课到产运疏销，盐务衙门均有“分治其事”之权。除盐务衙门外，地方行政官员也有疏销盐引、核定盐价、缉查私盐的责任。特别是在通商疏引方面，上自督抚，下至州县卫所，责任更为重大，所谓“征课为盐官之专责，而疏引缉私，则地方有司亦与有责焉”②。

榷关。清朝继承历代“关市之征”，在水陆冲要及商品集散地设置税关，对过往货物和船只征税，即为“关税”。关有户关、工关之别，前者隶

① 财政部盐务署编：《清盐法志》卷五《通例五·职官门一·官制》，民国九年铅印本。
② 财政部盐务署编：《清盐法志》卷五《通例五·职官门一·官制》，民国九年铅印本。

于户部，税款岁输户部供国用；后者隶于工部，主要征收竹木税和船税，税款专佐工部营缮之需。

从顺治二年（1645 年）开始，清廷在明代钞关的基础上，通过合并、划拨、裁革商关，先后重建和新增了京师的崇文门、左翼、右翼、直隶的天津、张家口、龙泉、辽东的奉天、山西的杀虎口、山东的临清关、江南的淮安关、凤阳关、芜湖关、扬州关、西新关、浒墅关、浙江的北新关、江西的九江、赣关、福建的闽安关等 19 个户部钞关。康熙年间增建直隶的坐粮厅、山海关，辽东的中江，湖北的武昌，四川的打箭炉、夔关，广东的太平关、粤海关，江苏的江海关，浙江的浙海关，福建的闽海关，共 11 处；雍正年间增加了广西的梧州、浔州两处；乾隆年间分别增建了山西的归化城、多伦诺尔两处。以上皆为户部关，共计 34 处。[①]

嘉庆时期情况又有了变化。据嘉庆《大清会典》卷十六《户部・贵州清吏司》记载，户部贵州清吏司所辖榷关为崇文门、左翼、右翼、坐粮厅、天津关、张家口、山海关、杀虎口、归化城、临清关、江海关、浒墅关、淮安关（兼庙湾）、扬州关（兼由闸）、西新关、凤阳关、芜湖关、九江关、赣关、闽海关、浙海关、北新关、粤海关和太平关，共计 24 处。选择贵州清吏司作为主管，是因为贵州司的事务较简，容易管理。但一般人容易忽略的是，除了贵州清吏司外，户部还有其他几个清吏司，也管理着户关：福建清吏司所属的天津海税，山东清吏司所属的奉天牛马税、凤凰城中江，湖北清吏司所属武昌游湖关，四川清吏司所属夔关、打箭炉，广东清吏司所属梧、浔二厂，所以户部关合计有 32 处。不仅管理部门有差别，这两类关的税银管理及使用也存在着差异。"贵州清吏司"下各关的税款，"除以火耗及存留陋规银作为经费之外，其正项税银逐款分析，或留地方以充兵饷，或解送京师之户部及内务府"[②]，也就是说，正项税款的用途

---

① 郭蕴静：《清代商业史》，沈阳：辽宁人民出版社，1994 年，第 53—54 页。
② （清）托津等纂：（嘉庆朝）《大清会典》卷一六《户部・贵州清吏司》，嘉庆二十三年刻本。

分两部分，一部分存留地方作为兵饷发放，一部分上交国库或内务府。山东司所属的奉天凤凰城中江等税款“报解盛京户部”，其他如湖广司、四川司、广西司所属“诸关税银全部解送藩库，作为官吏养廉及兵饷之用，奏销附入地丁钱粮奏销册”，说明这部分税款主要用于处理地方事务的经费使用。[①]从税银的使用来看，这几个关可以算做“地方关”。

户部关之外还有工部关。户关来源于明代的钞关，而工关则源于明代的工部抽分。据《大清会典事例》可知，当时工关为山东临清、江苏龙江、安徽芜湖关、浙江南新关、湖北荆关、湖南辰关、四川渝关等，“钦定工关赢余银两数目，辰关三千八百两，武元城一千二百六十九两，临清关三千八百两，宿迁关七千八百两，芜湖关四万七千两，龙江关五万五千两，荆关一万三千两，通永道三千九百两。渝关、由闸关、南新关、潘桃口、古北口、杀虎口六处木税，正额之外，向无赢余”[②]。据此可知工部关共有 14 处。在此之外，还有盛京木税、吉林木税、伊犁木税，分管着若干处小税口，均征木植。以上合计户工两关，共为 49 处。[③]

需要指出的是，因为由闸关例与扬州关合计，宿迁关例与淮安关合计，杀虎口木税归入户关内一并奏报，所以可以将嘉道时期的户工关认为是 46 处。而第一次鸦片战争后，清廷被迫开放广州、上海、厦门、福州和宁波五口通商，征收洋税，其中广州洋税例入粤海关内奏销，福州又例入厦门合并奏销，所以在道光晚期，有 49 处税关征税。

清代税关的主要管理者可以分为两类，专差或兼差。榷关的管关人员主要是督抚、监督等，但各关的具体情况在前后期、不同口岸都有很大的差异。康熙四年（1665 年），清廷曾下令将所有税关交由地方官管理，以后

① 何本方：《清代户部诸关初探》，《南开学报》1984 年第 3 期，第 36—44 页。

②（清）李鸿章等纂：（光绪朝）《大清会典事例》卷九百四十二《工部八十一》，上海：商务印书馆，光绪三十四年石印本。

③ 此外还有诸如山东东海关、陕西潼关等零星征收之处，如东海关尽收尽解；又如迁安、抚宁、临榆、昌黎、乐亭 5 县共额征银 1700 两，每年汇交通永道；天津县、宁河县、文安县、通州、武清及京城共六处小口木税银 1200 两。因纷繁复杂，数额又极少，并未受到清廷重视，不在此一一列入。

经过多次反复，最终形成地方监督专管、督抚兼管、共同治理的局面。专差官员一般称为“监督”，是中央政府驻各地的征税官员。重要的税务监督，在地方上的名次，仅在总督、巡抚、提督、学政之下，而排在布政使和按察使之上。

雍正五年（1727 年），清廷规定征税监督差，于六部官员内操守好者，每部保送一员，内务府保送二员，由皇帝简任。乾隆十二年（1747 年）清廷对此再次明确：“凡崇文门左右两冀、张家口、杀虎口、山海关等处税差，例系宗人府六部各保一人，内务府保送二人，同八旗内俸深官一并开列，题请简用。至用完保送之人，再行各衙门咨取。惟是税有大小，各官才具不同，嗣后若保送官用至剩二三人时，除所剩人员衙门毋庸咨取外，应行文别衙门令其保送。俟各关差满，一并开列引见。”①差官品秩的规定，最初承袭明朝做法，只是选官较为谨慎。清代税关专差监督，由两部分人组成，一是司官，即监督（仅粤海关曾一度设立副监督，后亦裁撤），一是笔贴式。官员任期，亦与明代相同，即严格执行一年更代的办法。

属于地方督抚、将军兼管的有广西梧州、浔州二府、武昌厂务、闽海关、临清、江海、芜湖、赣、浙海、太平等关。乾隆二十六年（1761 年）归化城榷关设立时，派役稽查，乾隆三十一年（1766 年）由理藩院司员征收，乾隆三十四年（1769 年）后归山西巡抚兼管。至于九江关由广饶九南兵备道兼管，凤阳关由庐凤道兼管，但因其本职亦加“九江关监督”“凤阳关监督”衔，故可视为特殊的兼管。

监督、督抚及笔贴式等是由吏部注册的高级管关人员，各关还需雇佣其他属员，如家人、书吏、巡役等，从事稽征税银、巡查走漏、看管与解送税银等项关务。以北新关为例，顺治时期的属员包括听事官四人，书办吏一人，听事吏四人，书办三人，造册书手五人，书算手十七人，解户八人，阴阳生六人，门子二人，皂隶九人，铺兵二人，听事夫十六人，总小

---

①（清）李鸿章等纂：光绪《大清会典事例》卷二三六《户部·关税》，上海：商务印书馆，光绪三十四年石印本。

甲十八人，轿伞夫十二人，军牢八人，“或奉公事役，或应徭役，或以力役，俱不可缺”[①]。清代榷关腐败、陋规繁多，与这些雇员有直接的关系。

（二）运行

清前期财政管理制度实行以户部为中枢，统收统支、全国协调的制度。但在中央集权体制下，户部亦依定例管理，有关财政兴革事宜、重要财政措施和政策，均无权自行决定，只能提供建议，由皇帝裁决。而户部的例行管理，则通过存留、起运、冬估、春秋拨、京饷、协饷及奏销、考成等系列制度来实现。

一省地丁、漕粮、租课、杂税等项，通常由厅、州、县征收，除依规定以小部分钱粮“存留”本境支用外，其余绝大部分银钱解交藩司，米粮解交粮道。各省存留钱粮，无论州县坐支还是起解至藩库后本省留支，均系照例存留，其款目数额，悉载《赋役全书》，不能任意加增。存留的钱粮供支本省官俸、养廉、役食、衙署公费，以及祭祀、廪膳、科场、孤贫、驿站等经常性费用，部分用于支放驻军官兵俸饷。

为确保中央财政收入，清廷曾多次削减地方存留比例。乾隆时期，地方存留比例极少，总的存留比例不到 22%。[②]梁方仲先生则通过嘉庆《大清会典事例》分析出了嘉庆时期的各省详细存留百分比已经不足 19%，可见嘉庆时期的地方存留比例进一步减少。这种弱枝强本的方式，为财政体制的弊端埋下了伏笔。[③]

各省钱粮，道、府衙门则只负责督催，并不直接经管。他们的日常行政经费，部分由所属州县解交，部分由藩库给发。藩司汇计全省钱粮，依照《赋役全书》规定，扣留本省各项支销，其余造册报部，待命拨解，谓

① （清）沈翼机等撰：乾隆《浙江通志》卷八六《榷税》，乾隆元年刻本。

② （清）允祹等撰：乾隆《大清会典则例》卷三六《户部·田赋三》，乾隆二十九年刻本。

③ 梁方仲：《中国历代户口、田地、田赋统计》，北京：中华书局，2008 年，第 426—427 页。原表总额合计、存留总额合计、存留耗银合计有误。

之“报拨”。报拨一年分为春秋二次，故称为“春秋奏拨”。全省所需官俸兵饷，例于先一年冬季估计总数，奏报京师，是为“冬估”。户部据各省“冬估册”，核计与规定相符，然后酌盈剂虚。冬估和春秋奏拨制度，使户部得以掌握各省每年征收的赋税总数，以及其中需要在本省开支的数额。在此基础上，户部于每年春季和秋季，从各省所报可供解出的库存银中，分别指拨应解京师及邻省的数额。

清廷在制定解款协拨制度时，为便于统筹分配，调剂各省之间收支的盈亏，按各省财政经济状况将它们分为三类：仅敷、不足和有余。两广、福建等省是仅敷省份，其钱粮都存留本省开支，不解不协；四川、云南、贵州、陕西、甘肃等省是不足省份，不仅不解交京饷，还需要邻省协济；江苏、浙江、山东、山西、两湖、直隶、江西等省是有余省份，除协济邻省外，还应把剩余款项解交户部。关于协济邻近省份及次近省份也有规定，如陕西、甘肃，以山西、河南为邻近，直隶、山东为次近；四川、云南、贵州，以江西、两湖为邻近，以浙江为次近。当然，上述所谓仅敷、不足、有余三类情况，主要是指地丁钱粮，其他如盐课、杂课，则都要解交户部。临时协饷则多为用兵军需拨款，无固定地点、定额及解期，由户部视各省库存状况、所需数额及协款地点，临期酌定，奏请协拨。

京饷是从各省所报库存实银中，除去该省留支及协拨邻省部分，以其余数拨解来京的部分。关于京饷的起始，光绪《大清会典事例》卷一六九《户部·俸饷》记为雍正三年（1725 年），罗玉东、周育民等承此说。[①]何烈则认为，京师用款自始即有赖外省解交，京饷之名不可能始于雍正三年，必然更早。[②]京饷供京师王公百官俸饷、八旗及绿营兵饷以及中央各机关每年例行的经费开支。乾隆以后，各省每年解运京饷的数额，约银 1000 万余两，大体占全国岁入总数的 1/4。

① 罗玉东：《中国厘金史》，上海：商务印书馆，1936 年，第 196—197 页；周育民：《晚清财政与社会变迁》，上海：上海人民出版社，2000 年，第 242 页。
② 何烈：《清咸同时期的财政》，中华丛书编审委员会，1981 年，第 366 页。

清前期，起运优先于存留，备受重视。无论起运至省还是由省解出，均有十分严密的制度。州县起运钱粮，自开征日起，随收随解，不许藉称候齐再行汇解，并按州县距省城远近，分别规定押到省城期限，逾期不到及解不及数者，给予州县官中有催趱责任的人员处分。由省解出更为苛严，康熙时规定，十万两以上委府佐贰官解运，五万两以上至十万两委州县佐贰官解运，五万两以下委杂职官解运。京饷到京日期，雍正四年（1726年）规定自户部拨解文书到省日起，直隶、山东、山西、河南限60日到京，江南、江西、浙江、湖广限 80 日到京，福建、广东、广西限 100 天到京。乾隆五十五年（1790 年）改定："凡应行解部各项银两，自奉到部文之日起，勒限六个月。"①各省起解京饷，皆预将解官姓名、报解银数及起程日期知会三库大使厅，并出具印批、咨文交付解官。到京后印批交银库，咨文投部挂号。户部承办司付库后，限日由解官、监收官、管理三库大臣、库官眼同劈鞘，拆封兑收。验收无误，以司印实收及原批发解官赍赴户科查验，回省后缴布政使以为凭信。凡解京饷，按程支给解费，所经地方，大道给军马，小道给担夫，并令督抚沿途派拨弁兵防护。如有疏失，佥差之员、解官及地方官负责赔罚。②

为核准财政收支，清廷还规定了严格的奏销和考成制度，既有惩罚与议叙，又有主管与协管的配套，是极其严密的体系。京内外一切财政收支，均报户部审核，合例后奏闻，准予销案，即为"奏销"，有常例、专案之别。常例奏销，如地丁、漕粮、盐课、关税等经常性项目，均每年循例进行，且有固定期限、款目和报册格式。专案奏销为用兵之军需、专兴之工程、灾荒之赈济等特别动支款项的奏销，多于全案完成后专案造报，迁延连年者则按年份、款目分次造报。奏销的款项有定额者，有无定额者。凡经制项目，入有额征，动有额支，解有额拨，存有额储，皆依定例而审核之；其无定额之项目，征无额者尽收尽解，支无额者实用实销，拨无

① （清）李鸿章等纂：光绪《大清会典事例》卷一六九《户部·田赋》，上海：商务印书馆，光绪三十四年石印本。
② （清）李鸿章等纂：光绪《大清会典事例》卷一六九《户部·田赋》，上海：商务印书馆，光绪三十四年石印本。

额、储无额者随时报拨、报储，奏销时皆循据旧案入销。

奏销制度大体上相当于年度决算，根据各省距京师远近，分别为限第二年四、五、六月不等。每年奏销程序大致是：各省布政使司在规定期限内，根据所属各州县造送的奏销草册核造总册，内容分为起运、存留、拨用、余剩，送呈督抚报部。奏销册送到户部后，凡有不符款项即加以指驳，限四个月内查明再报。户部认为有必要时，可以对各省回复提出意见，责令再造清册送部；然后户部于年底分省汇总奏报皇帝。至于各省解部和出入协款银数，都分别开单奏闻。经过此番程序，户部得以了解各省的财政收支状况。

考成与奏销相伴。清代规定，凡岁课经征官及督征之上司官，皆按所属钱粮完欠多寡，分别奖惩。地丁钱粮的考成，州县卫所官按经征之数计，督催之道、府、直隶州按所属之总数计，督抚及布政使按通省之总数计，各总作十分考成，分别议叙或议处。凡现年赋税全完者，除二、三官征完并署任不久者不予议叙外，经征州县按 5 万、10 万两分为三个区间段，督征之知府、直隶知州及经管钱粮之道员，按 10 万、20 万两分为三个区间段，各予纪录一次至三次。巡抚、布政使按 50 万两以下纪录一次，50—100 万两加职一级。卫所钱粮，经征之守备、千总按 1000 两、3000 两为三个区间段，督征之都司按 5000 两、10 000 两为三个区间段，各予纪录一次至三次。如各官只完地丁钱粮，而本色颜料及起运杂项未完，不准议叙。有将未完地丁钱粮捏报全完，或一年内二、三官征完捏报一官征完者，州县卫所官员革职，司道府都司各降二级调用，巡抚降一级调用。如下级官申报未完而上级官捏报全完，上级官革职，下级官免议。至于惩罚，则规定经征州县未完不及一分，停升并罚俸一年；一分，降职一级；二分至四分，递降至四级，皆令戴罪催征；五分以上革职。督催之布政使司、道、府、直隶州，未完不及一分者，停升并罚俸半年；一分，罚俸一年；二分，降职一级；三分至五分，递降至四级，皆令戴罪督催；六分以上，革职。巡抚未完不及一分，停升并罚俸三个月；一分，罚俸一年；二分，降俸一级；三分，降职一级；四分至六分，递降至四级，皆令戴罪督催；七分以上，革职。屯卫钱粮，经征官比照州县例，督催官照知府例议处。各官戴罪催征逋赋，州县官限一年全完，司、道、府、直隶知州限一年半，巡抚限二年。限内仍不能全完者，州县官原参未完不及一分，降职一级留任，再限一年；仍不全完，照原降之级调用。原参未完一分以上，能催完至八九厘者，降职三级留任，再限一年；仍不全完，照原降之级调用。原参未完二分者降四级，三分者降五级，皆调用；四分以上革职。巡抚、司、道、府、直隶州参后戴罪督催钱粮，原参不及一分者，初限不完降职一级，二限不完降职二级，均仍戴罪督催，至三限不完，降三级调用；原参一分以上者，照州县例议处。督催之都司限一年半，卫所官限一年。原参不及一分者，初限不完停升并罚俸一年，二限不完降职一级，均戴罪督催，至三限不完各降一级调用。原官离任，继任官接征、接催，计莅任月日扣算考成，亦同初参限期。署印官除不及一月者免其查议外，余俱照本任官之例。

各官现年钱粮完欠分数核算，雍正以前限至当年底，后改为次年奏销。又按上、下忙分别核计分数。嘉庆二十一年（1816 年）改为上忙钱粮将征解实数造册报部，毋庸予以处分，统俟下忙征完后综计分数考成。另外，随地丁正银征收的耗羡初不入考成，乾隆年间规定，各州县耗羡随同正项报解，若有未完，经征各员照正项钱粮未完之例议处。后又按经征、接征及院、司、道、府、州督催各职名，核计已未完分数考成，随同地丁奏销。乾隆五十三年（1788 年）奏准，各省耗羡已未完解数目，即随同正项钱粮，统计分数，合疏具题，以定考成。正耗全完，方准议叙，倘耗羡有缺，即统计正耗分数议处，其参后仍未完解者，归于正项年限案内报参。[①]

针对特殊田赋的漕粮，清廷亦有严格的管理办法。为保证定额目标的达成，清例对漕运督臣的处分极为严厉。顺治十年（1653 年）规定：各省粮道

---

①（清）李鸿章等纂：光绪《大清会典事例》卷一三七《户部・田赋》，上海：商务印书馆，光绪三十四年石印本。

经营漕粮，全完者加升一级，欠一分者罚俸一年；如再运又挂欠一分者降一级调用，欠二分者降二级调用，欠三分者革职。收兑漕粮如夹有沙土，监兑官降一级调用，押运官革职。康熙五十一年（1712 年）重新规定：各省押运同知通判，一次无欠者加一级，二次无欠者加二级，三次无欠者，不论俸满即升；一次挂欠者降一级留任，二次挂欠者降二级留任，三次挂欠者降三级调用，仍将挂欠之米分赔。[①]事实上，清代除雍正、乾隆年间社会安定、经济繁荣，可以办理全漕外，其他绝大多数时期，全漕目标很难达到，使得所有办漕之人均极感困难，“人人以为大，人人以为难”[②]。曾有人指出，清代漕运“无一官曾经征足，无一县可以全完，无一岁偶能及额”[③]。针对制度的严密，通常的补救办法是“报灾”。魏源称，每帮费加一次，则漕米减收一次，州县收漕折色，不能与之俱加，不得不听小民吁求报灾，以其数分缓漕之米，贴补数分浮折之米。于是每大县额漕 10 万石者，止可办 6 万石，“是以连岁丰收，而全漕决不敢办”，不足部分则以报灾相抵。还有一种逃避处分的方法，康熙三十五年（1696 年）规定：各省漕项钱粮在十月开征，隔年三月奏销。因漕粮要两年后才奏销，“如及两年而州县离任他处者，则又可免处分”，结果导致各州县几无两载不调之缺。[④]官员调动过于频繁，新任官员无法深谙漕务，漕书等人操纵漕粮之事，就在所难免了。

盐政与榷关的考核也与此类似。以榷关为例，康熙十四年（1675 年）规定，各关欠不及半分者，降一级留任；余照前例，全完者记录一次；溢额每千两者加一级，至五千两以上者，以应升缺先用。十六年（1677 年)题准，各关额税二万两以下者，仍照前议叙，二万两以上者，额税全完记录一次，溢额半分以上加一级，一分以上加二级，一分半以上加三级，二分以上加四级，三分

① 康熙朝《漕运全书》卷三五《挂欠处分》，北京图书古籍出版编辑组：《北京图书馆古籍珍本丛刊》第 55 辑，北京：书目文献出版社，1998 年。

②（清）包世臣：《安吴四种・中衢一勺》卷一《自序》，光绪十四年刻本。

③（清）王安定：《求阙斋弟子记》卷二八，光绪二年都门刻本。

④（清）魏源：《上江苏巡抚陆公论海运书》，《魏源集》，北京：中华书局，1976 年，第 426—427 页。

以上以应升缺先用，数多者递准加级。十七年定关税足额者不准议叙。[①]

关于钱粮动支，清初沿明旧制，中央各衙门支领钱粮，皆由户部统筹支放。至顺治七年（1650 年）改令各省径解部寺，分别支销。康熙二年（1663 年），给事中吴国龙奏请仍归户部统收统支，他称："各部寺分管，纷繁滋弊，请将一应杂项，俱称地丁钱粮，作十分考成，除扣拨兵饷，余通解户部。每省造具简明赋役册送查。至各部寺应用钱粮，于户部支给题销"，于是"收解之制定于一"[②]。在中央，银钱掌于户部陕西司，粮米掌于广西司。驻京八旗俸饷，由八旗俸饷处核发。官俸、兵饷、公费、役食的发放，都有一定的时间。具体来说，文武官俸每年颁发两次，一在二月，一在八月，外藩、蒙古则在每年二月颁发一次。兵饷按月给银，夏、冬二季给米，八旗饷米则四季发给。公费皆按月发放，役食有月给、季给及岁给三种情况，各衙门方式各异。杂支则按性质，随时给发。非例行发放的钱粮，则由支用衙署奏准后，行文户部，由户部有关各司查核无讹，札文照发。

各省钱粮支放，与中央类似。学、按、提、镇等文武衙门，一切用款，例由藩司于本省留支项下拨发，不足则听命户部指拨。道府衙门的经费，除正印官的养廉银须请领于藩司外，其各官俸银及其他定额经费，皆由所属州县供给。州县正印官的养廉银，时归藩库领支，时在本衙门坐支，屡有更易。佐杂廉俸及定额经费，则"准于额编银内坐支"，于本属坐支。

临时性的开支，如军需、河工、赈济等，则与经常性经费支出不同。

军需。军需是相对于饷乾而言的，饷乾系平时的军队支出，军需则指为镇压农民起义，或平定边疆军事行动所需经费。一旦朝廷决定向某处用兵，必择靠近前线、交通便利的地点，先行设立粮台，派遣委员吏役，经理收发粮饷事宜，同时由户部指拨各省关向粮台解缴钱粮什物。军队向粮

① （清）戴衢亨等修：《清朝文献通考》卷二六《征榷一》，上海：商务印书馆，1936 年，考 5078。
② （清）王庆云：《石渠余纪》卷三《纪会计》，台北：文海出版社，1966 年，第 292 页。

台领取粮饷及补给品，事竣后由粮台编造单册，向户部奏销。[①]

河工。河工大抵以黄河及运河为主，其余永定河、淮河、长江及江浙沿海，也常有工程兴作。清廷专设河道总督来负责管理河道事务，江浙沿海则筑海塘防卫，沿江沿湖有水患的地方，也各筑堤堰，或设专官，或分隶地方兼理。运河以便利漕运为宗旨，需要不时修护挑浚。河工之岁修与抢修为经常性开支，另案及大工为临时经费。河工每岁有定额的额征经费，由各盐运司、淮关及所在各布政司按年征解，如有不敷，则动用司库钱粮，或专案请拨。河款出纳，由各河道库负责。支用经费，各河或有定额，或无定数，采取按年比较之法，不得递加。[②]

赈济。除了各级政府所设置的常平仓及裕备仓外，民间自行捐置的社仓、义仓，平时积谷备赈，赈济支出并无一定专款。遇有灾赈，先开放仓储施赈，一面由州县向督抚呈报灾情，奏请发帑赈济。小范围赈济，准地方官动支当地所储米粮及公款，由督抚委员监赈。大规模赈济，往往由清廷特派大臣，或部差司官莅临放赈。动用钱粮，除本境所有，有时也会截留漕粮，颁发内帑或户部库银，或指拨邻省藩库，或指拨盐、关各库，解往受灾地区施赈。有时政府财力不足，则开捐例，筹款救灾。[③]

仓和库是政府保管所征钱粮的场所，仓储粮，库储银及其他物品。《大学》曰："生财有大道，生之者众，食之者寡，为之者疾，用之者舒，则财恒足矣。"《礼记·王制》则称："国无九年之蓄曰不足，无六年之蓄曰急，无三年之蓄曰国非其国也。三年耕，必有一年之食；九年耕，必有三年之食。以三十年之通，虽有凶旱水溢，民无菜色。"都是强调积储的重要性。为政权的稳固，清廷亦建立了完整的仓、库体系和严格的保管出纳制度。

清代自京师至各省皆设仓以储粮，以备支放官俸、兵食及赈灾之用。

---

①（清）郭嵩焘：《妥议变通报销章程疏》，《养知书屋文集·奏疏》卷十，光绪十八年刻本。

②（清）李鸿章等纂：光绪《大清会典事例》卷九〇四《工部四二·河工四·河工经费》，上海：商务印书馆，光绪三十四年石印本。

③（清）李鸿章等纂：光绪《大清会典事例》卷二七〇至二七四《户部·蠲恤》，上海：商务印书馆，光绪三十四年石印本。

京师仓包括内务府的恩丰仓、户部内仓与仓场衙门所辖之京、通诸仓。恩丰仓为供应内廷太监食用粮米的粮仓，由仓场衙门每年拨储供支，归内务府管理。内仓储粮来源，一为仓场每年从运到通仓的漕白二粮内拨储，一为直隶岁解户部的芝麻屯豆。

关于漕粮，大部分运到京城仓库，称正兑米，专供京师驻军食用；小部分运到通州，称改兑米，专供皇室百官俸食。如果地方有事情和军事出动时，也有由户部截留改拨的情况。漕粮除上述两项外，还有每年专供内务府、光禄寺等衙门和王公百官、各国贡使食用的白粮（即白粳米和白糯米）、小麦和黑豆。白粮专从江苏、浙江两省征收；黑豆则从河南、山东两省征收。据嘉庆十七年（1812 年）统计，全国八省漕粮实征正兑米 256.1 万石，改兑米 42.7 万石，白粮 9.9 万石，麦豆等项 68.6 万石，共 377.3 万石。其中以江苏、浙江两省征收最多。

漕粮屯放京通二仓，京通仓数，清初有禄米、南新、旧太、富新、兴平、海运、北新、太平八京仓及西、中、南三通仓，合称京通十一仓。康熙、雍正年间，续建本裕、万安、裕丰、储济、丰益五京仓。乾隆年间裁通州南仓，至清后期又裁万安、裕丰二京仓，遂为京通十三仓。

直省之仓，首重常平仓。“常平仓谷，乃民命所关，实地方第一紧要之政。”①常平仓始见于西汉，主要设置于各省州县，一直被视为最重要的官仓。它最初的作用是丰年平籴，荒年平粜，唐宋以后则逐渐发展为赈粜兼行。清初灾荒严重，欲赈无谷，统治者迫切感到有必要重建仓储制度。顺治十年（1653 年）四月，顺治帝即以《请立常平仓疏》，试翰林学士等官员。②顺治十二年（1655 年）正月，上谕指出水旱灾害，古今皆有，备荒之道，“全在预备得法”。一省报荒，必有不荒之府；一府报荒，必有不荒之县。荒者当速赈，不荒者即当早备，“如常平仓之法”，米贱则增价以籴，

①（清）席裕福等纂：《皇朝政典类纂》卷一五三《仓库十三 · 积储》，光绪二十九年铅印本。
②《清世祖实录》卷七十四，顺治十年四月丁酉，北京：中华书局，1986 年影印本。

米贵则减价以粜，官民俱便，历代行之，未尝有改，“若各地方官果有为国为民之心，岂不能于存留项下周详设处”？故他命户部严饬各省遵行。[①]次年，清廷又议准积谷赈济，务令修葺仓廒，印烙仓斛，选择仓书，籴粜平价，“不许别项动支仓谷”。此后，常平仓在各地大量兴建。至康熙二十五年（1686 年），连黑龙江墨尔根地方亦起造仓廒，收存米谷。[②]清代的常平仓组织完备，法律严密，堪为历代之集大成者，在清代的社会经济生活中发挥着重要的作用。

清代常平仓优于前代的重要原因是谷本充足。它的来源，有官绅富民捐输、贡监捐纳、按亩摊征、截漕增补、拨帑银采买等，其中最主要的方式是动用库银采买。国家直接出资，有效地保证了仓储充裕，随时可以平粜赈贷。如康熙四十三年（1704 年），户部题准：陕西省动支西安司库兵饷银 14 万两，以 10 万两照时价买米增储。[③]雍正九年（1731 年）七月，四川总督黄廷桂等议准，川省除现存米谷 42 万石外，再买储 60 万石，分三年完成，每石约价三钱，所需银六万两于夔关及盐茶赢余银内动支，“总期三年内买足”。[④]乾隆元年（1736 年），令江西动用存公银买谷 10 万余石，分储各府州县，以备缓急。[⑤]

常平仓所储粮食，米、谷、麦、豆、高粱等皆有，因地制宜，合理取舍。大体来说，南方产稻诸省多储稻谷，间储以米；北方各省，则米、麦、豆、杂粮均有。雍正三年（1725 年），雍正帝指出，常平仓积贮仓粮，特为备荒之用，但南省潮湿，米在仓一、二年便致红朽，改贮稻谷，似可长久。于是，经户部等议定，南方省分所储仓谷，除安徽有谷无米，及福建、浙江仓米有限，毋庸改议外，江西、湖北、湖南、四川储米皆在 5 万石内外，“令于一年内改易稻谷”；江苏、广东存仓米皆 8 万余石，广西存仓米

①《清世祖实录》卷八十八，顺治十二年正月壬子，北京：中华书局，1986 年影印本。

②（清）李鸿章等纂：光绪《大清会典事例》卷一八九《户部 · 积储 · 设立常平仓》，上海：商务印书馆，光绪三十四年石印本。

③（清）李鸿章等纂：光绪《大清会典事例》卷一八九《户部 · 积储 · 常平谷本》，上海：商务印书馆，光绪三十四年石印本。

④《清世宗实录》卷一百八，雍正九年七月丁亥，北京：中华书局，1986 年影印本。

⑤（清）李鸿章等纂：光绪《大清会典事例》卷一八九《户部 · 积储 · 常平谷本》，上海：商务印书馆，光绪三十四年石印本。

10万余石，“均分作二年改易稻谷”；云南存仓米57万余石，贵州存仓米40万余石，一、二年内不能尽易，“令二省各以存仓之米支给兵饷，至秋成时征收稻谷补仓”，云南限四年，贵州限三年，“尽行改易”。[①]当然，对于这一规定，日后也做过弹性的调整。如四川富顺等县仓米改易稻谷；茂州素不产米，向储米200石，令易荞麦600石；安徽凤阳、亳州等处，地产粟谷，稻米非本地所出，嗣后凡产粟谷之处，每逢粜三，即准其买粟补仓，“挨年易换”；其多余价银，“增买粟谷”。[②]由于所储粮食品种不一，必然会给统计带来麻烦。有鉴于此，乾隆四十一年（1776年）特定，凡米、麦、豆、谷、高粱，“按各处出产，折算谷数”。不过，折换也不完全以稻谷为准。如甘肃省存储杂粮，粟米、小麦准互抵，青稞、青豆亦准互抵，豌豆准抵小麦、大豆，青稞、青豆亦准抵大豆，“归入杂粮项下报部”[③]。

清代常平仓保持了平粜、出借与赈贷三大功能。清代各地方政府运用常平仓存粮以调节粮价波动的办法主要是“平粜”。早在顺治十七年（1660年）就有平粜的规定：“常平仓谷，春夏出粜，秋冬籴还，平价生息，务期便民。”[④]换言之，基本的办法是春粜秋籴，以平抑季节性的粮价波动。出粜定例为“存七粜三”；如地方不适宜粮食久储，或遇灾荒之年，则准其不拘定例，斟酌办理。雍正九年（1731年）议准：江苏所属仓谷，凡遇青黄不接，出陈易新，不必拘定例存七粜三，可酌量粜卖。乾隆元年（1736年），以湖南各属地有高下燥湿之不同，令将常平仓存粜之数，分为三种类型：长沙等45府州县存七粜三，永州等31府厅县卫存半粜半，龙阳等4县粜七存三；如果民间不须籴买，或不能粜半粜七，则准该管官随时斟酌。七年谕：各省常平仓谷每年存七粜三，原为出陈易新，亦使青黄不接之时，民间得以接济，当寻常无事之际，自然循例办理，若遭值荒歉，谷价昂贵，小民难于谋食，

---

①《清世宗实录》卷二十九，雍正三年二月乙酉，北京：中华书局，1986年影印本。

②（清）李鸿章等纂：光绪《大清会典事例》卷一八九《户部·积储·常平积储》，上海：商务印书馆，光绪三十四年石印本。

③（清）李鸿章等纂：光绪《大清会典事例》卷一八九《户部·积储·常平积储》，上海：商务印书馆，光绪三十四年石印本。

④（清）李鸿章等纂：光绪《大清会典事例》卷二七五《户部·蠲恤·平粜》，上海：商务印书馆，光绪三十四年石印本。

而仍存七粜三，“则闾阎得谷几何”？嗣后凡遇岁歉米贵之年，著该督抚即饬地方官减价平粜，务期有济民食，毋得拘泥成例。二十九年（1764 年），户部奏准：各省州县存仓米谷，除实遇歉收之年外，米价过昂，“非粜三可济民食者”，准其据实具详，酌量多粜；其寻常岁稔价平之年，不必拘定粜三之例，“或竟可全数停粜，或止需酌粜十分之一二”，总之，必须察看各处情形，“临时酌办”。①

关于出粜价格，起初政府规定依照市价而定，但后来因遇到灾歉，变通为减价平粜，并且随之制度化。乾隆七年（1742 年）规定：“前奏请减价粜谷，于成熟之年，每一石照市价核减五分，米贵之年，每一石照市价核减一钱，此盖欲杜奸民贱籴贵粜之弊。但思寻常出陈易新之际，自应遵此例行，假若荒歉之岁，谷价甚昂，止照例减价一钱，则穷民得米仍属艰难，不能大沾恩泽。嗣后著该督抚临时酌量情形，将应减若干之处，预行奏闻请旨。如有奸民贱籴贵粜之弊，严拏究治。”②到了四十四年（1779 年），清廷又进一步规定，减价平粜仓粮，“每石不得过三钱”；如果必须大加酌减，则由各督抚临时奏请核准。③

常平仓谷除用于平粜以调节粮价波动外，一项重要功能是出借给农民作为籽种口粮，以解决青黄不接时农村面临的部分困难，并达到仓谷出陈易新的目的。一般的办法是春借秋还，同时加收 10%的利息，即借一石收息一斗；歉年则只收谷本而不收息。至于每年出借的仓谷数额及是否与平粜同时并举，山西、陕西有些地方志称，常平仓在谷贵时“存七粜三”，在价平时“存七借三”，加一收息；收成在七分以下之年“免息”。④由此可知，以常平仓谷出借或平粜，大约仍是因时制宜，每年至少会用必需出陈易新的部分（约为储量的 30%）来举办。

仓粮借贷，例于冬后春初青黄不接之时出借，秋后征还；如遇歉收，

---

①（清）李鸿章等纂：光绪《大清会典事例》卷一八九《户部·积储·常平仓存粜定例》，上海：商务印书馆，光绪三十四年石印本。

②（清）李鸿章等纂：光绪《大清会典事例》卷一九一《户部·积储·买补仓谷》，上海：商务印书馆，光绪三十四年石印本。

③（清）李鸿章等纂：光绪《大清会典事例》卷二七五《户部·蠲恤·平粜》，上海：商务印书馆，光绪三十四年石印本。

④ 参见（清）张彬等：《平定州志》卷九（光绪八年刻本）、臧应桐等：《咸阳县志》卷三（道光十六年刻本）。

准其顺延。乾隆二十三年（1758 年）谕：各省仓储，向例春借秋还，青黄不接之时，贫民既得资接济，而秋收后即照数征收谷石，可以出陈易新。若不如期催令完纳，而以旧欠作新领，则借出之项，年复一年，不肖书役即从中影射侵蚀，更有欠户逃亡事故，“日久遂致无著者”。且旧时领借之户尚欠，现在待借之户甚殷，仓储既虚，势不能另为筹给。是虽设仓备借，仍属有名无实，“大非慎重储积，赈恤困乏之意”。嗣后各督抚务当严饬所属，实力奉行，除缓征州县外，所有民欠仓谷，务令依限还仓；其有捏欠作完，以欠作领，即查明参处。①

常平仓的第三个重要功能是在严重灾荒时，以仓谷赈济灾民。早在顺治十七年（1660 年）即规定，常平仓谷除平粜外，“如遇凶荒，即按数给散灾民贫户。”②《大清会典事例》记载赈济的篇幅长达四卷（卷二七一至卷二七四），其中特别指明动用常平仓谷的事件列有如下几条：1651 年的山西、江浙，1691 年的直隶井陉等十四州县，1704 年的湖北监利，1707 年的江南，1714 年的陕西、甘肃，1720 年的陕西、甘肃，1723 年的直隶、河南，1725 年的江南睢宁、宿迁二县，1726 年的安徽无为州、望江等地，1730 年的山东，1742 年的江苏山阳等五县，1743 年的山东，1746 年的江南鄢陵等二十六州县，1747 年的山东，1758 年的甘肃，1760 年的甘肃，1783 年的陕西，1797 年的安徽宿州等五州县，1801 年的陕西咸宁等十州县，1807 年的河南新乡等十七州县和江苏淮属一带，1832 年的直隶，以及 1853 年的安徽。③

赈济过程亦会发生对常平仓谷的协拨。康熙十九年（1680 年）二月曾定，常平仓积谷原备境内凶荒，若拨解外郡，则未获赈济之利，反受转运之累，人将惮于从事，必致捐助寥寥，“嗣后常平积谷留本州县备赈”，永停协

① （清）李鸿章等纂：光绪《大清会典事例》卷一八九《户部·积储·常平仓存粜定例》，上海：商务印书馆，光绪三十四年石印本。

② （清）李鸿章等纂：光绪《大清会典事例》卷一八九《户部·积储·常平仓存粜定例》，上海：商务印书馆，光绪三十四年石印本。

③ （清）李鸿章等纂：光绪《大清会典事例》卷二七一至二七四，《户部·蠲恤·赈饥》，上海：商务印书馆，光绪三十四年石印本。

解外郡。[①]但各省丰歉不均，具体情况各异，尤其江南气候湿热，仓谷易于霉变，存贮难多，人口又高度集中，救灾赈粜“非借资邻省不足以通有无”，调粮救荒不可避免。故乾隆时期常平仓出省协济之事并不少见，且拨后缺额常以截漕补足。如乾隆十六年（1751 年）谕称：“浙省温台等属米价昂贵，本地存仓米谷不敷平粜。著江浙二省督抚于浙省及江省稍近州县常平仓谷内，酌量应需数目，作速动拨，碾米运往温、台等属接济平粜。其常平缺额，即于浙省冬兑漕粮内照数截留，拨补还仓。”[②]跨省协拨有利于更大规模地发挥常平仓的备荒救荒作用，也充分体现了清政府在此问题上的灵活性。

仓粮粜出，或因灾赈缺额，清廷均明确规定，限期于本地产谷之区或邻境价平之处买补还仓。如遇谷价昂贵，可将所粜价银解交府库，俟次年秋成价贱时照数买补；或于邻邑、邻省采买。被灾州县如仓粮散给无存，务于秋收丰稔之时题明拨银买补。为防止买补仓谷派累百姓，短价低银、抑勒交粮、斗秤以大易小等弊端，乾隆七年（1742 年）特谕：“从前廷臣议买补仓谷，以本邑之赢余，为本邑之拨补，其他州县不得通融；如岁歉谷价昂贵，不敷采买，准其展限。朕思地方积谷，原以备民间缓急之需，必及时买足，方于储蓄有益。嗣后如州县当秋成之时谷价高昂，不能买补，而该处存仓谷石尚可接济者，照例展限，于次年买补；倘谷价既属不敷，而存仓谷石又系不足，准其详明上司，以别州县谷价之赢余，添补采买。”[③]以后类似的谕旨屡见不鲜。从乾隆时期诸多上谕来看，政府对买补仓额十分重视，遇丰年告诫地方督抚预为积贮，歉岁则根据情形相机筹划，尽量保证定额。即便发生困难，清廷亦多方设法，甚至截漕补仓。因此，乾隆中期以前常平仓贮谷较为充裕。

为了保证仓谷实贮，清代还规定了严格的盘查追赔制度。借粜仓粮时地方官要亲临验放。每年年底，州县官须将存仓数目造册上报。州县官离

---

①《清圣祖实录》卷八十八，康熙十九年二月丁卯，北京：中华书局，1986 年影印本。

②（清）李鸿章等纂：光绪《大清会典事例》卷二七五《户部·蠲恤·平粜》，上海：商务印书馆，光绪三十四年石印本。

③（清）李鸿章等纂：光绪《大清会典事例》卷一九二《户部·积储·盘查仓粮》，上海：商务印书馆，光绪三十四年石印本。

任时，将常平仓谷照正项钱粮交接，如有亏空限期赔补；如逾期不完，照侵挪仓谷定例治罪。督抚离任，要将册籍交代新任，限新任官三个月内查核奏闻。如有亏空，即行题参。清廷认为："若亏空仓粮，则一时旱潦无备，事关民瘼，是亏空仓谷之罪较亏空钱粮为甚，自宜严加处分。"雍正四年（1726 年）议定，仓谷亏空，以谷一石比照钱粮五分定罪，"嗣后亏空仓谷，系侵盗入己者，千石以下照监守自盗律拟斩，准徒五年。千石以上，拟斩监候秋后处决，不准赦免"；如系挪移，除数止千百石照律准徒，五千石至万石照律拟流外；万石至二万石，发边卫充军；二万石以上者，"照侵盗例拟斩"①，可见对此的重视程度。

关于常平仓的谷数，清初军务倥偬，并未限以额数，至康熙四十三年（1704年），各省常平仓储规模粗备，始议定积储定额。当时规定，各省府州县积储米谷，大州县存万石，中州县存八千石，小州县六千石，其余按时价易银解存藩库。但因南北地方气候不同，北方易于存储粮谷，故清廷规定，各州县额贮谷数略高一些。如山东、山西，大州县存谷二万石，中州县一万六千石，小州县一万二千石；陕西咸宁、长安二县额贮谷达七万五千石；南方如江苏、四川，大州县仅五、六千石，中州县四千石，小州县二、三千石。②

雍正一朝，于仓储积弊厉行整顿，屡派大臣赴各省盘仓，凡有亏空，一面惩治官员，一面勒限补足，务使仓储足数无亏。三年（1725 年），雍正帝特谕大学士，积贮仓谷，关系民生，最为紧要，屡降谕旨，令督抚严饬州县，及时买补昔年亏空之数。今直省地方，俱著定限三年，将一应仓谷，买补完足，"不得颗粒亏欠"；三年之后，必特差官员前往盘查，如有缺项，"定行重治其罪"。③乾隆初积储渐多，全国常平仓储总数逾 4800 万石。官聚太多，成为各省米价上涨的重要原因。"常平积贮，所以备不虞，而众论颇以为

① （清）李鸿章等纂：光绪《大清会典事例》卷一九二《户部·积储·盘查仓粮》，上海：商务印书馆，光绪三十四年石印本。
② （清）戴衢亨等修：《清朝文献通考》卷三十四《市籴考三》，上海：商务印书馆，1936 年，考 5173。
③《清世宗实录》卷三十九，雍正三年十二月戊子，北京：中华书局，1986 年影印本。

采买过多，致米价益贵。”考虑到粮食止有此数，聚之官者太多，则留之民者必少，“固亦理势之自然”，乾隆十三年（1748 年）又重新调整各省定额：直省常平积谷之数，应悉准康熙、雍正年间旧额，其加储者，以次出粜，“至原额而止”[①]。四个月后，乾隆帝复下谕旨：直省常平仓所存米谷，康熙年间或未经定额，或定额无多，难以稽考，“应照雍正年间旧额”；云南地处边疆，不近水次，陕西所属沿边积储兼备军粮，雍正年间仓储多寡亦属无定，二省均应以乾隆年间所定之额为准；福建环山带海，商贩不通，广东岭海交错，产谷无几，贵州跬步皆山，不通舟楫，三省仓储均宜充裕，“应以现存之谷作为定额”。计各省积谷 3300 万余石，较之乾隆十三年以前存仓之额减 1431 万余石。又令各该督抚视所属府州县大小“均匀存储”，其间有转运难、出产少、地方冲要以及提镇驻扎、各省犬牙交错之处，亦令“分别加储”。[②]经过乾隆中期的小幅度调整，直到乾隆晚年，常平仓的储量又保持在高位水平。这至少表明，这个制度曾在相当长的时间内良好地运行着。[③]

社仓、义仓、盐义仓，均为民仓，乡村立社仓，市镇立义仓，功用类似于常平仓。这些仓多由士民捐储，大抵官设官储由官府委员经理，士民捐设则由绅董经理。社、义仓始于康熙年间，雍乾时期得到推广，但地方官府已经介入管理，制定章程，规定奖惩，交代盘查，类似于半官方性质。嘉道时期，社义仓积弊日深，鲜有实效。

旗仓、营仓、边仓为军仓。旗仓设于盛京、吉林、黑龙江各将军所辖八旗驻防地方，营仓设于各直省提镇所在地，以及沿边沿海或距省会较远的偏僻驻军地方，边仓设于沿边卫、堡、所等处。各仓之设，以备兵丁平粜及借贷之需，与常平仓功能类似。这些仓的储备来源，或官拨米粮，或拨公款购买。所储粮食，亦因地制宜，有谷、米、豆、青稞等。

---

①《清高宗实录》卷三一九，乾隆十三年七月辛丑，北京：中华书局，1986 年影印本。

②《清高宗实录》卷三三〇，乾隆十三年十二月壬辰，北京：中华书局，1986 年影印本。

③（清）李鸿章等纂：光绪《大清会典事例》卷一九〇《户部·积储·常平谷数》，上海：商务印书馆，光绪三十四年石印本；戴衢亨等修：《清朝文献通考》卷三十七《市籴考六》，杭州：浙江古籍出版社，2000 年。

每年年底，地方官须将各仓储粮情形报户部备案。据嘉庆《大清会典》记载，嘉庆十七年（1812 年）各省仓存谷数为河南 1 053 000 石，四川 800 000，贵州 10 000 石，安徽 200 000 石，西藏 8400 石，共计 2 071 400 石。同年东三省旗仓积谷数为盛京 200 000 石，吉林为 206 845 石，黑龙江为 330 000 石，共计 736 845 石。

以上为仓，仓外有库。京师有内务府广储司六库及户部三库，京外有盛京户部银库，各将军、都统、副都统、城守尉库，各省布政使司库、按察司库，督粮道、河道、兵备道、盐运使司、盐法道库、监督库，分巡道、府、直隶州及民族地区的分防厅库，以及州县卫所库等。其银钱储放关系如下：藩库贮各州县征解田赋、杂赋银。按察司库贮各州县赃罚银钱，驿站夫马工料银两，或由藩库移解，或由部拨邻省协解。粮道库贮漕项银两，其他项下征解者，由布政司移解。河道库贮河饷银两，或由藩库移解，或由部拨邻省协解。兵备道库贮兵饷银两，或由藩库移解，或由部拨邻省协解。盐运司库及盐法道库贮正杂盐课。各关监督库贮关税，由道、府、厅、州、县经管税务者，税银各贮该员本管库内。

州县卫所库贮经征正杂赋银，除应解河道、粮道库银款外，余俱按款批解藩库。雍正五年（1727 年），令各省藩库按路程远近，各酌留数十万两，以备不虞。起初规定全国总数为四百余万两，后加至七百余万两。八年（1730 年），复令于事务较繁之州县，分储若干银两，"以备急切之用"。后来道、厅、提督、总兵、副将、都统、副都统等属库也各有分储，惟分储银两数量较少。[①]储备银两如有急需，题明动支，于拨饷时请部照数拨补，名曰"司库封储"或"留储"。凡封储、分储银两，须先行题奏核准，方准动用。个别偏远地区，如台湾，遇有紧急事故，准一面拨用，一面具奏。用过款项，随时筹补归款。一岁动存数目，年底造册咨送户部。各省

① （清）李鸿章等纂：光绪《大清会典事例》卷一八三《户部三二・库藏三》，上海：商务印书馆，光绪三十四年石印本。

官兵军饷，或向藩库支领，或分拨附近州县，按季、月散给。①

（三）财政收支

财政研究在相当大的程度上是通过对政府收支的考察来实现的。清初入关，军事频仍，自顺治元年至七年（1644—1650 年），每年仅有行盐引数、盐课数目及铸钱数，八年以后，始有人丁户口、田地、征收银米麦豆等资料。②《石渠余纪》："开国之初，法制未定，顺治八年以后，各省始有奏销数目。"③正是对这一现象的描述。《清史稿》载，顺治八年（1651 年），刑科给事中魏象枢"请定布政使会计之法，以杜欺隐"④，自此以后，户部始有年度奏销，清代财政记录也逐步丰富起来。

清代财政收入，主要包括四大项：田赋、盐课、关税和杂赋。

在清代财政的基本收入中，田赋占全部税收的大宗。田赋是土地税，即征收土地收益的直接税，根据土地面积和肥瘠而征收。清朝前期为了恢复社会生产和鼓励人口增殖，最初宣布以康熙五十年（1711 年）的人丁为常额，以后"滋生人丁，永不加赋"；然后又实行"摊丁入地"，田赋就包括了丁银。因此，田赋又有地丁之称，即地税和丁银的合称。钱粮是指当时田赋里部分征银或钱，部分征粮，所以又称为钱粮。

---

①（清）李鸿章等纂：光绪《大清会典事例》卷一八三《户部三二・库藏三・寄储》，上海：商务印书馆，光绪三十四年石印本。

② 顺治八年（1651 年）的数字是："是岁人丁户口一千六十三万三千三百二十六，田地山荡二百九十万八千五百八十四顷六十一亩，畦地二万二千九百八十个，征银二千一百一十万一百四十二两有奇，米麦豆五百七十三万九千四百二十四石四斗有奇，草四百七十四万三千一百一束，中茶三万五千四百五十三蓖，行盐三百四十七万八千五百二十八引，征课银一百九十六万五千一百五十九两九钱有奇，铸制钱二十四万三千五十万九千五十有奇，旧铸铜钱二十一万三千三百七十有奇，钞一十二万八千一百七十二贯四百七十有奇。"顺治十八年（1661 年），全国人丁户口一千九百一十三万七千六百五十二，田地山荡畦地五百二十六万五千二十八顷二十九亩，征银二千五百七十二万四千一百二十四两有奇，米麦豆六百一十万七千五百五十八石有奇。至康熙二十五年（1686年），"三藩之乱"已定，台湾回归大清版图，社会安定，这一年的全国人丁户口二千三十四万一千七百三十八，田地山荡畦地五百九十万三千四百三十八顷六十七亩有奇，征银二千七百二十四万一百八十九两有奇，米麦豆六百九十一万二千二百九十三石二斗有奇。参见《清世祖实录》卷六十一、《清圣祖实录》卷五、卷一二八，均见北京：中华书局，1986 年影印本。

③（清）王庆云：《石渠余纪》卷三《纪赋册粮票》，台北：文海出版社，1966 年，第 251 页。

④（清）赵尔巽：《清史稿》卷二六三《列传五十・魏象枢》，北京：中华书局，1977 年，第 9905 页。

清代前期田制有民田、官田、官庄（庄田、旗地）、屯田等之分。征收赋税的主要对象是民田。由于幅员辽阔，各地气候差异很大，土壤肥瘠不同以及物产丰歉不一，全国田赋税率极其复杂。民田分为三等九则（上上、上中、上下、中上、中中、中下、下上、下中、下下），国家按则征收。各地税则很不一致，税率差别也大，即使在一省之内也不尽相同。例如，山西民田每亩征银合一厘七毫到一钱，粮一合五勺至二斗七升不等；浙江杭嘉湖地区税额最重，比其他省份多 10 至 20 倍。

州县征收田赋，在雍正年间规定，地丁钱粮上期要在农历二月开征，五月截止，名曰上忙；下期农历八月接征，十一月截止，名曰下忙。每年分两次，这是根据农业每年两次收获而采取的征税办法。当然，因幅员辽阔，各地差异很大，故征收田赋的期限实际上并不一致。奉天、直隶、河南、山东、山西、安徽、江西、湖北、湖南、浙江、广西、甘肃等省征收钱粮，是二月开征，五月结束，八月接征，十二月底全完。江苏、四川、陕西限二月开征，七月底交完半数，八月接征，十二月底全完。各省每年田赋额征多少，蠲缓多少，实征多少，存留多少，起解多少，都要分别奏明户部。

田赋报告主要有上忙报告、下忙报告、一年总结报告、前后三年比较报告，每年还要编造详细的黄册。根据各府州县收支情况，按四柱册式造报，分为旧管（原来库存数）、新收（本年收入）、开除（本年支出）和实在四项，旧管加新收减去开除等于实在。这种奏销册即黄册（清代黄册封面系黄绫，故名），由总督和巡抚按规定时间随同题本向皇帝报告。各省黄册进呈后，一般由户部审核，如有错误，则驳回再造。黄册之外，还有一种奏销册叫清册（封面多用青纸或青绫，又称青册），由布政使每年春秋两季编造，可视为黄册的副本，也是由督抚咨送户部，内容是把本省当年实存银数和第二年应需开支的官兵俸饷预先估算，这大致相当于下年度的预算。春季限二月上报，秋季限八月上报。户部根据这种清册进行审核，然后确定对各省拨解协济的银数。

除银钱外，各省尚征收部分实物，以米、谷、麦、豆为主，其他尚有草、丝、药材、颜料、黄蜡、茶叶等。征收方法，有易知由单、三联单、滚单、顺庄编里等法。粮户交米，各分都图界址，每都、每图设有粮差，专司造办册籍，催征钱粮。每年开仓之前，粮差将各户应纳粮数刊入易知由单，发交花户，前往粮仓交米。州县于每处派总书、漕书，经办收米兑运事宜。收纳完毕，州县兑交，押运北上。

由于可耕地面积及收成会随时间的不同而变化，故每年的田赋收入也会有所变化。清代田赋收入，每年约2000多万两到3000多万两。部分田赋收入情况如表1-1所示。

表1-1　清前期田额粮赋表

时间	田数（顷）	赋银（两）	赋粮（石）
顺治十八年	5 493 576	21 576 006	6 479 465
康熙二十四年	6 078 430	24 449 724	4 331 131
雍正二年	6 837 914	26 362 541	4 731 400
乾隆三十一年	7 414 495	29 917 761	8 318 735
嘉庆十七年	7 915 251	32 845 474	4 356 382

资料来源：（清）王庆云《石渠余纪》卷三《历朝田额粮赋总目》，台北：文海出版社，1966年，第252—254页。另，起运漕白不在此内

实物征收之中，以漕粮为最重要。从性质上说，漕粮是田赋的一部分，也是土地收益的直接税。从税制上讲，它是从田赋中派生出来的一种独特制度。在清代，征收漕粮只限于八个省份，即山东、河南、江苏、浙江、安徽、江西、湖北、湖南。漕粮全部征收米和豆类，专门供应京师皇室、贵族和官兵食用。国家为此设立漕运总督，总管漕政。总督之下各省又分设粮道，粮道在运河两岸设立卫所，保护漕粮运输。在有漕粮的省份，还设屯田，主要是为赡养屯丁运兵。漕粮征收数目有定额，大致每年400万石左右。

盐课是向每个食盐消费者间接征收的资源税，也是税制中相当复杂的一种。清代疆域辽阔，食盐、产盐皆众，即蒙古、新疆等地，亦“多产盐

地”，“而内地十一区，尤有裨国计”[①]。清代实行盐的引岸专商制度。所谓引，指引票，是运销食盐的一种特许证；岸即“引地”，即引票上规定的销盐地区。在这种制度下，清代把全国划分为若干行盐区域，每一区域内收盐、运盐、销盐事项，都由若干商人专利把持，官府则向专商征税。清代的盐区制基本上是沿袭明代旧规，主体盐区变化不大，主要按行政区化，以产盐所在省份为主，兼及相邻省区，仅奉天为新添，广东和四川的盐销区有所扩大。

在清代，几乎每一省份之食盐，均来自不同的盐产区。这种划分，一方面是为行政管理的方便，另一方面也是为盐的产运销方便。当时盐有三种：海盐、井盐和池盐。海盐主要是沿海，如长芦、山东、淮南、淮北、两浙、福建、广东等地出产；井盐主要是四川、云南两省出产；池盐主要是陕西和河东一带出产。三者之中，以海盐产销数目最大，引岸区域最广。盐课按专商的引数和票数来征收，但在各个行盐区域，每引、每票行盐的规定都不一样，每引配盐有的100斤，有的600斤，所以税率也不一致。

盐课与田赋和漕粮这两种按固定额数征收的税种不同，全国盐课收入的总趋势是不断增长，在财政总收入中仅次于田赋，成为第二大税源。清朝前期盐课收数，顺治初年约为 56 万两，以后每年收课银约 270 多万至 380 多万两；乾隆时期，每年盐课奏销总额约 556 万至 565 万余两，另有盈余银 42 万至 145 万余两。在这些盐区中，最大的盐区为两淮，所征盐课也最多。

关税是一种商品通过税。[②]清初对关税并不重视，康熙时年征额不过 100 多万两，“各关征税，国初定有正额，后货盛商多，遂有盈余”[③]。清代各个关的正税银数，曾经历过调整，但变化的幅度不大，总数在 190 万余

① （清）赵尔巽：《清史稿》卷一二三《食货四·盐法》，北京：中华书局，1977 年，第 3603 页。

② 清代的关税与现代意义上的关税不同，现在我们所说的关税系指对进出国境的货物或物品征收的税，包括进口关税、出口关税和过境关税三种。

③ （清）姚元之：《竹叶亭杂记》卷二，北京：中华书局，1997 年，第 118 页。

两。除正税银外，有些关还有铜斤水脚费用，即各关关差采办铜斤所需的水脚银（差旅费）。康熙四十五年（1706 年）关差停止办铜以后，此项水脚仍旧存留下来，作为正额的一部分。据光绪朝《大清会典》记载，有铜斤水脚的关为崇文门 7692 两有奇（遇闰为 8536 两有奇），天津关、临清关（户关）、扬州关、西新关各为 7692 两有奇，江海关 2500 两，浒墅关 22 442 两有奇，淮安关 15 384 两有奇，凤阳关 10 320 两有奇，芜湖关 18 423 两有奇，九江关 18 392 两有奇，赣关 5346 两有奇，闽海关 7000 两，浙海关 3750 两有奇，北新关 15 384 两有奇，太平关 5846 两有奇，以上合计 163 247 两有奇。又粤海关的铜斤水脚则包括在正税银内。[①]随着考核渐严，清廷规定各榷关不但有正额，还报解盈余，乾隆四十二年（1777 年）定为三年比较，即以当年收数与前三年收数最多的年份比较，若有短绌，由关员赔补。乾隆以后，每年解部关税，正盈合计户关为 400 余万两，多时达到 500 余万两；工关为 40 万两左右。

最后是杂赋。王庆云称："凡地丁之外取于民者，皆为杂赋。"但在实际的征收过程中，杂赋有较为确定的对象。据光绪《大清会典事例・户部・杂赋》记载，杂赋一般分四类：一是课，如各省芦课、茶课、金银矿课、铜铁锡铅矿课、水银朱砂雄黄矿课、鱼课等。二是租，如直隶省对旗地征收的旗租，各省对学田、公田和官田征收的地租等。三是税，如各省州县的田房契税、当税、牙税、落地牛马猪羊等税、牲畜税、烟酒税等。四是贡，主要是对少数民族地区征收的实物贡赋，如马贡、狐皮贡、贝母贡、蜡贡等。杂赋征收的方式和用途多种多样，有的定额包征，有的尽收尽解；有的专充兵饷，有的起运户部，也有的存留本省地方。杂赋收入，康熙二十四年（1685 年）为 67.3 万两，雍正二年（1724 年）为 69.8 万两，乾隆十八年（1753 年）为 104.9 万两。由于杂赋纷繁复杂，有些财政统计数据往往略而不列。王庆云

---

① （清）昆冈等撰：光绪《大清会典》卷二三《户部》，上海：商务印书馆，光绪三十四年石印本，第 203 页。

称："纤悉不可备书。"①吴廷燮亦言："屯赋、学租、杂税、茶矿等及捐摊各款，皆不列。"②所以在使用这些材料时，必须做出准确判断。

吴廷燮根据相关史料，整理出的未收录杂赋的乾隆十八年各省岁入概况，如表1-2所示。

表1-2　乾隆十八年岁入表（单位：万两）

省份	地丁	漕粮	兵粮	盐课	关税	合计
直隶	241		10	60	21	332
盛京	300		7			307
山东	334	34	15		4	387
山西	297		16	42		355
河南	330	22	2			354
江苏	337	171	43	217	77	845
安徽	168	56	27		60	311
江西	187	75	12		45	319
福建	117		16	39	33	205
浙江	281	85	27	73	30	496
湖北	110	3	15		9	137
湖南	116	13	14		1	144
陕西	153		16			169
甘肃	25		50	7		82
四川	56		1	8	18	83
广东	125		34	47	65	271
广西	38		13		10	61
云南	15		23	26		64
贵州	10		15			25
总计	3 240	459	356	519	373	4 947

资料来源：吴廷燮《清政考略·乾隆时之财政》，1914年校印本，中国社会科学院经济研究所图书馆藏

从上可知，当时清廷的总收入即便不包括杂赋，也已经达到了4947万两。不过，据何本方的统计，这一年的收入似有大幅度的下降，如表1-3所示。

①（清）王庆云：《石渠余纪》卷六《纪杂税》，台北：文海出版社，1966年，第544页。
②（清）吴廷燮：《清国财政考略·乾隆时之财政》，1914年校印本，中国社会科学院经济研究所图书馆藏。

表 1-3 清代历朝诸项财政收入简表

年代	地丁（万两）	比例（%）	盐课（万两）	比例（%）	榷关（万两）	比例（%）	杂项（万两）	比例（%）	岁入总额（万两）
顺治九年	2 126	87	212	9	64.2	2.6	35.8	1.5	2 438
康熙二十四年	2 727	85	276	9	120	3.78	67	2.1	3 190
雍正三年	3 007	82	443	12	135	3.7	68	1.9	3 585
乾隆十八年	2 938	70	701	17	430	10.3	105	2.5	4 069
乾隆三十一年	2 991	71	574	14	540	12.8	120	2.8	4 858
嘉庆十七年	2 833	71	579	14	481	11.9	120	3	4 013
道光二十一年	2 943	69	747	18	435	10.2	120	2.8	3 714

资料来源：何本方《清代商税制度刍议》，《社会科学研究》1987年第1期。按，何本方《清代户部诸关初探》（《南开学报》1984年第3期）在学界影响颇大，然数字讹误。此处数据以后出之文为准

以上表格所列收支各项，虽数额悬殊，但大致趋势却相同。需要指出的是，上述财政收入，只系常例收入。当时清廷的另外两项重要财政收入来源，也是清朝财政得以维持的两大支柱：捐纳与报效，则并未被收录进来。

清代的捐纳，因其开捐及用途的区别大致可以分为军需事例、河工事例、赈灾事例、营田事例四种，其中以军需、河工为最多。“报效”是清统治者为解决财政困难而对商人采取的一种勒索办法。根据陈锋的统计，仅乾隆至嘉庆时期的盐商报效银，即多达 65 001 491 两，其中最大的用途是军需，其次是河工，又其次是助赈。[①]这说明在解决统治者财政困难方面，商人“报效”起了很大的作用。但不管是捐纳还是报效，都产生了极大的负面效应。萧一山谈到乾嘉财政状况时说：“乾隆狃于承平日久，渐开侈靡之端。寿典则铺张辉皇，巡狩则踵事增新，盘游无度，穷兵黩武，又迭免全国钱粮漕粮，以博政尚宽大之虚声，故财政之充裕，渐不如前。河工之费，糜帑数千万，用兵于金川、准、回、缅甸、台湾、安南、廓尔喀等，总计不下一万二千余万。乃不得不采用各种筹款之方法以资挹注：开行报捐事例、商人报效、关税加盈余、盐斤加价、公摊养廉（凡河工军需等项

① 陈锋：《清代盐政与盐税》，郑州：中州古籍出版社，1988 年，第 220 页。

例不能销，及弥补亏空赔累者，皆取之于此）。……夫以数万万之母财，而置诸不生产之地，民生焉得而不穷困乎？以故嘉庆一朝，凋敝之景况见焉。加之教徒扰攘，沿海不靖，先后糜帑数千万，而河道屡决，宣防并急，不特司农竭蹶，即社会经济，亦呈停顿之状态。逊至道光，国力益疲，有清末叶财政上之危机，实已胚胎于斯时矣。而政府所恃以补苴者，无他良法，仅数开捐例已耳。”[①]清廷既受益于此，也付出了惨重的代价。

压缩地方财政空间，是清廷一贯采用的办法，也对清廷的财政收入产生了一定影响。清廷首先通过行政命令，对地方的留存数量进行裁减。顺治年间，迫于军费急需，从顺治二年（1645 年）开始试行裁扣地方经费以充军饷，至顺治中后期及康熙前期，裁扣地方经费以充军饷的措施更为明显。其中尤以顺治九年、十一年、十三年、十四年，以及康熙七年、十四年和十五年这七年为突出。顺治十一年户部奏称：“钱粮乃国家经费所赖，兵民命脉所关，不容少缺。……州有知州、州同、州判吏目，又有学正一员、训导二员，共七员，每年俸薪经费衙役工食共银二千一十一两零……酌量裁汰，将所裁钱粮于紧要处养赡满洲兵丁，似可有裨于国计矣。”[②]顺治十三年（1656 年）九月遵旨会议，“应裁直省每年存留银两……凡裁银七十五万三千六百三十四两六钱，以济国用。”[③]此次删减地方经费银多达 75 万两，全部收归中央统一调配。清前期裁扣地方经费以充国用的比例虽然各地有所不同，但是原属地方支配的财政收入有相当部分调整为中央政府使用，却是普遍趋势。至康熙二十五年（1686 年）以后，地方存留经费基本被控制在岁入财政的 20% 以内。嘉道时期，裁减地方经费的办法仍在继续。嘉庆五年（1800 年），清廷宣称进一步减少地方存留银两：“州县征收钱粮，照依赋役全书内额编银两，分别征收。各州县详明拆封后，责成道府查核实征银两，应支官俸、役

① 萧一山：《清代通史》卷中，北京：中华书局，1986 年，第 358 页。
②《清世祖实录》卷八十四，顺治十一年六月癸未，北京：中华书局，1986 年影印本。
③《清世祖实录》卷一百三，顺治十三年九月辛未，北京：中华书局，1986 年影印本。

食、驿站、夫马、祭祀、孤贫等项银两，由各州县自行支留，余存银两，即行解交藩库。”[①]仍是剥夺地方财政的空间。

清廷还往往将一些本来应由政府支出的项目，责成地方垫办、挪支、设法，并逐渐演变成民间的附加税，日久则沿为国家的固定收入。如津贴，乾隆十三年（1748 年）第一次金川之役，即有津贴之名，“川省每一州县派夫六十名，里下科派津贴银两，每夫一名，竟至四、五十两之多。一夫在途或有逃亡病故，仍向本县补派，其津贴银两，亦一例重科。”[②]嘉庆元年（1796 年），据四川总督孙士毅奏称，川省津贴起自金川用兵，民间惮于远出受雇，情愿出资津贴。此后，在白莲教起义过程中，清廷为筹措军费，又加大津贴数额，“川省办理军需，虽有民间津贴之事，但所谓津贴者，止如运粮脚价以及台站夫马等类，官价不敷，则由该百姓出资帮贴”，历来办理津贴，有滥用侵渔之弊，故制定章程，以“均劳役而示公平”[③]。四川的新都、泸州、合江、江津、涪州等州县自嘉庆五年（1800 年）起征收津贴银，嘉庆七年（1802 年）征收的州县则达到 91 处。征收率一般为正粮一两，随征津贴银一两，遂使地丁钱粮加倍。道光十九年（1839 年），户部尚书何凌汉还称：“川省地丁额征六十余万两，加以津贴，较原课几增两倍，非藏富于民之义。”[④]道光以后，津贴成为正式的附加税。

清代的财政支出。嘉庆《大清会典》记载：“制天下之经费，凡国用之出纳，皆权以银，量其岁之入以定存留起运之数，春秋则报拨。凡岁出之款十有二：一曰祭祀之款，二曰仪宪之款，三曰俸食之款，四曰科场之款，五曰饷乾之款，六曰驿站之款，七曰廪膳之款，八曰赏恤之款，九曰修缮之款，十曰采办之款，十有一曰织造之款，十有二曰公廉之款。”[⑤]清廷又从财政管理的角度，将这 12 项财政支出划分为三大块：京师经费、直

---

①（清）李鸿章等纂：光绪《大清会典事例》卷一六九《户部・田赋・起运钱粮》，上海：商务印书馆，光绪三十四年石印本。
②《清高宗实录》卷三一八，乾隆十三年七月乙未，北京：中华书局，1986 年影印本。
③（清）杨芳燦等撰：嘉庆《四川通志》卷六六《食货・徭役》，嘉庆二十一年重修本。
④《清史列传》卷三七《何凌汉传》，北京：中华书局，1987 年。
⑤（清）托津等纂：嘉庆《大清会典》卷十二《户部》，嘉庆二十三年刻本。

省经费和杂支。京师经费包括：京师王公百官俸银，兵饷，盛京热河围场、东陵、泰陵各官兵俸饷，外藩王公俸饷银，内阁等处饭银、吏部、礼部的养廉银，京官公费饭食钱，内务府、工部、太常寺、光禄寺、理藩院备用银，宝泉宝源局料银，在京各衙门胥役工食等，各项支出均有数额。直省经费主要靠地方存留银两支领，如有不敷本省经费者，则由户部于邻省拨济。除此之外的支出，均为杂支，如贞节费、选秀女费用、差费、西藏驻防官兵费用等。总体来说，清代财政大致可分为皇室经费、宗室和官吏俸禄、兵饷、驿站经费、科场学校经费、河工塘工经费。与军费等临时性开支相比，这些都属于财政上的常例支出。

清廷每年财政支出的大项是王公百官俸饷、兵饷、河费及驿站费。据魏源统计，清廷岁出之数，满、汉兵丁 80 余万，实支饷、米、草、豆银 17 037 100 两有奇；王公百官俸 938 700 两；文职养廉 3 473 000 两，武职养廉 80 余万两；满、汉兵赏恤银 30 余万两，八旗添设养育兵额缺银 422 000 余两；各省学校廪粮、学租银 14 万两；驿站钱粮银 200 万两；漕船 5688 号，十年更造一次，每船开销料银 208 两，每十年约需银 120 万两；赎回旗丁屯卫田，官佃收租津贴疲丁，“岁不下数十百万”；赎回旗人旧圈地，归官收租，于岁终分赏旗兵一月钱粮，约岁需银 38 万两；河工岁修银，东河 80 万两，南河 300 余万；宗室俸米无定额，京官各衙门公费饭食银 143 000 两有奇；外藩王公俸银 128 000 两；内务府、工部、太常寺、光禄寺、理藩院祭祀、宾客等备用银 56 万两，采办颜料、木、铜、布等银 121 014 两，织造银 145 000 余两，宝泉、宝源局工料银 107 670 两；在京各衙门胥役工食银 83 330 两，京师官牧马牛羊象刍秣银 83 560 两，宫殿苑囿内监 2400 余人，所食钱粮五两至一两有差，“此岁出之大数。而蠲赈、蠲免、普免钱粮及河灾库需意外之事不与焉”[①]。当然，对于这些数据，还需要具体分析。

皇室经费是指皇帝和其家族开支的费用，由内务府经管，开支内容主

---

①（清）魏源：《圣武记》附录卷十一《武事余记·兵制兵饷》，北京：中华书局，1984 年，第 476 页。

要包括采办、织造和内务府的经费。这种经费，一部分是来自内务府管辖的皇帝庄田的地租，一部分是由户部指定从各省关税中解拨的税款。冯桂芬曾言："国家经费有常，惟宗禄无定额。《会典》诸书，奉恩将军以上俸数皆不录。闻近来岁支三百余万，十倍于国初，此宜与以限制者也。……至八旗生齿日繁，世复一世，尤难亿计，孳生无穷，兵额有定，其何以支？恐养之适所以窘之也。"[①]在公私财政不分的情况下，这是一笔很大的消耗，确数无法计量。

俸禄是官吏俸银、禄米和养廉的总称。清代官俸沿袭明代而稍有调整，一般是按品级发给俸禄，但文官和武官、京官与外官，都区别对待。京官收入分为俸银、禄米两种。俸银正从一品给银 180 两，正从二品 155 两，三品 130 两，四品 105 两，五品 80 两，六品 60 两，七品 45 两，八品 40 两，正九品 33.114 两，从九品及未入流者 31.52 两。每俸银一两给禄米一斛。各省文官亦照京官按品支给俸银，数额与同级京官相等，但不给禄米，而是薪银、蔬菜烛炭银、心红纸张银、案衣什物银等项。其中俸银是个人和家庭的私人消费开支，其他各项皆属办公经费。

清代官员的俸饷是很低的。由于官员俸禄过低，带来一系列问题，才最终引发雍正时期的推行养廉银制度。[②]据《嘉庆道光两朝上谕档》道光六年（1826 年）十月初一日之《各省将军、都统、副都统、总督、抚提镇藩臬岁支养廉银数清单》可知，所涉及的 184 名地方官员共实支养廉银 756 931 两，人均 4092 两。

官吏俸银、禄米和养廉合计，是一项巨大的开支。据嘉庆十七年（1812 年）奏销统计可知，当时的官俸银支出为 191.4 万两，文职养廉银为 284.1 万两，绿营养廉为 135.3 万两，驻防八旗养廉银约 5.2 万两，总数约为 616 万余两。除此之外还有禄米，每年禄米开支大致在 95.7 万石左右。[③]

① （清）冯桂芬：《校邠庐抗议》卷下《节经费议》，见《续修四库全书》之《子部・儒家类》，上海：上海古籍出版社，2013 年，第 524 页。
② （清）李鸿章等纂：光绪《大清会典事例》卷二五一《户部・俸饷》，上海：商务印书馆，光绪三十四年石印本。
③ （清）托津等纂：嘉庆《大清会典》卷十二、卷十三《十七年奏销册》，嘉庆二十三年刻本。

兵饷历来是中国传统社会最大的支出项。清代军队主要包括八旗和绿营，八旗在京师和各省都有驻防军，绿营主要维持地方治安。较于明代，清代“兵之数，非不多矣，养兵之费不可谓不广矣。司农计一岁之半以饷军，识者以为病，虽其如此而竭力从之，不敢有所变易”。①绿营将领在顺治初年仅支领俸银与薪银两项，后增加蔬菜烛炭银、心红纸张银和案衣什物银三项。乾隆十八年（1753 年），因食俸标准混乱，将绿营武官大小衔裁除，改为按品定俸，同时裁撤案衣什物银。表面上看，绿营官员收入较八旗要高，但因八旗将军另有旗地，以及支领养廉银，合起来较绿营又为优厚，所以在军队中也显示了民族歧视。

普通兵丁的兵饷亦有严格标准，如禁旅八旗，“前锋、亲军、护军、领催、弓匠长月给饷银四两，骁骑、弓匠、铜匠月给饷银三两，皆岁支米四十八斛。步军领催月给饷银二两，步军一两五钱，铁匠一两至四两，皆岁支米二十四斛。炮手月给饷银二两，岁支米三十六斛。由觉罗补前锋、亲军、护军者，月加饷银一两。养育兵月给银一两五钱，不给米。”②历朝绿营军队规模，大约 57 万至 66 万之间，连八旗军队合计，全国兵数约在 86 万左右。雍正五年（1727 年）奏销统计，全国兵饷岁需银 1390.9 万两，米麦豆共 318.5 万石，马匹草料 643.4 万束。其后旗绿额饷约 2000 余万两，占全年财政收入的一半左右。

驿站是传递公文和军事命令的机构，遍布全国各地，数目不下数千处，兼具军政与民政性质。驿设立于各省腹地，隶属于各厅州县管，或设驿丞专管，专门投递中央和各省以及各省之间的公文文件。站则专门传递军报，设在八旗驻防所在地。在没有新式交通工具以前，驿站是当时传递公文最快捷的方式，公文上写有“马上飞递”的日行 300 里，写有“紧急公文”的日行 500 至 600 里不等。驿站的经费支销，有驿夫工食银、工料银、

① （清）孙鼎臣：《畚塘刍论》卷二《论兵二》，咸丰九年刊本。

② （清）李鸿章等纂：光绪《大清会典事例》卷二五四《户部·俸饷》，上海：商务印书馆，光绪三十四年石印本。

牛马价银、船价银、雇船雇夫价银、杂支银等项。驿站经费的支销列入地方财政“杂支之款”项下，一般在地方存留地丁银内坐支，“如遇钱粮蠲缓及有驿无征与额征不敷之州县，在藩库地丁银内拨给。每岁支销银两，按察司会同布政司造册详请题销，由兵部核复具题。”[①]每年清朝政府要为驿站拨付的经费，大约控制在200万两以内。

嘉庆道光时期，驿站弊端日趋严重，但统治者拿不出更好的办法来整顿，只能听之任之。道光帝对即将出任四川按察使的张集馨说：“驿站是臬司专责，四川界接西藏，文报尤为要紧。近来驿站马匹，多不足额，汝在省办事，固不能无故出省，即路过点查，亦恐查验不出。我说句文话你听，州县一闻验马，早已挹彼注兹；我再说句俗话你听，早已东挪西掩。汝即委员抽空往查，委员回省也是欺饰。我倒有一定主见：汝竟不必查点，遇有文报迟延者参奏一二员，自然知所儆惧。”[②]可见连最高统治者都已经束手无策了。

科场学校经费主要用于科举和学校。科举是开科取士和选拔文武官员的考试制度，在各省举办乡试，在京师举办会试、殿试，考选举人、进士，然后发放各部或外省录用，每年科场经费大致在30万两左右。清代最高学府国子监，是进士、举人、贡生、监生、八旗俊秀和各省选拔的廪生、增生学习的地方。八旗设有专培养八旗子弟的学校，如八旗官学、东陵官学等。各省府州县也设有府学、县学等，经费来源于学田的地租。据张仲礼统计，太平天国运动爆发以前，除国子监、省书院外，各类官学总数为1741个，学额为25 089个，入学人数则更多，估计科场学校经费，每年支出至少为100万两。[③]

河道经费是财政支出的重要组成部分。江防岁修工程，有“官工”与

---

①（清）席裕福等纂：《皇朝政典类纂》卷一五八《国用五·用额》，光绪二十九年铅印本。
②（清）张集馨：《道咸宦海见闻录》，道光二十七年八月二十二日，北京：中华书局，1981年，第87页。
③ 张仲礼：《中国绅士》，上海：上海社会科学院出版社，1991年，第141页。

“民工”两种。官工有定款，民工由百姓摊征兴修。海防工程有石塘、柴塘、土塘等名目，亦称塘工，主要集中于江、浙沿海一带，以防海潮冲击。海防有岁修之制，每年大汛之后兴修，经费由该省拨解，由管事官员报督抚咨部题销。治江工程则有“岁修”“抢修”等名目，工程分为堤、坝、埽、闸、涵洞、坦坡等数种。如果新增工程不在岁修、抢修常例之内，则称“另案”，而河江决口时须专案奏明办理的工程谓之“大工”。岁修、抢修为河工的经常费用支出，各河每年都有指定的数额支出款项；另案和大工虽不定期但为主要支出。乾隆时期，岁修工程一般规定每段用银数千两至一、二万两，抢修规定每段用银五百两至一千余两。清代河工开支巨大，仅据《清史稿·食货志》所记载的大型河工开支 12 项，花费白银就高达 1.24 亿两，平均每项开支为 1000 万两。塘工也是另一笔大支出，据记载，雍正年间岁修银每年约 24 万两，大修每次用银约数百万两。河工和塘工两项合计，每年支出银 400 万两左右。

除了上述六大项外，还有祭祀、仪宪、赏恤等项杂支，估计每年约需银 50 至 60 万两。另外，户部每年还要拨银 100 至 120 万两以供盛京、吉林等处专项支销。

清初财政非常困难，当时用兵略定各省，军事行动较多，军饷开支大，岁支常浮于入。顺治八、九年间（1651—1652 年）岁入仅为 1485 万两，岁出之数则为 1570 万两。[①]

顺治十三年（1656 年）以后，“又增加至二千万，嗣后又增至二千四百万，时额赋所入除存留项款外，仅一千五百六十万，饷额缺乏至四百万，而各项经费犹不与焉，国用之匮乏，盖视前代为独甚。”[②]故约略计算，正与王庆云的说法相吻合：“终世祖之世，岁支常浮于入。”[③]由于入不敷出，

①《清世祖实录》卷八十四，顺治十一年六月癸未，北京：中华书局，1986 年影印本。
②（清）张玉书：《张文贞公集》卷七《纪顺治间钱粮数目》，乾隆五十七年刻本。
③（清）王庆云：《石渠余纪》卷三《纪会计》卷三，台北：文海出版社，1966 年，第 292 页。

军费拖欠的情景时有发生。顺治八年（1651 年）湖南驻军 15 000 余人，各色费用 365 400 两有零，迟迟不能供应，将军沈永忠激愤地奏称："缺饷已半年余，士卒啼号，征剿孔亟，何术以慰之！"①

为应对这一危机，按吴廷燮的说法，即"顺治元年，以官冗费多，京堂等缺强半裁省。三年（1646 年），裁并各府推官、各县主簿等缺。自是而后，裁并各省道府州县缺。十三年（1656 年），复以钱粮不敷裁汰冗员，为节省之法。"②当然，裁冗官只是一种手段，其他的办法还有增加赋额、铸造钱钞、裁汰官兵、捐输、圈地等。③如盐政，从顺治九年（1652 年）开始，在本已偏高的引额基础上，复征明代的"宁饷"和"滴珠"，又加引增课，结果造成盐引的进一步滞销和课额的重新摊纳。④

"天下财赋，半耗于三藩。"⑤与顺治年间情况类似，康熙朝初年相当多财力，放在平定三藩、收复台湾等军事行动上。战争结束后，清朝财政开始走上正轨，收入增加，入不敷出的局面根本改观。以顺治十七年（1660 年）和康熙四十四年（1705 年）户部银库收支和库存总数来看，顺治十七年收入只有 165.7 万两，存银 16.3 万两。而康熙四十四年收入 910.1 万两，存银达 4158.4 万两。收入增加了 5.5 倍，存银增加了 254.7 倍。康熙帝崇尚节俭，岁出相对较少，盈余不断增加。至康熙四十八年（1709 年），户部已有余银 5000 余万两。⑥恃财力充足，清廷才有"盛世滋生人丁永不加赋"的盛举。康熙六十年（1721 年），据统计"人丁户口二千四百九十一万八千三百五十九，又永不加赋滋生人丁四十六万七千八百五十。田地山荡畦地七

---

① 台湾"中央研究院"历史语言研究所现存清代内阁大库《明清档案》（张伟仁主编）第十四册，顺治八年七月十一日挂剿抚湖南将军印沈永忠：《揭报湖南亟缺粮饷请速拨济》，台北：联经出版事业公司，1986 年，第 7072 页。吴廷燮：《顺治时之财政》，《清财政考略》，1914 年校印本，中国社会科学院经济研究所图书馆藏。

②（清）吴廷燮：《顺治时之财政》，《清财政考略》，1914 年校印本，中国社会科学院经济研究所图书馆藏。

③ 参见何烈：《清咸同时期的财政》，中华丛书编审委员会，1981 年，第 41—43 页。

④ 陈锋：《清代盐政与盐税》，郑州：中州古籍出版社，1988 年，第 115—116 页。

⑤（清）魏源：《圣武记》卷二《藩镇》，北京：中华书局，1984 年，第 62 页。

⑥（清）王庆云：《石渠余纪》卷三《纪会计》，台北：文海出版社，1966 年，第 293 页。

百三十五万六千四百五十顷五十九亩有奇。征银二千八百七十九万七百五十二两有奇，米豆麦六百九十万二千三百五十三石有奇，草四百八十六万四千四十九束，茶二十九万五千五百七十引，行盐五百一十一万四千五百四十引，征课银三百七十七万二千三百六十三两有奇，铸钱四万三千七百三十二万五千八百有奇”。[①]康熙多次实施蠲免，大小名目不下500余次，户部统计，从元年至四十九年（1662—1710 年），免过钱粮银数“已逾亿万”[②]。特别是从康熙二十五年（1686 年）起，几乎每年都对一省或数省“普免”，即免征全部额赋。从康熙三十一年（1692 年）起，逐省蠲免起运漕粮一年。从康熙五十年（1711 年）起，三年之内轮免各省钱数，计共免“天下地丁粮赋新旧三千八百余万”[③]，除去历年旧欠 366 万余两，实际豁免总额 34 395 469 两，相当于当时全国的地丁收入总额。

康熙帝晚年吏治渐次松懈，康熙四十五年至五十三年（1706—1714 年），山东巡抚蒋陈錫仅吞蚀捐谷银即达 217 万两。[④]康熙四十八年至六十年（1709—1721 年），山西巡抚苏克济任内“亏空、侵蚀银两至于四百万两之多，而诈骗富户、题官受贿及一切婪赃之事，尚不在此数之内。”[⑤]刑部尚书佛格等奏：“自五十四年至六十一年止，各省八旗亏空、侵挪、贪赃等项银米谷石新旧合算现有银九百一十三万余两，米谷二百四十二万四千余石。”[⑥]加之新疆、西藏等处迭次用兵，至康熙帝驾崩时，户库已仅余银800余万两。

雍正时期，大力整顿亏空，清廉吏治，后又将钱粮耗羡提归公用，充文武官员养廉及公费所需，禁革户部杂费及各省陋规，税收出现较大幅度增加。雍正十二年（1734 年），全国地丁钱粮的征收额度基本维持在康熙末

---

①《清圣祖实录》卷二百九十五，康熙六十年十一月乙酉，北京：中华书局，1986 年影印本。

②《清圣祖实录》卷二四四，康熙四十九年十月甲子，北京：中华书局，1986 年影印本。

③（清）王庆云：《石渠余纪》卷一《纪蠲免》，台北：文海出版社，1966 年，第 65 页。

④ 中国第一历史档案馆编：《雍正朝汉文朱批奏折汇编》第 1 册，雍正元年正月二十五日，山东巡抚黄炳奏，南京：江苏古籍出版社，1989 年，第 24 页。

⑤ 中国第一历史档案馆编：《雍正朝汉文谕旨》第 1 册，雍正五年八月十三日，桂林：广西师范大学出版社，1999 年，第 279 页。

⑥ 中国第一历史档案馆编：《雍正朝汉文朱批奏折汇编》第 1 册，雍正元年六月二十六日，刑部尚书佛格等奏，南京：江苏古籍出版社，1989 年，第 575 页。

年的水平而略有上升，此年田地山荡畦地八百九十万一千三百八十七顷二十四亩有奇，征银二千九百九十万一千六百三十一两有奇，米豆麦四百七十九万三千八百二十把石有奇，草五百五十七万四千六十九束，茶三十四万三千七百十一引，行盐四百九十三万六百二引，征课银三百九十九万二千五百五十七两有奇，铸钱六万八千五百三十九万有奇。①这一时期的财政总体状况是"赋税并未加增"而"财赋充足"。户部库贮日益雄厚，为乾隆时期府库充盈奠定了良好基础。雍正初国库存银仅为800万两，中期激增至6000余万两，后因西北用兵，末年减至2400万两。②按吴廷燮的说法，雍正元年（1723年）岁入地丁银3020余万两，米豆麦412万余石，盐课征银426万，后又加耗羡300余万，关税盈余200余万，计共4000余万，而茶引杂税诸款尚不与焉，"此雍正中财政之大概也"。③

经康熙、雍正两朝的积累，乾隆时期清朝国力达于鼎盛。按萧一山的说法："不有康熙之宽大，则国脉不得而培植；不有雍正之综核，则吏治不得而澄澈；……而乾隆之治，亦正两朝垦殖之结果耳。"④稻叶君山则称："譬如农事，康熙为之开垦，雍正为之种植，而乾隆得以收获也。"⑤据魏源《圣武记》所列乾隆时期出入会计表，当时的财政收支情况如表1-4所示。

表 1-4　乾隆年间收支表

收入	库平两	支出	库平两
直省地丁	29 410 000	满汉兵饷	17 037 100
盐课	5 745 000	王公百官俸	938 700
关税	5 415 000	文职养廉	3 473 000
沿海沿湖芦课	122 500	武职养廉	800 000
鱼课	24 500	满汉兵赏恤	300 000
茶课	73 100	八旗添设养育兵额缺	422 000
落地杂税	858 000	各省学校廪粮学租	140 000
田房契税	190 000	驿站钱粮	2 000 000
云南各种矿课	81 000	漕船更新料银	120 000

①《清世宗实录》卷一百五十，雍正十二年十二月庚午，北京：中华书局，1986年影印本。
②（清）阿桂：《论增兵筹饷疏》，《魏源全集》第14册《皇朝经世文编》，长沙：岳麓书社，2004年，第526页。
③（清）吴廷燮：《雍正时之财政》，《清财政考略》，1914年校印本，中国社会科学院经济研究所藏。
④ 萧一山：《清代通史》卷中，上海：商务印书馆，1928年，第6页。
⑤〔日〕稻叶君山：《清朝全史》上卷四，上海：中华书局，1928年，第129页。

续表

收入	库平两	支出	库平两
常例捐输	3 000 000	分赏旗兵一月钱粮	380 000
漕粮	4 601 900石	河工岁修	3 800 000
新疆屯田	240 000石	京官衙门公费饭食	143 000
		外藩王公俸银	128 000
		内务府等祭祀银	560 000
		采办颜料木铜布	121 014
		织造	140 050
		宝泉宝源局料	107 670
		在京衙门胥役工食	83 330
		京师官牧马牛羊名象刍秣	83 560
		赎回旗屯津贴疲丁	数十百万两
		宗室俸米	无定额
		宫殿苑囿内监赏银	每人一至五两

资料来源：（清）魏源《圣武记》卷十一《武事余记·兵制兵饷》，北京：中华书局，1984年，第475—476页。按，魏源并未明说系乾隆何年份数据，但据《清史稿》及《清朝文献通考》来看，当为乾隆三十一年数据

当然，对于这一统计，魏源也承认："蠲赈、蠲免、普免钱粮及河灾库需意外之事不与焉"，"此皆仅举大略"①。由于财力充裕，乾隆时期的蠲免规模更超过康熙，共计普免全国钱粮四次（十年、三十五年、四十二年、五十五年）、漕粮三次（三十一年、四十五年、六十年），每次分数年轮完，还普免过官田租和各省积欠。个别省份、地区、个别事由的蠲免和豁除旧欠则数不胜数。有些蠲免已经成为定例，如"每谒两陵及他典礼，跸路所经，减额赋十之三，以为恩例"②。一再大规模实行蠲免，也从另一个方面反映了当时国家财政状况的良好。

收入有了大幅度增加，支出在此期间也发生了较大变化。首先是兵饷，随着清初以来常备军的增长而呈上升趋势。八旗在顺治年间定甲额 8 万，康熙朝增至 12 万，以后增至 20 万以至 30 万以上。绿营兵在雍乾时期

---

①（清）魏源：《圣武记》卷十一《武事余记·兵制兵饷》，北京：中华书局，1984 年，第 476 页。

②（清）吴庆坻：《蕉廊脞录》卷一《康乾普免钱粮》记载：康熙五十年，普免天下钱粮 27 854 169 两；乾隆十年，普免天下钱粮 27 940 400 两；三十年同四十二年，2759 万两有奇；五十五年，2770 余万两；六十年，27 641 900 余两，见该书第 8 页，北京：中华书局，1990 年。

已达 60 万之数，两者合计近百万，军饷在千万两以上。康熙二十四年（1685 年），统计各省兵饷为 1363 万余两；雍正五年（1727 年），统计各省兵饷为 1393 余万两。乾隆年间，少则 1500 余万两，多则 1800 余万两。

雍正、乾隆两朝屡有用兵，临时军费随之迅速增长。特别是乾隆朝，进行了多次大规模军事行动，有“十全武功”之称。这种因战争而耗费的临时性军费开支，视用兵的规模大小和时间长短而定，但都数额庞大。战争经费较多的，包括乾隆初次金川之役 2000 余万两，准回之役 3300 余万两，缅甸之役 900 余万两，二次金川之役 7000 余万两，廓尔喀之役 1052 万两，台湾之役 800 余万两。仅此六次战争经费支出即合 1 亿 5 千万两，而且这还只是就中央政府而言，为应付战争而由地方负担的差役和物资开支必然不少。

河工、海防支出，在乾隆朝也大幅度增长。清代的黄河水患，大致在顺治初年至康熙十五年（1676 年）间较为严重，因为当时战乱不已，财政困窘，朝廷无暇顾及。康熙十六年至二十一年（1677—1682 年），康熙帝任命靳辅主持治河，花费 200 余万两，以后不断有所维修，黄河水患明显减少。但到了乾隆中期以后，黄河水患再次严重起来，清廷一面治河，一面赈灾，经费支出也愈加繁重。乾隆四十三年（1778 年）闰六月，河南仪封十六堡决口，急流由睢州、宁陵、永城直接在亳州之涡河入淮，清廷“命高晋率熟谙河务员弁赴豫协堵，拨两淮盐课五十万，江西漕粮三十万石赈恤灾民”。同年十二月，河南开封府祥符县东西坝相继溃陷，明年四月，北坝复陷 20 余丈，至四十五年（1780 年）二月堵塞，“是役也，历时二载，费帑五百余万”。乾隆四十六年（1781 年）五月，黄河在睢宁魏家庄一带再次块口，清廷在堵塞的同时，“拨（江苏）藩道库银五十万两，盐课银五十万两，漕米五万石……再拨银六十万两，于被灾较重贫民分别加赈”。乾隆四十七年（1782 年）黄河在仪封以及山东一带漫口，政府组织堵塞，“自例需工料外，加价至九百四十五万三千两”①。其他如海防、江防的费用也是如此。乾隆四十六年（1781 年），大学士阿桂等奏请将仁和县西塘、海宁城东石塘七段一律改建鱼鳞石

① （清）戴衢亨等修：《清朝文献通考》卷四十六《国用考七》，上海：商务印书馆，1936 年，考 5295。

塘，四十八年（1783 年）改修海宁县老盐仓一带，前者报销帑银 789 000 余两，后者报销 539 000 余两。后经乾隆皇帝南巡亲自察看，认为工程不符要求，下令“拨给部库银五百万两，连从前发交各项帑银……予限五年，分段从东而西陆续修筑”[①]。江防最著名的是荆江大堤，雍正五年（1727 年）官府发动一次修筑，用银 6 万两，乾隆四十四、四十六年，大堤屡塌，维修费用大增，至乾隆五十三年（1788 年）六月，堤工漫溃至二十余处，清廷派大学士阿桂前往查勘，拨银 200 万从事修筑。

虽然乾隆朝铺张浪费、好大喜功之事频出，但因岁入亦较前大增，国库盈余仍能迭创新高。据统计，乾隆初年户部库银积至 3300—3400 万两。乾隆三十七年（1772 年）增为 7800 余万两。虽征大小金川，耗去军费七千余万两，乾隆四十一年（1776 年）仍存库银 7000 余万两。[②]乾隆四十三年（1778 年），库存银更是高达 8340 万两，这也是清代历朝国库存银数最高的一年，相当于当时两年的财政收入。康雍乾户部银库存数情况，如表 1-5 所示。

表 1-5 康雍乾户部银库存数（单位：两）

年份	对应公历	银库存数	年份	对应公历	银库存数
康熙六年	1667年	2 488 492	三十六年	1697年	40 639 920
十一年	1672年	18 096 850	三十七年	1698年	40 542 966
十二年	1673年	21 358 006	四十二年	1703年	38 368 105
十六年	1677年	5 307 216	四十三年	1704年	39 985 306
十七年	1678年	3 339 920	四十七年	1708年	47 184 788
二十五年	1686年	26 052 735	四十八年	1709年	43 767 904
二十六年	1687年	28 964 499	四十九年	1710年	45 881 072
三十年	1691年	31 849 719	五十二年	1713年	43 094 239
三十一年	1692年	34 255 285	五十三年	1714年	40 734 825
三十二年	1693年	37 600 663	五十七年	1718年	44 319 033
三十三年	1694年	41 007 790	五十八年	1719年	47 368 645
三十四年	1695年	42 263 516	五十九年	1720年	39 317 103
三十五年	1696年	42 628 989	六十年	1721年	32 622 421

①（清）戴衢亨等修：《清朝文献通考》卷九《田赋考》，上海：商务印书馆，1936 年，考 4939—4940。
②（清）魏源：《圣武记》卷十一《武事余记·兵制兵饷》，北京：中华书局，1984 年，第 473 页。

续表

年份	对应公历	银库存数	年份	对应公历	银库存数
雍正元年	1723年	23 711 920	十九年	1754年	37 605 422
二年	1724年	31 627 608	二十年	1755年	42 997 048
三年	1725年	40 434 744	二十一年	1756年	43 222 030
四年	1726年	47 409 780	二十二年	1757年	40 152 254
五年	1727年	55 252 933	二十三年	1758年	36 380 809
六年	1728年	58 235 780	二十四年	1759年	36 732 865
七年	1729年	60 248 747	二十五年	1760年	35 496 902
八年	1730年	62 183 349	二十六年	1761年	36 638 572
九年	1731年	50 375 953	二十七年	1762年	41 927 924
十年	1732年	44 392 848	二十八年	1763年	47 063 610
十一年	1733年	37 933 747	二十九年	1764年	54 273 814
十二年	1734年	32 503 428	三十年	1765年	60 336 375
十三年	1735年	34 530 485	三十一年	1766年	66 613 127
乾隆元年	1736年	33 959 624	三十二年	1767年	66 501 052
二年	1737年	34 385 138	三十三年	1768年	71 823 888
三年	1738年	34 858 478	三十四年	1769年	76 222 877
四年	1739年	32 588 478	三十五年	1770年	77 299 736
五年	1740年	30 485 876	三十六年	1771年	78 940 001
六年	1741年	31 463 539	三十七年	1772年	78 740 262.4
七年	1742年	32 746 752	三十八年	1773年	68 677 071.2
八年	1743年	29 121 104	三十九年	1774年	73 905 610.5
九年	1744年	31 902 518	四十年	1775年	64 957 273.5
十年	1745年	33 170 655	四十一年	1776年	74 662 671.4
十一年	1746年	34 633 177	四十二年	1777年	81 824 043.7
十二年	1747年	32 363 404	四十三年	1778年	83 408 014
十三年	1748年	27 463 645	四十四年	1779年	75 042 230.5
十四年	1749年	28 073 043	四十五年	1780年	75 474 893.9
十五年	1750年	30 796 177	四十六年	1781年	76 875 691
十六年	1751年	32 493 786	四十七年	1782年	76 176 568.1
十七年	1752年	38 630 287	五十九年	1794年	71 474 457.9
十八年	1753年	39 870 397	六十年	1795年	69 391 989.6

资料来源：康熙至乾隆三十六年银库数见中国第一历史档案馆编《乾隆朝上谕档》第七册，北京：中国档案出版社，1998年，第97—101页，乾隆三十七年七月初六日。乾隆三十七年以后数据见经济研究所抄档及中国第一历史档案馆存户部黄册

将表 1-5 内容转化为图例则如图 1-1 所示。

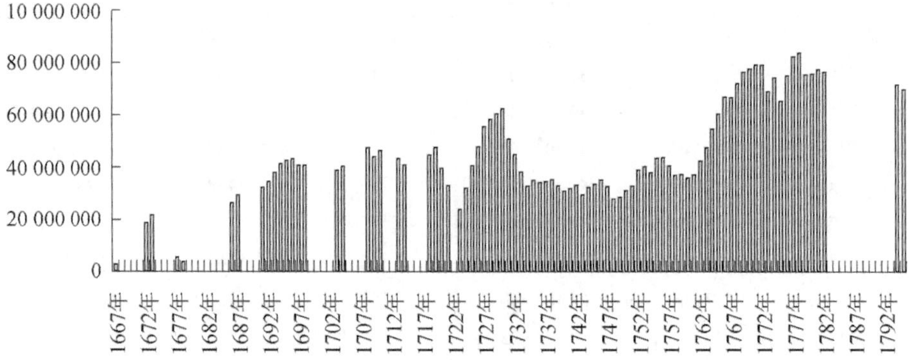

图 1-1　1667 年至 1795 年间的户部银库存数（单位：两）

由图 1-1 可以看出，康雍乾时期的财政收支一直保持着较好的状态，户部银库积存数长期处于高位，成为社会经济发展繁荣的重要标志。乾隆六十年（1795 年）的库存银数为 69 391 391 647 两，钱数为 38.31 千文，这也是康雍乾时代留给嘉道的财政遗产。

二、嘉庆道光年间的财政收支

笔者将嘉道时期的财政状况，概括为“有量变而无质变”，即虽然有所变化和调整，但仍然牢牢局限在农业型财政框架体系之内，地丁钱粮占据财政收入的主导地位，商业税收的比重非常低。

（一）收入

地丁钱粮。嘉庆朝的地丁钱粮，一般以《史料旬刊》中所载《汇核嘉庆十七年各直省钱粮出入清单》所提供的嘉庆十六、十七年的数据为准。[①]梁方仲先生曾根据《嘉庆重修一统志》对嘉庆二十五年（1820 年）的额征田赋数（地丁正杂银及米粮）做过统计。[②]不过需要指出的是，梁先生系将米、米麦、米豆、谷、南粮、漕粮等统归入米栏；而豆、麦、粟米、高粱、榛栗、

① 《汇核嘉庆十七年各直省钱粮出入清单》，故宫博物院文献馆：《史料旬刊》，第二十二期至三十期，1931 年 1—3 月，京华印书局。

② 梁方仲：《中国历代户口、田地、田赋统计》，上海：上海人民出版社，1980 年，第 401—413 页。

青稞、佔种等或单写“粮”字的均入粮内。这两份材料是研究嘉庆朝地丁收入的资料起点。谈到道光时期的地丁钱粮，研究者一般会引用王庆云《石渠余纪》的数据。[①]王庆支的数据影响较广，但清代的田赋征收极为复杂，王庆云的统计数据存在着两个问题：其一，田赋征收包括本年度应征的额征数（被称为“新赋”），还应包括带征以往年份拖欠的部分（被称为“旧赋”）。而不管是新赋还是旧赋，均会分为额征数、蠲缓数、实征数、已完数和未完数儿部分，随着田亩数量、自然灾害等情况的变化，这些数据每年均会有调整，而不可能数年保持一致。王庆云表中的“旧额”和“现额”，其准确性是值得怀疑的。其二，当时各省的钱粮奏销，地丁、杂赋、耗羡、漕粮、屯赋（归并州县的卫所钱粮）是分别奏销的，各有报册。其中地丁、杂赋由州县而府而布政司造册奏销；耗羡原不入奏销，乾隆中以后另册单独奏销，户部湖广司掌核之，不与地丁正额混同；漕粮由粮道而漕督奏销；屯赋归州县征收者虽由布政司奏销，但另外造册，不与普通民赋地丁混同。而王庆云的表格并未说明这些数据所对应的类型。

笔者曾根据中国社会科学院经济研究所收藏汤象龙等人整理的关于道光时期各省地丁钱粮奏销抄档，对这一时期的地丁（正项）征收情况做一统计，如图 1-2 所示。

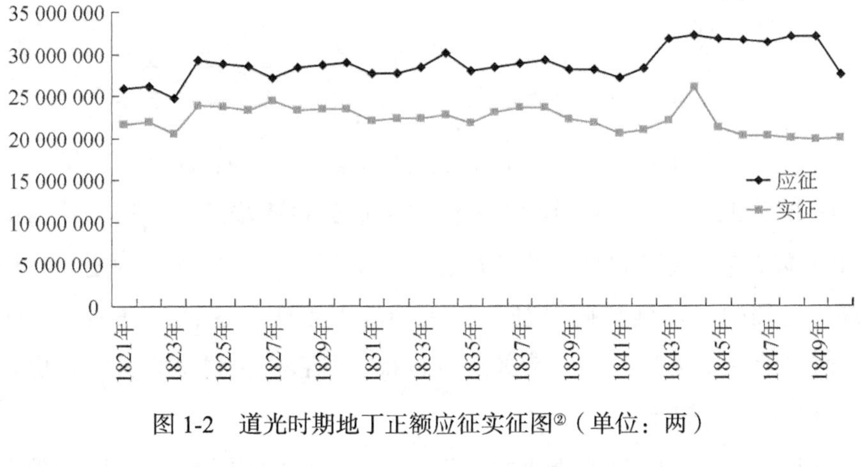

图 1-2 道光时期地丁正额应征实征图[②]（单位：两）

① (清) 王庆云:《石渠余纪》卷三《直省地丁表》，台北：文海出版社，1966 年，第 283—287 页。
② 参见倪玉平:《清朝嘉道财政与社会》，北京：商务印书馆，2013 年，第 383—402 页。

图中曲线上线为应征数，下线为实征数。从示意图可以看出，道光朝的地丁应征数，在鸦片战争前，基本保持平衡，波动较小；在鸦片战争后则有所增加，估计当与政府开支增加而减少了相关蠲免的情况有关。实际征收数则保持在 2000—2500 万两之间浮动，略微有下降的趋势，这当然与当时百姓的支付能力、吏治水平有密切关系。

漕粮。漕粮是清廷最大的一笔实物收入。笔者曾搜集了三组与漕粮相关的数据，一组是有关征漕六省的实际漕粮（江浙含白粮）完兑数据，一组是各省漕粮起运数据，一组是各省漕粮实际到通州的数额。各组数据相互联系，但又各有明确的定义。显然，各省漕粮完兑数要大于漕粮起运数，漕粮起运数又要大于实际到通数。为求百姓的实际财政负担，当以各省漕粮完兑数为佳；为求清廷的漕粮收入实数，又当以交付通州数据为佳。漕粮交通曲线情况，如图 1-3 所示。

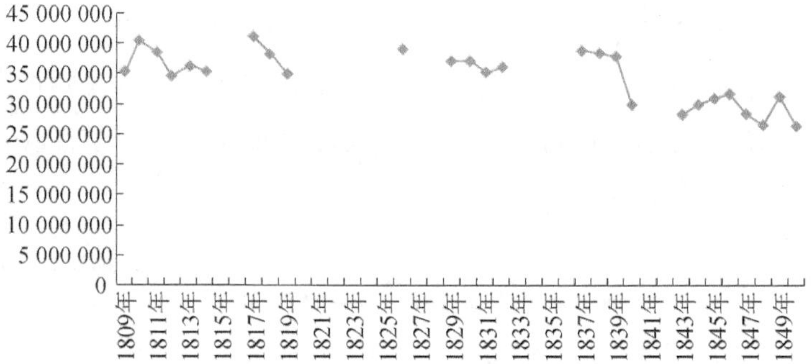

图 1-3　嘉庆道光时期漕粮运通示意图①（单位：石）

从上图可以看出，嘉道时期的漕粮运通数在逐步减少，这当然与道光后期的频繁自然灾害和百姓的纳税能力下降相关。需要指出的是，在征收漕粮的过程中，清廷会随带征收相关的漕羡银两，这也是一笔巨大的开支。而与漕运相关的开支，诸如运丁行粮、月粮、免税土宜等等，更是无法确知其实数的糊涂账。

盐课。嘉道时期关于盐课的征收，在现有研究成果中，有两种数据常

① 中国社会科学院经济研究所藏抄档：《清代黄册·户部仓场类》第二三、二四册。

为研究者所引用。第一种是《汇核嘉庆十七年各直省钱粮出入清单》(以下简称“嘉庆《清单》”)。[①]据嘉庆《清单》可知，十六年直省岁入银 43 501 076 两，盐课收入占总收入的 14.36%；十七年直省岁入银为 44 969 056 万两，盐课收入占总收入的 12.89%。另一种数据则是王庆云《石渠余纪》所记载的数据。按王庆云在该书卷四《直省盐课表》中称，直省的盐课共分为五类：灶课，通额征 642 703 两有奇；引课，通额征 4 061 545 两有奇；杂课，通额征 2 654 723 两有奇；税课，两广贵州额征 60 510 两有奇；包课，通额征 56 398 两有奇。以上合计岁征 7 475 879 两有奇。[②]另据王庆云《石渠余纪》卷三所载《直省岁入总数表》可知，道光二十一年（1841 年）直省总收入为 38 597 750 两，盐课收入占 12.85%；二十二年（1842 年）总收入为 38 715 044 两，盐课收入占 12.87%；二十五年（1845 年）总收入为 40 612 280 两，盐课收入占 12.49%；二十九年（1849 年）总收入为 37 010 019 两，盐课收入占 13.47%。如果结合嘉庆年间的《清单》情况来看，大致可以推测，当时的盐课收入占直省收入（未包括捐纳、报效等例外收入）的 10%—15%。

关于这一时期的具体盐课收入，笔者对于嘉庆《清单》及王庆云所提供的精确数据始终持怀疑态度，故亦曾搜集过一些材料。先来看嘉道时期两淮地区的行销引数情况。众所周知，实际行销盐引数与征税多少密切相关，在两淮地区，湖南、湖北（前者额行 220 316 引，后者额行 559 616 引，两合称湖广）额定行销盐引 779 932 引；江西额定行销盐引 270 291 引（自嘉庆十六年开始，新增饶岸盐引 7000 引，故变为 277 291 引），淮南食盐口岸及安庆、池州、太平三府额定行销盐引 338 285 引，淮北 264 838 引。在有关嘉道时期盐引销数成序列的数据中，湖广、江西和淮南食盐口岸及安庆、池州、太平三府的数据最为丰富。当时淮南销引情况如图 1-4 所示。

---

① 《汇核嘉庆十七年各直省钱粮出入清单》，故宫博物院文献馆：《史料旬刊》，第二十二期至三十期，1931 年 1—3 月，京华印书局。

② （清）王庆云《石渠余记》卷五《直省盐课表》，台北：文海出版社，1966 年，第 470 页。

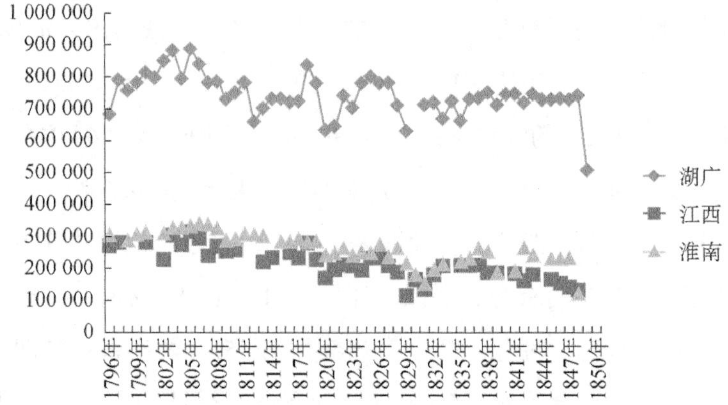

图 1-4　嘉庆道光时期淮南销引示意图[①]（单位：引）

从示意图看，湖广的行销引数较为平衡，而江西和淮南（口岸部分）则有较为明显的下降趋势。不过，必须指出的是，道光十一年（1831年），经两江总督陶澍奏准，淮南引盐原额每引344斤，叠加至384斤，至此年开始再加至412斤，故分析销盐引数的变化，还必须考虑到盐斤数量，否则就会失去意义。

据中国社会科学院经济研究所藏抄档《清代黄册·户部盐课类》，可知两淮、浙江地区盐课在嘉道时期的征收情况，如图 1-5 所示。

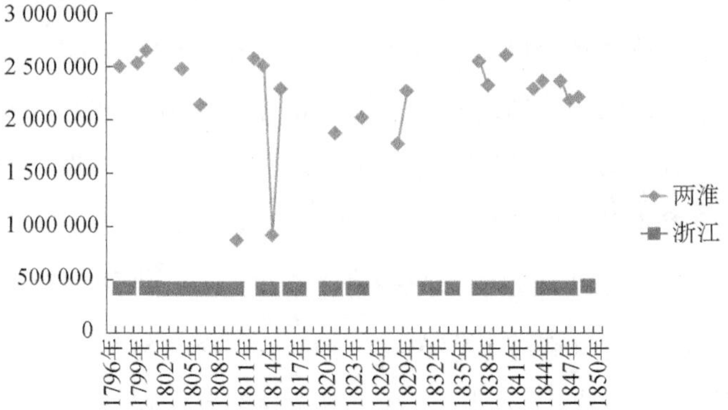

图 1-5　嘉庆道光时期两淮、浙江盐区征课示意图[②]（单位：两）

通过以上示意图亦可以看出，浙盐走势比较平稳，而淮盐则发生过较

① 倪玉平：《嘉道财政与社会》，北京：商务印书馆，2013 年，103—109 页。
② 中国社会科学院经济研究所藏抄档，《清代黄册·户部盐课类》第七至三十三册。

大波折，其中嘉庆后期一度有较大变化，但总体上却没有走下坡路。考虑到淮盐与浙盐在全国盐税中的地位，嘉道时期全国的盐税走势可以想见。当然，以上两组数据还不能说明全部问题，嘉道时期精准的盐税收入，对于今天的我们来说，恐怕已是一笔糊涂账了。

关税。由于在嘉道时期的财政收入格局中，田赋、漕粮、盐课及杂税基本稳定，只有关税发生过较大波动，且一般论者皆以关税的变动来论证商品流通及市场调整。目前关于榷关的资料浩如烟海，考虑到连嘉庆《清单》及王庆云《石渠余纪》这样非常有史料价值的资料都存在着很大的问题，[①]所以笔者在统计嘉道时期各关收入的时候，主要以藏于中国第一历史档案馆的《宫中档朱批奏折·财政类·关税》(胶片号 20、21)、《军机处录副奏折·财政类·关税项》(胶片号 126、218—219)、《户科题本·税课类·关税》、中国第一历史档案馆编《嘉庆道光两朝上谕档》[②]，以及20世纪30年代由汤象龙等人主持整理的《清代关税收支报告表(第六册)》(现藏中国社会科学院经济研究所图书馆)为准。嘉道年间关税收入情况，如图 1-6 所示。

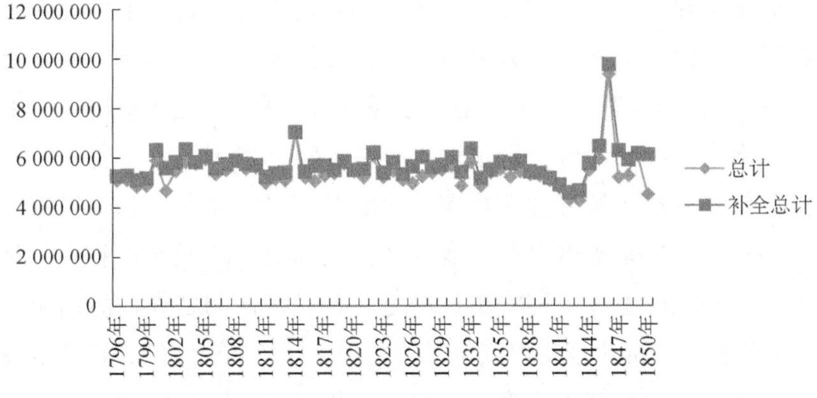

图 1-6　嘉庆道光年间关税收入示意图[③](单位：两)

① 参见倪玉平：《〈汇核嘉庆十七年各直省钱粮出入清单〉所载关税额辨析》(《历史研究》2008 年第 5 期)、《王庆云〈石渠余纪〉所载道光关税额辨析》(《近代史研究》2008 年第 5 期)。

② 中国第一历史档案馆编：《嘉庆道光两朝上谕档》，桂林：广西师范大学出版社，2000 年。

③ 倪玉平：《清朝嘉道关税研究》，北京：北京师范大学出版社，2010 年，第 151—161 页。

附加税是政府规定各关在征收正额、盈余之外加征的银两，包括火耗、并平、平余、饭食、笔墨、纸张、解费等名目，诸如九江关之平余、闽海关之并封、罚俸等，名目不同，实质一样，但为求中央所收正额之实际情况，在统计时一并略之。闽海关每年奏报的琉球贡船之漂失、免税等问题，亦做如此处理。可见实际征税要多于奏销数据。[①]

除了上述地丁、漕粮、盐课及关税外，杂税也是一笔较为稳定的开支，每年所入当在100万两以上。可惜受限于资料，目前还无法对嘉道时期的杂税做一较为客观准确的统计。

除常规收入外，大开捐例与商人报效，也是清朝财政得以维持的重要支柱。捐纳历史悠久，即鬻官卖爵。清朝捐纳始于顺治年间，顺治时期捐纳人数少，纳银有限，仅限于得到应试资格，或入仕优先，但不能立即入仕。康乾时期，已经开始捐纳实职。康熙初年，戡定三藩，发帑行师，度支不继，廷臣请开事例捐输，“开例三载，所入仅二百万有余，捐纳知县至五百余人”。[②]以后捐纳逐步推广。嘉庆初年对于开捐有所顾忌，嘉庆元年（1796年）正月，因御史奏开捐例，上谕：“朕以捐例本非善政，恐无实济，而徒滋滚弊”，“其请暂开捐例者，亦未能确计其足裨国用。因派曹振镛、托津、铁保、英和等四人另行妥议。旋据英和单衔具奏，极言捐例之弊”。而曹振镛则以暂开捐例为请，于是嘉庆帝称：“现在军需、河工各项动用，均出常年经费之外，国家度支有常，实不能不预为筹备。斯时既别无善策，姑照所请，暂开豫东事例，此朕万不得已之举，非以捐纳为必可行也”，各大臣果有真知灼见，能为裕国之策者，“立能济军需、河工之用，奏上时朕采取施行，即将捐例停止。若只言捐例之弊，而别无良策，其言皆朕所稔知，无庸虚陈奏渎也”。[③]嘉庆三年（1798年），清廷定鬻官之制，中央朝廷自户部郎中主事，地方自知州知县，皆有定价。此后，因军需、河工开支庞大，不得不屡开捐纳。自此捐纳更为泛滥。

---

① 根据邓亦兵的研究，清代各关的附加税占正额部分的11%—24%，“应该是比较低的”。参见邓亦兵：《清代前期关税制度研究》，北京：北京燕山出版社，2008年，第173页。

②（清）陈康祺：《郎潜纪闻初笔》卷二《开捐之始》，北京：中华书局，1984年，第26页。

③（清）刘锦藻：《清朝续文献通考》卷六九，光绪三十一年铅印本，考8257。

捐纳分为两种：常开事例和暂开事例。常开事例是指一般俊秀文武生捐纳贡生监生职衔，内外官员捐加级记录，复降革原衔和平民捐请封典等。常开事例中最重要的为捐监事例，人人皆可报捐。这是一项经常性收入，每年约可得银 300 万两。

暂开事例是对某一事件或某一问题的筹款办法，事过境迁即行停止，或给以一年两年的时限，在此期间内以捐款作指定的用途，但可以捐实职（文职京官自五品郎中以下，外官自四品道府以下，武职自三品参将、游击以下均可捐纳）。嘉庆十九年（1814 年），英和称大捐为权宜之计，本朝屡经举行，嘉庆年间业已五次，川楚例收银 2100 余万两，工赈例收银 700 余万，衡工例收银 1100 余万，议叙例收银 120 余万，较之初次开捐只二十分之一比例，节次展限，延至三年，得银 600 余万。[①]又如道光三年（1823 年）为筹措直隶水利经费，令浙江、江西、湖南、江苏、广东五省开办捐监，所收捐银均非少数。道光七年（1827 年）的捐纳，系因新疆张格尔叛乱所致，结果从七年正月开印日起至六月二十八日止，共收捐项银 300 余万两；后经奏明，将收呈期限展至十月底，自六月二十九日起至十月二十日止，又收银 400 余万两，连前共收捐项银 750 余万两。[②]道光八年（1828 年）西陲善后，甘肃开办二卯事例，在十个月中收捐银 1 591 027 两，平余银 63 643 两。仅是从这些枯燥的数据中，亦可以想见它们对于军需的重要性。

据汤象龙的研究，嘉庆朝在二十年中捐监收入达 4000 余万两，平均每年不下 200 余万两，其中以广东、江苏、江西、浙江捐款最多。道光朝开捐 30 年，各省捐监数合计 3380 余万两，平均每年 138 万余两，以江苏、广东、江西、浙江捐款最多。道光朝捐纳总数及年平均数额均低于嘉庆年间，“说明道光时期的捐纳处于衰落时期”。[③]当然，捐监只系捐纳的一种，全部捐纳收入究竟有多少，恐怕已经成为不大容易解开的谜团。不过，关

① （清）英和：《恩福堂奏稿》，手抄本，中国社会科学院近代史研究所图书馆藏。

② 不著撰者：《道光七年捐纳》，中国社会科学院近代史研究所图书馆藏。

③ 汤象龙：《道光朝捐监之统计》，《社会科学杂志》第二卷第四期，1931 年；汤象龙：《中国近代财政经济史论文选》，成都：西南财经大学出版社，1987 年。

于捐纳占全部财政收入的比重，却可以从另一途径来了解，即户部银库收入中的捐纳比重。户部为了管理全国的捐输事例，特设捐纳房主其事，各省所收捐银除由户部指定用途外，余款都拨捐纳房。根据清代各朝户部银库的统计可知，捐纳房的进入银数非常大，如自雍正二年至道光二十二年（1724—1842 年），捐纳房收入的银两共达 182 590 986 两，相当于六年田赋总和。[①]捐纳对财政的支撑作用，已经由前期的主要弥补军需和河工，逐步演变为补充国库的日常性事务开支。

与捐纳相对应的，则是报效，这是清廷为解决财政困难而对商人采取的一种勒索。即以财力最为富裕的盐商为例，仅根据陈锋的统计，乾隆至嘉庆时期的盐商报效银，即多达 65 001 491 两，其中最大的用途是军需报效，其次是河工报效，又其次是助赈。[②]这说明在解决统治者财政困难方面，商人报效发挥了很大的作用。

盐商报效是当时平衡国家财政的重要措施，在盐商报效的同时，食盐的价格也在不断上涨，从而变相地将负担转嫁到消费者头上。嘉庆十四年（1809 年），大臣奏请盐斤加价，“查盐斤一项，乃民间日用所必需，而每口月食不过三钱，请于现在盐价每斤酌加三厘，统计两淮、长芦、河东、两浙、两广、福建、陕西、甘肃九处，统计每年共可得银四百余万两，似与民生无损，而经费少充，实于要工有裨”。嘉庆帝表示同意：“惟是近年以来，河患频仍，如海口、运口及高堰堤坝等处要工，层见迭出，需用浩繁。国家经费有常，岂能尽供工用，势不得不设法调剂”，“奏请酌加盐价以备工需，朕思盐斤一项，虽出之于民，而与加赋少异，似与闾阎生计不致大碍”[③]。此后，盐斤加价一直得到使用。康乾时期，盐商报效较为盛行，嘉道时期则已衰落，变成“今之运商名为报效，实则分年带销，无从年清年额，逋欠累累，不下千百万，有虚名而

① 罗玉东：《中国厘金史》，上海：商务印书馆，1936 年，第 6—7 页。
② 陈锋：《清代盐政与盐税》，郑州：中州古籍出版社，1988 年，第 220 页。
③《清仁宗实录》卷二〇六，嘉庆十四年正月乙丑，北京：中华书局，1986 年影印本。

无实济”[①]。到后来，商人不仅无力为河工、赈济报效，就连军需报效也是“劝输摊派”。嘉道时期盐商报效还出现了“借帑报效，分纲纳还”的现象，商人所捐之款并未上交，先由地方藩库垫支，最终导致捐款与藩库正项钱粮混杂的局面。

（二）支出

清前期财政支出较为平稳，到嘉道时期，这种状况开始发生变化，各省虽力节经费，但支出增长的趋势却无法扼制。如道光三年（1823 年）上谕：“户部奏请敕各直省力节经费，不得例外请支等语。国家出纳岁有常经，所入银数果能全行征解，即除岁出之数，本有盈余。兹据该部接近三年比较开单呈览，综计岁入每年多有缺少，实缘定额应支之款，势不能减，其无定额者又复任意加增。似此纷纷陈请，将来遇有要需，必致无从筹拨。嗣后著各直省督抚率同该藩司实力钩稽，不得任意动垫，尤不得违例格外请支。至于地丁各款，全完省分甚少，皆因不肖官员以完作欠，惟在地方大吏认真考核督催，力除积弊。此外盐务如何畅销，引课、关税如何定额无亏，以及铜铅如何不致短绌，均令各该管上司力矢公忠，劝惩严明，以收实效。总期澄源截流，撙节糜费，初非与官民言利也。”[②]大致而言，嘉道时期的支出呈现出定额不敷，实际需求膨胀的局面，而这种变化的关键，则在军费和河工。

军费。清初兵额有限，以后逐步扩大，从乾隆四十六年（1781 年）扩增兵额，到嘉庆十七年（1812 年）八旗兵扩至 27 万余人。清代中期八旗兵额增加的原因，除了伊犁、乌鲁木齐、巴里坤、古城、吐鲁番增设驻防八旗外，还由于大量增设养育兵。如属于京城禁旅的八旗骁骑营，嘉庆年间的兵额为 80 441 人，其中养育兵为 26 872 人，占兵额的 1/3；再查得骁骑营中镶黄旗满洲兵额为 4481 人，其中养育兵达 2204 人，占兵额的 1/2。与八

① （清）郑祖琛：《更盐法》，《魏源全集》第15册《皇朝经世文编》，长沙：岳麓书社，2004年，第651页。
② 中国第一历史档案馆编：《嘉庆道光两朝上谕档》第 28 册，道光三年三月初五日，桂林：广西师范大学出版社，2000 年，第 88—89 页。

旗相对应的则是绿营兵，人数也在 60 万左右。[①]王庆云表示："天下之田七百九十余万顷，岁供地丁银三千二百余万两。通上中下地计之，是一顷出银四两也。今马兵月饷二两，加以赏恤，是七百亩之赋养一马兵，刍豆之费尚不在此数也。丁赋未归地粮以前，以每丁岁纳二钱为中，则今步兵月饷两五钱，加以赏恤，是百丁之赋而养一步兵，盐菜衣装之因事而给者尚不在此数也。养之如此其厚，徒以民出赋税以养兵，兵出性命以卫民。"[②]指出军饷开支虽然浩大，但清廷也不得不全力应付。

又据姚莹统计，乾隆四十七年（1782 年）定天下兵额，其中八旗满洲兵 59 530 名，八旗蒙古兵 16 843 名，八旗汉军兵 24 052 名。京城巡捕营兵 10 000 名，直隶省兵 39 402 名，山东省兵 17 504 名，山西省兵 25 752 名，河南省兵 11 874 名，江南省兵 48 747 名，江西省兵 13 929 名，福建省兵 62 119 名，浙江省兵 40 037 名，湖北省兵 17 794 名，湖南省兵 23 604 名，四川省兵 32 112 名，陕甘省兵 84 496 名，广东省兵 68 094 名，广西省兵 23 588 名，云南省兵 41 353 名，贵州省兵 37 769 名，以上合计近 70 万名，"东三省伊犁青海、察哈尔、西藏之数尚不在焉，通计中外盖常逾百万。"嗣后时有裁汰，犹保持在 80 余万的水平。在他看来，天下财赋所入，地丁银 29 781 693 两，耗羡银 3 490 577 两，杂税银 2 158 726 两，芦课银 270 436 两，关税银 4 427 753 两，盐课银 7 084 600 两，漕项银 2 415 584 两，茶课银 218 226 两，外捐银 190 万两，内捐银 220 万两，旗租银 51 万两，共收入银 54 457 595 两，除水旱民欠外，实入不及五千万。而官兵俸饷岁支银 1736 两，营中公费银 314 878 两，红白恤赏银 308 087 两，差兵盘费银 58 970 两，共支用银 19 406 628 两，"盖五分而去其二以养兵也，更通口外经费计之，则去其半矣"。兵数如此，实不为多，然岁支有常，而岁入民间多欠，不能如额。水旱时有蠲免，仅敷国用，偶有大事用兵，则形不足。

---

① （清）王庆云：《石渠余纪》卷二《纪列朝各省兵数》，台北，文海出版社，1966 年，第 200 页。
② （清）王庆云：《石渠余纪》卷二《纪列朝各省兵数》，台北，文海出版社，1966 年，第 202 页。

谨守成宪，永不加赋，“不得已而有捐输之例，虽名器不免猥滥，风俗人心日敝，无如何也”。[①]将捐纳报效与军费相联系，是很有见地的意见。

乾隆四十六年（1781 年），清廷曾对八旗、绿营兵进行次调整，主要包括：其一，将以前的虚额空粮改为实额，实质上是进行了扩兵。其二，对兵饷财源进行改革，将兵丁红白事件由生息惠济银支给改为正项支给，提高武职待遇与文职相同。改革的原因，不外当时国家财政充裕，而平定新疆、西藏等地后需添设驻兵，大量挑补养育兵额，亦可以以解决八旗生计。嘉庆初年，兵额继续扩大，比乾隆时期进一步增加，则主要是镇压川、陕、楚白莲教起义所致。

兵额的扩大对嘉道时期的财政产生了深远影响。早在乾隆扩兵增饷之时，大学士阿桂即预料到数十年后会发生经费困难的问题。他说：“经费骤加，不觉其多，岁支则难为继……以每年额增三百万经费而论，统计二十余年即用至七千万两。”他建议除边疆查明增添兵额外，其各省兵额“无须一律挑补。”[②]但未被乾隆帝采纳，结果成为嘉道时期的沉重财政负担。嘉庆十九年（1814 年），嘉庆帝在翻看《清高宗实录》此段内容时，曾颇有感慨地说，阿桂当日之奏，“通盘计画，逆料及数十年后经费难继，其深识远虑，亦不愧老成谋国”。阿桂奏折自所奏至今已三十余年，所用已逾所存，“设此时府库充盈，仍与昔年无异，则朕亦惟常守散财之训，岂屑緦緦计量？”假使乾隆年间库贮情形与今天相同，量入为出，“我皇考当日亦本不以阿桂之言为非”。况兵制定额已久，自增设名粮额缺以来，闻各省营伍积弊相沿，仍属有名无实，“于武备亦未能大有裨益”。他还命令大学士、军机大臣会同兵部详悉妥议，看能否恢复旧制。[③]可惜事后并无结果。

战时军费的膨胀，更是嘉道时期极为严重的现象。仍据陈锋的统计，嘉道时期各地的军费支出，嘉庆元年至三年（1796—1798 年）共拨四川军需银 1950 万两，拨陕西军需银 1250 万两，拨甘肃军需银 200 万两，拨河南

---

①（清）姚莹：《寸阴丛录》卷三《天下兵额》，中国社会科学院近代史研究所图书馆藏。

②（清）阿桂：《论增兵筹饷疏》，《魏源全集》第 14 册《皇朝经世文编》，长沙：岳麓书社，2004 年，第 526—527 页。

③ 中国第一历史档案馆编：《嘉庆道光两朝上谕档》第 19 册，嘉庆十九年闰二月二十五日，桂林：广西师范大学出版社，2000 年，第 167 页。

军需银 200 万两，拨湖北军需 2000 万两左右。嘉庆元年至三年所拨各地军需总额当在 6000 万两左右。他还认为，白莲教之役的军费不太可能达到《清史稿》说的 2 亿两，而是约为 1.5 亿两。自嘉庆七年至十五年（1802—1810 年）二月蔡牵余部请降的靖海之役，作者估计广东、福建、浙江三省军费大致在 700 万两左右。自嘉庆二十五年（1820 年）八月张格尔寇兵至道光八年（1828 年）正月叛乱平定为止的道光初年回疆之役，作者估计前后用银 1236.5 万两。道光十年（1830 年）八月张格尔之兄玉素普寇边至十一年二月息兵善后的二次回疆之役，约 900 万两。道光十二年（1832 年）镇压湘粤瑶民起义，湖南省剿办用银 488 473 两，广东 746 257 两，广西 297 000 两，共计 1 531 730 两。[①]由此可见当时战时军费开支的巨大。

镇压白莲教起义期间，一个与军费密切相关的现象是大量乡勇的存在。事后清廷曾对此进行过一次经费核销。据上谕可知，川陕楚三省军需案内乡勇支给银米，系按照随征及被贼、防堵、近贼防堵三项，酌减成数核销。或村民自相保卫，或官募分地巡防，或帮同官兵随营剿贼，虽已事隔多年，人数众多，随时开报，“非如兵丁有册档可稽”，但依然花费 2000 余万两，嘉庆帝亦认为开销过大，“实从来用兵所无”。[②]

第一次鸦片战争对清朝财政造成了巨大影响。有关鸦片战争的财政支出，主要包括三部分，即战争开支、赔款以及被英军掠夺的钱款。战争开支方面，《清史稿・食货六》记载，战争费用一千数百万两，是战时直接报部拨解的款项，但不包括战事停止后追报的款项。检索《清宣宗实录》可知，战争期间有福建报拨 134 万两，直隶报拨 89.5 万两，浙江报拨 701 万两，山东报拨 15 万两，广东报拨 420 万两，江苏报拨 100 万两，以上合计 1495.5 万两。不过，战事结束后，各省又有陆续报拨者，如道光二十三年

---

① 陈锋：《清代军费研究》，武汉：武汉大学出版社，1992 年，第 266—275 页。这里还可以补充一点线索，据《嘉庆道光两朝上谕档》嘉庆十二年九月初一日可知，湖北自嘉庆元年军兴以后，动用军需各款截至三年六月以前，作为正案报销，其自三年七月起至十年十月防兵全撤之日止，作为续案报销，核计七年的续案报销，“动支帑项不下千万”见中国第一历史档案馆编：《嘉庆道光两朝上谕档》第 12 册，桂林：广西师范大学出版社，2000 年，第 402 页。

② 中国第一历史档案馆编：《嘉庆道光两朝上谕档》第 12 册，嘉庆十二年七月十六日，桂林：广西师范大学出版社，2000 年，第 374 页。

(1843 年) 四月，上谕称："此次各海疆动拨银两，报部者已不下二千万两，现在截销，尚有陆续补报等项。"①由此可以推测，当时的战争军费开支当不少于 2000 万两。②关于战争赔款，中英双方所签订的《南京条约》规定，由清政府向英方赔偿鸦片烟价 600 万元，代偿行商欠款 300 万元，英军军费 1200 万元，总计 2100 万元，分四年偿清，如未能如期付款，则每年付 5%的利息。③当时中方的赔款按银 7 钱合银 1 元计算，共计 1476 万两，自 1842 年到 1845 年分七期偿还。1842 年户部银库结存账面余额不过 1300 万两，次年 993 万两，如果再扣掉后来才被发现的银库亏空 925 万两，几乎一贫如洗，故所有赔款只能由地方分摊。

根据彭泽益的研究，当时清廷的战争赔款高达 1476 万两，按省区的分摊来看，广东筹款最多，支付 10 325 000 两，占总数的 69.95%；江苏支付 285 000 两，占 19.31%；浙江支付 975 000 两，占 6.61%；安徽支付 610 000 两，占 4.13%。如果按来源来看，商捐 399 万余两，占赔款总额的 27.07%；出自各省库的官款 1076 万余两，占赔款总额的 72.93%。按行业来看，则赔款分配实数和比例如表 1-6 所示。

表 1-6　第一次鸦片战争赔款来源

赔款来源	银数（两）	比例（%）
总数	14 760 000	100
关税	6 388 000	43.28
地丁	3 125 800	21.18
盐课	601 200	4.07
兵饷	650 000	4.4
商捐	3 995 000	27.07

资料来源：彭泽益《论鸦片赔款》，《经济研究》1962年第12期。作者自注：其中地丁包括少量关税、盐课

① 《清宣宗实录》卷三九一，道光二十三年四月丁丑，北京：中华书局，1986 年影印本。

② 据茅海建估计，鸦片战争的财政军费支出约在 2500 万两，见《天朝的崩溃》，北京：生活·读书·新知三联书店，1995 年，第 420—421 页。

③ 王铁崖：《中外旧约章汇编》第 1 册，北京：生活·读书·新知三联书店，1957 年，第 31—32 页。

被英军掠夺的款项，比较重要的包括广州的赎城费600万元，掠夺宁波官库等 120 万元，扬州赎城费 50 万元，上海赎城费 100 万元，南京犒师费100万元，等等。[①]后英国为迫使清廷尽快签订协议，同意将赎城费等250万元归入赔款总额，而未纳入的为 800 余万左右。以上三者合计，鸦片战争使得清廷的财政支出，折合成白银，多达 4500 万两左右，相当于清政府一年的全部财政收入。[②]

与吏治败坏相伴随，当时军费支出的弊端极多，如武臣克扣、虚报名粮、宿娼唤妓。在镇压白莲教起义期间，“军中糜费甚众，其帑饷半为粮员侵蚀，任其滥行冒销。有建昌道石作瑞，曾侵蚀帑银至五十余万两。然其奢费亦属糜滥，延诸将帅会饮，多在深箐荒麓间，人迹之所罕至者，其蟹鱼珍馐之属，每品皆用五六两，一席多至三四十品，而赏赐优伶、犒赍仆从之费不与焉。”[③]嘉庆帝亲政之初，亦指斥军营情况：“总由带兵大臣及将领等全不以军务为事，惟思玩兵养寇，藉以冒功升赏，寡廉鲜耻，营私肥囊。即如在京谙达、侍卫、章京等，遇有军务，无不营求前往。其自军营回京者，即平日穷乏之员，家计顿臻饶裕，往往托词请假，并非实有祭祖省墓之事，不过以所蓄之资，回藉置产，此皆朕所深知。”[④]时人严如煜称：平定白莲教，前后八、九年，兵调十数省，其中劲旅勇猛敢战者固然不少，“而矫捷坚实可恃，必以黔兵为第一”。各省提镇大营之兵，所驻通都大邑，“地方平衍，风俗华靡，平时未尝远出城郭。一旦负枪荷戈，走山路数十里，汗淫淫下，喘息不宁。又且饮醇啖肥，习以为常，山内包米杂粮，食不下咽，先自饥疲，与猾贼追逐百数十里，鲜不病乏者”[⑤]。

除军费开支外，战时向民间征调力役等，均需百姓支付。有人谓“军

① （清）梁章钜：《浪迹丛谈》卷二《颜柳桥》，北京：中华书局，1981 年，第 37 页。
② 彭泽益：《论鸦片赔款》，《经济研究》1962 年第 12 期。
③ （清）昭梿：《啸亭杂录》卷八《军营之奢》，北京：中华书局，1980 年，第 258 页。
④《清仁宗实录》卷三七，嘉庆四年正月癸亥，北京：中华书局，1986 年影印本。
⑤ （清）严如煜：《三省山内边防论》，《魏源全集》第 17 册《皇朝经世文编》，长沙：岳麓书社，2004 年，第 481 页。

兴之后，文报有站，粮运有台，军营之移徙，使节之往来，其夫马不能不资于民力。近地不足，调之远处。虽官为给价值，而例案报销，岂能敷用？每县夫数百名，马数百匹，道途之费、守候之费、津贴之费、司事者口食之费，皆派之里下，不肖生监又从而干没其中，为日既久，民力竭矣。”①而这些开销是不会被统计到财政支出中的。

河工。清代笔记记载：“本朝河防之费，乾隆中年以后始大盛。当靳文襄时，只各省额解六十余万而已。后遂定为冬令岁料一百二十万，大汛工需一百五十万，加以额解，已三百三十万。又有荡柴作价二三十万。苟遇大水之年，又另请续拨四五十万，而另案工程则有常年、专款之分，常年另案在防汛一百五十万内报销，专款另案则自为报销，不入年终清单。”②道光二十二年（1842 年），魏源也说：“国朝以来，无一岁不治河，抑知乾隆四十七年以后之河费，既数倍于国初；而嘉庆十一年之河费，又大倍于乾隆。至今日而底高淤厚，日险一日，其费又浮于嘉庆，远在宗禄、名粮、民欠之上。”③可见河工是财政支出的重要项目。

康熙初年，战乱频仍，但政府仍投入大量经费治河。河道总督靳辅曾言：“河流为害，自康熙六年至今，十载之间，岁岁兴工，费过钱粮三百余万。”④平定三藩后，随着国力的增强，清廷得以拿出更多的钱来治河。康熙四十年（1701 年），康熙帝表示：“朕念黄河、运河关系国计民生，三次看阅河工，屡次简任河臣，修筑堤岸，每岁不惜数百万帑金。”⑤雍正五年（1727 年），困河工需用无时，总河齐苏勒奏准每年拨解河工盐课银 30 万两，以备河工办料修防之用，“两淮拨解河银始此”。⑥雍正时期，常年河工费为 60 万两。乾隆时期，国家财政收入达到一个全新的高度，治河费

---

① 蓝炳奎：《达县志》卷十一《食货门·徭役》，民国二十一年铅印本。
②（清）金安清：《水窗春呓》卷下《河防巨款》，北京：中华书局，1984 年，第 63—64 页。
③（清）魏源：《筹河篇上》，《魏源集》，北京：中华书局，1976 年，第 365 页。
④（清）靳辅：《经理河工第六疏·筹画钱粮》，《靳文襄奏疏》卷一《治河题稿》，文渊阁《四库全书》本。
⑤《清圣祖实录》卷二〇五，康熙四十年七月己丑，北京：中华书局，1986 年影印本。
⑥（清）康基田：《河渠纪闻》卷十八，南京：中国水利工程学会，1936 年，第 181 页。

用也得到进一步提升，昭梿称，当时的河工海塘开销“以亿万计”①。乾隆帝也自诩，“予临御五十年凡举二大事，一曰西师，一曰南巡”，而“南巡之事，莫大于河工”。②

嘉道时期，物价上涨，黄河年久失修，黄水日淤，清口、高家堰一带尤甚，河费开支骤增。至嘉庆十二年（1807年），常年河工费增加到160万两。专案工程费在康雍时期为60万两，此时则增加到200万两。如果以大的工程来看，又可以发现开销数量实在惊人：嘉庆初年衡工加价730万两，嘉庆十至十五年（1805—1810年）南河工程共用银4099万两，二十年（1815年）睢工用银300万两。道光年间治黄费用更高，每年约需银300万两，每年东河、南河岁请修防经费数百万金，东河、南河岁修银380万余两。

除正常的岁修、抢修外，另案工程也是嘉道时期河费开支浩繁的重要原因。道光六年（1826年），拨南河王营开坝及堰、圩大堤银合计517万两，道光二十一年（1841年）东河祥工拨银550万两，道光二十二年南河扬工拨银600万两，道光二十三年东河牟工拨银518万两，道光二十四年修筑东坝用银1190万两。据王庆云记载，仅河工另案一项，道光二十五年东河另案用银2 058 007两，南河另案用银3 304 808两；道光二十六年东河另案用银1 947 123两，南河另案用银2 953 524两；道光二十七年，东河另案用银1 798 987两，南河另案用银2 785 000两，三年约计东河每年平均用银190万两，南河每年平均用银300万余两。③

除费用开支巨大外，嘉道时期河工还有工程繁兴的特点。“黄河无事，岁修数百万，有事塞决千百万，无一岁不虞河患，无一岁不筹河费，此前代所无也”④，嘉庆年间，河南境内的黄河工程，如曹工、唐工、邵工、睢工、减坝、李家楼、马港口、陈家浦、兰仪、马营坝，“几无三年不决者，一决则挑

①（清）昭梿：《啸亭杂录》卷一《普免天下租税漕粮》，北京：中华书局，1980年，第17页。
②《清高宗实录》卷一二〇一，乾隆四十九年三月己酉，北京：中华书局，1986年影印本。
③（清）王庆云：《石渠余纪》卷三《直省出入岁余表》，台北：文海出版社，1966年，第313—315页。
④（清）魏源：《明代食兵二政录叙》，《魏源集》，北京：中华书局，1976年，第163页。

河筑堤两项，必用帑七、八百万，而人民庐舍蠲缓丁赋尚不与焉。”[①]河决之外，嘉道时期的海塘工程开支也极其巨大。如道光十三年（1833 年）修海塘，第一次拨款 51 万两，第二次拨 19 万两，第三次又拨 92 万两，合计 162 万两，次年又为浙江修塘拨银 157 万两。

与开支巨大相伴随的，则是对河工经费的大肆侵占。道光十三年，御史那斯洪阿指斥河工劣员侵冒营私之弊：“国家各项经费皆有定额，独河工钱粮不能限之以制。惟其不能限之以制也，则河工劣员多方侵冒，肆意奢靡，相沿已久，视为固然”。这些人以冲决为可乘之机，岁、抢修各工已难稽核，至于大工，动辄万人，长或百里，兼之已堵复冲，既筑还垫，“若非经手之人，虽日在工次，亦不能知其底蕴，况不在事中之人乎？”虽欲稽查，亦无从稽查。至于核减岁、抢各案，若经核减，无事则已，倘有冲决，即以核减为卸责之地。至于大工，尤不能不听其开报，“即部臣就案驳诘，亦不过摘其失辞，去其小数，不能得其要害也。虽欲核减，无从核减也。”[②]

为符合户部例案而顺利报销，河员对于奏销有一套独特的应付办法，无论实际收支多寡，各省均按例定数目填写奏销册，从而使之成为一本假账。嘉庆帝曾言，河工用费浩繁，所拨帑项动即盈千累成万，“国家经费有常，所应支销者不止河工一事。如果银两均归实用，原所不靳。然拨帑如此繁多，若谓竟无冒滥，殊难凭信。”每年要工层见叠出，若尽归实用，则不应屡报抢修。河工岁修抢修及报险各工段，俱由河员开报领银办理，工成复又无人查收。“即该河督等毫无沾染，而工员捏报浮开，实难保其必无”。河督戴均元奏例价不敷，请照时价实用实销，“在该河督等之意，以河工例价不敷，向来办理报销时，因将例外支销之款于工段丈尺内通融开报，以免部驳，若仍前办理，则河员等浮冒虚销，视为泛常，该河督等明知所报不实，只因例价不敷，属员藉口赔累，不能逐加厘核，积习相沿，

① （清）金安清：《黄河南北流利害说》，盛康辑：《皇朝经世文续编》卷一〇八《工政五 · 河防四》，光绪三年刻本。

② （清）那斯洪阿：《条阿国用事宜疏》，王延熙等辑：《皇朝道咸同光奏议》卷二六，光绪二十八年刻本。

竟系上下相率为伪，大紊政体”。据戴均元奏称，堵闭义坝用银三十二万余两，照例应销者仅六万余两，其余皆悬款待销，“例价开销不过十分之三，不能开销者十分之七”。虽然嘉庆帝表示，若任其浮开工段丈尺以抵例价之不足，则河臣所报部中所核均属纸上空谈，自应据实报销，以清弊源。但如果完全按照时价开报，部中又无例可循，日久易滋流弊，“请以后仍查清将定例准销若干，不敷若干，照时价应增若干，随案详晰声明具奏”。[①]这一议论无非空言，此后弊端并未得到改观。嘉庆十六年（1811 年），上谕称每次派人清查河工经费，所查河工弊窦各款，大半付之空言，“河工连年妄用帑银三千余万两，谓无弊窦，其谁信之？”[②]道光二十六年（1846 年），东河的一项定例不超过五万两的工程，河督竟请销银 49 990 余两。道光帝在奏折中批道：“观此数目，可笑之至。当今之世，核实二字再不讲矣。”[③]

包世臣亦曾言，河工旧例以文官司钱粮，武官司椿埽，而武官做工之尤要者，则曰“效”，故有当家效用之名，千把以上至于参游皆起于当家效用，“故做工者莫能欺，而文官但凭武官工册发饷稽数而已”。后来文官知做工系利薮，乃与武官分工，于是延友，始有外工小席，而外工必由参游所荐，但因荐主只考虑能力大小，故工程结实。近则工程全归文官，武官几同虚设，而外工皆院道所荐，外工待遇较差，于是不得不派之驻工。彼既不解工程，而厌欲甚难，于是与库贮大幕内外勾通，“彼报此销，循环暮诘，办工真账，各在库贮，居停为其挟持，即能洞知其弊，亦不敢声张更易”。清江弹丸之地，旧无声乐，近日流倡数至三千，计每人日费一金，则合计岁费当百万。这里的老百姓不耕不织，衣食皆靠河饷，南河库贮岁修银五十二万，而官俸兵饷与焉，如今加倍，“始足以给娼妓，宜河饷之日告

① 中国第一历史档案馆编：《嘉庆道光两朝上谕档》第 11 册，嘉庆十一年十月十六日，桂林：广西师范大学出版社，2000 年，第 796—797 页。

② 中国第一历史档案馆编：《嘉庆道光两朝上谕档》第 16 册，嘉庆十六年正月初六日，桂林：广西师范大学出版社，2000 年，第 3 页。

③《军机处档案》，道光二十八年二月二十三日，管理户部潘世恩等密折，见中国人民银行总行参事室金融史资料组编：《中国近代货币史资料》第一辑，北京：中华书局，1964 年，第 169 页。

匮乏也！”[①]他还沉痛地写道：“凡钱粮节省之时，河必稍安；钱粮糜费之时，河必多事。”[②]

清代河员之腐败，亦为时人所熟知。有一段较为典型的记载，照录如下：“河厅当日之奢侈，乾隆末年，首厅必蓄梨园，有所谓院班、道班者，嘉庆一朝尤甚，有积赀至百万者。绍兴人张松庵尤善会计，垄断通工之财贿，凡买燕窝皆以箱计，一箱则数千金，建兰、牡丹亦盈千。霜降后，则以数万金至苏召名优，为安澜演剧之用。九、十、十一三阅月，即席间之柳木牙签，一钱可购十余枝者，亦开报至数百千，海参鱼翅之费则更及万矣。其肴馔则客至自辰至夜半不罢不止，小碗可致百数十者。厨中煤炉数十具，一人专司一肴，目不旁及，其所司之肴进，则飘然出而狎游矣。河厅之裘，率不求之市，皆于夏秋间各辇数万金出关购全狐皮归，令毛毛匠就其皮之大小，各从其类，分大毛、中毛、小毛，故毛片颜色皆匀净无疵，虽京师大皮货店无其完美也。苏杭绸缎，每年必自定花样颜色，使机坊另织，一样五件，盖大衿、缺衿、一果元、外褂、马褂也。其尤侈者，宅门以内，上房之中，无油灯，无布缕，盖上下皆秉烛，即缠足之帛亦不用布也。珠翠金玉则更不可胜计，朝珠、带板、攀指动辄千金。其琪璃珠，加以披霞挂件则必三千金，悬之胸间，香闻半里外，如入芝兰之室也。衙参之期，群坐官厅，则各贾云集，书画玩好无不具备。昔琦侯为两江，尝一手卷，乃元人王野云龙舟图，中绘数千人面目无一同者，已还价一千五百金，次日询之，则中河厅万君以二千金购之去矣。琦遂劾万，终身以此废弃焉。”[③]如此排场，令人咋舌。河员日趋腐败，宜乎河工开支日益浩繁。

赈济与蠲免。赈济系因灾或百姓遭受困难时对其所施行的救济。蠲免分为灾蠲、恩蠲与普蠲。灾蠲系因灾害而发生的行为；恩蠲多因皇帝巡幸等特殊原因而举办；普蠲则系朝廷在遇到具有纪念意义的日期，在财力较

① (清) 包世臣：《策河四略》，《中衢一勺》卷一，光绪十四年刊本。
② (清) 包世臣：《答友人问河事优劣》，《中衢一勺》卷二，光绪十四年刊本。
③ (清) 金安清：《水窗春呓》卷下《河厅奢侈》，北京：中华书局，1984 年，第 41—42 页。

为充裕的情况下，针对全国百姓而采取的蠲免。相对于康乾，嘉道朝的赈济力度与蠲免数量明显较少，但仍然可以看出它们对于当时财政的影响。

在清代自然灾害史中，嘉道时期上承康乾相对而言的灾害平稳期，下接晚清的“清末灾害群发期”，是一个非常关键的转折时期。绝非巧合的是，它同时还是中国历史上气候剧烈变化、自然灾害频繁爆发的时期。在华中和华东，1791—1850 年的半个世纪是一个寒冷时期，年平均气温比今日低出 0.8℃。最低的年平均气温出现在 1816 年，该年平均气温竟然比今日低出 2℃，并且是自小冰期（mini-glacial）以来的最低气温。尽管在此寒冷时期开始于何时的问题上存在分歧，但是大多数中国气候学者都认为在 1816—1840 年，华东出现了以气温剧降为主要特征的气候剧变。[①]

康乾盛世，社会安定，人口快速增加，开发地域广阔，生态环境受人类活动的影响极大，一系列的生态环境问题自当时即逐步显现并日渐强烈。嘉道时期生态环境变迁的集中表现就是水、旱等多种自然灾害频发，呈现出频次高、范围广，种类多，后果严重的特点，进而通过天文、地质、气象、水文和生物现象的异常变动产生的物理、化学和生物的作用，反过来对人类赖以生存的自然环境产生巨大的破坏作用，严重地威胁着人类的生存，并进一步对当时的社会经济发展产生巨大影响。而嘉道时期的社会经济发展，既受自然灾害的影响，又通过政府政策和社会应对机制，反过来影响抗灾救灾的最终效果。当时政府与民间携手进行的防灾、抗灾、减灾、赈灾等方面的工作，都对自然灾害产生了或积极或消极的影响。

嘉道时期灾害发生频率极高，而清廷又每灾必赈，所以与赈相关的财政支出极为庞大。一般而言，能出现于清实录的赈济记载，多为较为重要的灾情。借助于现代化信息技术对《清仁宗实录》和《清宣宗实录》的资料进行检索可知，当时有关“赈”的记载就分别多达 998 条和 1012 条。虽然对于这些词条背后的意义还需要进一步分析，但却显然可以看出嘉道时期清廷在赈济方面所下的工夫。赈济系针对灾害当下的救济，赈济之后一

---

① 刘昭民：《中国历史上气候之变迁》，北京：商务印书馆，1982 年，第 135 页。

般会对百姓进行赋税蠲免。仍然对《清仁宗实录》和《清宣宗实录》进行检索可知，含“蠲免”词条的分别为75处和37处，含“蠲缓”词条的分别为110处和256处。由于资料和统计上的难题，迄今还无法详悉在赈济方面的开支究竟有多大，但数量仍然非常巨大。

与前朝类似，嘉道时期亦进行了数次规模较大的普蠲。在嘉庆朝，影响最大者当系嘉庆二十四年（1819 年）的嘉庆帝六十大寿普蠲天下钱粮。对于这次普蠲，嘉庆帝自称系“自嘉庆元年以来朕大赍寰区第一恩旨”，所以希望“普惠群黎，共臻乐利”。[①]此前，御史盛惇大曾奏请仅免正赋十之一二，“将各省积欠仅免远年少许，余仍照旧著追”。嘉庆帝不以为然，认为所蠲免者，“此内因灾缓带者居其大半”，如该御史所奏，“官亏吏蚀诚不能保其必无，然岂能因此反汗屯膏，不行惠民之政？”他还举例称，赈恤灾民，从前亦屡有捏冒侵欺之案，“讵以此遂疑直省水旱偏灾尽成虚妄，将救荒之政概行停止乎？”[②]不久，安徽巡抚姚祖同又上奏称，自己上任未久，关于豁免之事必须严查，以免下属混蒙，结果嘉庆帝并不认同。他称姚祖同向于钱粮出纳稽核认真，是以被擢任巡抚，但普蠲之事“该抚当仰体朕意，不可以行庆施惠之事，转致过于苛刻”。[③]不过，由于蠲免力度较大，为防连锁效应，嘉庆帝特意发布上谕称，普免天下历年正耗民欠及缓征带征银，节经各督抚查明具奏，以次降旨豁免，“此皆国家维正之供，朕以大庆普惠群黎，原系特沛之恩”，若百姓惦记七旬、八旬、九旬，每届十年必有蠲除，遂不踊跃输将，“州县官更从中影射以完作欠，则大违尊君亲上之义”。[④]

经过对全国钱粮的调查可知，此次共计蠲免各省积欠钱粮 21 296 800 余两，米谷 4 045 200 余石。在这次蠲免中，相关省份呈现两极分化的现象，

---

① 中国第一历史档案馆编：《嘉庆道光两朝上谕档》第 24 册，嘉庆二十四年九月十三日，桂林：广西师范大学出版社，2000 年，第 454 页。

② 中国第一历史档案馆编：《嘉庆道光两朝上谕档》第 23 册，嘉庆二十三年十二月十八日，桂林：广西师范大学出版社，2000 年，第 603 页。

③ 中国第一历史档案馆编：《嘉庆道光两朝上谕档》第 24 册，嘉庆二十四年九月十三日，桂林：广西师范大学出版社，2000 年，第 454 页。

④ 中国第一历史档案馆编：《嘉庆道光两朝上谕档》第 24 册，嘉庆二十四年十一月十四日，桂林：广西师范大学出版社，2000 年，第 605—606 页。

一方面是江苏、安徽、山东三省占此次蠲免数量的一半，嘉庆帝认为“皆由该三省官疲民玩，积习较之他省为尤甚”，嗣后三省当整饬吏治化导民风，“涤除积习，用副朕仁寿斯民至意”；另一方面则是四川、贵州二省“并无丝毫蒂欠，特加恩宽免该二省明年正赋十分之二以示嘉奖”。[①]此次共计免银 21 296 870 两，免米豆 4 045 270 石。此后还有几次零星的善后。一个月后，山东巡抚程国仁查称，自嘉庆四年起至二十二年（1799—1817 年）止，山东省节年民欠河道正耗银 40 754 两，因灾缓带银 148 051 两，俱著加恩全行豁免。[②]随后，青海又奏报历年番族积欠马贡银两，因番族例交马项亦与内地租赋无异，所有玉树及阿里克各族番民，自嘉庆八年至二十三年（1803—1818 年）止积欠马项银 206.88 两，“著加恩全行豁免”。[③]道光二年（1822 年），两江总督孙玉庭等奏称，江苏安徽二省民欠摊征银两，除借欠在嘉庆二十四年（1819 年）以后者仍按限分征外，其在嘉庆二十三年以前借款，共民欠未完银 333 663 两，“均在二十三年恩旨以前，核与成案相符”，亦一体豁免。[④]总体而言，嘉庆帝一次普免全国财政收入的一半左右，力度还是相当大的。

道光登极，恩诏豁免官员赔项银 31 957 200 两，制钱 29 200 余串，米谷等项 51 600 石，后经核实，实豁免银 930 余万两，制钱 3040 余串，米粟 28 900 余石。[⑤]不过此次系针对官员进行豁免，针对全国百姓的普免则发生于道光十五年（1835 年）的皇太后六十大寿和道光二十五年（1845 年）的皇太后七十大寿期间。

---

① 中国第一历史档案馆编：《嘉庆道光两朝上谕档》第 24 册，嘉庆二十四年十一月十四日，桂林：广西师范大学出版社，2000 年，第 605—606 页。

② 中国第一历史档案馆编：《嘉庆道光两朝上谕档》第 24 册，嘉庆二十四年十二月十二日，桂林：广西师范大学出版社，2000 年，第 648 页。

③ 中国第一历史档案馆编：《嘉庆道光两朝上谕档》第 24 册，嘉庆二十四年十二月二十六日，桂林：广西师范大学出版社，2000 年，第 676 页。

④ 中国第一历史档案馆编：《嘉庆道光两朝上谕档》第 26 册，道光二年十二月二十日，桂林：广西师范大学出版社，2000 年，第 678 页。

⑤ 中国第一历史档案馆编：《嘉庆道光两朝上谕档》第 26 册，道光二年十二月十四日，桂林：广西师范大学出版社，2000 年，第 664 页。

道光十五年八月，道光帝称，各省民欠钱粮，自嘉庆年间蠲免以后，“迄今又阅十余年矣”，恰逢皇太后六十大寿，故将“各省节年正耗民欠钱粮，及因灾缓征带征银谷，并借给籽种口粮牛具，及漕项芦课学租杂税等项”之中的实欠在民者，全行豁免。[①]不久，御史况澄奏称豁免钱粮，各省于应行豁免各款，“或先期征存不行流抵，或既奉蠲免不为扣除，或以官亏捏报民欠，吏胥等又复从中侵渔，是实惠不能及民，徒饱官吏之橐”，此等情弊，实难保其必无。故要求各省认真稽查不法行迹，并将免数刊刻誊黄。[②]此次蠲免的总数没有进行汇总，故只能以各单项相加。此次奏报的相关数据为：盛京免银 69 981 两，免米 2649 石；[③]吉林免银 824 两，免米 16 884 石；[④]湖南免银 6663 两，免米 7373 石；[⑤]福建免银 1 847 709 两，免米 336 580 石；[⑥]陕西免米 35 393 石；[⑦]浙江免灶课 29 819 两；[⑧]热河免银 12 156 两；[⑨]湖北免漕丁银 97 738 两；[⑩]山西免银 4783 两，免米 67 448 石；[⑪]河南免银 293 700 余两，免米 57 390 余石；[⑫]直隶免银 212 842 两，免米 41 579

① 《清宣宗实录》卷二百七十，道光十五年八月甲子，北京：中华书局，1986 年影印本。

② 中国第一历史档案馆编：《嘉庆道光两朝上谕档》第 40 册，道光十五年十月初八日，桂林：广西师范大学出版社，2000 年，第 435 页。

③ 中国第一历史档案馆编：《嘉庆道光两朝上谕档》第 40 册，道光十五年十月初五日，桂林：广西师范大学出版社，2000 年，第 431 页。

④ 中国第一历史档案馆编：《嘉庆道光两朝上谕档》第 40 册，道光十五年十月初五日，桂林：广西师范大学出版社，2000 年，第 431 页。

⑤ 中国第一历史档案馆编：《嘉庆道光两朝上谕档》第 40 册，道光十五年十二月初四日，桂林：广西师范大学出版社，2000 年，第 521 页。

⑥ 中国第一历史档案馆编：《嘉庆道光两朝上谕档》第 40 册，道光十五年十二月二十六日，桂林：广西师范大学出版社，2000 年，第 571 页。

⑦ 中国第一历史档案馆编：《嘉庆道光两朝上谕档》第 41 册，道光十六年正月初八日，桂林：广西师范大学出版社，2000 年，第 8 页。

⑧ 中国第一历史档案馆编：《嘉庆道光两朝上谕档》第 41 册，道光十六年正月二十二日，桂林：广西师范大学出版社，2000 年，第 22 页。

⑨ 中国第一历史档案馆编：《嘉庆道光两朝上谕档》第 41 册，道光十六年二月初七日，桂林：广西师范大学出版社，2000 年，第 42 页。

⑩ 中国第一历史档案馆编：《嘉庆道光两朝上谕档》第 41 册，道光十六年二月初七日，桂林：广西师范大学出版社，2000 年，第 43 页。

⑪ 中国第一历史档案馆编：《嘉庆道光两朝上谕档》第 41 册，道光十六年三月二十六日，桂林：广西师范大学出版社，2000 年，第 118-119 页。

⑫ 中国第一历史档案馆编：《嘉庆道光两朝上谕档》第 41 册，道光十六年四月十一日，桂林：广西师范大学出版社，2000 年，第 137 页。

石；[1]两淮免灶课银 346 927 两；[2]山东免银 2 675 965 两，免米 15 496 石；[3]长芦免灶课银 4276 两；[4]福建免灶课银 7048 两；[5]江苏免银 4 714 262 两，免米 1 187 362 石；[6]青海免历年马贡银 1071 两；[7]安徽宿州等四州县未完借款摊征银 214 349 两；[8]山东免河工银 146 464 两；[9]江苏免河工银 819 787 两；[10]河南又免银 2 150 326 两，免米 41 195 石。[11]此次普免后续活动亦持续到道光十九年。其中道光十七年有江西免银 6161 两。[12]道光十八年福建免大田县银 71 两，安徽免银 2 348 463 两，免米 281 014 石。[13]道光十九年，江西又免漕米 5704 石。[14]以上数据并不全面，但总数已经达到了免银 32 008 674 两和免米 2 103 115 石。据此可知，此为的皇太后六十大寿普免数量，在银数方面已经大大超过了嘉庆二十四年的普免。

道光二十五年，逢皇太后七十大寿，道光帝又按旧例进行普免。不过

① 中国第一历史档案馆编：《嘉庆道光两朝上谕档》第 41 册，道光十六年五月初九日，桂林：广西师范大学出版社，2000 年，第 202 页。
② 中国第一历史档案馆编：《嘉庆道光两朝上谕档》第 41 册，道光十六年五月初九日，桂林：广西师范大学出版社，2000 年，第 202 页。
③ 中国第一历史档案馆编：《嘉庆道光两朝上谕档》第 41 册，道光十六年七月十四日，桂林：广西师范大学出版社，2000 年，第 301 页。
④ 中国第一历史档案馆编：《嘉庆道光两朝上谕档》第 41 册，道光十六年七月二十二日，桂林：广西师范大学出版社，2000 年，第 323 页。
⑤ 中国第一历史档案馆编：《嘉庆道光两朝上谕档》第 41 册，道光十六年七月二十二日，桂林：广西师范大学出版社，2000 年，第 323 页。
⑥ 中国第一历史档案馆编：《嘉庆道光两朝上谕档》第 41 册，道光十六年八月初六日，桂林：广西师范大学出版社，2000 年，第 344 页。
⑦ 中国第一历史档案馆编：《嘉庆道光两朝上谕档》第 41 册，道光十六年十月二十三日，桂林：广西师范大学出版社，2000 年，第 450 页。
⑧ 中国第一历史档案馆编：《嘉庆道光两朝上谕档》第 41 册，道光十六年十一月初十日，桂林：广西师范大学出版社，2000 年，第 493 页。
⑨ 中国第一历史档案馆编：《嘉庆道光两朝上谕档》第 41 册，道光十六年十二月十二日，桂林：广西师范大学出版社，2000 年，第 545 页。
⑩ 中国第一历史档案馆编：《嘉庆道光两朝上谕档》第 41 册，道光十六年十二月十九日，桂林：广西师范大学出版社，2000 年，第 554 页。
⑪ 中国第一历史档案馆编：《嘉庆道光两朝上谕档》第 41 册，道光十六年十二月二十二日，桂林：广西师范大学出版社，2000 年，第 559 页。
⑫ 中国第一历史档案馆编：《嘉庆道光两朝上谕档》第 42 册，道光十七年七月二十一日，桂林：广西师范大学出版社，2000 年，第 273 页。
⑬ 中国第一历史档案馆编：《嘉庆道光两朝上谕档》第 43 册，道光十八年十一月十八日，桂林：广西师范大学出版社，2000 年，第 443 页。
⑭《清宣宗实录》卷三二七，道光十九年十月乙亥，北京：中华书局，1986 年影印本。

据事后的统计可知，此次普免所免银数为 930 余万两。[①]如此大规模的缩小普免数额，当与鸦片战争之后的财政困难密切相关。

（三）收支大势

论述嘉道时期的财政问题，一般研究认为到鸦片战争前，清政府财政拮据，入不敷出。其实，从账面上看，整个嘉道时期的财政并不十分紧张窘困。嘉道两朝与康雍乾各朝相比，只是库储银有较大的减少而已。乾隆时期的户部银库最高存量达 8 千多万两，到乾隆六十年（1795 年）库存还有 6939.1 万两，以后逐年减少，嘉庆元年（1796 年）只有 5658.4 万两，嘉庆三年（1798 年）仅存 1918.5 万两，嘉庆十六年（1811 年）也只有 2078.4 万两。一直到鸦片战争前的道光元年至道光十四年之间（1821—1834 年），平均每年库存不过 2716.3 万两左右。鸦片战争后，战争赔款和对外对内频繁用兵，清朝政府军费等项支出突然增大，加之银库案发，使国库存银空虚到了极点。简言之，虽然这一时期的军费与河工等项开支急剧增加，但由于捐例的屡开以及盐斤加价等，国家财政虽然举步维艰，却尚未走到破产的地步。

银库。清代的户部银库事关中央财政的出纳，执行着类似国库的功能，中央银库的变化可以看成是财政收支平衡的一个重要指标。正如前文已经指出的，户部银库每年的出纳数并不代表全国财政的岁入和岁出，因为银库的收入主要是各省税收除存留作为本省经费以外起运到京的部分，还有宝泉局的铸钱交库数，但因户部银库的数据确切可查，故可以从侧面反映出当时较为真实的情况。嘉道时期银库收支概况，如图 1-7 所示。

① 《清宣宗实录》卷四六〇，道光二十八年丁巳，北京：中华书局，1986 年影印本。

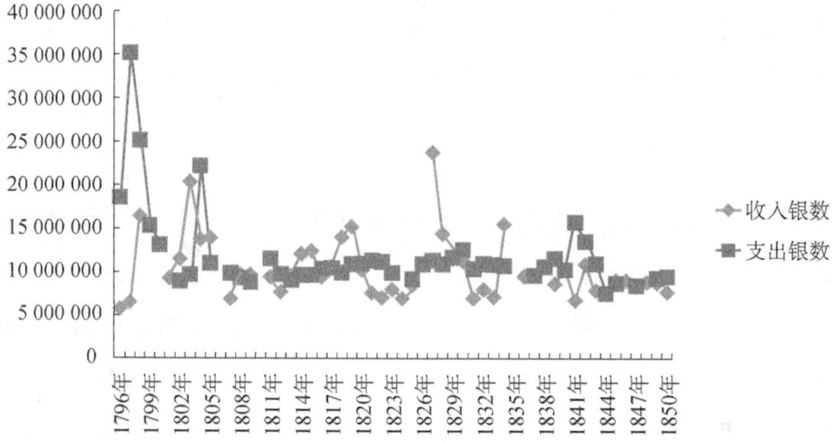

图 1-7　嘉庆道光时期户部银库收支趋势图[①]（单位：两）

从图 1-7 来看，收入与支出的波动变化极大。尤其是白莲教对于嘉庆朝的财政影响非常深刻。嘉庆二年（1797 年），即白莲教起义爆发的当年，银库存银便从乾隆六十年（1795 年）的 6900 余万两陡然下降到 2792 万余两，减少了 4000 余万两；嘉庆三年（1798 年）再减 873 万两，降到自清初平定三藩以来从未有过的 1919 万两的低水平；嘉庆六年（1801 年），为 1693 万两，比嘉庆三年又少了 226 万两。此一轮银库库存剧降，到嘉庆七年（1802 年）才因川楚之役结束而告中止，于当年年底小幅回升了 253 万两，至嘉庆十年（1805 年）以后，库银存额才略微恢复至 2000 余万两左右。从嘉庆元年到六年（1796—1801 年），银库存银总计减少了 5246 万两。[②]这是整个清前期都少有的收不抵支、银库存银剧减的时代，几乎耗尽了乾隆朝留下来的巨额库存，对以后的清王朝财政，产生了不利影响。而道光时期的户部收入与支出相抵，确实有较大的缺口。除了个别年份较多外（因为出现了大捐情况），一般都有缺口。至于缺口的弥补办法，显然是通过积余来弥补。嘉庆道光朝银库存银情况如图 1-8 所示。

---

① 中国第一历史档案馆藏《内阁大库现存清代汉文黄册》；中国社会科学院经济研究所抄档：《黄册 · 户部银库类》。

② 以上数字均见中国社会科学院经济研究所清代钞档：《黄册 · 户部银库类》。

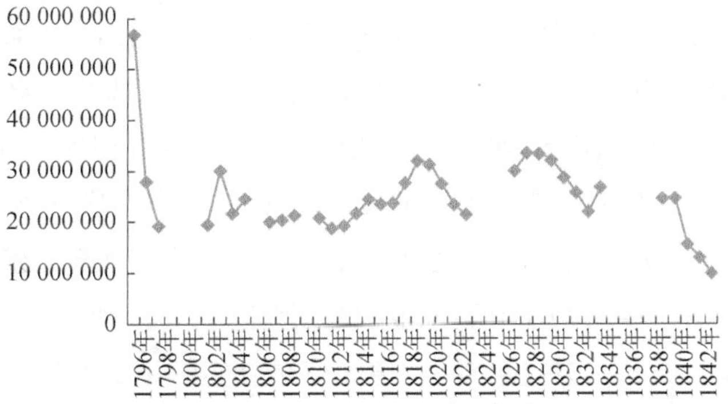

图 1-8　嘉庆道光时期户部银库存银示意图①（单位：两）

可以看出，嘉道时期的户部银库存数有过较大的起伏，但到后期，下降的趋势非常明显，原因主要在于鸦片战争的消耗与银库案的爆光。关于鸦片战争对财政的影响，前文已有论述，这里再以银库的情况稍做补充。从道光二十一年至道光二十三年（1841—1843 年）止，三年间银库存银总计亏损 1462 万两。其时银库库存，据道光二十三年（1843 年）四柱黄册，到年底结存银数为 993 万两。②可见经鸦片战争一役，短短二三年间清王朝就把本已是康熙中以来空前低位的银库库存又赔了一大半出去，仅够维持一年正常支出。

道光二十三年（1843 年），因管理银库的大小官吏分赃不均，酿成库丁张诚保偷盗银库案曝光。道光帝震怒，谕令刑部尚书惟勤等人前往盘查银库，并一度亲自参加审问，最终获得全部真相。道光二十三年三月二十六日，刑部尚书惟勤等人详细汇报了最终的统计结果。惟勤等人称，经过查对户部送来的会计簿，银库应有历年积余的正项银 12 182 116 两。而在逐袋查验后发现，仓库中只有存银 2 929 354 两，共计短少 9 252 762 两。面对调查结果，道光帝批示道："朕愧恨忿急之外，又将何谕！"③同一日，道光帝

① 中国第一历史档案馆藏《内阁大库现存清代汉文黄册》；中国社会科学院经济研究所抄档：《黄册·户部银库类》。

② 中国社会科学院经济研究所清代钞档：《黄册·户部银库类》第 35 册。

③《军机处档案》，刑部尚书惟勤等折——报告户部银库亏款情况，道光二十三年三月二十六日，见中国人民银行总行参事室金融史料组编：《中国近代货币史资料（第一辑）》，北京：中华书局，1964年，第165—166 页。

对内阁发布上谕，称："户部银库设有管库司员，专司出纳，管库大臣总领其事，复叠次派出王大臣盘查。近年又添设查库满汉御史，各该员果能认真经理，核实稽查，何至群相朦混，酿成巨案？"现在银库竟亏空至900余万两之多，"实属从来未有之事，览奏曷胜忿恨"。自嘉庆五年（1800 年）以后历任管库及历次派出查库大臣，皆系亲信大员，竟毫无察觉，甚负委任，"不知诸王大臣有愧于心否？朕自咎无知人之明，抱愧良深"。为了把这一从未有过的特大盗库案查清，道光帝重新组织了清查班子，派宗室载铨、大学士兼军机大臣穆彰阿、大学士兼户部尚书敬征、兵部尚书裕诚、军机大臣兼工部尚书赛尚阿前往核实查办，对所有自嘉庆五年以后的历任管库司员、查库御史及库丁书役等，逐细查明，开列名单，从严治罪，并对短亏库银如何设法弥补的办法，以及如何防止类似的事情再次发生，提出具体意见。当然，他也明白："事阅多年，官非一任，即书吏、丁役等，亦人数众多，倘不确切查明，恐致遗漏，倖逃法纲。"①

此时距鸦片战争结束不久，清政府的财政状况本来就十分困难，现在又发现户部银库只有 200 多万两的储备，一旦遇有变故，实在无法应付，道光帝自然是十分焦急，向内阁连发两道明谕：其一，要求清军官兵于各项需用，一概从俭，甚至要俭而再俭，兵丁军饷如不能按数发给，将来一定照数补发。其二，要求宗人府、户部、工部、内务府、三院、三山、太常寺、步军统领衙门、顺天府各堂官对所有大小工程及支领款项，可裁即裁，可省就省。三月三十日，与库案有关的历任银库司员、查库御史名单开列出来，报给了道光帝。道光再命吏部，将这些人中现有官职或因故回旗回籍人员一律先行革职；已故者，查其子孙有无任职及现任何职，继续查明，然后开列名单，交载铨、穆彰阿、敬征、裕诚、赛尚阿从严查办。四月七日，道光帝对库案有关人员实行经济制裁：首先，自嘉庆五年至道光二十三年（1800—1843 年）历任库官、查库御史，各按在任年月，每月罚赔银 1200 两，已故者照数减半；其次，因此次库案已经革职的荣庆等六人和尚未卸任的萨霖、宋

① 中国第一历史档案馆编：《嘉庆道光两朝上谕档》第 48 册，道光二十三年三月二十六日，桂林：广西师范大学出版社，2000 年，第 156 页。

林曙均加倍罚赔；再次，嘉庆以后历任管理银库的王大臣，每月罚赔银 500 两，历任查库王大臣，每次罚赔银 6000 两，已故者照数减半。①

道光帝对库案的处理是比较认真的，态度也是坚决的，连最受道光信任的军机大臣、大学士们，凡涉案者，也不能免于罚戒。像道光朝身任宰辅多年的三朝元老、深受道光倚重的大学士、军机大臣曹振镛，也因库案所涉，被减半罚赔银 2 万余两，其人虽已去世，由其子照数赔补。其子赔补 1 万两后，因病身亡，又改由其孙曹绍桐继续追交。曹振镛涉案尚且如此，其他人不问可知。道光帝起初本打算将一切有关人员全部革退，但最终考虑到人数实在太多，又恐无人接手，只得睁一只眼闭一只眼，将革职改为留任，只是把查库御史全部取消。至于管库制度，则并无任何实质性的改进。

另据史志宏的研究，嘉庆朝年均 1105 万两的银库收入，“约占全国财政总收入的 23.2%左右”；道光朝年均 990 万两的银库收入，“占全国总岁入的 22%”，与他所推测的康熙朝的 26%、雍正朝的 33.3%、乾隆朝的 24.8%，②基本保持平稳，没有发生明显的下滑。这也正好与本文前面的分析吻合。

总收支。嘉庆朝的常例岁出，基本仍然延续乾隆之制，按嘉庆《大清会典》记载（引《嘉庆十七年奏单》），嘉庆朝凡各省岁入岁出之数，“岁入银除蠲缓银四百八十三万二千八百六十二两有奇，实入银四千十三万六千一百九十四两有奇，岁出银三千五百十万七千五百三十四两有奇”。③而据《史料旬刊》所载之《汇核嘉庆十七年各直省钱粮出入清单》称，当时的额征地丁杂税、盐课、关税等项岁入银为 44 969 056 两，嘉庆十六年（1811 年）实际岁入为 43 501 077 两，岁出银为 36 004 605 两；嘉庆十七年（1812 年）岁入银为 40 136 194，岁出银为 35 107 534 两。从账面上看，收大于支。需要指出的是，这几组数据均系各直省之数，并不包括京城的支款及户部的另外入款。最后的 500 万两结余，仅仅是各省存留、支出、协拨之后

---

① 中国第一历史档案馆编：《嘉庆道光两朝上谕档》第 48 册，道光二十三年四月初七日，桂林：广西师范大学出版社，2000 年，第 181—193 页。

② 史志宏：《清代户部银库收支和库存统计》，福州：福建人民出版社，2008 年，第 40—42 页。

③（清）托津等纂：（嘉庆朝）《大清会典》卷十三《户部・山西清吏司》，嘉庆二十三年刻本。

存剩的上交户部之数。

关于道光时期的总收支情况，所有的研究者都会引用王庆云、翁同龢家藏抄本等数据。由于从所掌握的资料来看，目前学术界似乎很难有准确的数据来定性这一时期财政收支的情况，使用这些资料也是不得已而为之的办法。王庆云的数据，按各类分别列入，精确到个位，当有所本。按其子王传璨的附注，系录自于山西司奏销红册与会典，“盖闻户部山西司奏销红册为一岁国用出入总汇之本，从而借观。惟直省地丁有额征、蠲缓、未完、实征之数，若盐课、若关税，皆只载实征而不载额征。若河工、若甘饷，皆只载拨解而不及实销，盖山西司受诸司之成，诸司未尝以全案移会，则盐关之岁额，工饷之岁销，山西司莫由而详。且红册只载直省，而京师内外支销，各有典司，不相侵越。戊申正月，取会典所列地丁、盐课、关税之正供岁额，与京师直省之经费岁支，附于红册出入之数，排比为表，以备检阅。”[①]关于道光二十八年各省的地丁杂税岁入岁出，可参照翁同龢家抄本与王庆云整理之数据。为方便起见，现将两者合并，王庆云关于道光二十九年（1849 年）的数据也一并列入，以兹比较，如表 1-7 所示。

表 1-7　道光二十八年度各省地丁杂税等收付示例表（单位：两）

省别	翁同龢家抄本数据			王庆云数据	
	岁入	岁出	两抵	道光二十八年	道光二十九年
直隶	2 520 818.44	2 224 913.145	295 905.295	2 284 433.898	2 224 913.145
奉天	96 305.375	87 715.073	8 590.284	68 982.62	87 715.073
江苏	2 854 178.037	2 360 617.597	223 560.44	1 516 020.5	2 360 617.597
安徽	1 673 196.971	858 993.746	814 203.225	70 069 188.31 (当为769 188.31)	858 293.322
江西	2 223 507.852	1 318 293.322	905 214.53	1 302 422.031	1 318 293.322
浙江	1 806 167.279	1 894 004.001	−87 836.722	1 662 547.676	1 894 004.001
福建	1 388 612.765	1 024 601.768	364 010.997	990 655.865	1 024 601.768
湖北	430 981.589	1 804 525.177	−1 373 543.588	2 126 005.894	1 804 525.177
湖南	844 511.913	1 850 677.295	−1 006 165.382	1 973 219.441	1 850 677.295
河南	2 652 839.715	2 260 228.531	392 611.184	2 674 709.436	2 260 228.531
山东	3 005 671.119	2 897 334.611	108 338.508	2 911 634.161	2 897 334.611

①（清）王庆云《石渠余纪》卷三《直省出入岁余表》，台北：文海出版社，1966 年，第 312 页。

续表

省别	翁同龢家抄本数据			王庆云数据	
	岁入	岁出	两抵	道光二十八年	道光二十九年
山西	3 097 741.505	2 545 436.312	552 305.193	2 295 764.664	2 545 436.312
陕西	1 670 262.93	1 442 978.219	227 284.711	1 505 210.877	1 442 978.219
甘肃	329 144.723	3 984 417.907	−3 655 273.184	4 173 800.929	3 984 417.907
四川	1 058 839.861	1 405 774.731	−346 934.87	1 621 165.903	1 451 774.721
广东	1 104 714.546	1 502 587.076	−397 872.53	1 652 385.312	1 502 587.076
广西	818 035.663	749 108.83	68 926.833	759 926.675	479 108.83
云南	645 190.523	1 217 475.899	−572 285.376	1 313 303.546	1 217 475.896
贵州	126 218.921	949 997.833	823 778.912	1 301 092.959	949 997.836
盐课				419 269.267（拨解）	支解在外
关税				3 462 177（拨解）	支解在外

资料来源：《道光十八年至二十八年岁入岁出册》，北京图书馆藏翁同龢家抄本。转引自中国人民银行总行参事室金融史料组编《中国近代货币史资料（第一辑）》，北京：中华书局，1964年，第172—173页

从表 1-7 数据来看，王庆云关于岁出的情况亦与翁同龢家抄本数据有所出入。何者更为准确，尚难判断。[①]另外，正如上面已经指出的那样，通过本表相加所得数据，并不是全国的总体数据，因为中央有直接的收入与开支，且必然会占据很大的一块。此外，还有新疆、黑龙江等地的银钱收支数据。[②]按翁同龢家抄本数据，以上各直省的总收入为 2 834 634 673 两，总支出为 3 237 937 907 两，两者不抵额为 403 203 234 两。这部分差额应该是由中央财政的收入来抵补。

非常明显，王庆云关于这一时期的数据与表 1-8 有着直接的关系，但除了数字略有差异外，还多出了道光二十九年（1849 年）的数据。关于这种差异，似难有确证说明何种更为正确。

① 陈支平据龚显曾《龚咏樵藏钞》考证王庆云之道光二十八年数据，系错抄二十九年之数据，见陈支平：《清道光二十九年财政岁入岁出数字厘正》,《中国社会经济史研究》，2009 年第 2 期，第 81 页。
② 周育民曾据此考察过《清史稿 · 食货六》所载道光二十二年财政收支之错误，参见周育民：《道光二十二年财政收支考》,《上海师范大学学报》1986 年第 2 期，第 156 页。

表 1-8　道光朝各直省实征地丁盐课杂税等项岁出岁入表（单位：两）

年份	岁入	岁出	两抵
十八年	41 272 732.659	36 209 382.386	5 063 350.273
十九年	40 307 372.41	34 787 590.447	5 519 860.96
二十年	39 035 229.796	35 805 162.109	3 230 067.687
二十一年	38 597 458.73	37 341 583.492	1 255 875.238
二十二年	38 715 060.818	37 149 811.287	1 565 249.531
二十三年	42 264 528.629	41 904 903.693	359 624.936
二十四年	40 163 854.832	38 651 694.514	1 512 160.318
二十五年	40 612 280.774	38 815 891.185	1 796 389.589
二十六年	39 222 630.42	36 287 159.329	2 935 470.713
二十七年	39 387 316.116	35 584 467.837	3 802 848.279
二十八年	37 940 093.827	35 889 872.079	2 050 221.748
二十九年	37 000 019.041	36 443 909.923	556 109.118

资料来源：《道光十八年至二十八年岁入岁出册》，北京图书馆藏翁同龢家抄本，转引自中国人民银行总行参事室金融史料组编《中国近代货币史资料（第一辑）》，北京：中华书局，1964年，第172页。二十九年数据来自王庆云：《石渠余纪》卷三《直省出入岁余表》，台北：文海出版社，1966年，第311—312页

关于嘉道时期财政收支之大势，吴廷燮在《清财政考略》中称，嘉庆元年曾普免钱粮一次，“其时红苗未平，教匪又起，国用始匮”。嘉庆三年以蒋赐棨请开川楚事例，视川运例加一成，以济军需。嘉庆十年以军需河工又开豫东事例，共收 7000 余万。嘉庆十九年以乾隆四十六年增兵之案，至今已三十余年，耗银多达 7000 余万，“逾于所存，复诏议酌汰增设各项，仍复旧制，清查仓库，催积欠，整盐务，裁定新疆用款，核减军需报销之旨，亦先后下”。初年以陵工军需用款繁巨，乃令东三省饷款动盛京库存 1000 万两。嘉庆十九年，廷臣多条陈阻捐例者，“以用款无出驳之”。吴廷燮认为，嘉庆时期的财政受亏有以下几个主要原因：一是军务，“川楚之役逾二万万，黔苗艇匪、豫东之役，糜款均巨”。二是河工，自曹工决后，历次河工用款积至数千万。南河每年抢修各工，率至一百五十万，照旧增两倍。三是钱粮积欠，如嘉庆十七年各省钱粮杂税等欠至 1900 余万，安徽、山东各至四百余万之类，每年皆有。四是白银出洋，嘉庆十九年、嘉庆二

十年两次谕旨，谓洋商偷运纹银出洋，岁百数十万，其时鸦片入口已盛，总在千万以上，实不止此，“故一切经费皆有竭蹶之虑，而南漕运京输纳，州县有费，帮贴旗丁有费，度黄盘坝起驳有费，交仓有费，合公私所耗，率以数石而致一石，尤财政之蠹”。应付这一财政困境的办法，自捐例外，惟生息加价、公摊各项，捐摊养廉，“初年已禁之，后不能行”，四川捐输津贴于七年谕旨者收 80 余万，谓宜停止，计嘉庆十七年岁入银 4013 万有奇，岁出银 3510 万有奇，“此嘉庆中财政之大概也”①。

到了道光朝，这种情况仍无大的改观。道光三年户部奏称，近三年出入比较清单，“岁入每年皆有缺少，各省额支势不能减，无定额者任意又加，遇有要需，必无从筹措”。以往之公摊养廉，盐商报效者皆反为官商之累，是年四月免福建剿办台匪军需摊扣未完银 179 万，七月免河南摊川楚二成军需银 649 万，各省均有所免，“合计在数千万以上”。淮商以引课滞销，亦令停止报效，“前后蠲缓数逾千万，各省积欠亦日多”。二年户部奏催各省欠解银 632 万，三年又奏催节年未完杂税银 231 万。其后有增无减，民欠则每年率二百万上下，积至五六年则千余万，有大恩诏则豁免。当时恃以应急的，惟捐例为多，常捐如苏州藩库，自嘉庆五年至道光四年（1800—1824 年）收捐监银 376 万，安徽 174 万，云南 47 万，大省如江苏，中省如安徽，边省如云南，合计总在 5000 万以上，“军需河工赈济多于此筹拨。历次特开捐例在数千万以上”。

道光时期开支急剧增加，军费、河工等耗费之巨，“皆前此未有者”。当时度支告匮，民生日困，皆注意于谋本富，保利权，于是“增垦新疆之田，议展奉天之边，改盐法，行海运，裁节经费之令再三下，而鸦片之禁遂以财政而启兵端，五口通商，税款稍增，而纹银出洋亦愈巨矣”。按道光中用款之多，以道光二十一年、二十二年为最巨，道光二十一年十一月户部奏各省办理军需河工灾赈，一年有余请拨银两至 2100 余万之多，除动用地丁盐课关税外，实拨内务府广储司及部库银 730 万两，次年有南京条约之赔款，虽分期清付，而此两年用款之巨，为道光中所未有。前代每竭左藏

①（清）吴廷燮：《嘉庆时之财政》，《清财政考略》，1914 年校印本，中国社会科学院经济研究所图书馆藏。

以供内储，此则发内储以供国用，“求之历史盖所罕见”。[①]

道光三十年（1850 年），咸丰继位后，通政使司副使王庆云奏称：“综今昔出入大数计之，盖今之视昔，绌于入者二，溢于出者一。”各省地丁岁额三千二百余万，近年来实征止二千八、九百万；盐课岁额七百四十余万，近年来实征常不及五百万；河工之费，嘉庆时只一百余万两，当时值钱一百余万串，近年来增至三百五、六十万，而银价倍加，是七百余万串矣，四十年间，增至五倍。“入者日少，出者日多，习为固然”[②]。同年四月，大学士管理户部卓秉恬亦奏称：岁入之数，应有四千四、五百万两；岁出之数，给需三千八、九百万两。按额核计，例有盈余。惟今昔情形不同，用款多寡难定，以近十余年计之，海疆、回疆及各省军务，东、南两河工用，南北各省灾务，统计例外用款，多至七千余万；清查库亏九百余万两。而岁额所入，除豁免、缓征、积欠等项，前后牵算，每岁不过实入四千万上下。如上年江、浙等省财赋之区，被灾较广，蠲缓赈恤，约计出多入少，又不下千余万两，“入款有减无增，出款有增无减。是以各省封存正杂等项，渐至通融抵垫，而解部之款，日少一日”。虽经叠次恩发内帑银一千余万两，删减各种开销，但仍然是“而入不敷出，为数尚巨”[③]。这也正是道光时期财政较为被动局面的写照。

不过，总体而言，嘉道时期的财政支出规模保持着缓慢扩张的态势，收支相抵后一般出现盈余。鸦片战争后的十年间，财政岁入及其结构，和康雍乾各朝相比，亦基本相同，地丁、盐课和关税仍然是财政岁入的三大支柱，特别是地丁银，仍然是财政收入的主体。这说明，虽然已经步入半殖民地半封建时期，但传统国家的财政体制仍未发生根本性的变化。当然，这种脱节不可能保持长久，财政问题最终还得与社会性质相吻合。

从财政管理机构的设置与职权范围来看，清前期的财政管理体制具有高度中央集权的特点，地方缺乏必要的财权，嘉道时期，这一格局仍未发生变化。关于财政收支，嘉道时期尚能大致保持平衡，收入方面没有发生

① （清）吴廷燮：《道光时之财政》，《清财政考略》，1914 年校印本，中国社会科学院经济研究所图书馆藏。

② （清）王庆云：《敬陈正本清源疏》，王延熙等辑：《皇清道咸同光奏议》，台北：文海出版社，1991 年，第 901 页。

③ 中国人民银行总行参事室金融史资料组编：《中国近代货币史资料》第一辑，附录清军机处档案，北京：中华书局，1964 年，第 170—171 页。

较大的变化，支出虽有大幅度地增长，但尚没有走到崩溃的边缘。即如道光晚期的银库案爆发，也只能说是一个意外，并不是财政制度出了根本性的问题。时人评论，道光二十三年（1843 年）库丁盗帑事发，亏银九百余万，道光帝责管库诸王大臣分年赔缴，又通饬内务府部院各衙门裁减浮费，“斥三苑三山珍货，命有司变价，库亏之数，数年弥补全完”，自二十三年至三十年，户部奏每岁入数三千七八九百万不等，出数三千六七八百万不等，“岁计略有赢余，道光三十年内库犹八百余万两”。[①]如果再将视野放宽，把嘉道时期的财政与咸同时期做比较，前者的优越性更是不言而喻。简言之，这一时期清朝政府的财政虽然不及以往充盈，但也绝非一无是处，也正是从这个角度来看，可以将其概括为“有量变而无质变”的过渡型财政。

作为最高统治者的嘉庆帝、道光帝，他们节俭自励，甘居表率，道光帝的节俭人所皆知，嘉庆帝也绝非昏君，曾多次以实际行动来节省经费。嘉庆九年（1804 年）十月，嘉庆帝欲到五台山“为民祈福”，本为旧例，结果经大臣商议，“以三省甫定，民气未苏，警跸所临，虽事事轻减，而长途供亿，不能不借资民力”，遂取消行程。[②]与此相对应，诸如前文已经分析过的漕运、盐政、关税等方面的改革值得肯定。主持改革的官员，如英和、陶澍等人，也并非庸才，一度的漕粮改海运、盐政改票法，都进行得有声有色。当然，此间的财政在走下坡路，却是没有疑问的。嘉道时期，清廷对全国财政的控制能力已降至极低的水平，财政危机初步形成。嘉道时期的财政管理效率，从总体上说，有日趋低下的势头。道光十年（1830 年），给事中徐法绩奏称，直省每年正杂钱粮开除实在款目，多不能逐案清结，或开除在数年前，报销在数年后，或暂行借垫，久忘归款，或多年挂搭，未经剔出，旧案未结，新案又来，头绪既已纷繁，款目又复参错，“上司以闲款充私用，属员以新款弥旧亏，公项可使拖欠，私利则必取盈，间有动拨不发，则以别款支专销为解，名为拨空，虽经户部节年行查，而外省延不登复，则亦不复究诘。是有用之钱粮，皆悬于空虚之外，吏蚀官侵，久皆无着”。至如现任官员

---

①（清）孙鼎臣：《畚塘刍论》卷二《通论唐以来国计》，咸丰九年刊本。
②（清）英和：《恩福堂奏稿》，手抄本，中国社会科学院近代史所图书馆藏。

积欠，本属有力完缴，往往于去官身故，无力完缴时，始行参出；借支养廉为数无多，往往服官多年，尚未扣缴；至清查各款，咨查各款，抄产变价各款，色目繁多，户部应查不查，应催不催，及虽查而或漏查，虽催而可漏催，皆所难免，“是外省弊混之故，实亦户部稽查之疏也”。[①]

与此同时，财政集权制度也开始崩溃。清廷通过解京协饷制度来控制全国财政，这种中央集权的财政，有几个特征：其一，没有真正的地方税，中央与地方均行使同一套税种，如地丁、盐课、关税、杂税。其二，所有税率和税基均由中央决定，但税收的核定和征收则由地方官府负责。其三，财政分配上，中央占绝对优势，地方存留有限，地方财政十分脆弱。通过京协饷制度，清廷可以调动全国的财政收入，这在人少事简的条件下尚可维持，至嘉道时期，中央指定的拨款常被移作他用；外省应解银两欠项日多，中央户部库存日绌，协饷多不到位，致使京协饷制度濒临崩溃。为弥补巨额亏空，清廷要求地方官吏自行设法解决，这就是嘉道时期影响极坏的“设法”政策，也是经过皇帝允许的弊政。“设法”政策的出台，其根本原因正如章学诚所言：州县仓库空虚，缓急俱不可恃，情知亏空为患，而上下相与讲求弥补，谓之“设法”。“天下未有盈千百万已亏之项，只此有无出纳之数，而可为弥补之法者也。设法者，巧取于民之别名耳”[②]。地方经费不可能永远处于亏缺状态。嘉庆十六年（1811 年）在对各省库贮款项进行彻底清查时，发现各省有附贮、赏项、存剩、公捐提解等银四款，皆不报部。嘉庆帝将此四项经费赏赐地方，即是对既成事实的承认，同时也表明清廷对财政的控制能力日益削弱，出现上有政策、下有对策的状态。

嘉道时期吏治腐败，较以前更为明显，而这种恶化对财政产生了深远影响，以致有“康熙年间多清官，雍正以后无清官”之谣。[③]冯桂芬曾言：“今天下之大害，大都在上下两损而归中饱。有专蠹国不蠹民，官吏转率民以蠹国者，营兵也，河工也，盐务中诸色人等也。有专蠹民不蠹国者，钱粮也。

① （清）席裕福等纂：《皇朝政典类纂》卷一六五《国用》，光绪二十九年铅印本。

② （清）章学诚：《上执政论时务书》，《章学诚遗书》卷二十九，北京：文物出版社，1985 年，第 327 页。

③ （清）汤成烈：《治赋篇二》，盛康辑：《皇朝经世文续编》卷三四，光绪三年刻本。

有国与民交蠹者，关也，贡也。”[①]关于道光时期吏治败坏，张际亮写道：“为大府者，见黄金则喜；为县令者，严刑非法以搜括邑之钱米，易金贿大府，以博其一喜。至于大饥人几相食之后，犹借口征粮，借名采买，驱迫妇女逃窜山谷，数日夜不敢归里门，归而鸡豚牛犬一空矣。”[②]官场之中，求官以自私起见，山东宦场气习，“当其在省，寅僚之燕集”，“不闻其咨诹治道，思作好官，惟计较某州某县孰肥孰瘠，日思得一美缺，便我私图”，“寅缘钻刺，探听风声。小不如意，怨谤上司。甚者播散谣言，希图挟制，转相将效仿，习为风气，牢不可破”[③]。曾署两江总督的梁章钜生动地刻画了群僚的昏庸：“近时有作首县十字令者：一曰红，二曰圆融，三曰路路通，四曰认识古董，五曰不怕大亏空，六曰围棋马钓中中，七曰梨园子弟殷勤奉，八曰衣服整齐，言语从容，九曰主恩宪德，满口常称颂，十曰座上客常满，樽中酒不空。”[④]当时的官场已经逐步形成官员贪污集团化、官职商品化、官吏商人化的趋势。因为统治格局是“以人君总其成于上，而分其任于督抚，督抚总其成于上，而分其任于州县”[⑤]，官官相卫也就在所难免。嘉庆四年，山东帮漕船39只，各州县帮贴陋规银5000两，通州坐粮厅验米费400两，仓场衙门、科房、漕房等费自80至20余两不等，领运千总使费银700两，守备年规银412两，生节规16两，总漕、巡漕及粮道各衙门皆有陋规。事件曝光，嘉庆帝也不得不说：“姑念人数过多，事属已往，免其深究。”[⑥]道光十年（1830年），书吏蔡绳祖私雕假印案，所涉及官员户部堂官23人，司员78人，国子监厅员3人，而冒捐者则多达32 708人之多。[⑦]

在嘉道时期，陋规已经演变成为一种特殊的薪俸，在地方称陋规，在

---

① （清）冯桂芬：《校邠庐抗议》卷上《改土贡议》，见《续修四库全书》之《子部·儒家类》，上海：上海古籍出版社，2013年，第519页。

② （清）张际亮：《答黄树斋鸿胪书》，《张亨甫文集》卷三，同治福州刻本。

③ （清）徐栋：《牧令书辑要》卷二，同治八年崇文书局刻本。

④ （清）梁章钜：《归田琐记》卷七《首县》，北京：中华书局，1981年，第137页。

⑤《清仁宗实录》卷七九，嘉庆六年二月己酉，北京：中华书局，1986年影印本。

⑥《清仁宗实录》卷五六，嘉庆四年十二月丙申，北京：中华书局，1986年影印本。

⑦《清宣宗实录》卷一七七，道光十年十月戊戌，北京：中华书局，1986年影印本。

京城则成为部费。部费的征收导致吏治更加腐败。“军需报销，自乾隆朝刊颁则例，准销各款有条不紊。然蒇事之后，造册请销，一收一支，不能针孔相符，于是部吏得以持其短长，严加驳诘。而所谓部费一款，每百几厘几毫者，数遂不赀。自帅臣以逮末僚，凡厕身行间，均摊追赔，无一漏脱。存者及身，死者子孙，久迫追呼，非呈报家产尽绝，由地方官验明加结具文咨部，不能定案。其有前经帅臣奏咨后难结算者，则归用兵省份州县流摊，名为军需挪垫、兵差挪缺等款，亦动经数十年始得归补，而州县又不胜其累。是以部费一说，视为固然，万口同声，略无隐讳。”[①]官员之间往来的开销也很大，外调官辞行要向同僚赠送一笔留别经费，即所谓的别敬。据《道咸宦海见闻录》的作者张集馨记载，他出任陕西粮道的出京留别共费 17 000 余两，任四川臬司共费 13 000 余两，任贵州藩司共费 11 000 余两，调任河南藩司又花掉 12 000 余两，年节应酬及红白事体尚不在内。嘉道时期，陋规案频繁发生，仅检索《清实录》和《上谕档》，就可以发现不少曝光的案件，如嘉庆二年（1797 年）方受畴收受生日年节陋规、嘉庆四年（1799 年）宜兴家人私受门包陋规、嘉庆十年（1805 年）贵州钱局监督收受书吏陋规、嘉庆十五年（1810 年）吴江生监串通知县收受漕规案、嘉庆二十二年（1817 年）道府收受陋规案、道光十一年（1831 年）直隶清河道徐寅第收受陋规案、道光二十年（1840 年）长芦盐运司收受商人陋规案、道光二十八年（1848 年）山东巡抚收受程仪节寿案、道光二十九年（1849 年）山西巡抚王兆琛收受商人节规银案，私下的陋规则必然更多了。

官场风气日渐奢靡，形成官、士、工、农相率效仿的局面。嘉道时期的举人鲁一同曾言：“思天下之困，不专银少，由衣食之源不足；衣食不足，由物力之艰；物力之艰，由靡费之众；靡费之众，由风俗之奢，由百官之奢。官奢于上，士华于下，工作于市，农效于野，斫朴为雕，皆官之

---

①（清）吴庆坻：《蕉廊脞录》卷二《同治三年变通军需报销》，北京：中华书局，1990 年，第 38—39 页。

由。”[①]对于末世情态，龚自珍在鸦片战争前夕愤然写道：“今中国生齿日益繁，气象日益隘，黄河日益为患，大官非不忧，主上非不咨，而不外乎开捐例、加赋、加盐价之议，譬如割臀以肥脑，自啖自肉，无代受者。自乾隆末年以来，官吏士民，狼艰狈蹶，不士、不农、不工、不商之人，十将五六。又或食烟草，习邪教，取诛戮，或冻馁以死，终不肯治一十之丝、一粒之饭以益人。承乾隆六十载太平之盛，人心惯于泰侈，风俗习于游荡，京师其尤甚者。自京师始，概乎四方，大抵富户变贫户，贫户变饿户，四民之首，奔走下贱，各省大局，岌岌乎皆不可以支月日，奚暇问年岁？”[②]

与此同时，清廷仍然固守“量入为出”的原则。以量入为出为财政原则，财政手段必然以节流为主；以量出制入为财政原则，财政手段则会以开源为主。清前期，宏观税负水平虽然偏低，但财政尚能保持平衡，并维持量入为出原则，故手段多以节流为主。嘉道时期，清廷对全国财政的控制能力已降至极低的水平，即便有巨额的支出，如军需、河工及赈济等，也仍然凭临时的调补来支持，可见当时的统治者，尚缺乏长远的打算和通盘的考虑。[③]道光帝甚至称：“譬如人家一所大房子，年深月久，不是东边

---

①（清）鲁一同：《与左君第二书》，《通甫类稿》卷二，台北：文海出版社，1969年，第76页。

②（清）龚自珍：《西域置行省议》，《龚自珍全集》上册，北京：中华书局，1959年版，第106页。

③ 例如关税收入例应解部，但嘉道时期，关税收入被大量应用于军需、河工等应急事务中，对于风雨飘摇的清朝财政，起到了很好的补漏作用。这里仅就其中的大者列举一二。嘉庆初年，因川陕楚办理善后事宜需用较多，清廷降旨令各关监督等将本年征收银两，凑足十万两，或五万两之数，解往河南存贮藩库候拨。根据这一旨意，各省各关纷纷行动。到八年七月，各关陆续奏报起解银数已足敷善后之用。嘉庆十年，两江总督铁保、河道总督徐端称，河工紧要，准从淮安、浒墅等6关库存银拨100万两解贮河库，经查明，当时淮安关可拨银6万两，浒墅10万两，龙江155 000两，扬州关77 000两，凤阳关45 000两，江海关1万两，共可拨487 000两。嘉庆二十四年，又因河南黄河北岸武陟漫口办理大工，清廷再次大规模调拨关税。其中淮安关征存税银40万两、浒墅关40万两、粤海关75万两，共155万两，拨付工地。因此间各省动用关税的情况为多，影响了户部的正常财政分配方案实施，引起户部不满，特奏请改革。嘉庆十七年，户部奏称，查例每年冬季各直省督抚各将次年一岁应需俸饷预估册报，听部按数拨给，倘藩库银两不敷，或动盐课关税，或请内帑，由部随时具奏。但近年以来，南河年例岁修预购料物，以及各直省或因兵饷不敷等项，均非迫不及待之款。该督抚等往往亦将本省关税银两自行奏请动拨，“殊非慎重钱粮之道”，况关税一项向系关期满后，依限解交部库之款，“尤未便任其在外拨用”，故奏请令各直省非急迫不乱拨。道光四年，户部又再次上奏，“外省督抚毋得自行指拨关税”。（以上参见嘉道时期《军机处录副奏折·财政类·关税》相关奏折）这种关税的经常性调拨，也为日后的地方省份截留财政收入和督抚权重做了很好的实践铺垫。

倒塌，即是西边剥落，住房人随时粘补修理，自然一律整齐，若任听破坏，必至要动大工。”[①]岩井茂树将其概括为“原额主义”。当然，所谓的明清国家财政的“原额主义”，并不是指租税收入和财政支出全然没有变化，而是随着社会的发展，国家机构活动的扩大而财政必然要相应增大，缺乏弹性的正额收入与之发生了不整合。为了弥合这种不整合，正额外财政的派生不可避免。[②]嘉道时期在财政上最大的问题是，当岁出突然增大时，其岁入不足以应付这种开支，所以不得不采用临时性的筹措财政经费的方法，亦即捐输和报效。实际上，这无非是一种变相的勒索。

当时西方已经迈入资本主义时代，赋税已经由经常性财政支出的来源，变成满足生产性财政支出的途径，影响生产的结构和方向。清廷墨守成规，面对财政中的新问题，诸如支出扩大后如何从正常的赋税调整中予以解决、币值变动情况下如何调整赋额，都没有提出和推行妥善可行的对策。由于非常支出的膨胀，已不能再顾及传统的财政原则，而是处处变通办理，或挪用常例收入，或新增非常税目，完全以支出规模为核定标准。可以断言，清代的财政体制已经到了必须进行全新调整的时候。

---

①（清）张集馨:《道咸宦海见闻录》，道光二十七年八月二十二日，北京：中华书局，1981 年，第 89 页。

②〔日〕岩井茂树:《中国近世财政史の研究》，京都：京都大学学术出版社，2004 年。

第二章

战争与旧体制崩溃

咸丰、同治时期，清代财政的主体职能变成了围绕如何搜刮更多的税源展开，地丁钱粮的比重急剧下降，关税和厘金则超越田赋地位，成为国家最重要的税收来源，这一时期的财政结构，可以称之为激进的、扩张的工商业型财政。

一、战争与财政

（一）太平天国运动

太平天国运动从咸丰朝一直延续到同治朝前期，历时十余年，影响及于全国大部分省份，是清代规模最大的一次反清运动，对清朝的政治、经济、文化造成了巨大影响，对财政体制也造成毁灭性的打击。

道光三十年十二月初十日（1851年1月11日），太平天国运动在广西桂平县金田村爆发后，迅速演变成一场规模浩大的反清战争。在最初的八个月时间里，太平军连续攻克桂平、平南、武宣、象州、永安等附近的多个州县。后来太平军在永安遭到清军长达半年的围困，但在咸丰二年（1852年）春，成功突围，接着围攻桂林、攻下全州，乘胜北上进入湖南、湖北，同年年底攻陷武汉三镇。咸丰三年正月，太平军数十万大军沿长江水陆东下，夺蕲黄，破九江，取安庆，下太平、芜湖，于月底进逼江宁（今南京）城下。同年十月，太平军攻破江宁并在此建都，改名为“天京”。此后，太平天国派兵北伐，取镇江、扬州，半年之内遍袭安徽、河南、山西、直隶诸省份，直至迫近保定并出兵天津，和北京近在咫尺，兵锋所指，清廷震动，咸丰皇帝甚至一度准备北走热河（今天的承德）。这支北伐的部队最后因孤军深入、缺乏后援而于咸丰五年（1855 年）初被清军消灭，北伐失败，但与之协同作战的捻军，则继续活跃在豫、皖、苏、鲁诸省，一直坚持到同治七年（1868 年）才被彻底镇压。与此同时，太平军还西征攻取安庆、九江、武昌等上游重镇，和清军赣、皖、鄂、湘等省角逐争胜，在长江中下游占领大片土地，并于咸丰六年（1856 年）夏攻破清军江南大营。

此后，太平天国领导集团出现严重内讧，杨秀清被杀，石达开出走，太平天国元气大伤，军事上连连受到挫折，天京再度被围。不过，随着陈玉成、李秀成等青年将领的崛起，太平军势力重振。咸丰八年（1858 年），太平军取得浦口和三河大捷。咸丰十年（1860 年）春太平军再破江南大营，接着攻占常州、苏州、松江、嘉兴等江南富庶之区，进攻上河。直到第二次鸦片战争结束以后，清廷与西方列强联合起来共同镇压太平军，战场形势才发生逆转。同治三年（1864 年）五月，太平天国领袖洪秀全自杀；次月，曾国藩的湘军攻入天京，太平天国运动失败。此后，清军又花费两年时间消灭太平天国余部。

在太平天国运动期间，皖北、苏北及河南、山东等黄河流域捻军乘势而起，南方两广、福建及长江流域的湖南、江西、浙江、江苏、上海等有天地会、金钱会、小刀会等民间秘密会社组织起义，西南有云贵川等地的李永和蓝朝鼎起义、号军起义，苗回等少数民族起义，同治元年（1862 年）以后的西北陕甘等地回民反清运动等。在太平天国运动的影响下，这些起义风起云涌，清廷政权风雨飘摇，几近崩溃。

在军事上遭受打击的同时，清朝的财政体制也受到了前所未有的挑战。咸丰初年，太平军尚在四处流动作战时，清政府的军需开支已经十分惊人。

咸丰元年（1851 年），虽然战争仅限于广西一隅，但战费已经需要从其他省份调拨，且数额巨大。清军围困永安时，广西军营每月所耗军饷已高达 70 万两。[①]咸丰元年，户部曾经奏称，“本岁春拨册报银两，可拨之项甚属寥寥，只于六月指拨关税、盐、粮等银六十四万余两。现在办理秋拨，除八月二十九日奏拨解部银一百万两外，其册造留协、留备各款，亦属无多。各直省复因本年豁免民欠、筹解军饷，较之去年，均行支绌。”[②]可见花费之巨。

咸丰二年（1852 年）三月初，据广西巡抚奏报，当时前线仅存库银 20 万余两，各省协款多不能及时按数解到，因此被迫向户部告急，请求紧急拨款。[③]不过，各省所存库银也并不多，没有可以指拨的“闲款”，户部只得令各省“不拘于何款内先行挪凑，飞速解往”。[④]到了六月份，广西又称本省藩库已经“罗掘殆尽”，“垫无可垫，支绌万分”。[⑤]据王庆云记载，道光三十年至咸丰二年（1850—1852 年），各省例用款总计银 2258 万两，除南河丰工耗去 450 万两外，1808 万用于军需，其中包括广西军需银 1124.7 万两，湖南军需 418.7 万两，广东军需 190 万两，湖北防堵银 45 万两，贵州防堵 20 万两，江西防堵军 10 万两。[⑥]可见战争仅仅持续两年，就已经花费不少。

到了咸丰三年（1853 年），太平军已经气势大盛，全国战火蜂起，清政府的收支更加显得窘迫。六月，户部奏陈库款窘迫军饷难筹，称自太平天国兴起三年多的时间里，经过户部直接指拨的军饷，以及各省自行截留和筹积的饷项，就已经多达 2963 万余两，“移缓就急，提后尽前，岁掘之方，实已无微不尽”。后来，各处纷纷设立专为筹饷的粮台，目前已经多达六七

①《清文宗实录》卷四七，咸丰元年十一月癸丑，北京：中华书局，1986 年影印本。

②《筹饷事例条款》，见许大龄：《明清史论集》，北京：北京大学出版社，2000 年，第 60 页。

③ 咸丰二年三月初七日广西巡抚邹鸣鹤奏，中国第一历史档案馆编：《清政府镇压太平天国档案史料》第 3 册，北京：社会科学文献出版社，1992 年，第 75 页。

④ 咸丰二年三月十九日户部奏，中国第一历史档案馆编：《清政府镇压太平天国档案史料》第 3 册，北京：社会科学文献出版社，1992 年，第 108 页。

⑤ 广西巡抚劳崇光咸丰二年六月初八日奏，中国第一历史档案馆编：《清政府镇压太平天国档案史料》第 3 册，北京：社会科学文献出版社，1992 年，第 383 页。

⑥（清）王庆云：《石渠余纪》卷三《直省出入岁余表》，台北：文海出版社，1966 年，第 313—314 页。

处之多，“请饷纷纷，日不暇给”。加之福建会党起事，时下并未镇压干净，丰北之坝工经过修补，但又再次决口，所有各项无不需要花钱，“军需迫不待时，指款悬而无薄。被兵省份，既已无可催征，而素称完善之区，如江苏则已请缓征，山东则早请留用，山陕、浙江皆办防堵，是地丁所入万难足额矣”。扬州一带已经被太平军占领多时，汉口屡经受创，且又未收复，淮南盐场也被扫荡，全纲不可收拾，盐课所入也去其大半。其他的地方，包括芜湖关、九江关、凤阳关等地，也先后被太平军骚扰，夔关、浒墅关一带的商贩同样因为害怕而裹足不前，甚至连远离太平导作战区域的北京崇文门亦奏请尽收尽解，“是关税所入仅存虚名矣”。这些都还是常年所指为例拨者，“今以尽供军需，犹虞不足；于是约征不可恃，乃借助于捐输；捐输不可恃，乃乞恩于内帑”。虽开捐输，但近来捐输之数，业已大减于前；内帑所藏，亦复不敢轻议借给户部银库，此外能够想到的补救之方，包括停养廉、开银矿、提当本、收铺租，“凡臣等管见所及，与在京臣工陈奏各事宜见之施行者，不下数十款，或只宜一试，或收效尚迟，有尽之经营，断不能给无厌之吁请”。虽然各有各的苦衷，但各省督抚不但不能提出好的建议，对于户部所议的各种条款，也是不闻不问，“即臣等所拟条款可行与否，声复者亦甚寥寥；而徒知遇事请拨，动辄望之邻省。诚如圣谕，有平日漫不经心者，有避嫌避怨不肯为者，亦有限于定例、格于处分不敢为者。似此情形，实属计无所出”。现在户部银库，截至咸丰三年六月十二日止，银库所存仅 227 000 余两，应该七月份的兵饷都还不够，还不要说其他的开支，“臣等备员农部，多或十余年，少亦一二载，从未见窘迫情形，竟有至于今日者。若军务再不速竣，中外经费，同时告竭，臣等裕国无术，罪无可逭，而大局涣散，不堪设想”[①]。可见这一时期国家财政的困难，连户部官员们都承认是从来未有的。

① 咸丰三年六月十六日，管理户部事务祁寯藻等奏，中国人民银行总行参事室金融史料组编：《中国近代货币史资料》第一辑上册，北京：中华书局，1964 年，第 175—176 页。

国家财政困难，必然会导致拖欠军饷。拖欠军饷的直接后果，就是这一时期很多兵丁都领不到足数的银钱，连吃喝都成问题，战斗力可想而知，“所至虑者，饷项日亏，出入大数相去太远。勇丁每月所领，不及一旬之粮；扣除米价等项，零用一无所出。兼之食米将尽，采办无资，勇夫啜粥度日”。而饷银无着，自然会连带导致勇丁军纪松弛，而将帅亦没有严加管教的底气，“各营将领，因欠饷过多，无颜以对士卒，故遇细微，执法不能过于绳切。更虑积以成渐，士气必将懈怠。……以目下之势论之，所短者饷，而非士卒之不用命。若得巨款济目前之急，则我军士气方壮，正可力图功效。”①可见，这时的财政困难和清军的战斗力之间，已经形成了一个怪圈和难以打开的死结。

京师户部银库空虚，各省银库亦不例外。两湖藩库经过连年战事，已经元气大伤。署湖广总督张亮基奏称，至咸丰三年（1853 年）八月，湖南库款已经极度空虚，“至于湖北则公私荡尽，铢黍无存”，两湖地区只能等着广东银库拨银给予接济，才能渡过难关。而这种窘迫的情况，也是他们未曾经历过的，“臣等竭力支持，半年之间，朝不谋夕。通城、广济土匪大局甫定，接办江防；江防之局甫定，接办南窜粤匪。常例经出之费，本已不赀；意外饷兵之需，复又叠出。焦劳困迫，支绌万端”。同时，据湖北布政使岳兴阿清查，湖北藩库所存的库银不过数千两，万分支绌，难以应付下去。②

咸丰三年十一月，咸丰帝命湖南帮办团练曾国藩出兵驰援安徽，但曾国藩于十二月回奏，称湖南藩库“仅存银五千两，即起程一月之粮尚恐难备”，“外省之饷项亦恐不愿供应”，干脆以无钱而拒绝带兵出省，咸丰帝亦毫无办法。③

一方面是军饷无着，另一方面则是奏销体制失灵。由于战争旷日持

① （清）赵烈文：《能静居日记》，同治三年二月二十五日，见《续修四库全书》之《史部·传记类》，上海：上海古籍出版社，2013 年。

② 《军机处录副奏折·咸丰朝·财政类》，咸丰三年八月十三日，署湖广总督张亮基折，档案号：03-4376-051。

③ （清）曾国藩：《沥陈现办情形折》，《曾文正公全集·奏稿》卷二，咸丰三年十二月二十一日，长春：吉林人民出版社，1995 年，第 396 页。

久，战事频仍，因形势所迫，各次军需报销只能以各省或统兵大臣按年分案开具“简明清单”的形式了结，各处所报也只是一个笼统的开支总数，并无详细的收支细册，内容真实与否无从查实。户部方面也从未对此段时间内各处报来的数字做统一汇总，因此只能做一大概估计。户部尚书宝鋆等人曾奏称：“十余年来，综计军需用款，所费何啻万万。”①可见他们也并不掌握确数。

关于太平天国起义的总开支，据清人王闿运记载，镇压太平天国“用银二万八千余万，钞七百六十余万，钱八百十八万贯”。②刘锦藻则曰：“发捻之役，耗至二万余百万。”③不过，具体实数究竟是多少，恐怕已经很难搞清楚。彭泽益先生根据中国社会科学院经济研究所藏清代钞档及当时各省督抚、统兵大臣的文集、奏稿等，统计出清政府镇压太平军的军需开支总数为银 1.7 亿余两，镇压捻军的军需开支总数为银 3173 万余两，合计共银 2 亿两。清政府咸丰、同治年间镇压农民起义军费情况大致如表 2-1 所示。

表 2-1　清政府咸丰同治年间镇压农民起义军费奏销总计表

项目	数额（两）	百分比（%）
太平军起义部分	170 604 104	40.4
捻军起义部分	31 730 767	7.5
西北回民起义部分	118 887 653	28.2
西南各族人民起义部分	78 736 500	18.6
两粤闽台各族人民起义部分	22 336 935	5.3
合计	422 295 959	100

资料来源：彭泽益《清代咸同年间军需奏销统计》，《中国社会科学院经济研究所集刊》第3集，1981年。注：新疆“剿回”结束至光绪三年（1877年），因此此表仅为大略估计，仍一并列入咸同时期

但彭先生亦言：“上表所列四亿二千二百多万两军费支出，远不是完备的，但却是可信的，因为它是现在有案可稽的奏稍数字”，考虑到缺漏部

① 中国社会科学院经济研究所抄档，同治六年十二月初十日，户部尚书宝鋆等奏。
②（清）王闿运：《湘绮楼日记》第 7 册，光绪四年十月二十四日，上海：商务印书馆，1927 年，第 4 页。
③（清）刘锦藻：《清朝续文献通考》七十四《国用十二》，上海：商务印书馆，1936 年，考 8309。

分，“最低估计当不会少于现有军费数的一倍，约在八亿五千万两。”[①]这个估计当属合理。如果将此数额分摊至每一年，再加上第二次鸦片中的开销，军需开支将在 4000 万两以上，已经超过道光时期的全年财政总收支。财政的困难，仅凭枯燥的数字就已经可想而知了。

（二）关税自主权丧失

太平天国起义是近代史上规模最大的起义，这种起义所造成的影响并不仅限于国内，在对旧有的制度造成巨大冲击的同时，还使得清廷国力更加虚弱，完全无法应付西方列强的步步紧逼，并在这一时期极大地丧失了关税自主权。这又反过来限制了清廷的财政能力，加深了自身的财政危机。

第一次鸦片战争后，中英《南京条约》及其附约的订立，以及随之而来的中美、中法条约，迫使清朝开放通商口岸，上海、广州、福州、厦门和宁波五口通商，并执行极低的外贸税率，清朝的关税主权开始遭到损害。

太平天国起义及第二次鸦片战争期间，随着局势的变化，一系列而且更多的沿海和内地城市被迫对外通商，洋关纷纷建立。主要包括：根据 1858 年《天津条约》开放的镇江关（1861 年）、南京关（1899 年）、九江洋关（1863 年）、江汉关（1863 年）、台湾关（1862 年）、东海洋关（1861 年）、牛庄关（1863 年）；根据 1860 年《北京条约》开放的津海关（1861 年）；根据 1876 年《中英烟台条约》开放的芜湖洋关（1876 年）、宜昌关（1877 年）、瓯海关（1877 年）；根据 1887 年中法《续议商务专条》开放的镇南关（1889 年）、蒙自关（1889 年）；根据 1890 年《烟台条约续增专条》开放的重庆关（1891 年）；根据 1895 年《中日马关条约》开放的苏州关（1896 年）、沙市关（1896 年）、杭州关（1896 年）；根据 1896 年《中法商务专条附章》开放的思茅关（1897 年）；根据 1897 年《中英缅条约》开放的梧州洋关（1897 年）；根据 1897 年《中英缅条约附款》开放的腾越关

① 彭泽益：《清代咸同年间军需奏销统计》，《中国社会科学院经济研究所集刊》第 3 集，1981 年，第 25 页。

（1902 年）；根据 1902 年《中英续议通商行船条约》开放的长沙关（1904 年）；根据 1903 年《中日通商行船续约》开放的安东关（1907 年）；根据 1905 年《中日会议东三省正约附约》开放的哈尔滨关（1908 年）；以及清廷自行开放的岳州关（1899 年）、秦皇岛关（1902 年）和南宁关（1907 年）。[①] 这些通商口岸的打开，充分显示清廷已经极大地丧失了关税自主权。

咸丰三年（1853 年）秋，受太平天国运动的影响，上海小刀会首领刘丽川发动起义，占领上海全城，江海关也陷入混乱，苏松太道兼江海关监督吴健彰亦逃离上海，从而为列强控制江海关提供了机会。起义于 9 月 7 日爆发，随后租界内的海关官署被洗劫一空。8 日，英国军舰“斯巴达人号”（Spartan）占领官署，9 日，上海英国领事阿礼国借机炮制《海关机构空缺期间船舶结关暂行章程》，宣布立即接管征税事宜，英商可用现金或为期 40 天的期票缴费，期票将来是否兑现，由英国政府决定。随后，美国和法国也宣布实行领事代征。

10 月，江海关监督吴健彰重回上海，并与各国领事效涉，要求恢复行使职权，结果这一主张被阿礼国回绝。阿礼国表示，只有当清军收复了上海县城，中国官员才有资格谈判征税事宜，阿礼国还同时拒绝了吴健彰关于在北新关和浒墅关向运货至上海的中国商人征税的要求。与英国的态度不同，美国于 10 月 24 日照会吴健彰，同意停止代征，可以由中国官员自行向美商收税。吴健彰随即通知上海各国领事，宣布从 28 日起，在租界对面的陆家嘴江面设立船上临时海关征税。不料吴健彰的两只征税船“阿格奈斯号”（Agnes）和“羚羊号”（Antelope）刚驶至征税点，法国军舰便以“羚羊号”炮击城中的法国天主教堂为由，勒令其开向黄浦江上游；英国军舰则声称船只停靠租界会招致小刀会攻击，令其开到苏州河去。吴健彰试图回到租界内的原官署察看，也被英国人阻止。

1854 年，美国宣布货船不必再领中国海关的结关证件，而是直接由领

① 汤象龙：《中国近代海关税收和分配统计：1861—1910》，北京：中华书局，1992 年，第 54—60 页。

事馆给船牌离港，接着又宣布上海为自由港。经过多方的博弈，英国最终被迫停止临时章程，和美国、法国联手同意让吴健彰自咸丰四年（1854年）2月9日起，在苏州河北岸设立临时海关征税。但在当时的局势下，江海关收税寥寥。为确保收税，吴健彰只好在黄浦江的闽行镇及苏州河的白鹤渚设置两个内地税卡，在那里对运往上海的货物征税。此举又受到三国领事的一致反对，指出吴健彰此举违反了条约。

最后，清廷只得屈服，完全接受阿礼国提出的提议，即将上海关置于英、美、法三国共同控制之下，并各派一名代表主持税务。6月29日，吴健彰与三国领事达成上海海关八款协议，分别指派英国人威妥玛（T. Wade）、美国人卡尔（L. Caar）和法国人斯密司（M.A.Smith）出任上海海关"税务司"，组成"关税管理委员会"，并于7月12日接管苏州河北岸海关的全部税务工作。

中英《南京条约》和中美《望厦条约》于咸丰四年（1854年）和咸丰六年（1856年）到期，英美两国分别向清政府提出修约要求，希望中国全境开放或长江自由航、鸦片贸易合法化、废除内地税、外国公使驻京等。因清廷无法满足这些条件，英法两国借口"亚罗号事件"和"马神甫事件"，于咸丰六年（1856年）联合起来向清廷发动第二次鸦片战争。英法联军于咸丰八年（1858年）三月到达大沽口，双方开始谈判。九年五月，英法军队再赴大沽，结果遭到僧格林沁重创。咸丰十年六月，英法联军又至大沽，占领天津后直趋北京，九月火烧圆明园。咸丰帝逃往承德，于咸丰十一年（1861年）七月十七日病死。第二次鸦片战争战争历时四年，最终以清廷失败、咸丰帝病死告终，清廷被迫签下"城中之盟"。奕訢奏称："臣等忍气吞声，委曲以议抚者，原为保全京城以顾大局耳。设洋人尚未入城，臣等办理议抚，尚不致动辄为人所制。现在夷兵业已进城，则办理益无把握。……此时藩篱已破，设有决裂，既无以为却敌之方，若再有意外要挟，臣等更何以自处？……只好竭力尽心，以图补救于万一耳。"[①]可见

① （清）文庆等纂：《筹办夷务始末》（咸丰朝）卷十二《总理衙门奏筹议和局情形折》，《续修四库全书》之《史部·纪事本末类》，上海：上海古籍出版社，2013年，第699页。

清廷在谈判中的被动。

第二次鸦片战争期间签定的中外不平等条约，主要包括中英、中法两个《天津条约》(咸丰八年五月)，中英、中法两个《续增条约》即《北京条约》(咸丰十年九月)，中英、中法两个《通商章程善后条约：海关税则》，中美《天津条约》及《通商章程善后条约：海关税则》，中俄《瑷珲条约》、中俄《天津条约》及中俄《北京条约》等。除割让土地、支付巨额战争赔款外，允许外国公使驻京、增开通商口岸、鸦片贸易合法化、片面最惠国待遇等。通过战争，完全达到了西方列强此前的目标。与此同时，藉由税务司制度，中国海关行政权，也转移到列强手中。

在中英《通商章程善后条约：海关税则》中，双方规定："通商各口收税如何严防偷漏，自应由中国设法办理，条约业已载明；然现已议明，各口画一办理，由总理外国通商事宜大臣或随时亲诣巡历，或委员代办。任凭总理大臣邀请英人帮办税务并严查漏税，判定口界，派人指泊船只及分设浮桩、号船、塔表、望楼等事，毋庸英官指荐干预。其浮桩、号船、塔表、望楼等经费，在于船钞项下拨用。至长江如何严防偷漏之处，俟通商后，察看情形，任凭中国设法筹办。"①这一举措在中法、中美条约中也得到规定。

自咸丰五年(1855 年)接替威妥玛担任上海海关税务司的英国人李泰国(H.N.Lay)，也在积极活动，力图在其他口岸推广上海关征税制度。咸丰九年(1859 年)，两江总督兼五口通商大臣何桂清同意，李泰国以"总税务司"的名义前往英法联军占领的广州，全权办理粤海关征税事宜。到达广州后，李泰国草拟海关章程，又策动粤海关监督恒祺照会英国领带，任命英国人费士莱(G.H.Fitz-Roy)为税务司，赫德(Robert Hart)及马迪森(Matheson)为副税务司，费士莱到任前，先由美国人吉罗福(G.B. Glover)代理。咸丰十年(1860 年)，经恭亲王奕訢奏请，清廷设立总理各国事务衙

① 王铁崖：《中外旧约章汇编》第 1 册，北京：生活·读书·新知三联书店，1962 年，第 118 页。

门，专办外交事务。随即，李泰国被任务为“总税务司”，不久因回国看病，他还自行指定由费士莱代理。

总税务司对全国海关拥有最高权力，掌各海关征收税课之事，“综理全国关税行政与官员任免事务”。[①]因李泰国为人狂妄，其返国后即被解职，改由粤海关税务司赫德接任。镇江、宁波、天津、福州、汉口、九江等口岸于咸丰十一年分别建立起税务司制度，至同治初年，其他各口岸也先后建立起来。赫德任总税务司时长达近半个世纪，所有机构设置、行政及人事制度到各关外籍雇员的任免迁调，全由其作主。通过这一系列的新条约及总税务司制度，协定关税制度得到加强，清代的关税自主权受到进一步削弱。

新条约规定以“值百抽五”为征收进出口货税的基本原则。中英《天津条约》第二十六条规定：“前在江宁立约第十条内定进、出口各货税，彼时欲综算税饷多寡，均以价值为率，每价百两，征税五两，大概核计，以为公当。旋因条内载列各货种式，多有价值渐减，而税饷定额不改，以致原定公平税则，今已较重，拟将旧则重修。允定此次立约加用印信之后，奏明钦派户部大员，即日前赴上海，会同英员，迅速商夺，俾本约奉到硃批，即可按照新章迅行措办。”[②]这导致本来就很低的税率进一步降低。新税则还扩大了海关免税的范围，规定“凡有金银、外国各等银钱、面粟、米粉、砂谷、米面饼、熟肉、熟菜、牛奶酥、牛油、蜜饯、外国衣服、金银首饰、搀银器、香水、碱、炭、柴薪、外国蜡烛、外国烟丝烟叶、外国酒、家用杂物、船用杂物、行李、纸张、笔墨、毡毯、铁刀利器、外国自用药料、玻璃器皿，以上各物进出口通商各口，皆准免税。”[③]

---

① （清）刘锦藻《清朝续文献通考》卷七十四《国用考十二》，上海：商务印书馆，1936年，考8311。

② 姚贤稿：《中国近代对外贸易史资料（1840—1895）》第1册，北京：中华书局，1962年，第391—394页。

③ 王铁崖：《中外旧约章汇编》第1册，北京：生活·读书·新知三联书店，1962年，第116页。

《天津条约》和新订《通商章程善后条约》明确规定了洋商货物出入中国内地的子口半税制度。咸丰时期，厘金制度创立后，货物通过税较前加重，为减轻洋商货物的内地负担，中英《天津条约》第二十八条规定，英商在内地买货至通商口岸下载，或由口岸将洋货运往内地销售，可以在内地税与一次性缴纳的子口税之间自由选择，“倘愿一次纳税，免各子口征收纷繁，则准照行此一次之课。……所征若干，综算货价为率，每百两征银二两五钱。”[①]《通商章程善后条约》第七款则定：“《天津条约》第二十八条所载内地税饷之议，现定出入税则总以照例一半为断。惟第二款所载免税各货，除金银、外国银钱、行李三项毋庸议外，其余海口免税各物，若进内地，仍照每值百两完税银二两五钱。此外运入内地各货，该商应将该货名目、若干、原装何船进口、应往内地何处各缘由，报关查验确实，照纳内地税项，该关发给内地税单。该商应向沿途各子口呈单照验，盖戳放行，无论远近，均不重征。至运货出口之例，凡英商在内地置货，到第一子口验货，由送货之人开单，注明货物若干、应在何处卸货，呈交该子口存留，发给执照，准其前往路上各子口查验盖戳。至最后子口，先赴出口海关报完内地税项，方许过卡。俟下船出口时，再完出口之税。”[②]此后子口税为各国所援引，成为新的协定关税。由于内外有别，洋货土货差异巨大，假洋货现象频出，也加速了洋货在内地的倾销。

沿岸贸易税也在这一时间出现。洋商在从事沿岸转口贸易时，将本属国内贸易的性质，转变为洋商所特有的一口纳税优惠待遇。此后，洋商又将范围扩大到土货转口贸易中去，打破了旧有的征税体制。中英《天津条约》第四十五条规定：“英国民人运货进口既经纳清税课者，凡欲改运别口售卖，须禀明领事官，转报监督官委员验明，实系原包原货，查与底簿相符，并未拆动抽换，即照数填入牌照，发给该商收执，一面行文别口海关

① 王铁崖：《中外旧约章汇编》第1册，北京：生活·读书·新知三联书店，1962年，第100页。
② 王铁崖：《中外旧约章汇编》第1册，北京：生活·读书·新知三联书店，1962年，第117—118页。

查照，仍俟该船进口，查验符合，即准开仓出售，免其重纳税课。……至或欲将该货运出外国，亦应一律声禀海关监督，验明发给存票一纸，他日不论进口、出口之货，均可持作已纳税之据。”[①]经赫德研究决定，存票制度扩大到出洋土货，以及洋商在沿海从事的国内转口贸易上。存票也由三个月有效延长至一年有效。[②]第二次鸦片战争后，由于洋商转运土货日多，且只缴纳一次出口税，而华商贩运则逢关纳税、遇卡抽厘，为资平衡，故清廷于 1861 与各国约定，对洋商贩运土货转口时，除在出口之海关征收出口税外，至他口海关再征一复进口税，此项数量为土货出口税之半，故称“复进口半税”。

船钞亦称吨钞，系第一次鸦片战争后，改变原有的按洋船大小征收船钞的办法，改为按载重吨数征收，初为每 150 吨以上的大船，每吨征收银 5 钱，以下每吨征收 1 钱。1858 年《天津条约》，将 150 吨以上货船每吨降为 4 钱，以下仍纳银 1 钱。此项税收以四个月为期，期限之内该船前往他口，均不再重征。如洋船进口后并未开仓，2 日之内转往他处，则不征收。军舰、游船等非载货之船亦不征收，若自用船装载例应完税之货，则每四个月完税一次，每吨 1 钱。

鸦片税也是这一时期的重要税种。第一次鸦片战争后，鸦片走私更为猖獗，每年走私在 4 万—6 万余箱，清廷每年因此少收一二百万两税源。1858 年中英《通商章程善后条约：海关税则》第五款规定：“向来洋药、铜钱、米谷、豆石、硝磺、白铅等物例皆不准通商，现定稍宽其禁，听商遵行纳税贸易。洋药准其进口，议定每百斤纳税三十两。惟该商止准在口稍卖，一经离口，即属中国货物，只准华商运入内地，外国商人不得护送。即《天津条约》第九条所载英民持照前往内地通商，并二十八条所载内地关税之例，与洋药无涉，其如何征税，听凭中国办理。嗣后遇修改税则，仍不得按照别定

① 王铁崖：《中外旧约章汇编》第 1 册，北京：生活·读书·新知三联书店，1962 年，第 102 页。
② 严中平：《中国近代经济史（1840—1894）》第 1 册，北京：人民出版社，2001 年，第 233—234 页。

货税。”[①]洋药即鸦片，经过此条约，在缴纳较高进口税并且不享受普通洋货内地子口半税特权等限定条件下，鸦片贸易终于合法化、公开化。

此外，沙俄也在西北和东北地区，通过不平等条约，在咸丰、同治时期获取了在新疆、东北贸易并且货物免征的特权。[②]

自 1861 年始，洋关的征收归海关税务司专管，全权由洋人负责，清廷不得插手。这样一来，晚清的关税征收部门，就变成了户部负责常关中的户关、工部负责常关中的工关和税务司负责的洋关。1901 年《辛丑条约》签订，列强以常关税抵还赔款，规定洋关口岸五十里以内的常关划归税务司管理，导致清末的税关管理体制进一步复杂化。[③]这些都充分显示，清朝的关税自主权基本丧失。

二、旧体制失效

面对太平天国运动和第二次鸦片战争所引发的财政窘迫局面，清政府最初的应对之策，仍然是采取较为传统办法，疲于应付，但据效果来看，显然都不理想。若非因为意外原因开辟出新的财源，清政权恐怕早已变成历史记忆。

（一）田赋收入大降

太平天国运动席卷江苏、浙江、安徽、湖南、湖北、江西等地，加上捻军等势力的活动，导致这些省份的人口减少，土地荒芜，清廷无法正常征收钱粮赋税。尤其是江南地区，作为清代最重要的地丁钱粮征收之地，被太平军占领后，不但令清政府失此重要财税基地，反而成为敌手的最根本税源中心，此消彼长，清廷的田赋征收自然大受影响。

---

① 王铁崖:《中外旧约章汇编》第 1 册，北京：生活・读书・新知三联书店，1962 年，第 116—117 页。
② 王铁崖:《中外旧约章汇编》第 1 册，北京：生活・读书・新知三联书店，1962 年，第 142 页。
③ 汤象龙:《中国近代海关税收和分配统计：1861—1910》，北京：中华书局，1992 年，第 20 页。

咸丰三年（1853 年），朝廷已经感到到田赋收入减少的压力。户部上奏“度支万分窘迫、军饷无款可筹”，据称“国家经费有常，自道光二十年（1840 年）以后，即已日形短绌。近复军兴三载，糜饷已至二千九百六十三万两。部库之款，原以各省为来源，乃地丁多不足额，税课竟成虚名。”咸丰皇帝也不得不表示“览奏实深焦灼”[①]。

另一方面，由于战争破坏，导致这一时期田赋征收数据极为少见。笔者根据中国社会科学院经济研究所收藏汤象龙等人整理的关于咸丰、同治时期各省地丁钱粮奏销抄档，对这一时期的地丁正项征收情况做一整理。

需要指出的是，根据汤象龙等人关于咸丰、同治时期各省的地丁钱粮的奏销统计来看，每个省的田赋奏销情况均不相同。比如安徽，分别有地丁正项、地丁正杂等项、南屯米麦（以石计）、漕仓等项、漕项米麦（以石计）等类；江西分为起运解司地丁项、地丁屯粮存留屯粮、漕屯项；陕西有民屯更起运并粮价、民屯更起运存留、民屯更起运并粮折、陕西地丁、陕西地丁等项、陕西耗羡、陕西糯米折价、陕西本色粮、陕西本色草；四川有地丁条粮屯租等项正耗、本色仓斗米豆、杂项税课等款；直隶的还有上忙征收、下忙征收，以及上下忙各自征收的耗羡；等等。可见统计标准千差万别。

在清代，地丁有“正项”“杂项”之分，杂赋、漕粮、屯赋也都有正、杂的区别，前者为“正额”，即赋役全书规定的正税，后者是附加征收。正税都有一定的额数，纳入每年的奏销；附加税有的纳入奏销，有的不入奏销（即所谓“外销”）。纳入奏销的附加税实际已是正税的一部分，包括这部分在内奏销的“地丁钱粮”，公文用语通常为“地丁正杂”，否则为“地丁正项”。这里的“杂”指地丁正项的附加税，不是“杂赋”或“杂税”（此二语同义）的“杂”。

“南屯米麦”“漕仓等项”“漕项米麦”等都属漕粮征收（漕项为漕粮的

---

①《清文宗实录》卷九七，咸丰三年六月己丑，北京：中华书局，1986 年影印本。

附加征收，用补漕粮征收及解运过程中的耗费，名目很多，亦有正、杂之分，一般为银，也有征部分实物的），不属地丁。所举其他词语中的“屯”“屯粮”指归并州县的卫所钱粮，通常与地丁分开统计，但实际上已属民田赋的一部分。“更”指更名田赋，属地丁钱粮的一部分。四川的“地丁条粮屯租等项正耗”包括了地丁（该省地丁称“条粮银”）、屯赋两部分，都既有“正项”，也有“耗羡”，都合在一起。“杂项税课”即杂赋，由州县征收，与普通地丁分开奏销。

清代由州县征收的地丁正杂及杂项税课（杂赋）都既有起运部分，也有存留部分。程序是：州县征收后按规定存留小部分归本州县“坐支”的钱粮（通常是杂款），其余一律“起运”至藩库，称“解司”。解司钱粮（地丁、杂税的起运部分和耗羡的全部），一部分在本省“留支”充政费，其余均“听候部拨”，要通过冬估及春秋二拨的程序才可动用。部拨后，一部分留支本省兵饷，一部分对外省解送协饷或向京师解送京饷。以上存留、起运的钱粮，都由赋役全书规定具体条款，不是随意的，但各省不同，不同时期也不同，需查赋役全书；有的地方志有记载，也是抄赋役全书。耗羡一般用于本省，充政费及给各官养廉。漕粮、关税、盐税与地丁、杂税不同，其正额原则上都是“尽收尽解”的，不过地方上的附加征收一般留支（这部分有的进入奏销，但大部分外销）。

上忙、下忙是一年两次征收，要分开奏报的，都有时间规定，两者合起来才是一年的钱粮，具体规定会典及户部则例上都有。具体到直隶，还要注意有少数州县不在常规的上下忙之中，而是另有奏报时间（雍正时规定的）。上下忙分别奏报之外，第二年还要合总奏报及造册奏销，户部指驳后，各省在规定限期内“登答”，这之后的数字，才最后由户部统计进入全国总数。

在笔者的统计数据中，例有各省的额征、蠲缓、实应征和实已完、应带征和应已完。由于数据缺失太过严重，只列出各省地丁钱粮每年征收的实际已经征收的数据，如表 2-2 所示。

表 2-2 咸丰同治时期的地丁钱粮实际征收表 （单位：两）

时间	年份	直隶	山东	山西	河南	苏州	安徽	江西	福建	浙江	湖北	湖南	陕西	甘肃	四川	贵州	广东	合计
咸丰元年	1851	184 829	2 216 428	2 630 770	1 699 472	1 038 624	169 548	1 304 781	347 123	1 450 890			1 331 150	248 511	684 632	66 140	726 287	14 099 185
二年	1852	1 778 127	1 995 711	2 651 720	1 586 221				323 923	791 204			1 331 252		651 345	64 360	851 331	12 025 194
三年	1853	1 285 737	1 394 655	2 323 648	560 671				188 139	1 338 747			1 331 222		637 824	64 364	815 892	9 940 899
四年	1854	1 271 939	1 337 167	2 526 167	639 029				227 145	1 377 999			1 335 312		645 550		642 452	10 002 760
五年	1855	1 285 598	1 426 497	2 591 477	1 096 373	636 203			218 102	1 271 720			1 331 252		661 139		890 377	11 408 738
六年	1856	1 501 280	1 301 275	2 641 767	1 223 970				122 169	1 146 752			1 331 199		629 543		933 571	10 831 526
七年	1857	1 160 265	1 405 983	2 629 093	1 217 676	793 903			132 204	1 057 621					642 564		871 955	9 911 264
八年	1858		1 547 586	2 637 069	1 434 327	914 157				1 157 892			1 311 293		620 362		811 255	10 433 941
九年	1859		1 617 100	2 600 720	1 226 011				109 823				1 271 662		616 619		870 862	8 312 797
十年	1860		1 430 575	2 390 802	1 424 542				112 297				1 219 681		567 161		918 277	8 063 335
十一年	1861		426 907	2 576 716	1 252 638				112 468						478 393		841 734	5 688 856
同治元年	1862		1 270 798	2 574 641	1 319 457				104 600						633 058		830 616	6 733 170
二年	1863		1 558 607	2 619 028	1 444 691										633 413		837 759	7 093 498
三年	1864		2 055 665	2 641 680	2 082 869				193 806	872 599					629 789		842 081	9 318 489
四年	1865		2 076 055	2 615 898	2 375 200				234 936	1 038 573	895 025				541 261		875 851	10 752 799
五年	1866		2 137 659	2 614 895	2 342 668				359 757	1 234 088	811 996				625 637		904 256	11 030 956
六年	1867		1 965 868	2 530 270					386 066	1 348 582	789 698				597 084		877 158	8 494 726
七年	1868		1 891 303	2 538 611	2 352 869				389 606	1 419 290	90 100				623 079		931 387	10 236 245
八年	1869		2 195 035	2 617 588	2 509 783				413 111	1 366 503	715 331	533 231			622 515		942 517	11 915 614
九年	1870		2 242 523	2 618 288	2 525 505				413 960	1 512 320	739 068	534 200			643 154		999 139	12 228 157
十年	1871		2 253 247	2 615 347	2 501 095				420 622	1 349 672	876 893	525 606			627 261		926 509	12 096 252
十一年	1872		2 365 159	2 618 784	2 595 629				415 828	1 527 544	817 791	662 866			618 660		922 714	12 544 975
十二年	1873		2 327 980	2 610 027	271 397				390 055	1 333 344	882 987	663 391			635 776		961 741	10 076 698
十三年	1874		2 367 688	2 629 610	2 668 777				399 713	1 527 821	864 764	712 408			620 573		934 012	12 725 366

资料来源：中国社会科学院经济研究所藏抄档，《清代各省钱粮征收表》第一册至第八册

将表 2-2 内容转化成曲线图，则如图 2-1 所示。

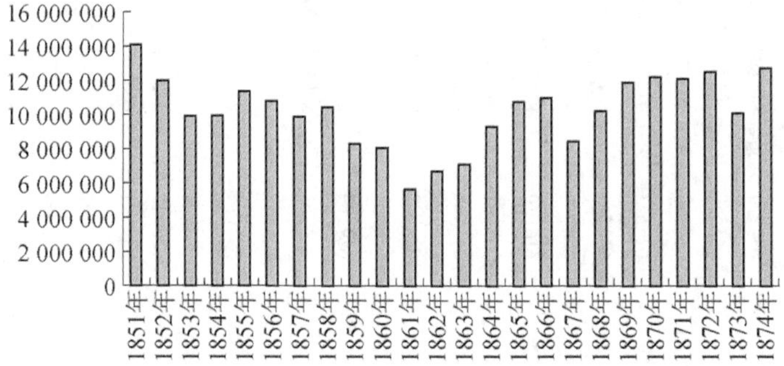

图 2-1　咸丰同治时期地丁钱粮征收示意图（单位：石）

通过上图可以看出，这一时期的地丁钱粮征收数量较少，幅度在 600 万至 1400 万两。如果考虑到数据遗漏的原因，这一时期的地丁钱粮收入应该在 1000 万—1600 万两。[①]相形之下，嘉庆道光时期的地丁钱粮征数则在 2000 万—2500 万两。[②]由此可见，咸丰、同治时期地丁钱粮的下行趋势是非常明显的，下行的比例竟然达 50%左右。

在地丁钱粮征收过程中，额外征收总是无处不在。胡林翼指出："州县为亲民之官，所用吏胥本有定额，乃或贴写、或挂名，大邑每至二三千人，次者六七百人，至少亦不下三四百人。夫此数千百人者，政之蠹、民之蟊贼也。"[③]这些人员的开支，最后全部都会转嫁到平民百姓头上。"湘乡地广数百里，民尤苦两税。土豪吏胥则代贫民输租，其取偿责息至数千百倍，良懦往往破产，官利其便。"咸丰八年（1858 年），知县黄淳熙欲打破此潜规则，让百姓自行纳税，结果群吏竟然"叩头争之"[④]。由此不难想象，其中的漏洞和利润空间究竟有多大。

① 据彭泽益研究，直隶、山西、河南、浙江、广东、福建、湖南、湖北、四川、贵州和江西十一省份实完地丁正耗等银，同治八年为 13 746 000 两，九年为 14 302 000 两，十年为 14 106 000 两，十一年为 14 756 000 两，见《十九世纪后半期的中国财政与经济》，第 173 页。
② 倪玉平：《清朝嘉道财政与社会》，北京：商务印书馆，2013 年，第 96 页。
③（清）胡林翼：《致鄂垣司通言差役》，盛康辑：《皇朝经世文续编》卷二十二，光绪三年刻本。
④（清）缪荃孙：《续碑传集》卷六十《黄淳熙传》，宣统二年刻本。

自咸丰二年（1852 年）起任四川学政的何绍基也表示，四川省各州县每年送给总督、布政使、按察使及道府的节日规礼也是数据巨大，“缺分优者约一万数千两，中下者以次递减”，而“上司各项陋规等于正供，不能短少，而各衙门又以所得于属吏者，各效纳于上官。”[①]显然，通过何绍基的描述也不难发现，这种隐性的陋规数额巨大，但无疑最终都会摊派到普通百姓的头上。

正是由于这些体制外的开销，导致清廷所征收的地丁钱粮总数虽然在大幅度减少，但老百姓的实际负担却依然非常沉重，即便是在战争期间也丝毫得不到减轻。这也是为什么当太平天国运动渐入尾声后，清廷要大规模推行减赋运动的根本原因。

（二）常关征收受挫

与田赋类似，由于太平天国运动的打击，在咸丰、同治时期，绝大多数税关的征税都受到战争的影响，甚至有一些税关被迫永久性或者暂时性地停止征收关税了。下面是这一时期每个税关征税情况的简单分析。

先来看运河长江沿线各个关。崇文门是京城掌管进京货物税收的重要机构，“燕京为都会之所，致天下之民，聚天下之货，熙熙攘攘，骈阗辐辏，驵坐之徒，群萃杂出。于是设关吏，定课则……不务取盈，盖度支所赖，初不系乎征榷，而豪强擅山海之利，故约取之，以示崇本抑末之意”[②]。崇文门征税自咸丰初年即受到战争的影响而开始减少。咸丰二年至三年（1852—1853 年），崇文门关税少收，据奏报称，崇文门自咸丰二年八月以至十二月，“与历届比较虽觉稍差，尚不甚相悬”，但转入咸丰三年以后，税课日见短少，其原因正是“现值逆匪滋扰江南，道路梗塞，商贾往来运转不能流通，以致输纳钱粮不畅”。[③]咸丰四年至五年（1854—1855 年）期间，关

---

① 鲁子健：《清代四川财政史料》上册，成都：四川社会科学出版社，1984 年，第 531 页。
②（清）周家楣编纂：《顺天府志》卷十一《京师志十一・关榷》，光绪十年刻本。
③《军机处录副奏折・咸丰朝・财政类・关税项》，咸丰三年五月十八日，崇文门税务监督德木楚克扎布等折，档案号：03-4376-023。

税征收又形减少，据奏报原因是“本年夏间直隶山东均就肃清，而南省商贩仍多阻滞”。[①]到了咸丰五年至六年（1855—1856 年）期间，仍未见好转，“亏短盈余实因商贩不通，货物稀少”[②]。以上所列减少原因，都是受太平天国起义的影响。咸丰七年至八年（1857—1858 年）的税收减少，据解释是“近来各省道路未能一律疏通，南货本属稀少，兼之京外银价悬殊，商贩诸多畏累。而入夏以来，又有夷船停泊津门两月在余，客货愈形阻滞，以致各项钱钱粮征收短少。”[③]则指出税收的减少乃是受到第二次鸦片战争的影响了。

和崇文门一样同在北京的左翼、右翼也是如此。左翼税局负责东部安定、东直、朝阳、东便、广渠、左安六个门的税收，右翼税局负责西部德胜、西直、阜成、西便、广安、右安、永定七门的税收。先来看左翼的情况。咸丰四年至五年间，左翼的少收原因是“上年连镇贼匪尚未扑灭，道路阻滞，马税尤少”[④]。据此可以看出，税收减少受到了太平天国起义的影响，导致货物运输不畅。咸丰五年至六年，少收的原因是“缘京中银价昂贵，京外价值悬殊，商贩大都因此亏折资本居多，是以商贩间有歇业。且各省营驿牌马屡经裁减，马税亦属无多”[⑤]此后，这一关于银钱比价变化导致商贩亏本的原因屡次被提起。当然，银钱比价的失衡显然又和咸丰朝强行推行大钱以解决财政困难、但最终却导致货币体系紊乱的情况密切相关。咸丰九年至十年，左翼的征税数量再次减少，原因仍是“京中银价昂贵，牌马屡经裁减，马税亦属无多”。咸丰十年至十一年（1860—1861 年），根据档案给出的解释稍微详细一些，不过仍是“银价昂贵，京外大相悬殊，六七月间官号忽然壅

①《军机处录副奏折·咸丰朝·财政类·关税项》，咸丰五年八月初五日，崇文门税务监督花沙纳等折，档案号：03-4378-033。

②《军机处录副奏折·咸丰朝·财政类·关税项》，咸丰六年八月初七日，崇文门税务监督僧格林沁折，档案号：03-4379-048。

③《军机处录副奏折·咸丰朝·财政类·关税项》，咸丰八年八月初九日，崇文门税务景寿折，档案号：03-4381-022。

④《军机处录副奏折·咸丰朝·财政类·关税项》，咸丰五年二月二十二日，左翼监督萨迎阿折，档案号：03-4395-057。

⑤《军机处录副奏折·咸丰朝·财政类·关税项》，咸丰六年二月十五日，左翼税务肃顺折，档案号：03-4379-004。

滞，难以畅行，其商贩贩运牲畜来京售卖者，每多亏折，马税尤属无多”。[①]到了同治年间，这一基本的解释路径仍未改变，据称咸丰十一年至同治元年税收减少的原因，系“京中银价昂贵，京外价值悬殊”。[②]持续到同治十年至十一年（1871—1872 年）间，征税减少原因的解释仍然是“京中银价昂贵，入夏以来大雨时行，入京道路仍属巨浸”。[③]由此可见，由于太平天国运动所引发的货物运输困难、以及发行大钱所造成的银钱比价悬殊，一直是导致咸丰、同治年间左翼税收减少和波动的最重要原因。

右翼的情况也并无二致。据材料来看，咸丰四年至五年之税收减少原因，系“上年直隶寇氛未靖，马乾裁减”[④]。仍然是受到太平天国运动的影响。咸丰五年至六年，则称是马税减少，“不赴口外采买者居多。且向例右翼税课征收银少钱多，时值近年银价日昂，以钱易银愈多折耗”。[⑤]也开始将原因归结到银钱比价上来。咸丰六年至七年，右翼税收之少收，仍系“京畿大钱壅滞，银价食物昂贵”。[⑥]咸丰七至八年之减少，解释仍未改变：“马税减少，不及从前十分之三。京中银价过昂，百物腾贵。”[⑦]咸丰八年至九年间，据称“各省营驿牌马屡经裁减，又值上年夷船停泊天津，数月以来，商贩稀少。兼之京中银价过昂，京外价值悬殊，售卖牲畜，客商因亏

① 《军机处录副奏折・咸丰朝・财政类・关税项》，咸丰十一年十二月十八日，左翼监督福钤折，档案号：03-4384-048。

② 《军机处录副奏折・同治朝・财政类・关税项》，同治元年十二月初五日，左翼监督基溥折，档案号：03-4871-029。

③ 《军机处录副奏折・同治朝・财政类・关税项》，同治十一年九月二十五日，左翼监督托云折，档案号：03-4880-192。

④ 《军机处录副奏折・咸丰朝・财政类・关税项》，咸丰五年三月十一日，右翼监督绵森折，档案号：03-4395-062。

⑤ 《军机处录副奏折・咸丰朝・财政类・关税项》，咸丰六年三月十三日，右翼监督熙拉布折，档案号：03-4379-014。

⑥ 《军机处录副奏折・咸丰朝・财政类・关税项》，咸丰七年二月十八日，右翼监督熙拉布折，档案号：03-4396-021。

⑦ 《军机处录副奏折・咸丰朝・财政类・关税项》，咸丰八年二月三十日，右翼监督多尔济那木凯折，档案号：03-4397-010。

折资本，更其裹足”[①]，说明此次征税，受到了第二次鸦片战争期间英法船只侵犯天津的影响。加之钱银比价失衡，所以收数竟然较上年亏短赔一半。咸丰九年至十年，税收减少的原因又退回到旧有的说辞：“京中银价昂贵，商贩因此亏折资本，马税亦属无多”。[②]咸丰十年至十一年，原因仍然是“上年京城银价过昂”。[③]同样，咸丰十一年至同治元年，减收的原因还是“本年京城银价低昂不定，民生日艰”。[④]自同治三年至同治四年，奏折中对右翼税收减少的原因，做了更多的说明：“实因京中银价过昂，京外畿辅之乡银价大相悬殊，客商贩运因亏资本。今年以来，军民拮据，京城诸物生意倍常淡薄，猪羊各畜滞销更甚，且各直省牌马屡经裁减，马税亦属无多，是以盈余未能足额”。[⑤]此后，同治四至五年的原因又恢复到老套上来：“京中银价昂贵”。[⑥]同治五年至六年则称：“京外银价悬殊，春夏亢旱，口外水草缺乏，羊马无从放青，来者稀少”。[⑦]同治七年至八年，仍说“实因本年春夏亢旱，雨泽稀少。北来羊马无多，又兼京中生计维艰，诸物滞销”。[⑧]同治十年至十一年，则稍有变化，将其归结为天气原因，因为天降暴雨，“永定河决口，道路梗阻，且京中银价昂贵”。[⑨]不过，总体来看，

---

①《军机处录副奏折·咸丰朝·财政类·关税项》，咸丰九年正月二十日，右翼监督多尔济那木凯折，档案号：03-4382-002。

②《军机处录副奏折·咸丰朝·财政类·关税项》，咸丰十年二月十三日，右翼监督春佑折，档案号：03-4383-003。

③《军机处录副奏折·同治朝·财政类·关税项》，同治元年十二月十九日，右翼监督崇纶折，档案号：03-4888-071。

④《军机处录副奏折·同治朝·财政类·关税项》，同治元年十二月十九日，右翼监督崇纶折，档案号：03-4888-070。

⑤《军机处录副奏折·同治朝·财政类·关税项》，同治四年十一月初十日，右翼税务监督德懋折，档案号：03-4872-082。

⑥《军机处录副奏折·同治朝·财政类·关税项》，同治五年十月二十八日，右翼监督绵宜折，档案号：03-4874-018。

⑦《军机处录副奏折·同治朝·财政类·关税项》，同治六年十月二十五日，右翼监督伊精阿折，档案号：03-4876-007。

⑧《军机处录副奏折·同治朝·财政类·关税项》，同治八年十月二十五日，户部尚书宝鋆等折，档案号：03-4879-015。

⑨《军机处录副奏折·同治朝·财政类·关税项》，同治十一年九月二十五日，右翼监督尚宗瑞折，档案号：03-4880-193。

太平天国运动对右翼的影响还是最为巨大的。

坐粮厅由明代的乞运分司演变而来，所辖税口为通州东西南北四门，杨富店、洪仁桥、浮桥、张家湾、新河口、崔家楼、东岳庙、南北鹅房、晏公桥，其中晏公桥只止粮税，并报税于新河口。[①]坐粮厅的记载缺失较多，笔者仅找到同治四至五年少收原因的解释："实缘南来茶叶杂货纸张各商贩稀少，年复一年，实属无力赔缴"。[②]从较大的背景来看，税收的减少当属因太平天国起义所导致的国内贸易受阻。

以上几个关处于运河的最北端，并非战争的直接发生区域。相对而言，江浙一带的税关所受的影响更大。淮安关始设于明宣德四年（1429 年），但清代的淮安关是明末清初关、仓、厂三关合而为一。雍正五年（1727 年）将工部关之宿迁关归关淮关，七年又将原属江海关的庙湾口（海关）也并入淮关。淮安关地处太平军与清军交锋、争夺的前线。据奏报，咸丰二年至三年之间，淮安关少收的原因是"粤匪东窜，沿江各处戒严，南北商货不能流通，关税几至无征"。[③]咸丰三年五月至四年五月，淮安关征税仍然短缺，其原因据奏报乃系"淮宿等关税课，以北来饼豆为大宗，南来绸布杂货次之，饼豆之来源以皖豫两省为最，豫省货船由黄河驶运皖省，货船由洪湖达淮而南去之路皆以瓜洲、镇江为要道。自军兴以来，皖豫二省叠遭蹂躏，瓜洲、镇江两口迄今尚为贼踞，南北货物均属无路可通。兼之丰北漫工久未堵合，富商大贾悉皆歇业，仅有零星小贩绕道行走，冒险往来，征税甚属无几。且庐州一带逆焰方张，相距淮安不过一湖之隔，前由丰工渡黄北窜，徐邳两次戒严，宿迁关近在咫尺，风鹤频警，行旅且有戒心，商贩曷敢运货"[④]。与此

① （清）周家楣编纂：《顺天府志》卷十一《京师志十一·关榷》，光绪十年刻本。

② 《军机处录副奏折·同治朝·财政类·关税项》，同治六年三月十八日，仓场侍郎钟岱折，档案号：03-4875-030。

③ 《军机处录副奏折·咸丰朝·财政类·关税项》，咸丰三年二月十二日，淮安关福瑞折，档案号：03-4376-008。

④ 《宫中档朱批奏折·财政类·关税》，咸丰四年六月初一日，淮安关监督毓泰折，档案号：04-01-35-0382-035。

同时，在另一份奏折，淮安关则表示，希望朝廷能对淮安关税收亏空做出适当调整，即按惯例免予赔偿。因为道光二十二年（1842 年），第一次鸦片战争期间，英军军舰驶入长江，以及后来东河、南河先后决口时，所有淮宿海三关通年短收税银，“均经奏奉谕旨作正开销”，而今之情形，南北军兴，丰工缓堵，商途梗塞，迄未疏通。较之道光二十二年情形尤为加重。请作正开销。”不过，因为户部的坚决反对，认为必须要与已经被太平军横扫的龙江关、扬州等关有所区别，故仍要求淮安关赔补损失的二成。[①]咸丰四至五年，淮安关之短少仍因“军务孔殷，商旅倍形畏缩”。[②]咸丰五年至六年期间，淮安关给出的解释仍然是“军兴以来，迄今数载，百货均未流通。兼之东南两河漫工缓堵，黄河上下游俱不通舟楫”。[③]咸丰六年至七年，淮安关少收的原因亦没有变化：“道路节节梗阻，百货均未流通。”[④]咸丰七年至八年，少收的原因再次得到重复：“粤匪窜扰，又值东南两河漫工缓堵，黄河上下游不通舟楫。”[⑤]此后，咸丰八到九年少收，据称原因系“东南两河漫工未堵，黄河又成平陆，军情吃紧”。[⑥]咸丰九到十年少收，还是“迭次生警，商贾闻风裹足”。[⑦]咸丰十年至十一年，随着苏州的失守，淮安关将短收的原因归结为“苏州失陷，南北不通”。[⑧]淮安关还大致回顾了这一时期的征税情况：淮

---

①《宫中档朱批奏折·财政类·关税》，咸丰四年六月初一日，淮安关监督毓泰折，档案号：04-01-35-0382-016。

②《军机处录副奏折·咸丰朝·财政类·关税项》，咸丰五年四月二十四日，淮安关监督毓泰折，档案号：03-4378-019。

③《军机处录副奏折·咸丰朝·财政类·关税项》，咸丰六年五月初六日，淮安关监督恒起折，档案号：03-4379-027。

④《宫中档朱批奏折·财政类·关税》，咸丰七年闰五月二十五日，淮安关监督文勋折，档案号：04-01-35-0383-015。

⑤《宫中档朱批奏折·财政类·关税》，咸丰八年五月初四日，淮安关监督毓清折，档案号：04-01-35-0383-050。

⑥《军机处录副奏折·咸丰朝·财政类·关税项》，咸丰九年四月十三日，淮安关监督鹤昶折，档案号：03-4392-026。

⑦《军机处录副奏折·咸丰朝·财政类·关税项》，咸丰十年闰三月 初二日，淮安关监督祥恒折，档案号：03-4383-007。

⑧《宫中档朱批奏折·财政类·关税》，咸丰十一年六月二十日，大学士周祖培折，档案号：04-01-35-0383-072。

关自咸丰元年丰工漫口、黄河断流以来，“岁征税银尚有十万余两”，但自咸丰十年春天，捻军兴盛，遍扫清江浦、淮安一带之后，税收大受影响，再加上海道通畅，洋税侵占，“每年所征不过二、三万两上下，各项货物大宗者固多由海运行，而近者行销之货亦大半由洪泽湖绕越”。[①]由此可见，在咸丰时期，淮安关的少收主要是受军事形势的影响，当然黄河的决口也是另一个重要的原因。

到了同治年间，淮安关的情况仍没有发生大的改变。咸丰十一年至同治元年，淮安关征不足数的原因仍系“捻扰东河，两月无征。商贾往来更形畏缩，风鹤交惊，较去腊为尤甚，商民迁徙一空”。[②]同治元年至二年，奏折指出还是受到捻军军事行动的影响，“捻匪之扰，苏常失守，南北不通”。[③]同治二年至三年，淮安关之少收的原因并无二致，系因为军事行动频繁，为切断太平军的粮食供应，“金陵一带攻剿吃紧，米麦豆粮禁止南渡，以防济贼”，并导致商贾日益稀少。奏折还同时指出，同治二年（1863 年）十月，清军虽已收复苏州，但“为日无几，居民人等一时尚难复业”。[④]同治三年至四年，仍然由于战事，直接导致宿、海二关税课无征，“本年二月间，豫省发捻各逆屡有东窜之谣，清淮人心惶惑。三月间该逆窜至东省，蹂躏数十州县，多与江境毗连。三月下旬直逼海州、赣榆一带，距淮较近。连年捻扰，坊机被毁，大都歇业”。[⑤]同治四年（1865 年）的第二个关期之内，税收仍受战事影响，因为太平军与捻军的军事行动，导致“商民纷纷迁徙”。[⑥]同治四年至五年间，淮安关税收减少，原因

---

①《宫中档朱批奏折·财政类·关税》，同治七年二月初四日，淮安关监督惠志折，档案号：04-01-1-0899-027。

②《宫中档朱批奏折·财政类·关税》，同治元年四月初二日，江南织造启裕折，档案号：04-01-35-0384-024。

③《军机处录副奏折·同治朝·财政类·关税项》，同治二年三月十五日，淮安关监督永存折，档案号：03-4871-054。

④《宫中档朱批奏折·财政类·关税》，同治三年三月十七日，淮安关监督希曾折，档案号：04-01-35-0385-023。

⑤《宫中档朱批奏折·财政类·关税》，同治四年四月初九日，淮安关监督文明折，档案号：04-01-35-0385-077。

⑥《军机处录副奏折·同治朝·财政类·关税项》，同治五年三月初七日，淮安关监督世荣折，档案号：03-4873-036。

仍是“捻逆屡有东窜之谣，四五月间往返滋扰”[①]。同治六年至七年间，虽军事行动接近尾声，但“自黄河改道以后，豫东大宗饼豆久不来淮，捻扰之余，商情畏缩”，所以仍然少收。[②]同治七年至八年，据解释仍是由于“黄河改道，军情甫定，元气未苏，商无营运之赀，货鲜销售之利”。[③]同治八年至九年，因为军事行动已经结束，所以淮安当局将税收减少的原因归结于黄河改和厘金林立：“黄河改道，内河厘捐林立，海口各路通商，南北货物大都航海而行”。[④]厘金和关税对税源的争夺，也正式开始出现在淮安关的奏报之中。同治九年至十年之关税减少，据称是“黄河改道以来，河南商船绝迹。山东安徽两省所产亦不来淮，筑坝挑河以备河运，宿迁关一带舟楫不通”。[⑤]同治十年至十一年，在黄河改道的原因之外，又加入了洋税侵占的解释：“军兴以来，商途阻滞，黄河改道，洋税侵占”。[⑥]同治十一年至十二年，仍是黄河改道，河道难通，加之本年入夏以后，“始则亢旱日久，继复大雨连绵，近年军务虽平，商民元气未复”。[⑦]同治十二年至十三年则是在黄河改道的原因之外，再加上了漕粮河运的影响，因为同治后期，在江浙漕粮海运之外，清廷力图恢复江北漕粮河运，“上年九月，江北漕船回空南下，豆粮、梨枣等货悉被揽装”，而按惯例漕船携带土宜均是“免税”。[⑧]综上所述，可知同治时期淮安关税收之减少，前

① 《军机处录副奏折 · 同治朝 · 财政类 · 关税项》，同治六年二月初五日，淮安关监督世荣折，档案号：03-4875-021。
② 《宫中档朱批奏折 · 财政类 · 关税》，同治八年二月初二日，淮安关监督连明折，档案号：04-01-35-0388-047。
③ 《宫中档朱批奏折 · 财政类 · 关税》，同治九年二月初一日，淮安关监督舒麟折，档案号：04-01-35-0389-024。
④ 《宫中档朱批奏折 · 财政类 · 关税》，同治九年十一月初十日，淮安关监督舒麟折，档案号：04-01-35-0389-051。
⑤ 《宫中档朱批奏折 · 财政类 · 关税》，同治十年十一月初四日，淮安关监督舒麟折，档案号：04-01-35-0390-019。
⑥ 《军机处录副奏折 · 同治朝 · 财政类 · 关税项》，同治十一年十一月二十七日，淮安关监督海绪折，档案号：03-4880-234。
⑦ 《宫中档朱批奏折 · 财政类 · 关税》，同治十二年十一月十一日，淮安关监督文桂折，档案号：04-01-35-0391-052。
⑧ 《宫中档朱批奏折 · 财政类 · 关税》，同治十三年十一月十五日，淮安关监督文桂折，档案号：04-01-35-0393-005。

期主要归因于战争，后期主要归因于黄河改道。

相较于淮安关，浒墅关的情况更为严重。浒墅关位于苏州府长州县，“为扬关、浙关、浙海关等处中道，凡南货北行，北商南贩，最为衡衢”[①]。浒墅关此处为“商贾辐辏之地，上达苏、松、嘉、湖各府，下由常州、镇江一带，出口皆系必经之路”[②]。即以苏州府而论，浒墅关也是处在诸水向心汇聚的交通枢纽上，扼控新塘桥港、黄埭港、射渎港、枫桥港等处往来商船。太平军起，浒墅关首光其冲。道光三十年至咸丰元年（1850—1851年），浒墅关因“川楚来源渐稀，投税未见踊跃”，较为隐晦地指出太平军起义的冲击。[③]咸丰二年至三年，浒墅关仍然短收税银 14 万两，“所幸大兵调集，阻贼东窜之路。始有商栈免税米船，及近省零星小贩杂货船只往来纳税。”[④]咸丰三年至四年，浒墅关之短收更为严重，实因“粤匪窜入江境，商贾多有戒心，不敢贩运前来”[⑤]。咸丰四年至五年，浒墅关征税仍不见改善，原因乃是“军兴以来，江路梗阻，川楚江皖等省商贾率皆裹足”[⑥]。浒墅关咸丰六年份之少收，当局归结于天气原因：“苏省亢旱不雨，浒墅关税无征。六七月间不雨，支河小港水涸，仅有无锡零星小贩十数船往来行运，以致日征不过一二十两至三四两各不等。”而在征税正常的情况下，浒墅关原本每日应征 1180 余两，此时下降至日征银数十两，可见下滑幅度颇

---

①《宫中档朱批奏折·财政类·关税》，乾隆四年三月初六日，两江总督那苏图折，档案号：04-01-35-0310-014。

②《宫中档朱批奏折·财政类·关税》，嘉庆十四年十二月初一日，江苏布政使庆保折，档案号：04-01-35-0365-017。

③《军机处录副奏折·咸丰朝·财政类·关税项》，咸丰元年七月十九日，苏州织造毓泰折，档案号：03-4375-029。

④《宫中档朱批奏折·财政类·关税》，咸丰四年七月十五日，苏州织造文勋折，档案号：04-01-35-0382-042。

⑤《军机处录副奏折·咸丰朝·财政类·关税项》，咸丰四年七月初三日，苏州织造文勋折，档案号：03-4377-036。

⑥《军机处录副奏折·咸丰朝·财政类·关税项》，咸丰五年六月二十四日，苏州织造德毓折，档案号：03-4378-032。

为厉害。[①]咸丰六年至七年，浒墅关税收进一步减少，据奏报实因“近年逆氛未靖，要道梗阻，南北货物多有由上海等处行走，是以浒关税课愈觉寥寥，亏短甚巨”，不仅不及额数，相较前三年的收数也是远远逊色。[②]咸丰七年至八年，浒墅关之减少据称仍因“近年逆氛未靖，道路梗阻，商贩本属寥寥”，所以征收未见起色。[③]咸丰八年至九年，浒墅关之少收仍由“逆氛未靖，用兵吃紧。上年逆众扰及浙省，去秋后扰淮扬仪征等处，警报频闻，远近商贩又多观望”。[④]咸丰十年（1860 年），浒墅关迎来了重要的命运转折点，这一年“苏州失守，关署民房俱被贼毁”[⑤]，直接导致浒墅关的完全停征。至同治时期，由于有名无实，据奏称“近来军务大定，撤厘开关，若仍由织造兼管，仅循旧制，必难振兴”，所以当局奏准将原属苏州织造兼管的浒墅关改归巡抚兼管。不过，清廷一直想在浒墅关重开税关征税的努力，却未有任何进展。[⑥]也就是说，经此打击，浒墅关就退出了清朝的关税征收历史。

扬州关的情况也是一样。咸丰元年至二年，扬州关即出现少收情况，原因系“上年黄河漫口，迄今尚未合龙，黄河断流”。[⑦]此后，随着清廷和太平军之间战事的加剧，扬州关自咸丰三年、四年发生停征，五年虽然复开，但旋即停征至咸丰八年。到了咸丰九年，清廷再次要求扬州关恢复关

---

①《军机处录副奏折·咸丰朝·财政类·关税项》，咸丰六年六月十一日，苏州织造文熊折，档案号：03-4379-033。

②《宫中档朱批奏折·财政类·关税》，咸丰七年闰五月十九日，苏州织造毓祺折，档案号：04-01-35-0383-014。

③《宫中档朱批奏折·财政类·关税》，咸丰八年五月二十四日，苏州织造文熥折，档案号：04-01-35-0383-051。

④《军机处录副奏折·咸丰朝·财政类·关税项》，咸丰九年五月二十七日，苏州织造文熥折，档案号：03-4382-026。

⑤《军机处录副奏折·同治朝·财政类·关税项》，同治四年四月十四日，江苏巡抚李鸿章折，档案号：03-4872-031。

⑥《军机处录副奏折·同治朝·财政类·关税项》，同治四年七月初四日，苏州织造锡祉折，档案号：03-4889-089。

⑦《军机处录副奏折·咸丰朝·财政类·关税项》，咸丰二年十二月二十九日，江苏巡抚杨文定折，档案号：03-4376-001。

税征收，不过和上次一样，恢复之后的征收情况仍不理想。到了同治元年至二年间，扬州关仍然少收，原因据称是“苏常等处收复之后，商民未尽复业，市镇诸多荒凉，兼之北路捻匪窜扰靡常，道途又多梗阻”。[①]同治五年至六年，扬州关较前三年收数仍有短绌，“实因迫于时势所致”。[②]同治十一年至十二年少收，扬州关当局将少收的原因则结于“洋税侵占”。[③]同治十二年至十三年之少收，仍是“洋税侵占”。[④]由此可见，扬州关之少收，前期系因太平天国起义的影响，太平天国起义被镇压之后，这一原因则改为洋关对常关税收的侵占。

清承明制，继续在安徽设置芜湖关，经芜湖关流通的商品种类繁多，主要包括粮食、竹木、食盐、茶叶等。从康熙年间开始，芜湖关已经成为税额颇多的内河常关之一，收税数额居全国前列。据记载：“芜湖关税课，全赖川、楚、江西货物前赴浙江、江苏仪征、扬州、清江浦等处，转行五省销售。”[⑤]芜湖分为户关、工关，两关自道光三十年至咸丰元年即开始受到战争的冲击，“现在广西匪徒未靖，木商怀挟重赀未免观望”。[⑥]由于安徽是太平军与清军争夺的主战区之一，芜湖关之受影响就不可避免了，据相关史料可知，芜湖关是自咸丰三年至光绪二年间（1853—1876年），是完全停征的。[⑦]

龙江西新关位于南京，本为两个关，其中西新关隶属于户部，龙江关隶属于工部，两关相距仅有 20 里，康熙二十四年（1685 年）各设专官课

---

①《宫中档朱批奏折・财政类・关税》，同治五年九月初八日，两江总督李鸿章折，档案号：04-01-1-0888-017。

②《军机处录副奏折・咸丰朝・财政类・关税项》，同治六年九月二十八日，署江苏巡抚郭柏荫折，档案号：03-4876-011。

③《宫中档朱批奏折・财政类・关税》，同治十二年六月二十一日，江苏巡抚张树声折，档案号：04-01-35-0391-017。

④《宫中档朱批奏折・财政类・关税》，同治十三年四月二十六日，江苏巡抚张树声折，档案号：04-01-1-0925-033。

⑤ 彭泽益：《中国近代手工业史资料（1840—1949）》第一卷，北京：中华书局，1962 年，第 594 页。

⑥《军机处录副奏折・咸丰朝・财政类・关税项》，咸丰元年闰八月十四日，安徽巡抚蒋文庆折，档案号：03-4375-030。

⑦《军机处录副奏折・咸丰朝・财政类・关税项》，光绪三年八月三十日，安徽巡抚裕禄折，档案号：03-6334-045。

税，二十八年二关合为一关，但课税仍照各部销算；雍正六年（1728 年）起归江宁织造兼管。太平军起义之后，长江一线成为主战场，道光三十至咸丰元年，两关征税即受影响，“现值禁市戒严，木贩闻风裹足”。[①]随后由于太平军占领南京并建都于此，故龙江西新关自咸丰三年起停征，即便是曾国藩收复南京后，龙江西新关也一直没有复关。[②]

凤阳关是凤阳仓与正阳关的合称，系淮河沿线唯一的户部榷关。在太平天国起义期间，凤阳关的经历和芜湖关类似，也经过了从关闭到重新开征的阶段。咸丰二年至三年，凤阳关关税减少，据奏报原因即是：“军务方殷，凤阳虽经收复，而兵燹之余，居民离散，兼之土匪四起，掠夺频仍，商旅戒严，愈形阻滞”。[③]咸丰三年至四年，前后两任合计一年征收期满，共收银 23 026.258 两，短收正额银 84 133.342 两，据解释原因是“实因被贼蹂躏，行商裹足”。[④]咸丰四年至五年，凤阳关关税减少的理由仍是“军兴以来，皖省地方祸害最重，历时最久。凤阳关所设五大口遭荼毒……蹂躏不堪。”[⑤]咸丰五年至六年，仍据奏报“实因粤逆未平，捻匪肆扰，民遭荼毒，路断行商之可致也”。[⑥]咸丰六年至七年的理由则较为简单：“较上届尤为短绌，实由匪扰商停”。[⑦]咸丰七年至八年仍循旧说，还是“较上届尤为短绌，实由正阳两关久为贼占，路阻商停”。[⑧]咸丰八年至九年的征税，相

①《军机处录副奏折·咸丰朝·财政类·关税项》，咸丰元年四月二十六日，江南织造存榸折，档案号：03-4375-012。
②《军机处录副奏折·光绪朝·财政类·关税项》，光绪八年十月十七日，两江总督左宗棠折，档案号：03-6347-055。
③《军机处录副奏折·咸丰朝·财政类·关税项》，咸丰三年五月十九日，庐凤道奎绶折，档案号：03-4376-031。
④《宫中档朱批奏折·财政类·关税》，咸丰四年七月九日，安徽巡抚福济折，档案号：04-01-35-0382-040。
⑤《军机处录副奏折·咸丰朝·财政类·关税项》，咸丰五年四月二十一日，庐凤道张光第折，档案号：03-4378-015。
⑥《军机处录副奏折·咸丰朝·财政类·关税项》，咸丰六年四月十五日，庐凤道张光第折，档案号：03-4379-022。
⑦《军机处录副奏折·咸丰朝·财政类·关税项》，咸丰七年五月二十八日，安徽巡抚福济折，档案号：03-4380-018。
⑧《军机处录副奏折·咸丰朝·财政类·关税项》，咸丰八年五月十二日，安徽巡抚福济折，档案号：03-4381-015。

较以往年份更为不堪，“捻匪出没之区，久已无收”。[①]咸丰十年至十一年，因为“粤捻攻扑寿州、凤阳，河路不通，商贩绝迹，数月以来，无从稽征。加以承办书吏大半逃避，税册文案均未送呈”。[②]由于实在收无所收，所以凤阳关自同治元年至光绪二年完全停征。[③]

九江位于赣、皖、鄂三省及长江中下游地段，乃鄱阳湖、赣江和长江水系的交汇点，地理位置十分优越。从明代设立九江钞关到清朝再立九江榷关，九江关的地位一直持续上升。道光时期，九江关已经成为全国内陆的第一大关，征收的税额仅次于当时全国唯一的对外贸易港口粤海关。道光三十年至咸丰元年，九江关之少收原因系“下江一带前运木植存积尚多，商本周转莫继”[④]。随着太平天国起义的发生，处于长江沿线的九江是双方拉踞争夺的焦点区域，九江关也饱受影响。自咸丰四年至同治元年（1854—1862 年），九江关的征税完全停顿。[⑤]同治元年，清廷在收复九江后决定重建关卡，但效果并不理想。至同治末期的十余年间，“其始收税不及二十万，后加至二十七八万，极多至三十万止”，少收的原因据奏报是“实因洋税侵占”[⑥]。更为详细的原因如下：同治三年至四年乃是“兵燹之后，商贩几无”[⑦]。同治四年至五年仍是“兵燹之后，商贩寥寥”[⑧]。同治五年至六年，则称“洋税侵占，贼

①《军机处录副奏折·咸丰朝·财政类·关税项》，咸丰九年五月十七日，安徽巡抚翁同书折，档案号：03-4382-022。

②《宫中档朱批奏折·财政类·关税》，咸丰十一年六月二十日，大学士周祖培折，档案号：04-01-12-0492-011。

③《军机处录副奏折·光绪朝·财政类·关税项》，光绪三年七月二十六日，安徽布政使胡玉坦折，档案号：03-6334-018。

④《军机处录副奏折·咸丰朝·财政类·关税项》，咸丰元年三月初六日，九江关监督德新折，档案号：03-4375-004。

⑤《宫中档朱批奏折·财政类·关税》，同治十二年九月十三日，江西巡抚刘坤一折，档案号：04-01-35-0391-038。

⑥《宫中档朱批奏折·财政类·关税》，同治十二年九月十三日，江西巡抚刘坤一折，档案号：04-01-35-0391-038。

⑦《军机处录副奏折·同治朝·财政类·关税项》，同治五年三月十一日，江西巡抚刘坤一折，档案号：03-4873-026。

⑧《军机处录副奏折·同治朝·财政类·关税项》，同治五年十一月二十七日，江西巡抚刘坤一折，档案号：03-4875-007。

骑时到”，可见受到捻军的影响。[①]同治六年至七年，仍是“苏皖等省不能畅销，贩运寥寥”。[②]同治七年至八年，“本年水灾既早且广，黄梅堤溃，洋税侵占”。[③]同治十二年至十三年，还是“洋税侵占”。[④]

赣州是江西省南部的政治、经济和文化中心。明正德六年（1511 年），赣关创设，由赣州府兼管。康熙四年（1665 年），清廷规定各关归地方官管理，赣关归吉南赣道管理。赣关每年应征银 126 000 两，但自太平天国起义之后，赣关即深受影响。咸丰二年（1852 年）十二月二十六日至三年二月十五日，不到三个月的时间即短银 10 000 两有余，“自三年四月以前，每日征税银数十两，至五月内逆匪扑省城，又值上犹、泰和土匪先后窃发，赣河上下节节不通，各路客商竟至绝迹”。[⑤]咸丰三年至四年，仍是由于“江路梗塞，商贾滞行”。加之赣关额税向有江海洋关代征丝商被纳税银，每年数量一万七、八千两或一万三、四千两不等，均归补于赣关。即如咸丰三年分尚有代征银 9600 余两，但因上海小刀会起义，导致上海失守，而位于上海的江海洋关自三年八月起就无法开征，赣关“少此一万数千两之数”，征数更形短少。[⑥]随后，赣关自咸丰五年至咸丰九年期间完全停征。[⑦]复关之后的赣关征税仍不理想，同治三年至四年间，“因长江通商，货物过赣稀少，又值逆匪窜扰，兵差往来，商贾裹足”。[⑧]同治四年至五年间，仍是因

---

①《军机处录副奏折·同治朝·财政类·关税项》，同治六年十月二十八日，江西巡抚刘坤一折，档案号：03-4876-043。

②《军机处录副奏折·同治朝·财政类·关税项》，同治七年十月二十六日，江西巡抚刘坤一折，档案号：03-4877-144。

③《军机处录副奏折·同治朝·财政类·关税项》，同治八年十二月十七日，江西巡抚刘坤一折，档案号：03-4879-029。

④《宫中档朱批奏折·财政类·关税》，同治十三年八月二十八日，江西巡抚刘坤一折，档案号：04-01-35-0392-044。

⑤《宫中档朱批奏折·财政类·关税》，咸丰三年十二月二十九日，江西巡抚张芾折，档案号：04-01-35-0382-016。

⑥《军机处录副奏折·咸丰朝·财政类·关税项》，咸丰五年四月初九日，江西巡抚陈启迈折，档案号：03-4378-021。

⑦《军机处录副奏折·咸丰朝·财政类·关税项》，咸丰九年十月初三日，江西巡抚耆龄折，档案号：03-4382-031。

⑧《军机处录副奏折·同治朝·财政类·关税项》，同治五年四月二十八日，江西巡抚刘坤一折，档案号：03-4940-065。

为“征调频仍，行道戒心，商贩裹足”。[①]同治五年至六年，江西当局开始将短收原因归结于“洋税侵占”。[②]同治七年至八年，除了仍归结于“洋税侵占”的原因外，他们还特意强调指出，平民百姓更愿意交纳洋税，省事省费，“商民趋便”。[③]同治十年至十一年少收，在洋税侵占的理由之外，江西当局又特意指出，自中外通商之后引发了国内贸易格局的变化，极大地冲击了赣关的地位，因为赣关“地处腹里，前仅止广东通商，则百货不能不由此而往。迨五口长江陆续添设通商，俱泛海湖江而来，一水可通，兵燹之后，继以水旱相寻。”[④]此后这一理由多次得到重申，比如同治十二年至十三年少收，少收的理由是“五口通商，一切土货洋概由上海九江出口”。[⑤]

北新关、南新关均在杭州，前者属于户部关，后者属于工部关。咸丰、同治时期，杭州也是清军和太平军争夺的焦点区域。咸丰二年至三年间，北新关和南新关即受到影响，“粤匪窜外江南省城，分扰镇扬等郡，江浙通途梗塞，商贾停歇，税课日遂有亏”，有鉴于此，他们只能要求“自八月初一日起，新季尽征尽解”。[⑥]咸丰四年至五年，两关又因“临近寇氛”，导致税收大减。[⑦]咸丰五年至六年之少收，则因六年四月间，“宁郡失守，岩衢等处戒严，商贩裹足不前，杭关往来税货未见畅旺。五、六两月贼匪分扰江西、江南，各路商货不通，更兼天时亢旱日久，河水尽皆消涸，即

① 《军机处录副奏折·同治朝·财政类·关税项》，同治五年十一月二十八日，江西巡抚刘坤一折，档案号：03-4874-047。
② 《军机处录副奏折·同治朝·财政类·关税项》，同治六年八月二十八日，江西巡抚刘坤一折，档案号：03-4876-005。
③ 《军机处录副奏折·同治朝·财政类·关税项》，同治八年七月二十八日，江西巡抚刘坤一折，档案号：03-4891-026。
④ 《宫中档朱批奏折·财政类·关税》，同治十一年六月二十八日，江西巡抚刘坤一折，档案号：04-01-35-0390-045。
⑤ 《宫中档朱批奏折·财政类·关税》，同治十三年五月二十八日，江苏巡抚刘坤一折，档案号：04-01-35-0392-024。
⑥ 《军机处录副奏折·咸丰朝·财政类·关税项》，咸丰三年八月二十一日，杭州织造乌勒洪额折，档案号：03-4376-053。
⑦ 《军机处录副奏折·咸丰朝·财政类·关税项》，咸丰五年五月初七日，杭州织造乌勒洪额折，档案号：03-4378-025。

货船轻载亦难以运行。”[①]咸丰六年至七年，仍因“贼氛未靖……运到杭关者甚属寥寥”，不过幸亏“上海夷购较旺，江海关代征湖丝税银藉以牵补”，可以稍补亏缺。[②]咸丰七年至八年仍然少收，实因“本年二月贼氛窜扰，接壤河口镇，货贩往来停阻，迨三月间浙境江常失守，商路不通，税源堵塞”。[③]自咸丰十一年起，北新关和南新关一体停征。[④]同治三年（1864年），清军收复杭州后，北新关复开，但只持续了三个月的时间旋即停止。据左宗棠的奏折可知，七月十一日北新关启关，经过三个月的摸索，“征数寥寥，而厘税亦形减色”。推究其故，“因向来关书、巡役视为利薮，藉端刁索，任意抽收，商民久已视为畏途。兹当公私罄竭之余，遽行设关，书役故态复萌，以致商贾裹足不前，咨怨更甚”。而且自八、九两月，虽然是正当关期畅旺之时，但所得税项每月不过三千数百两而止，即照此大略估算，一年所获亦不过四五万两，“而亏欠正余各款，常在十万以外”。有鉴于此，左宗棠干脆将此税额从浙江厘捐项内拨补，而不再单设北新关，以免手续繁杂，彼此影响。[⑤]于是，浙江再次奏请一体暂停北新关和南新关征税。[⑥]此后，直到清朝灭亡，南新关和南新关都再也没有恢复过。

临清位于运河山东段境，是会通河与卫河、汶河的交汇处，属运河冲要，南接淮安关，北临天津关，“商贾操厥奇赢，趋利若骛，籍而税之，以寓逐末之意，亦事之当然者”[⑦]。临清关分为户关和工关，咸丰、同治时期，两

①《宫中档朱批奏折·财政类·关税》，咸丰六年七月二十一日，杭州织造庆连折，档案号：04-01-35-0382-064。

②《宫中档朱批奏折·财政类·关税》，咸丰七年六月二十七日，杭州织造庆连折，档案号：04-01-35-0383-017。

③《宫中档朱批奏折·财政类·关税》，咸丰八年六月二十日，杭州织造庆连折，档案号：04-01-35-0383-053。

④《军机处录副奏折·光绪朝·财政类·关税项》，光绪八年十月十七日，两江总督左宗棠折，档案号：03-6347-055。

⑤《军机处录副奏折·同治朝·财政类·关税项》，同治三年十月二十六日，闽浙总督左宗棠折，档案号：03-4872-005。

⑥《宫中档朱批奏折·财政类·关税》，同治四年二月十三日，杭州织造恒延折，档案号：04-01-35-0385-065。

⑦（清）张度等修：《临清直隶州志》卷九《关榷志》，乾隆五十年刻本。

关有时合并奏报，有时分开奏报。咸丰二年至三年间，据奏报两关减少的原因是“逆氛窜扰，河路商贩不通”。[①]咸丰四年三月，由于太平军北伐，临清被攻破，导致关库存银正耗 32 200.61 两和杂款银 6470.144 两全部丢失，临清知州张积功及其家属也一并被杀，最后清廷规定此次关库损失只能全部豁免。[②]咸丰四年至五年期间，两关仍因“逆氛不靖，河路商贩不通。五年四月正值连镇高唐逆贼窜踞之时，南北货船绝迹”。[③]咸丰五年至六年，临清户工两关皆持续短少，原因仍是“逆氛不靖，河路商贩不通”。[④]咸丰六年至七年，两关仍然少收，原因还是“南省逆氛未靖，且多灾祲之年，商货因之减少”。[⑤]咸丰七年至八年，两关少收的原因未变：“南路未靖，豫省歉收。”[⑥]咸丰十一年至同治元年，两关仍是少收，“实缘南路未靖，南货紬缎、茶叶等项久经断绝，豫省收成歉薄”。[⑦]同治二年至三年，又因“粮艘不行，冬挑停止，豫省歉收，又遭贼扰，食、货船均属稀少”，两关仍然少收。[⑧]同治三年至四年，两关仍因“舟楫不通，豫省连年歉收”，税收短缺。[⑨]同治四年至五年，“豫省连年歉收，北上粮载甚少”。[⑩]依然少收。

---

①《军机处录副奏折·咸丰朝·财政类·关税项》，咸丰五年正月二十七日，山东巡抚崇恩折，档案号：03-4378-001。
②《内阁户科题本·税课类·关税》，咸丰八年二月初一日，山东巡抚崇恩折，档案号：02-01-04-21639-002。
③《军机处录副奏折·咸丰朝·财政类·关税项》，咸丰六年三月十九日，山东巡抚崇恩折，档案号：03-4379-019。
④《宫中档朱批奏折·财政类·关税》，咸丰七年五月十四日，户部尚书柏葰折，档案号：04-01-35-0383-009。
⑤《军机处录副奏折·咸丰朝·财政类·关税项》，咸丰八年五月十六日，山东巡抚崇恩折，档案号：03-4381-012。
⑥《军机处录副奏折·咸丰朝·财政类·关税项》，咸丰九年四月十三日，山东巡抚崇恩折，档案号：03-4392-020。
⑦《宫中档朱批奏折·财政类·关税》，同治二年四月初七日，山东巡抚谭廷襄折，档案号：04-01-35-0384-071。
⑧《军机处录副奏折·同治朝·财政类·关税项》，同治三年十一月二十九日，山东巡抚阎敬铭折，档案号：03-4872-006。
⑨《军机处录副奏折·同治朝·财政类·关税项》，同治四年九月初三日，山东巡抚阎敬铭折，档案号：03-4872-072。
⑩《军机处录副奏折·同治朝·财政类·关税项》，同治五年八月三十日，山东巡抚阎敬铭折，档案号：03-4874-003。

分别奏报两关减收的情况也有一些。咸丰八年至九年，临清户关称减收的原因系“南路未靖，豫省歉收，商船稀少”。[1]咸丰十年至十一年，户关则称减收系因“自春徂秋，汶、卫两河教捻各匪纷至沓来，道路戒严”。[11]同治六年至七年，户关则称因为“黄河淤塞”而发生减收。[3]同治七年至八年，户关因为“黄水穿运，又有直隶龙王庙等处设局收厘，商民率由他处绕越”，仍然减收。[4]同治九年至十年，户关的减收仍然没有大的改观，原因则是“兵燹之后元气未复”。[5]单独介绍临清工关的也有一些。咸丰九年，临清工关少收，系因“南路未靖，豫省歉收”。[6]咸丰十年，工关仍称“是年秋间四女寺打坝截水，河道不通，又兼省西南一带寇氛不靖，商船闻风裹足”。[7]咸丰十一年，工关再奏称系因“邱馆、莘冠等处逆匪蜂起，河道不通”，所以少收。[8]同治三年，工关又因黄水穿运，“河身极形淤浅，前年贼匪滋扰，砖板两闸严闭蓄水”，沙沉愈垫愈高，持续少收。[9]同治五年，工关少收仍因“河道淤塞，南路逆氛飘忽靡常”。[10]同治六年，“直隶枭

---

① 《军机处录副奏折·咸丰朝·财政类·关税项》，咸丰九年十一月二十二日，山东巡抚文煜折，档案号：03-4382-042。

⑪ 《军机处录副奏折·咸丰朝·财政类·关税项》，咸丰十一年十二月二十一日，山东巡抚谭廷襄折，档案号：03-4384-051。

③ 《军机处录副奏折·同治朝·财政类·关税项》，同治七年十二月十八日，山东巡抚丁宝桢折，档案号：03-4877-147。

④ 《军机处录副奏折·同治朝·财政类·关税项》，同治八年十二月二十日，山东巡抚丁宝桢折，档案号：03-4879-039。

⑤ 《军机处录副奏折·同治朝·财政类·关税项》，同治十一年三月初五日，山东巡抚丁宝桢折，档案号：03-4880-136。

⑥ 《军机处录副奏折·咸丰朝·财政类·关税项》，咸丰十年闰三月二十八日，山东巡抚文煜折，档案号：03-4383-011。

⑦ 《宫中档朱批奏折·财政类·关税》，咸丰十一年七月初五日，山东巡抚谭廷襄折，档案号：04-01-35-0383-072。

⑧ 《宫中档朱批奏折·财政类·关税》，同治元年四月初五日，山东巡抚谭廷襄折，档案号：04-01-35-0384-027。

⑨ 《军机处录副奏折·同治朝·财政类·关税项》，同治四年闰五月初九日，山东巡抚阎敬铭折，档案号：03-4889-077。

⑩ 《军机处录副奏折·同治朝·财政类·关税项》，同治六年五月二十九日，山东巡抚丁宝桢折，档案号：03-4875-053。

捻各匪往来窜扰，河道水势浅弱”，临清工关仍然少收。[1]同治七年，工关因“黄水穿运以来，河道淤塞，河身渐成平陆”，舟楫难通，因而少收。[2]不过，较为特殊的是，在减收之外，临清关在这一时期也因为某些特殊的原因，出现过关税多收的情况。同治十年至十一年，临清户关多收，据奏称原因是“上年直隶灾重，粮价平贱，商贩群赴北直”。[3]同治十一至十二年，户关仍然多收，原因仍是“直隶天津被水歉收，粮载纷纷”。[4]

太平关是清代前期广东两大税关之一，粤海关为沿海税关，太平关则为内河税关。太平关位于粤北山区的韶州府，扼北江水运的必经之地，而北江是广东省内南北贸易的主要航道。太平关原设南雄州，康熙八年（1669 年）移至韶州。乾隆年间广州一口通商政策，规定江浙闽皖所产丝绸、茶叶等商品，必须走陆路经由大庾岭商道赴广州出口，从而使得在百余年的时间里，太平关成为南北贸易的重要税口。由于太平天国运动，咸丰三年至四年，太平关出现少收，原因乃因“贼匪滋扰，路途梗阻，太平关税务未能依限题报”。[5]随后，太平关仍受起义影响，奏折称“因逆匪滋扰”，“商路梗塞，请暂行尽征尽解”。[6]咸丰九年至十年、十一年之少收，原因仍然是“被贼踞扰，客货阻绝”。[7]

武昌厂税务设于康熙四年（1665 年），初委湖北武昌府同知管理，乾隆

---

① 《军机处录副奏折·同治朝·财政类·关税项》，同治七年五月二十八日，山东巡抚丁宝桢折，档案号：03-4877-052。

② 《军机处录副奏折·同治朝·财政类·关税项》，同治八年八月二十九日，山东巡抚丁宝桢折，档案号：03-4879-005。

③ 《军机处录副奏折·同治朝·财政类·关税项》，同治十一年十一月二十八日，山东巡抚丁宝桢折，档案号：03-4880-227。

④ 《军机处录副奏折·同治朝·财政类·关税项》，同治十二年闰六月初二日，山东巡抚丁宝桢折，档案号：03-4880-095。

⑤ 《军机处录副奏折·咸丰朝·财政类·关税项》，咸丰五年三月十一日，广东巡抚柏贵折，档案号：03-4378-005。

⑥ 《军机处录副奏折·咸丰朝·财政类·关税项》，咸丰五年八月初十日，广东巡抚柏贵折，档案号：03-4378-049。

⑦ 《军机处录副奏折·同治朝·财政类·关税项》，同治元年十一月十一日，两广总督劳崇光折，档案号：03-4871-043。

二年（1737 年）改由就近道府厅官内遴选经管，后仍改武昌府知府兼管。由于太平军曾攻占武汉，武昌关饱受骚扰，无法正常征税，最后只能以“尽征尽解”的名义征税，即完全不按旧有的正额、盈余体制来进行。咸丰三年（1853 年），“武昌厂关税，被匪滋扰，请尽征尽解”。[①]到咸丰八年（1858 年），武昌关仍然奏称“经征船税，前于武汉克复后移归旧地，奏请尽征尽解。乃自本年春夏以来，皖豫逆氛未靖，九江以下炮火络绎，江面戒严，江浙兵事方殷，商旅更形阻滞”，故仍然是请求“尽征尽解”。[②]不过，由于资料的缺失，笔者并未找到从咸丰元年至九年期间的征税数额记录。

荆州关为工部关，由荆宜施道管理，分设彝关、中关、北关、东关、西关、调关、越关、大关、港关、周关、田关等 11 处口岸，主要征收商贩船料、竹木、板枋、篾条、盆桶各项税银。荆州地处长江上游，极易受到太平天国起义的影响。咸丰初年，荆州关一直少收，到了咸丰六年（1856 年），因为“荆关频年征税未能足额，访求其故，良由东南数省贼氛屡扰，江路不通，川商亦多歇业”，故而清廷决定裁撤荆关之越关，改设沔阳州之新堤地方，更名大关，专派大员，称为湖北新关。湖北新关由于地理位置优越，税收增长极快，而荆州关则大受影响。[③]据奏报，咸丰七年至九年，“荆关频年短收，实因屡被贼扰，江路梗塞，九江未复”。[④]可见仍由太平天国起义所致。咸丰十年（1860 年），清廷同意将荆州关的盈余由原来的 13 000 两下调为 7800 两。[⑤]

四川的夔关、渝关情况和荆州关有些类似。夔关自咸丰二年十一月至

①《军机处录副奏折·咸丰朝·财政类·关税项》，咸丰三年八月十三日，署湖广总督张亮基折，档案号：03-4376-051。

②《宫中档朱批奏折·财政类·关税》，咸丰八年（缺月日），湖广总督官文折，档案号：04-01-35-0383-058。

③《宫中档朱批奏折·财政类·关税》，咸丰八年四月初十日，湖广总督官文折，档案号：04-01-35-0383-048。

④《宫中档朱批奏折·财政类·关税》，同治元年三月十六日，湖广总督官文折，档案号：04-01-35-0384-019。

⑤《内阁户科题本·税课类·关税》，同治五年十二月二十日，署湖广总督谭廷襄折，档案号：02-01-04-21804-050。

十二月，两月之久仅征八千两，实因“贼匪窜扰”。[①]据统计，夔、渝二关咸丰二年六月至三年五月底，均征收短少，“二年粤匪由湖南窜扰湖北，湖北汉阳、武昌相继失守，荆州、宜昌等处戒严，楚省商艘不能贩货西来，川省商船不敢冒险东下”[②]，因而少收。咸丰三年至四年，夔渝二关少收，乃因“粤匪窜扰邻省，武汉相继失守”。[③]咸丰四年至五年，夔渝二关之少收，仍然归因于太平天国起义，“自咸丰二年粤匪窜扰，两湖商贾不通，税项因之短绌。实因贼氛不靖，要道不通，商贾停贸”。[④]到咸丰九年，这两关的情况仍然没有太大的起色，减少的原因还是“粤匪窜扰两湖以后，商船稀少”。[⑤]咸丰十年至十一年，又是“发逆窜围楚省，又陷利川，与夔郡南岸毗连”[⑥]，持续少收。

总体上看，这一时期运河长江沿线各关的征收受到了太平天国起义的巨大影响。各个关或多或少都出现了少征或停征的情况。如果归纳起来，因为太平天国起义而停征的各关情况如下：

龙江关、西新关：自咸丰三年起停征。[⑦]浒墅关：自咸丰十一年起停征。[⑧]南新关：自同治四年起停征。[⑨]北新关：自咸丰十一年停征，同治三

---

①《军机处录副奏折·咸丰朝·财政类·关税项》，咸丰三年二月二十三日，署四川总督裕瑞折，档案号：03-4376-007。

②《宫中档朱批奏折·财政类·关税》，咸丰三年十二月十八日，大学士祁寯藻折，档案号：04-01-35-0382-015。

③《军机处录副奏折·咸丰朝·财政类·关税项》，咸丰四年七月二十八日，四川总督裕瑞折，档案号：03-4377-038。

④《宫中档朱批奏折·财政类·关税》，咸丰六年十一月十一日，署四川总督乐斌折，档案号：04-01-35-0382-067。

⑤《军机处录副奏折·咸丰朝·财政类·关税项》，咸丰十年四月二十八日，署四川总督曾望颜折，档案号：03-4383-017。

⑥《军机处录副奏折·同治朝·财政类·关税项》，同治五年二月二十四日，四川总督崇实折，档案号：03-4873-039。

⑦《军机处录副奏折·光绪朝·财政类·关税项》，光绪八年十月十七日，两江总督左宗棠折，档案号：03-6347-055。

⑧ 中国第一历史档案馆编：《咸丰同治两朝上谕档》第15册，同治四年四月二十二日，桂林：广西师范大学出版社，1998年，第196页。

⑨《军机处录副奏折·光绪朝·财政类·关税项》，光绪三十三年四月二十六日，杭州织造彬格折，档案号：03-7120-111。

年七月力图恢复，试行几月未见成效，再次停征至清朝灭亡。[①]武昌关：自咸丰元年至九年停征。[②]芜湖户关、工关：自咸丰三年至光绪二年停征。[③]扬州关：自咸丰三、四年停征，五年复开旋停，停征至咸丰九年。[④]九江关：自咸丰四年至同治元年停征。[⑤]赣关：自咸丰五年至咸丰九年停征。[⑥]凤阳关：自同治元年至光绪二年停征。[⑦]

在太平天国运动被镇压下去之后，运河长江沿线各关受到洋税侵占的影响较大。相较于沿海各关和边疆边贸各关，运河长江沿线各关所受的影响是最大的。

再来看沿海各关。天津关每年应征正额、盈余及额外盈余，共计银93 000余两。咸丰三年至四年，天津关由于“是年秋逆匪滋扰，津郡道路梗塞，以致短征”。[⑧]咸丰四年至五年，天津关仍因“贼匪久踞，河路不通，商贩裹足”，从而少征。[⑨]咸丰十一年至同治元年，天津关之数据，据奏报系因“洋税侵占”而少收，不过唯一的亮点是“较上届尚属有盈无绌”。[⑩]

---

①《宫中档朱批奏折·财政类·关税》，同治四年三月十七日，杭州织造恒延折，档案号：04-01-35-0561-061。《军机处录副奏折·咸丰朝·财政类·关税项》，光绪三十三年四月二十六日，杭州织造彬格折，档案号：03-7120-111。

②《内阁户科题本·税课类·关税》，同治元年十一月十八日，大学士倭仁折，档案号：02-01-04-21712-041。

③《军机处录副奏折·咸丰朝·财政类·关税项》，光绪三年八月三十日，安徽巡抚裕禄折，档案号：03-6334-045。

④《军机处录副奏折·咸丰朝·财政类·关税项》，咸丰十一年十二月二十二日，江苏巡抚薛焕折，档案号：03-4871-001。

⑤《宫中档朱批奏折·财政类·关税》，同治十二年九月十三日，江西巡抚刘坤一折，档案号：04-01-35-0391-038。

⑥《军机处录副奏折·咸丰朝·财政类·关税项》，咸丰九年十月初三日，江西巡抚耆龄折，档案号：03-4382-031。

⑦《军机处录副奏折·光绪朝·财政类·关税项》，光绪三年七月二十六日，安徽布政使胡玉坦折，档案号：03-6334-018。

⑧《宫中档朱批奏折·财政类·关税》，咸丰四年十月二十三日，布政使衔兼长芦盐政文谦折，档案号：04-01-35-382-050。

⑨《军机处录副奏折·咸丰朝·财政类·关税项》，咸丰五年三月二十二日，布政使长芦盐政文谦折，档案号：03-4378-008。

⑩《军机处录副奏折·同治朝·财政类·关税项》，同治元年十二月初七日，通商大臣崇厚折，档案号：03-4845-031。

此后，天津关之各年亏欠均称系“洋税侵占”。如同治十年至十一年，“洋土各货向由钞关纳税者，今归新关征收”。[①]同治十一年至十二年，天津关仍称“进出口洋土各货多归新关征收，此盈彼绌，势所必然”。[②]

天津海关（海税）自嘉庆十二年（1807 年）起开征，经钦差大臣托津等查明奏定章程，交由直隶总督管理，就近派委道府大员监收，定额 4 万两，其中以 26 000 两为正额，以 14 000 两为盈余，正额解部，盈余解贮藩库留充地方公用。咸丰二年至三年，天津海关即受太平天国起义的影响，“粤匪窜入楚南境地，商贩闻风裹足，上下船只已形减少，迨后兵帆络绎，商船更属寥寥”。[③]咸丰九年至十年，天津海关征税减少之原因，说得较为含糊，“委因商贩不通所致”，其实是因为第二次鸦片战争期间，英法军舰迫近。[④]咸丰十一年，天津海关则明确指出系因第二次鸦片战争影响，“海疆被扰，短收有因”。[⑤]咸丰十一年至同治元年，天津海关之短收，乃因“近年南省绸缎各项货物，皆由外国船只贩运，前赴新关纳税，旧设海关税课自宜日见其绌”。[⑥]可见是洋税侵占。此后各年，天津海关均是报称“洋税侵占”这一原因。同治四年至五年，解释少收的原因添加了新的内容，据称是“各货均由火轮夹板等船装运”[⑦]，其实仍是受到洋税的影响。同治五年至六年，仍是“客商概由新关纳税，洋税侵占”导致少收。[⑧]综上可

---

① 《军机处录副奏折·同治朝·财政类·关税项》，同治十一年九月二十六日，直隶总督李鸿章折，档案号：03-4869-074。

② 《宫中档朱批奏折·财政类·关税》，同治十二年八月二十二日，直隶总督李鸿章折，档案号：04-01-35-0391-032。

③ 《军机处录副奏折·咸丰朝·财政类·关税项》，咸丰三年四月二十八日，直隶总督讷尔经额折，档案号：03-4376-021。

④ 《军机处录副奏折·咸丰朝·财政类·关税项》，咸丰十年六月十五日，直隶总督恒福折，档案号：03-4383-018。

⑤ 《军机处录副奏折·咸丰朝·财政类·关税项》，咸丰十一年，清单，档案号：03-4384-053。

⑥ 《军机处录副奏折·同治朝·财政类·关税项》，同治二年三月十三日，直隶总督刘长佑折，档案号：03-4871-053。

⑦ 《军机处录副奏折·同治朝·财政类·关税项》，同治五年五月初十日，直隶总督刘长佑折，档案号：03-4873-045。

⑧ 《军机处录副奏折·同治朝·财政类·关税项》，同治六年六月初二日，直隶总督刘长佑折，档案号：03-4875-048。

见，这一时期天津海关受到洋税侵占的影响极大。

江海关初设于松江府华亭，后移于上海。道光二十五年（1845 年），宫慕久在上海县北门外头坝南面浦设江海北关，专办外国商船征税事务。原苏松太道署所设税署改称江海大关，专司国内沿海航行船舶税务。上海是太平天国起义军和清军争夺的焦点区域，江海关税收所受的影响颇大。据奏称，咸丰四年至五年，江海关“缺额甚巨，实因兵燹之后，元气未复”。[①]咸丰五年至六年，江海关之少收，“实因关期报满，相距上海克复仅止年余。兵燹之后，商贾元气未复，贸易较少”。[②]咸丰七年至八年，江苏当局则干脆称“核与奏明约定数目计有短绌，此实时事使然，并非稽征不力”。[③]咸丰十年至十一年，由于“苏常失守，沪城戒严”[④]，江海关仍然少收。同治六年至七年的少收，据奏报则是由于华商受到了洋商的竞争，“自上海与洋人通商以来，福建、广东之鸟洋各船，由多而少，由少而无”。[⑤]换言之，乃是洋税侵占。同治十年至十一年，这个理由仍在继续使用：“洋船贩运之后，华商货物各趋便捷，皆由火轮夹板洋船装运”。[⑥]同治十一年至十二年，还是指出因为“洋税侵占，沙船日少，常税之短实由于此。前议每年酌加额外盈余十二万两，不作永远定额，旋因镇扬克复，各商贩仍由内河行走，未能足额”。[⑦]由上可见，太平天国战争的影响，以及洋商的竞争，是导致江海关在此期间多征不足数的主要原因。

---

①《军机处录副奏折·咸丰朝·财政类·关税项》，咸丰六年二月十九日，江苏巡抚吉尔杭阿折，档案号：03-4379-015。

②《宫中档朱批奏折·财政类·关税》，咸丰七年五月二十八日，江苏巡抚赵德辙折，档案号：04-01-35-0383-011。

③《宫中档朱批奏折·财政类·关税》，咸丰八年八月初九日，两江总督何桂清等折，档案号：04-01-35-0383-056。

④《军机处录副奏折·同治朝·财政类·关税项》，同治元年十月十九日，署江苏巡抚李鸿章折，档案号：03-4845-022。

⑤《军机处录副奏折·同治朝·财政类·关税项》，同治七年四月十六日，江苏巡抚丁日昌折，档案号：03-4877-039。

⑥《军机处录副奏折·同治朝·财政类·关税项》，同治十二年二月二十八日，署江苏巡抚恩锡折，档案号：03-4880-065。

⑦《宫中档朱批奏折·财政类·关税》，同治十三年正月二十七日，江苏巡抚张树声折，档案号：04-01-35-0391-079。

浙海关设于浙江宁波，浙江是清军和太平军争夺的重点区域。不过，在咸丰朝最初的两年时间里，浙海关之少收还没有受到战争因素的影响。比如浙海关道光三十至咸丰元年之少收，据称是“近年并无暹罗等处贸易及回棹商船，亦无外港贩洋船只收泊”。[①]这恰恰是嘉道时期浙海关奏报少收原因的惯用说法。咸丰二年至三年，则称“实因商贾不通，各口无税可征所致”[②]，隐约提到太平天国起义的影响。咸丰三年至四年，浙海关少收则称“实因邻警未平，洋面不靖，商贾裹足”。[③]咸丰四年至五年，浙海关仍然少收，“实出有因，上年冬帮停运，本年夏帮仅有一只，征税无多”。[④]此后浙海关的少收，显然还是受到战争的影响。不过，咸丰十年至十一年，则奏称是因“洋税侵占”。[⑤]同治元年至二年，同样因为受到战争的影响，浙江关无法正常征税，“海关尚未克复，以致全年丝毫无征”。[⑥]同治二年至三年，这一少收的势头得到持续：“因乍浦、头围先后失守，关满尚未克服，以致全年丝毫无征。”[⑦]

闽海关是清代东南四海关中最早设立的。咸同时期，闽海关一开始即受到战争的影响，据奏报咸丰二年十月至三年十月少收 11 万余两，“从前地方安静，偶有短缺，为数无多”，但本次少收，“实因本省土匪滋扰，税课无征。”[⑧]随后，当局又称：“粤匪滋扰，上海、浙江均已防堵，北路南贩已属寥寥，本

①《军机处录副奏折·咸丰朝·财政类·关税项》，咸丰元年九月十三日，浙江巡抚常大淳折，档案号：03-4375-035。
②《军机处录副奏折·咸丰朝·财政类·关税项》，咸丰四年正月二十二日，浙江巡抚黄宗汉折，档案号：03-4377-006。
③《军机处录副奏折·咸丰朝·财政类·关税项》，咸丰四年十一月二十八日，四川总督黄宗汉折，档案号：03-4377-053。
④《军机处录副奏折·咸丰朝·财政类·关税项》，咸丰五年十一月十五日，浙江巡抚何桂清折，档案号：03-4378-054。
⑤《宫中档朱批奏折·财政类·关税》，同治三年五月二十日，闽浙总督左宗棠折，档案号：04-01-35-0385-027。
⑥《军机处录副奏折·同治朝·财政类·关税项》，同治四年六月初五日，浙江巡抚马新贻折，档案号：03-9493-047。
⑦《军机处录副奏折·同治朝·财政类·关税项》，同治四年十月二十六日，浙江巡抚马新贻折，档案号：03-4872-094。
⑧《军机处录副奏折·咸丰朝·财政类·关税项》，咸丰三年十一月十五日，福州将军有凤折，档案号：03-4376-060。

省上下游土匪同时蠢动”。[①]咸丰三年至四年，闽海关少收十万两白银，原因仍是受太平天国起义的影响，“上年四月间，本省上下游土匪同时蠢动，以致厦门失守，并铜山、安海、枫亭等口，俱被贼匪抢毁，商贩远避，行栈迁徙一空，税课无从征收。上年十月间厦门收复之后始有征收。”[②]咸丰四年至五年，闽海关持续少收，因为“粤匪滋扰江南以来，商贾纷纷歇业，北船即少南来，南船未敢北去”。[③]咸丰五年至六年之少收，据解释仍然还是战争：“历年粤匪窜所以来，道途梗阻，商贾咸有戒心。加之本省自遭匪滋事后，船只被毁，行栈歇业。幸而南、厦二口时有夷船出入，间有商人将余货附搭夷船往来者尚属不少。夷税增多，常税自形短绌。”[④]咸丰六年至七年，闽海关当局再次将少收的原因归结于洋税：“夷税连年增多，常税自必短少。”[⑤]咸丰七年至八年，闽海关虽较上届多征，但较之定额仍属少收，实因“夷税连年征多，常税自必短少”。[⑥]咸丰八年至九年，又称“外寇虽已远飏，而地方初复，尚在搜捕各处土匪，办理剿捕，良民元气未苏”。[⑦]咸丰十年至十一年，还是系受战争的影响：“近年江浙各处道途梗塞，商旅多半歇业。又洋税侵占。”[⑧]同治年间，闽海关少收的趋势仍未改变。咸丰十一年至同治元年，据称少收的原因是“台湾匪

---

①《宫中档朱批奏折·财政类·关税》，咸丰四年六月二十七日，福州将军有凤折，档案号：04-01-35-0382-039。

②《宫中档朱批奏折·财政类·关税》，咸丰四年十一月十五日，福州将军有凤折，档案号：04-01-35-0382-054。

③《军机处录副奏折·咸丰朝·财政类·关税项》，咸丰五年十月十三日，福州将军有凤折，档案号：03-4378-056。

④《宫中档朱批奏折·财政类·关税》，咸丰六年十二月十七日，户部尚书柏葰折，档案号：04-01-35-0383-003。

⑤《宫中档朱批奏折·财政类·关税》，咸丰七年九月十五日，福州将军东纯折，档案号：04-01-35-0383-026。

⑥《军机处录副奏折·咸丰朝·财政类·关税项》，咸丰八年九月十二日，福州将军东纯折，档案号：03-4381-033。

⑦《军机处录副奏折·咸丰朝·财政类·关税项》，咸丰九年九月十二日，福州将军东纯折，档案号：03-4398-056。

⑧《宫中档朱批奏折·财政类·关税》，咸丰十一年八月十三日，福州将军文清折，档案号：04-01-35-0384-002。

扰，更形短绌，本年洋税比较上届又多征银”。[①]同治元年至二年，乃因“近年闽省屡有土匪滋事，内地运出海口货物已多阻滞，江浙逆氛未靖，南北商船又复有减无增”。[②]同治二年至三年，少收的原因仍是“近来各处匪扰尚未一律肃清，台湾土匪滋事经年，近年洋税侵占”。[③]同治三年至四年，又因“洋税侵占，上年九月，漳州郡城突遭逆匪窜陷，地方蹂躏，商民逃散”。[④]同治四年至五年，闽海再次提出洋税侵占，因为“近年洋税将及二百万之多，其侵占情形已可概见。上年漳州失陷，各处税馆被匪焚毁。本届核计，仍被洋税侵占”。[⑤]同治五年至六年，“兵燹之后，商业萧条，各口旧有船只不及十分之四，兼之洋税侵占”，所以少收。[⑥]同治六年至七年，仍因“通商以来，外国洋船日多，内地商船日少，本届常税比较上年又多收银八千余两”。[⑦]同治七年至八年，“洋船日多，商船日少，地方被兵，商贾裹足，又兼畏避厘金，多附搭洋船报税”。[⑧]同治九年至十年，“沿途地方设卡抽厘，内地商货多搭洋船”。[⑨]同治十年至十一年，“洋税侵占，续因沿途地方设卡抽厘”。[⑩]可见愈到后期，闽海关愈发将少收归结于洋税侵占和厘金的影响。

---

①《宫中档朱批奏折·财政类·关税》，同治元年八月十二日，福州将军文清折，档案号：04-01-35-0384-044。

②《宫中档朱批奏折·财政类·关税》，同治二年七月十二日，福州将军觉罗耆龄折，档案号：04-01-35-0385-001。

③《宫中档朱批奏折·财政类·关税》，同治三年七月十四日，福州将军英桂折，档案号：04-01-35-0385-029。

④《宫中档朱批奏折·财政类·关税》，同治四年六月十四日，福州将军英桂折，档案号：04-01-35-0386-007。

⑤《宫中档朱批奏折·财政类·关税》，同治五年六月十三日，福州将军英桂折，档案号：04-01-35-0386-063。

⑥《宫中档朱批奏折·财政类·关税》，同治六年六月十三日，福州将军英桂折，档案号：04-01-35-0387-033。

⑦《宫中档朱批奏折·财政类·关税》，同治七年五月十三日，福州将军英桂折，档案号：04-01-35-0388-003。

⑧《宫中档朱批奏折·财政类·关税》，同治八年五月十四日，福州将军文煜折，档案号：04-01-35-0388-058。

⑨《宫中档朱批奏折·财政类·关税》，同治十年四月十四日，福州将军文煜折，档案号：04-01-35-0389-070。

⑩《宫中档朱批奏折·财政类·关税》，同治十一年四月十四日，福州将军文煜折，档案号：04-01-35-0390-040。

“我朝厘定关榷，官制有兼管、有简充。天下海关，在福建者辖以将军，在浙江、江苏者辖以巡抚，惟广东粤海专设监督，诚重其任也”①。粤海关在咸丰之前，一直是征税的第一大关。不过，自太平天国运动兴起，粤海关的征税即开始受到战争的影响。咸丰三年至四年，粤海关较上年少收，“因广潮惠各属口岸，土匪滋事，所设税馆间有被盗，盘踞滋扰，税饷悉难如旧。”②咸丰八年份之少收，仍因“各口因贼匪窜扰，路途阻滞”。③同治七年（1868年），粤海关被切分为常关和洋关，分别奏折，同时将粤海关常税之正项盈余每年加增银至 156 511 两。结果发现，至同治六年五月二十五日常税关期报满，粤海关除新定正额征足外，核计新加盈余十万两，“虽竭力稽征未能足额”。六年五月二十六日至七年闰四月二十五年一年，除正额征足外，新加盈余短收 4 万余两，“仍未足数”。以前常洋不分，混合奏报，但自更定新章，厘定常洋两税后，“洋船载货不分中外物产，但附洋船均为洋税，近来内地商贾运载土货，无不附搭轮船。因其行走既速，更无盗贼、风涛之虞，是以洋税每年征收数目有盈无绌。其常税不过民间日用杂物，成本既轻，税则亦薄”，故只能请将粤海关新加常税盈余银十万两每年酌减四万两。”④

东海关的情况较为特殊。同治元年（1862 年），考虑到烟台距天津较远，征收不便，清廷于是将烟台关正式独立，并拆分为烟台洋关和烟台常关。烟台常即东海关，初无定额，到 1875 年确立定额为 70 000 两。⑤东海关从而和荆州关一道，成为这一时期非常少见的两次正额调整。

综上小计，沿海各关在咸丰、同治时期税收之减少，除了受战争的影

①（清）梁廷枏：《粤海关志》卷七《设官》，台北：文海出版社，1966 年，第 430 页。

②《宫中档朱批奏折 · 财政类 · 关税》，咸丰四年十一月十九日，粤海关监督曾维折，档案号：04-01-35-0382-056。

③《军机处录副奏折 · 同治朝 · 财政类 · 关税项》，同治元年正月二十四日，两广总督劳崇光折，档案号：03-9491-031。

④《宫中档朱批奏折 · 财政类 · 关税》，同治七年七月十三日，粤海关监督师曾折，档案号：04-01-35-0388-011。

⑤《军机处录副奏折 · 光绪朝 · 财政类 · 关税项》，光绪元年八月初二日，山东巡抚丁宝桢折，档案号：03-6329-017。

响之外，再就是受到洋税的侵占了。

边疆边贸各关也受到一定的冲击，但相较于运河长江沿线关及沿海各关，当属受影响最小的一类。

晚清时期，山海关因征收畅旺，于1860年经户部奏准，在正常的正额及盈余之外，再添加80 000两作为“额外盈余”。[①]需要指出的是，和粤海关一道，山海关共同组成了这一时期的两次盈余数目调整。由于增加了额外盈余这种负担，导致山海关同治元年份征收较少，解释的原因是“洋税侵占”，尤其是“牛庄洋税尚属畅旺”，直接损害了山海关之征税。[②]同治三年至四年，山海关系因“洋税侵占，商船减少，马贼扰害”，再次征不足数。[③]同治四年至五年之山海关少收，仍由于“奉省马贼窜扰”。[④]同治五至六年，山海关称系“奉省马贼窜扰，商贾逃避”。[⑤]同治十一年至十二年，山海关之少收原因再次回归到洋税侵占上来，“实因华商附搭洋船装载。查海关所征华商附搭洋船税课数目，按税务司呈报，计共征银十四万三千两有奇。以常税核计银九万四千八百余两之多。”[⑥]同治十二年至十三年，仍是“洋税侵占”。[⑦]

张家口在咸丰、同治时期征税减少的时段居多。咸丰三年（1853年）税收减少，据解释其原因是“逆氛未靖，两江直隶一带未普被扰。咸丰二年冬季南茶均经到口，所以收数尚多。今咸丰三年少此大宗来项，遂致茶、货两

---

①《军机处录副奏折·同治朝·财政类·关税项》，同治七年九月十七日，通商大臣崇厚折，档案号：03-4877-093。

②《军机处录副奏折·同治朝·财政类·关税项》，同治元年十二月十二日，山海关监督凤安折，档案号：03-4871-033。

③《军机处录副奏折·同治朝·财政类·关税项》，同治五年四月十八日，山海关监督成林折，档案号：03-4873-049。

④《军机处录副奏折·同治朝·财政类·关税项》，同治六年六月十三日，兵部左侍郎崇厚折，档案号：03-4875-054。

⑤《军机处录副奏折·同治朝·财政类·关税项》，同治六年九月初十日，兵部左侍郎崇厚折，档案号：03-4875-085。

⑥《宫中档朱批奏折·财政类·关税》，同治十二年六月二十日，直隶总督李鸿章折，档案号：04-01-35-0391-016。

⑦《宫中档朱批奏折·财政类·关税》，同治十三年六月二十三日，直隶总督李鸿章折，档案号：04-01-35-0392-027。

妨。”[①]咸丰四年，张家口全年少收，据称“实因路途梗阻，商贩率多不前，南北货物互未流通。”[②]咸丰十一年至同治元年，张家口仍然少收，因为“俄商南茶北货自行互相贩运，并各国商人往来贩运货物，均系本口向年应税之货，现均于天津关完纳子口税银。”还是归结于洋税侵占。[③]同治四年至五年，张家口少收的原因仍是“南路道途梗塞，货物壅滞，洋税侵占”。[④]同治十年至十一年，则据称是“直隶等处久雨成灾，去冬中外一带又逢冻雪连绵，马驼羊倒毙者甚多”。[⑤]可见这一时期张家口税收的减少，既有战争的影响，也同样受到洋税侵占的影响。

杀虎口在咸丰三年至四年，出现征税减少，据奏报系因“南货不能畅行，北货亦因而壅滞，加以富商撤收银本，贩运纷纷歇业”。[⑥]咸丰四年至五年，又因为“军兴以来，路途间阻，南货既不能早先，北货亦因此滞滞”[⑦]，所以少收。可见还是战争的影响。

咸丰、同治年间，湖南辰关常关移设常德，少收的原因在于“警报频传”。[⑧]到了同治年间，辰关少收的现象仍未改变，据称系因“江路梗阻已累年，征不足额。迨移设常郡即溢收”，加之“黔疆不靖，来源枯（竭）”[⑨]，可

---

①《宫中档朱批奏折・财政类・关税》，咸丰三年十二月十五日，张家口监督庆至折，档案号：04-01-35-0382-014。

②《宫中档朱批奏折・财政类・关税》，咸丰五年二月二十八日，张家口监督哈兴阿折，档案号：04-01-35-0382-059。

③《军机处录副奏折・同治朝・财政类・关税项》，同治元年十月十七日，张家口监督景福折，档案号：03-4871-023。

④《军机处录副奏折・同治朝・财政类・关税项》，同治五年九月十四日，张家口监督庆爱折，档案号：03-4874-008。

⑤《军机处录副奏折・同治朝・财政类・关税项》，同治十二年四月十七日，张家口监督承禄折，档案号：03-4880-074。

⑥《军机处录副奏折・咸丰朝・财政类・关税项》，咸丰五年五月二十九日，吏部郎中奇克坦泰折，档案号：03-4378-028。

⑦《军机处录副奏折・咸丰朝・财政类・关税项》，咸丰六年六月十三日，杀虎口监督启裕折，档案号：03-4379-030。

⑧《军机处录副奏折・咸丰朝・财政类・关税项》，咸丰十年十二月十九日，署湖南巡抚翟诰折，档案号：03-4400-008。

⑨《军机处录副奏折・同治朝・财政类・关税项》，同治十一年七月初一日，湖南巡抚王文韶折，档案号：03-4880-0174。

见战争影响之大。

综上所述，太平天国运动和第二次鸦片战争，对常关税征收造成了极大的打击，税收大幅度下降。根据本书附录《咸同时期常关税征收表》可以看出，由于受到战争的影响，这一时期的常关税会由最初的年征收近 500 万两，下降至 200 万两，下降幅度非常大。不过到了同治后期，随着战争的结束，影响关税征收的原因则被认为是洋税侵占。

（三）减俸与加征

咸同时期，由于财政窘迫，清廷逐步减少用于八旗和绿营的军费支出，以及官员的俸饷发放，这也是旧财政体制下的惯例。

咸丰四年（1854 年），经户部奏准，京师八旗兵丁除白事赏银照旧支给外，红事赏银一律停支，各地驻防八旗也一例办理，以节经费。特别是密云、张家口、绥远等处驻防八旗俸饷，除步甲和养育兵照旧支领外，食俸官员应领俸银核减三成支给，兵饷核减二成支给。咸丰六年（1856 年），河南绿营俸饷的发放也是照此办理，“开封营发过两季，满洲营发过五个月，其余各营有仅发一季者，有全未支发者。近来征调频仍，弁兵每因事故，不时更换，库款日形短缺”[①]。此后，战时俸饷也遭到减扣。咸丰十年（1860 年），黑龙江奉调官兵出征，本应支领整装银两，结果按部议“减半扣除二成，每两又扣六分核给”[②]。额应支银 30 两，结果实领 11.2 两，连一半都不到。

到了同治初年，皖、豫等省旗绿各营兵饷也是减成发放，但拖欠更甚，兵丁每每欲月领二三成而不可得，无不心怀不满，兵丁的不满无疑是重大的不安定因素，故而引起领兵大员的高度焦虑。彭玉麟曾言：“兵饷原有定制，兵米亦有定数。近因经费支绌，所发兵饷或七成、八成不等，且

---

①《军机处录副奏折·咸丰朝·财政类》，咸丰七年三月二十七日，河南巡抚英桂折，档案号：03-4283-033。

②《军机处录副奏折·咸丰朝·财政类》，咸丰十年十月二十八日，户部尚书肃顺等折，档案号：03-4318-056。

有同在一省，所发不一，或七月、八月、十月亦不等。至兵米，有向在各州县给领者，现亦随饷，或七成、八成不等。又或每石折银若干，辗转克扣，不足以赡一身，又安望其专心操练乎。”①不过，由于国库实在拿不出经费，即使统帅多次呼吁，最后也只能不了了之。

官员俸饷之定额与前期并无变化，但自军兴以来，也一直是减成支发。咸丰三年二月初一日，户部奏称因为存银无多，特意要求朝廷暂缓发放本年春季王公及文武官员俸银，时间以两个月为限，节省下的银两以供兵饷，得到批准。②咸丰三年七月十六日，户部又称，目前户部银库实存银 394 419 两，除饭食银等款不能动用外，实存银 293 798 两，而七月份即须支银 30 万两，“计现存银数，业已不敷”。到了八月份，情况更甚，户部银库需要发放的八旗兵饷是 42 万余两，而“王公官员俸银，除文职三品以上，武职二品以上，仍行停入外；其文职四品以下，武职三品以下，约计应发俸银三十八万余两，现尚无项可支”③。别无他法，户部只能要求官俸减成发放，即各省武职养廉三品以上停发二成，文职养廉一品至七品停发四成。

咸丰六年（1856 年），清廷进一步规定，外省养廉银的发放，文职一二品官员只发七成，三四品官员只发八成，五至七品之正印官及武职三品以上官员只发九成。④据此推算，各省养廉减成发放，每年共可节省财政开支 90 余万两。不过，在具体的实施过程中，有些省份对文职、武职的减俸还是有所区别。比如云南，文职官员一直按规定减成，但武职官员因为“军务方殷”，“概未遵章核减”。⑤但无论如何，京内京外文武官员的减成发放，显然反映出清廷在财政上的窘迫情形。

---

①（清）朱寿朋《光绪朝东华录》，光绪元年五月初一日，北京：中华书局，1958 年，第 61 页。

②《军机处录副奏折 · 咸丰朝 · 财政类 · 关税项》，咸丰三年二月初一日，大学士祁寯藻折，档案号：03-9506-005。

③ 咸丰三年七月十六日，管理户部祁寯藻等《筹议俸饷办法折》，中国人民银行总行参事室金融史料组编：《中国近代货币史资料》第一辑上册，北京：中华书局，1964 年，第 177—178 页。

④（清）朱寿朋：《光绪朝东华录》，光绪六年正月甲午，北京：中华书局，1958 年，第 22 页。

⑤ 云南清理财政局编：《云南全省财政说明书 · 岁入部 · 杂款》，经济学会 1914 年铅印本，第 1 页。

在减成发放之外，清廷还进一步实施第二轮减成（又称“均摊”或曰“摊扣”）。即各省养廉虽已减成发放，但仍须要按实支之数，再行扣减三成，以积少成多。据记载，“直省因荒豁除粮银，在督抚司道府州县正印各官支食编俸银内均摊，其署事例支署俸之正印各官，亦照实授人员一体摊扣支给。至佐杂、教职等官正署俸银，概免摊荒”[①]。这种强行摊扣的办法，导致官员实际收入锐减，无以糊口，许多官员只能纷纷告假，“其留者衣食不赡，竭蹶经营，每于国家之掌故、民生之利病不暇讲求”[②]，从而形成恶性循环。广东扣廉归补军需的情况如表 2-3 所示。

表 2-3　广东扣廉归补军需表（单位：两）

年份	扣廉数目	年份	扣廉数目
1850	20 695.784	1858	16 843.687
1854	7 936.266	1861	16 425.635
1855	8 075.192	1862	16 741.445
1856	14 794.88	1863	16 286.867

资料来源：申学锋《晚清财政支出政策研究》，北京：中国人民大学出版社，2006年，第116页

养廉之外，清廷还将削减支出的目光盯在了官员和兵丁的红白喜事费用上面。咸丰三年九月，上谕指出：“所有宗室、觉罗现任食俸官员本身红白事，及闲散宗室、觉罗红事赏恤银，并八旗官员红白事，及兵丁红事赏恤银，均暂行停止。其闲散宗室、觉罗白事恤银暂停一半。至八旗兵丁白事恤银，仍照旧赏给。”可见连以前常规的婚丧嫁娶都是能省则省，能免则免了。虽然上谕的最后仍表示：“一俟库款稍充，再行查照旧章办理。”[③]但其实并无下文。需要指出的是，从整体上来看，减俸所节省的财政经费在全部财政支出中所占比重并不高，在很大程度上只是向全国百姓做出同心同德剿灭太平军的姿态，对于缓解实际财政困难虽说有一定的益处，但效

① （清）黄彭年主纂：《畿辅通志》卷九七《禄饷一》，光绪十二年刻本。
② （清）薛福成：《谨上治闫六策疏》，盛康辑：《皇朝经世文续编》卷十三，光绪三年刻本。
③ 《清文宗实录》卷一百五，咸丰三年九月甲申，北京，中华书局，1986 年影印本。

果有限。

与此同时，在镇压太平天国运动的过程中，各省收不抵支，纷纷奏请截留税源以济饷需，为解决各省财政困难，清廷也只能一改常规，被迫同意提拨丁、漕、盐、关等税项以充军饷，渡过难关。

咸丰四年（1854 年）闰七月，清廷应陕西巡抚王庆云之请，主动令各路粮台动用漕米、仓谷以抵军需："现在贼氛未靖，各路军营饷需浩繁，部库筹拨银两，实形支绌。叠经降旨，并由户部奏明，行知琦善、向荣、胜保等军营，运储米石，以充军食。湖北等省漕粮，均准截留接济，山东折漕，因恐出入折耗，令将米石拨营备用；各属仓社米谷，均准关支。僧格林沁军营，亦屡奏劝捐粮草，可见银粮兼支，为现时要务。与其空言拨饷，支领不能应何时，何如就近筹粮，兵丁得沾实惠！"因而要求有漕省份，各粮台可以将征存未运漕粮，就地动用，并准碾动各属常平仓、社仓所存米谷，"其无漕省分，均令于所属仓谷项下酌量开支。仍将动用各项粮石数目分晰报部，以凭查核"①。受此鼓励，各省纷纷折征或截留本色以供军需，并扩大至关税和盐课。②而在清前期，这些财政收入都是属于地方无权擅动的部分。

随着时间的发展，逐渐演变成了各省督抚直接截留京饷及过境钱粮，从而在事实上起到了地方强行染指和切割中央财政收入的作用。由于地方纷纷截留，导致京城开销无着，朝廷不得不多次下旨，要求扭转这一局面。同治二年（1863 年）十一月，上谕称："历年京饷，向系预拨各省地丁、盐课、关税、杂款，以备次年开放之用。咸丰十一年以后，每年均拨七百万两，责令分限解齐。惟山西年清年款，他省多不能依限报解；且有逾限不解者。虽因防剿吃紧，奏请留支，或解军营，迳行划拨；而藉词诿卸，亦所不免。"③由于收支失衡，不论是中央还是地方都无法应付各自的

---

①《清文宗实录》卷一三九，咸丰四年闰七月戊寅，北京：中华书局，1986 年影印本。

② 咸丰、同治时期的"以盐济饷"，可参见本书第四章第三节的详述。

③ 中国第一历史档案馆编：《咸丰同治两朝上谕档》第13册，桂林：广西师范大学出版社，1998年，第570页。

必要开销，出于部门利益的不同，地方督抚随意截留京饷和过境钱粮的情况时有发生。

无奈之下，清廷只好想出中央专项经费名目，即通过强行指拨的方式，为自己划拨稍可支撑的经费来源，以便勉强维持日常行政运作。此种指拨，和太平天国运动兴起之前的地方留存之外的所有款项均须由户部直接掌控（不论是京饷还是协饷），性质已经完全不同，因为这笔款项并非是已经征收在库的“的款”；与甲午战争后不论地方财政有无结余而进行的财政摊派也有所区别，后者主要是针对新增收入而强行划定的分配比例。

关税本属中央政府的专项收入，在清前期，各省督抚也是无权染指的。但随着太平天国运动的发生和局势的变化，各省往往截留洋税收入，导致清廷渐渐失去实际上的分配权力。第二次鸦片战争结束后，按中英、中法《北京条约》规定，清廷须向两国各赔款800万两。为确保赔款有可靠的保证，各方在谈判时就规定，必须在各通商口岸的海关税收中扣提二成，按期缴付赔款，合计四成，遂有“四成洋税”之说。通过此次对外赔款，清廷算是间接地取得了“四成洋税”的支配权。1866年，第二次鸦片战争赔款结清后，四成洋税成为清廷直接控制的重要财源，“四成洋税”反而成为这一时期清廷的意外收获。

在中央竭力维护自身财政利益的同时，各省督抚也拼命为自己保留税源，或者借机沾染分配，以图多分一杯羹。同治元年（1862年）九月，江西巡抚沈葆桢奏请停止以江西漕折解充京饷之事。沈葆桢表示，目前江西情形，“不特增兵之款无款可筹，即原设防军，拖欠累累，至八九个月不等”。江西的收入主要包括三项，厘金、漕折和地丁，厘金收数比较充沛，但“尽输皖、浙军饷”。漕折原额91万有余，除因灾豁免及流亡实欠外，所收不过六、七十万，但要每年上交京饷40万，又按月支付协饷4万，实已不敷开支。地丁原额150余万两，“屡遭贼扰之后，积欠犹甚于漕，加以今岁水患频仍，虽极力催征，不过得半而止。而兵饷出其中，勇粮出其中，接济浙军及过往兵勇出其中，坐支各款亦出其中。所以江省拮据情形，有过于被兵省分”。有鉴于此，他只好提出将江西本年漕折提解京、协两饷旧例，“暂行停止，以供本省添勇练兵之用”[①]。清廷虽不情愿，最后也只得同意。

有些原本属于中央的定点财源，也时不时地受到地方大员的觊觎。江海关“四成洋税”例归清廷偿还赔款，属专款专用。在偿还赔款后，江苏巡抚李鸿章遂奏请自同治六年（1867 年）起，就近截留江海关二成洋税，以其中的一成作为江南制造总局的造船经费。在得到清廷同意后不到二年的时间里，江苏当局又得寸进尺，将此二成经费全部改拨为江南制造总局，以为造船经费之用。

由于深切感受到“四成洋税”税源可能受到的侵蚀，同治十二年（1873 年），户部尚书载龄特意奏称，自咸丰十年（1860 年）以来，国家整体局面一变，“军务从此日减，而隐患亦从此日深”。幸于同治四年各海关扣款渐清，经总理衙门奏请，“各海关洋各部仍按扣款数目提出四成，委解部库，另款存储”。一切事宜，统由总理各国事务衙门及户部稽查核办，一直执行在案。不料“乃自四成洋税解部以来，外省报解之数稍增，而各衙门奏支之款转巨。臣部偶一驳减，各衙门即抗疏以争，必如其请而后已。甚有谓‘无论何款，如数凑拨’者”。究其根本原因，无非是地方都在打这四成洋税的主意。经清查，自同治八年（1869 年）四月起至十一年十二月止，一共动用过四成洋税 695 万两。同治九年，户部曾经奏明兵饷照章开放，“暂准银库挪借四成洋税”。而各衙门奏借银两以及工程等项，都由户部回复以并无余款，“分别准驳在案”。不料近段时间，“不独兵部挪借四成洋税也，即各衙门借款，亦挪借四成洋税矣。且恃有四成洋税可以借放兵饷，转将库储正项，尽数开支别项矣”。为防万一，他们要求仍须将此项银两“全行封存”，一切放款“概不准奏借四成洋税”，“留此区区，以备不

① 《军机处录副奏折·同治朝·财政类》，同治元年九月二十二日，大学士倭仁等折，档案号：03-4790-019。

虞”[①]。通过此项杜绝各省地方不得再擅自动用此四成洋税专项经费的奏折，亦不难想见中央和地方在银粮来源争夺上的激烈程度。

与此同时，为解决财政危机，清政府也开始改变持续百余年的田赋不加征政策，允许地方以各种名目，对土地加征赋税，诸如按粮津贴、按粮捐输、厘谷、亩捐、沙田捐等，都在这一时期泛滥成灾。各种名目的汇加，导致百姓负责极为沉重，苦不堪言。

按粮津贴和按粮捐输均行之于四川。在正常年份，四川每年由户部指拨外省解款协济。嘉庆年间，曾因镇压白莲教和少数民族起义，在四川一度实行过按粮津贴政策。道光十五年、十六年，又因“夷务”试行过一次。太平天国起义之后，四川省不但得不到外省的解款协济，还必须向战争省份提供军饷和物资。面对财政缺口，咸丰二年（1852 年），四川决定在全省各地普遍举办捐输，“按粮一两，捐输银一、二两不等，盖缘川省地广赋轻，二百余年涵濡圣泽，人乐急公，故每次军务输将恐后”。但这一措施本为权宜之计，岂料到了第二年，清廷在穷极之下，居然想出了命令川省实行田赋“借征”的办法，即提前预收来年钱粮。面对这种前所未有的要求，四川总督裕瑞只好奏称：“川民所习闻者津贴，而不知有预征。盖津贴屡行于昔，而预征始创于今，循行津贴，士民不过视为报效之常，举办预征间阎转致惊为见闻之异。况现虽中外匮乏，经费万分支绌，而民间仅能略知大概，尚未深悉其详。民可使由，不可使知。川省无业之民多于有粮之户，人心浮动，若创行预征，诚恐民听骇然，妄生猜疑之见，反有惊扰之虞。”他请求朝廷能请免预征，仍行津贴，“于开征时随粮交纳，畸零小户，一律征收”[②]。最终，朝廷批准了他的请求。此后，川省每年援案按照 1∶1 比例进行征收，按粮津贴遂固定下来。通省合计征收 60 余万两。

不过，按粮津贴的弊端也是显而易见的。它无端加增了百姓的负担，

---

①（清）载龄：《请封存四成洋税疏》，王延熙等辑：《皇朝道咸同光奏议》，光绪二十八年刻本。

②《宫中档朱批奏折 · 财政类》，咸丰三年十二月十八日，四川总督裕瑞折，档案号：04-01-35-0964-016。

尤其是在征收过程，胥吏和不法官员的上下其手，更让百姓苦不堪言。薛福成曾言："若夫厘金之外，又有厉民之政，则莫如四川'津贴'一项。……其公私杂费与一切陋规，罪不按亩加派，名曰'津贴'。迁流日久，变本加厉，取之无艺，用之愈奢。凡州县供应上司之差，小民千金，大者逾万，综计民力所出，逾于正赋之额，几有十倍不止者。"[①]由此可见，在征收过程中，按粮津贴存在着诸多弊端，所造成的百姓实际负担，要远远高于上交的60万余两。

按粮津贴在极大加重百姓负担的同时，也同时增加了征税官员的工作负担。咸丰五年（1855年），四川总督黄宗汉称："川省吏治，坏不可言，百姓不见天日矣。津贴则县县发财，全省成书差鱼肉百姓世界，耳不敢忍闻、目不忍见之事，至今开眼。"[②]由于头绪繁杂，同治二年（1863年），四川总督骆秉章甚至奏称："查川省自咸丰二年起，陆续举办按粮津贴、各项捐输，至今已逾十载。津贴每有带征、缓征、免征之分，捐输亦有按粮、普律、官民之别，案牍丛杂，头绪纷繁，非若额征钱粮年清年款，可以按册而稽。"[③]真是彻底彻尾地变成了病官病民的政策。然则，同治十三年（1874年），当御史吴鸿恩奏请停止四川按粮津贴，四川总督吴棠却回奏称，四川正额赋税较轻，而奉拨京协各饷较平时多逾五倍，均资民力，故按粮津贴"仍须接办"[④]。

按粮捐输原为"按亩捐输"，其实施的办法，是在全省除部分极贫地区外，一律加征，总额约为银180余万两。按粮捐输在咸丰二年（1852年）开始实施，因为矛盾重重，民愤极大，甚至引起民众武力抗捐。同治元年（1862年），经四川总督骆秉章弹劾，指出布政使祥奎等在筹备军饷、按亩

---

① （清）薛福成：《谨上治平六策疏》，王延熙等辑：《皇朝道咸同光奏议》卷一，光绪二十八年刻本。
② 鲁子健：《清代四川财政史料》上册，成都：四川省社会科学院出版社，1984年，第308页。
③ 鲁子健：《清代四川财政史料》上册，成都：四川省社会科学院出版社，1984年，第307页。
④ 汤化培修：《长寿县志》卷三《食货志》，民国十七年石印本。

捐输时，“加派追呼，以致刁民聚众抗捐，实属办理不善”。[①]将此办法暂行停止。但同治二年又复行征收，改名为“按粮捐输”。

相比之下，按粮捐输征收的办法比按粮津贴要更复杂些，因为它并不是按照固定的比例来征收，而是于每年开征前，量民力之贫富、年岁之丰歉，并参照前二年之定额，由藩司预测征收总额，经川督奏明，“照所定额摊分于属邑，檄饬地方官征解。各属奉文后，集绅议以摊数，分配粮户，视捐额之多寡，定税率之轻重。初非齐一，有每粮一两收捐二三两者，亦有仅收八九钱者。皆自载粮八分以上起摊”，简言之，“其征解之法，量民力，较岁丰欠，预算一定之总额，分配于各属，区别等级，定期纳付”。其中特别贫穷的边远地区，如峨边、城口、松潘、理番、越西、茂州、天全、会理、石泉、大宁、高县、筠连、珙县、兴文、荥经、芦山、清溪、冕宁、盐源、汶川、马边、雷波、巫山等23厅州县并不承担按粮捐输，“余悉按粮征之，为数一百八十余万，视地丁过二倍以上”。如果有业当粮存、明佃暗当的情况发生，则利归管业者，由新管之人认捐。如果遇有水旱灾害，则量予减免，“仍核计其数，转摊于丰裕之州县。又以需用孔亟，定章以年前预解半数，即年征齐解司。其预解之款，绅富垫出之，于收入时归完。有解迟者，则委员守提。有征无逋，亦可谓严矣。”[②]总之，各属分摊捐数情形各不相同，有不征者，有一两收捐至二、三两者，亦有仅收钱八、九钱者。正是这种制度上的漏洞，大大方便了胥吏的上下其手，晚清时期四川百姓的田赋负担遂急剧加增。

此外，还有厘谷、亩捐、沙田捐及漕粮折征。

厘谷行于云南、贵州两省，按亩抽收，主要供应本省军需之用。咸丰六年（1856年），云南粮食收成减少，所征地丁钱粮不足以供应军需，当时政府遂想出按成熟田亩的产量，每亩抽收一至二成，以补亏缺。同治七年

---

①《清穆宗实录》卷七，同治元年六月壬戌，北京：中华书局，1986年影印本。

② 佚名：《四川财政考·捐输考》，鲁子健编：《清代四川财政史料》上册，成都：四川省社会科学院出版社，1984年，第320页。

（1868 年），全省对厘谷之法进行整顿，“酌量征派，通省一律举行。”[①]贵州厘谷的征收比云南要晚一些，始于咸丰十一年（1861 年），“黔省抽厘章程，名为厘谷，实通省按粮按粮按亩，十取其一”。不过，厘谷在征收过程中屡有变更，官胥又往往横生枝节，遂引发民怨，“于十一抽厘之外，私加至十之四五，民间稍有不遵，即刀割其鼻，用费心穿孔，鱼贯游街示儆”，结果矛盾激化，引发民变，“致激成磔杀委员、抢毁厘局之举”[②]。同治三年（1864 年）贵州一度停征厘谷，但不久又再次恢复。

亩捐行于江苏、安徽两省，征收办法大多是照地丁银数进行加征。咸丰三年（1853 年），雷以諴在江北里下河开办江苏亩捐，次年推广至扬州、通州两府。其标准为根据土地肥瘠每亩起捐 20 文至 80 文不等。至咸丰六年（1856 年）八月，江北一带亩捐共收解钱三十万二千余串。[③]此后，江南各州县亦多仿办。

沙田捐征收于广东沿海一带。同治二年（1863 年），广州府所属的东莞、香山等县开始进行征收，征收的比例是按每亩加收银二钱，如果该地已经出租，则由地主与佃农按“主八佃二”的比例，分别捐缴。

漕粮折征也是这一时期的重要改变。咸丰、同治时期，由于运道受限，漕粮实施海运，但限于江苏和浙江。其余有漕省份大多实行漕粮改折，河运漕粮偶一行之。漕粮改折通过谷米银钱兑换比率多征，由于后文还有专篇涉及，这里暂不详述。

除了以上改变，强捐或者“强借”也成为这一时期的征收“惯例”。咸丰三年（1853 年）以后，因军需紧要，一些省份开始向民间绅富派捐充饷，由官府出给印票，约期归还并给奖励，称为“捐借”。捐借的提议首先由左副都御史周祖培提出。他将目标对准了山西晋商，尤其是从事票号生

---

①（清）岑毓英：《岑襄勤公奏稿》卷二、卷八，光绪二十三年刻本。

②《清穆宗实录》卷三七，同治元年八月庚午，北京：中华书局，1986 年影印本。

③《寄谕何桂清等著密查扬常镇等处员弁勒索捐厘等事》，中国第一历史档案馆编：《清政府镇压太平天国档案史料》第 19 册，北京：社会科学文献出版社，1995 年，第 344 页。

意的富裕山西晋商。咸丰三年六月初五日，周祖培奏称："臣闻山西富商，在京师开设账行，数十年于兹。乃于本年春间，因湖北江南贼匪不靖，忽尔歇业西去，收回现银不下数千万两。逆匪闻知未必不垂涎于此，启戎心与资盗粮，此商人等之蠢愚无知也。若皇上明颁谕旨……暂时与之挪借，以助国用……在该商既可仰沐恩施，而又赀本并无亏损，且可免盗贼蹂躏之虞，未必不乐于从事也"。同时，他还恳请朝廷让陕西、广东等省督抚，"详察殷实之家，恺切挪借，以助国用"，和山西一体办理。[①]

周祖培的提议深得咸丰皇帝的赞许。咸丰帝发布上谕称："现值军饷浩繁，借资民力，实亦万不得已之计。陕西、广东、山西等省素称殷实，近来踊跃输将者亦复不少。仍著各该督抚妥为劝谕，并将此旨宣示绅民，俾知此举实为军需紧要，暂时挪借，以期速殄凶氛，与吾民同享乐利。军务告竣，即当加数发还，仍先行给予优奖。所有藩司印照，即饬令地方官面为付给，不假胥吏之手，以杜流弊。"[②]咸丰四年（1854 年）正月，王履谦又称，山西一省素多富饶之家，"谕以大义，示以成约，饬藩司按照借数，出给印票，分年照期归还；如有借至十万两以上者，除按年拨还银两外，或本身已得功名，准赏给其祖父封典。"[③]这里所提供的方法，是通过原有的捐输激励机制来进行诱导。而通过上面的论述，说明朝廷最初的打算是"借"，而且一旦条件允许，这些借款是可以还回去的。当然，事实证明，朝廷压根就没有打算真的分批退还"借款"。

咸丰四年闰七月，陕西巡抚王庆云奏请设法筹饷，并要求中央和富有省份对陕西一地进行协济时，咸丰帝将此"借款"办法转给王庆云，并指出自军兴以来，各路兵饷浩繁，计已拨解数千万两，现在部库益形支绌，而各省应征地丁、漕粮、盐、关各项，亦多不能征解足额。其被兵省份，更属竭蹶

① 中国第一历史档案馆编：《清政府镇压太平天国档案史料》第 7 册，北京：社会科学文献出版社，1995 年，第 483-484 页。
②《清文宗实录》卷九六，咸丰三年六月戊寅，北京：中华书局，1986 年影印本。
③《清文宗实录》卷一一八，咸丰四年正月癸丑，北京：中华书局，1986 年影印本。

不遑，“以致东南富庶之区，财源日竭，指拨无从”。相反，陕省士风淳朴，节次捐资报效，具征急公好义之忱，“与其捐自中人之家，集腋无多，不如捐自素封之户，指用较易”，直接指出可以将矛头对准大富商、大地主。上谕还指出，王庆云平时办事甚属认真，“现既据称回籍省亲之宗人府府丞梁瀚素协乡评，著该抚即行督率梁瀚，会同在籍绅士王笃等，体察情形，各于素称饶裕之家，切实劝导”。至于奖励的办法，仍是如能捐自一万至数万、十数万者，“随时按照银数，立即奏请奖励”。倘若有不愿抛头露面、公开请奖的，亦请王庆云饬令布政使，“按数给予借贷印票，分年给还，作正开销；仍按照银数多寡，分别建坊给匾，以示优奖。总期凑集成数，无论捐款、借款，先以百万两为准。以后如能源源接济，更为妥善。”[①]也就是说，最好是自愿捐献，实在不行也可以通过打白条的方式“预借”。

至咸丰七年（1857 年），这一办法又被推广至江苏、浙江等省。七年三月，和春、怡良等奏称：“自粤匪东窜以来，江苏省筹解大营军饷皆取给于地丁关税，并由各省协拨之款，从无贻误。现因荒歉，钱粮蠲缓居多，关税未能畅旺。各省拨款又因用兵之处较多，以致解数寥寥。”江南大营兵饷积欠 4 月有余，兵丁难驭，“时有鼓噪之事”，需要朝廷紧急拨款。结果朝廷回复，认为江南地区可以仿效王庆云之举，“不独江苏省可以照办，即浙省筹济皖南、江西、江南等处饷需，亦属支绌，如能查照办理，除本省供支外，亦可协济江南军饷”。上谕要求怡良、赵德辙、晏端书等人，“督同省垣绅士，并派委妥员，分赴各府州县，会同各该绅士，查明上户若干，开报该督抚，即责成公正绅士委婉劝导，随时请奖”。至于捐输的钱数，其有为数较多，自一万、数万以至十万两者，“自应分别等差，逾格施恩”，或赏给盐运使衔，或赏给副将衔，或加衔之外另赏花翎，或赏给举人，一体会试，均准该督抚等酌量请旨，以期踊跃。和陕西的做法类似，“其有力可

---

①《清文宗实录》卷一四〇，咸丰四年闰七月辛卯，北京：中华书局，1986 年影印本。

多捐而不愿请奖者，即由该督抚等饬由藩司按数给予借资印贴，自咸丰八年起，分年给还，作正开销；仍按照银数多寡，分别建坊给匾，以示优奖。”咸丰帝在最后还说，当此用兵之际，“凡食毛践土之伦，各具天良，必有踊跃出赀、同仇敌忾者。倘能集有成数，即拨江南大营以资接济，庶兵无匮乏之虞，而于民生亦不致扰累”[①]。

同治时期，又出现了“通那措兑”之法。同治三年（1864 年）十一月初三日，御史张观钧奏称：“山陕各处商贾之赀，均聚迪化州城，自城陷后，赀财一空，而伊犁、喀什噶尔、古城等处，皆有分设铺户，赀本存留尚复不少。”故他拟请饬陕、甘、山西各地督抚，“派员传集本籍各商户，令其寄信新疆各城，将现存商赀，竞充军饷，收银后分咨本籍督抚，照数发还等语”。也就是说，直接让商人把货物捐献出来。朝廷对张观钧的这一建议也颇感兴趣，认为办法系为移缓就急起见，故要求各省督抚，就“山陕各处富商在新疆贸易者，是否可以通挪措兑”之办法，派员各就该地方商户妥为商酌，如果可行，亦可省解运之烦，而济饷需之急，“于边疆不无裨益”[②]。

当然，不论是“捐借”还是“措兑”，都是实质上的强行勒派，借出之人在日后都不可得到任何银钱偿还。同治时期，战事结束，朝廷本应还款，不料各省督抚均籍口库帑支绌，所借之款大多援照筹饷事例，由官府奏请给奖，等同捐输办理。

---

①《清文宗实录》卷二二二，咸丰七年三月癸酉，北京：中华书局，1986 年影印本。
②《清穆宗实录》卷一二〇，同治三年十一月庚子，北京：中华书局，1986 年影印本。

第三章

重建新体系

一、失败的创新

在旧的传统财政体制的框架之内，清廷亦做过一些尝试，但无论是捐输、铸造大钱，还是发行官票宝钞，其结果无一例外，都没能发挥出理想的效果，反而饮鸩止渴，给百姓带来无穷的苦难。

（一）捐输

捐纳和报效本为清代正常的财政收入，为非常规的筹款措施。在乾隆、嘉庆和道光时期，政府每每碰到财政紧张或临时性支出时，就会祭出此种法宝，并且总能安然渡过难关。不料随着太平天国运动的发生，屡试不爽的这一招却不再灵应。

咸丰时期，军费支出猛增，国库支绌，政府立即采取了开捐输的办法。早在道光三十年（1850 年）十一月十六日，户部即因“粤西巢捕土匪，以及常年用项经费浩繁，左藏未充”，故请暂开筹饷事例。新即位的咸丰帝下旨允行。十七日，朝廷又降旨暂缓行文，担心弊端丛生。①但随即爆发的太平天国

① 道光三十年十一月十七日管理户部卓秉恬密折，中国人民银行总行参事室金融史料组编：《中国近代货币史资料》第一辑上册，北京：中华书局，1964 年，第 171 页。

运动，使两广财政极为紧张，广东、广西等省不得不先后设立捐局。咸丰元年（1851 年）九月，户部再度请开捐输，遂顺利得到批准，随即制定章程，行文各省，要求捐输统归户部经办，地方捐输一律停办，以收实效。

当然，各省停止捐输并不现实。咸丰二年（1852 年）十月，清廷就以“停捐有碍军饷”为由，谕令两广等地仍照原议捐输章程“妥为办理”。[①]咸丰三年（1853 年）以后，随着战事的扩大，各省及各军营粮台为筹办军需，亦纷纷奏设捐局收捐。户部因无力支付，也只能一一同意，任由地方开捐，并颁布《推广捐例章程》。是年三月规定，“此后各处官生有愿报捐官职者，无论银两、钱文、米石，均准赴粮台交纳，照筹饷及常例银数酌减十分之二，以抵其运解之费。”[②]各省为吸引官生报捐，所定条款往往较部章更为宽松。外省扩大收捐，自然会挤压户部捐输收入。咸丰三年以后，虽然条例一再修改，不断降低捐银数目，但实收银数却大为减少。即如咸丰三年，户部就仅收捐银 672 611 余两。[③]

咸同时期的捐纳方式也是花样百出，层出不穷。咸丰以前的捐纳，主要是捐纳官职虚衔，太平天国事起后，捐纳不仅可以捐官职虚衔，还可以捐花翎、顶戴、诰封、荣典等。咸丰元年所定筹饷事例共计 58 款，共收捐银 1 110 385 余两。次年续颁《宽筹军饷章程》，进一步降低捐纳门槛，可以九成收捐、八成收捐，咸丰四年还降为七成五收捐。[④]依靠库储积蓄和捐银收入，清廷勉强应付着咸丰初期的财政难关。

户部的捐输原本定以一年为期，但后来每年都例请展限。如同治五年（1866 年）九月，户部再次奏称：“现在军务情形虽较前数年已有起色，但西北各省尚在用兵，东南各省亦须筹办善后；即在京兵丁俸饷，亦尚藉京铜局捐项

① 咸丰二年十月十九日寄谕，中国第一历史档案馆编：《清政府镇压太平天国档案史料》第 3 册，北京：社会科学文献出版社，1992 年， 第 49 页。
② 咸丰三年三月二十三日大学士裕诚等奏，中国第一历史档案馆编：《清政府镇压太平天国档案史料》第 3 册，北京：社会科学文献出版社，1992 年，第 125 页。
③ 罗玉东：《中国厘金史》上册，上海：商务印书馆，1936 年，第 7 页。
④ 罗玉东：《中国厘金史》上册，上海：商务印书馆，1936 年，第 7 页。

源源接济。应请统俟军务大定，库款充足，再行停止。毋庸按年奏请展限。”[①]直到光绪五年（1879年），清廷才下令停办捐输，前后历时共计28年，相较于康雍乾时期偶一举行，且为时一般为一年或数年，实在不可同日而语。

同治四年（1865 年），山东巡抚阎敬铭奏：“今计各省捐输减成章程，合以筹饷定例，直、东两省离京不远，报捐章程与铜局相等。豫省以饷票折收，另一成现银，约居十成之二。湖广、川浙约居中十成之三。江西、两广约不及十成之三。云贵约十成之二。安徽全收饷票，约居十成之一。其余各省，均无过于三成者。”[②]捐输之有名无实，可想而知。

清代捐纳之弊端丛生，非始自咸丰时期。不过，自咸丰朝筹饷以来，捐纳更滥，条例屡更，百计招徕，更有所谓“勒捐”，借捐输名目勒索民间，“每开一例，则遍传殷实之户及家仅小康者，派定捐数，始尤施之以礼，既则吓之以威。因之无力报捐者，贿求免捐；有力而恐多捐者，贿托少捐。捐数既登簿籍，仍有无全力缴者，于是佐杂委员会及官亲幕友，以五六折、三四折抵换，移甲就乙，谓之买报捐。”[③]弊端更多，这样环环相套，效果只能是更差。所以到了同治八年（1869 年），丁日昌才奏称：“捐输减至数成，可谓体恤极矣。而又有铁钱、票本、米捐、筹补捐、归补捐诸名目。名为一成、二成，核其实银，到部不过数厘。……国家以所得较所失，其所可谓极重，其得可谓极轻。”[④]可见他们已经在反思这种政策的弊端，认为轻重相权，得不偿失。

捐输在实行过程中，也人为地制造了许多矛盾。王闿运曾言：“捐输之所行，必避富贵权势之家”，乃是人所周知的“秘密”。不料曾国藩初治湘军时，“慨然欲抑豪强，摧并兼，令故总督陶澍家倡输万金，以率先乡人。

① （清）沈葆桢：《官票碍难停止酌拟办理情形疏》，王延熙等辑：《皇朝道咸同光奏议》卷三八光绪二十八年刻本。

② （清）阎敬铭：《道府州县四项无庸减成疏》，王延熙等辑：《皇朝道咸同光奏议》卷二三光绪二十八年刻本。

③ （清）孙翼谋：《清除近日流弊疏》，王延熙等辑：《皇朝道咸同光奏议》卷二六光绪二十八年刻本。

④ 《军机处录副奏折 · 同治朝》，同治八年三月二十日，江苏巡抚丁日昌，档案号：03-5089-008。

澍子诉于巡抚，籍其田产文卷送藩司。官士大哗，遂以得免”[①]。由于曾国藩打破潜规则，直接拿嘉道时期的湖南著名官宦陶澍家族开刀，结果引起湖南官场大震动，并造成了深远的影响。《能静居日记》也记载此事，称当曾国藩奉旨治军湖南，勒陶家捐输时，陶子不从，诉于湖南巡抚骆秉章，并将其田产文券全部送到藩司处，以示抗议，“时左宗棠为骆秉章幕僚，左与陶为姻亲，尝向曾国藩求情，勿捐陶家，未得允许，故与曾结怨”。骆秉章也不满意曾国藩的越界管理，后来湘勇与湖南绿营提标兵发生冲突，提督鲍起豹纵兵围曾国藩行辕，骆秉章竟闭门不问。曾国藩记载此事也深感后怕：“起义之初，群疑众谤。左季高以吾劝陶少云家捐赀，缓颊未允，以致仇隙。骆籲门从而和之，泊舟郭外，骆拜客至邻舟，而惜跬步，不见过。藩司陶庆培、臬司徐有行以吾有靖港之挫，遽详骆抚，请奏参黄昌岐及吾。部下之人，出入城门，恒被谯诃，甚有挞逐者。”[②]可见因为勒捐，双方已成水火之势。

此后，湖南布政使李榕如法炮制，在湖南“倡言米捐，当先大户。是时曾国荃号有百顷田，于法当上户，榕不能问也。而京朝流言，卒以败榕”。可见此次捐输，直接牵涉到了曾国藩，但李榕拿曾国藩的弟弟曾国荃试法而不果。这样的反复轮回，自然让所有人都明白“故凡捐输，徒以虐善良，肥不肖，行之愈久愈不效”[③]，最后遭殃的只能是无权无势的普通士绅和老百姓。

（二）铸造大钱

除捐铸之外，咸丰时期还进行了铸造大钱的活动，以尽可能地搜刮钱财，应付急需，渡过难关。

清朝实行银两和制钱并行的局面。民间日常交流以制钱为主，政府纳

---

①（清）王闿运：《湘军志·筹饷篇第十六》，光绪十二年刻本。
②（清）赵烈文：《能静居日记》，同治六年七月十九日，《续修四库全书》本。
③（清）王闿运：《湘军志·筹饷篇第十六》，光绪十二年刻本。

税则收银两。不过由于银钱比价的波动，两者之间的兑换关系颇为复杂。频繁波动的银钱兑换比价，也容易让普通百姓遭受损失。大致而言，顺治至乾隆时期，制钱大约七八百文合银一两，乾隆以后九百文合银一两，处于“银贱钱贵”的状况之下。嘉道以来，由于鸦片走私严重，白银大量外流，银钱比价急剧变化，变得银贵钱贱。咸丰二年（1852 年），冯桂芬回忆：“二十年前，每两易制钱一千一二百文，十年以前易制钱一千五六百文，今易制钱几及二千文。”①王庆云也称，到这一时期，银价“较昔钱价平时盖倍之，较贵时几及三倍。”②

银贵钱贱对当时百姓生活产生了巨大影响。日常出入以钱为主，交税以银为主，转换之间，使其负担大增。“持米以售钱，则米价苦贱而民怨；持钱以易银，则银价苦昂而民怨。东南产米之区，大率石米卖钱三千，自古迄今，不甚悬殊。昔日两银换钱一千，则石米得银三两；今日两银换钱二千，则石米仅得银一两五钱。昔日卖米三斗，输一亩之课而有余；今日卖米六斗，输一亩之课而不足。朝廷自守岁取之常，而小民暗加一倍之赋。此外如房基，如坟地，均须另纳税课，准以银价，皆倍昔年。无力监追者，不可胜计。州县竭全力催科，犹恐不给，往往委员佐之，吏役四出，昼夜追比，鞭扑满堂，血肉儿狼藉”，“道光十五年以前，江苏尚办全漕，自十六年至今，岁岁报歉，年年蠲缓……盖银价太昂，不独官民交困，国家亦受其害。”③正由于此，百姓无力完赋，税收大打折扣也就可以理解了。

太平天国运动兴起后，运河、长江道路梗阻，滇铜不能顺利运京，铸钱成本高昂，在这种情况下，铸造大钱虽然弊端极大，但也不失为弥补亏空、应对危机的重要手段。咸丰二年（1852 年），四川学政何绍基奏请铸造大钱，咸丰帝虽然如前朝一样仍持反对态度，但在硃批批驳之后，又不无有意地写道：

---

①（清）冯桂芬：《校邠庐抗议》卷下《用钱不废银议》，见《续修四库全书》之《子部·儒家类》，上海：上海古籍出版社，2013 年，第 564 页。

②（清）王庆云：《石渠余纪》卷五《纪银钱价直》，台北：文海出版社，1966 年，第 433 页。

③《军机处录副奏折·咸丰朝》，咸丰元年十二月十八日，礼部右侍郎曾国藩折，档案号：03-4185-009。

“此折著户部存记，若有可行时，不妨采择入奏。”[①]此后，相关奏议接连出现。

咸丰三年（1853 年），南京失守。情急之下，三月十八日户部议准铸造当十、当五十这两种大钱。[②]是年十一月，又议准开铸当百、当五百、当千大钱，同时决定将当十、当五十大钱减重铸造并添铸当五钱。[③]议定各种大钱样式后，清廷发布上谕称：“著该部通行各省督抚，均照此次所定分两，一体铸造，以归划一。其民间应纳税课钱文等项，均照部议，准以大钱交纳；其应交银者，并准其按照制钱两串折银一两之数抵交。”[④]

咸丰、同治时期各省铸造的大钱非常多，大概情况如表 3-1 所示。

表 3-1　咸丰同治年间各地铸造大钱表

地区	铸局	材料	开铸日期	大钱种类
福建	宝福	铜铁铅铜	咸丰三年六月	当五、当十、当二十、当五十、当百
	宝台		咸丰四年三月	当五
江西	宝昌	铜铅	咸丰三年七月	当十、当二十、当五十
山西	宝晋	铜铁	咸丰三年七月	当十、当五十
云南	宝云	铜铁铅	咸丰三年七月	当十、当五十
	宝东	铜铁	咸丰三年九月	当十
新疆	宝伊	铜铁	咸丰三年十一月	当四、当十、当五十、当百、当五百、当千
	阿克苏	铜	咸丰三年十一月	当五、当十、当五十、当百
	叶尔羌	铜	咸丰四年十一月	当十、当五十、当百
	宝迪	铜铅	咸丰四年十二月	当八、当十、当八十
	喀什噶尔	铜	咸丰五年十一月	当五、当十、当五十、当百
	库车	铜	咸丰六年	当五、当十、当五十、当百
广西	宝桂	铜	咸丰三年十一月	当十、当五十
贵州	宝黔	铜	咸丰三年十一月	当十、当五十
甘肃	宝巩	铜铁	咸丰四年二月	当二、当五、当十、当五十、当百、当五百、当千
江苏	宝苏	铜银铁铅	咸丰四年二月	当五、当十、当二十、当三十、当五十、当百、当五百、当千
陕西	宝陕	铜铁铅	咸丰四年五月	当十、当五十、当百、当五百、当千
湖北	宝武	铜铁	咸丰四年五月	当五、当十、当五十、当百

① 中国人民银行总行参事室金融史料组编：《中国近代货币史资料》第一辑上册，北京：中华书局，1964 年，第 198 页。

② 中国人民银行总行参事室金融史料组编：《中国近代货币史资料》第一辑上册，北京：中华书局，1964 年，第 203—205 页。

③ 中国人民银行总行参事室金融史料组编：《中国近代货币史资料》第一辑上册，北京：中华书局，1964 年，第 206—208 页。

④（清）刘锦藻：《清朝续文献通考》卷二十《钱币考二》，上海：商务印书馆，1936 年，考 7696。

续表

地区	铸局	材料	开铸日期	大钱种类
直隶	宝直	铜铁铅	咸丰四年六月	当五、当十、当五十、当百
	宝蓟	铜铁	咸丰四年七月	当五、当十、当五十、当百
湖南	宝南	铜铁	咸丰四年七月	当十、当五十、当百
河南	宝河	铜铁铅	咸丰四年七月	当十、当五十、当百、当五百、当千
热河	宝德	铜铁	咸丰四年八月	当五、当十、当五十、当百
四川	宝川	铜铁铅	咸丰四年十一月	当十、当五十、当百
山东	宝济	铜	咸丰四年十一月	当二、当五十、当百
浙江	宝浙	铜铁	咸丰四年十二月	当五、当十、当二十、当三十、当四十、当五十、当百

资料来源：周育民《晚清财政与社会变迁》，上海：上海人民出版社，2000年，第179—180页

从表 3-1 可以看出，当时全国各地除西藏和蒙古两个地区外，其余地区都开铸大钱。各省的铸钱机构，一方面负责帮助推销官银钱票，另一方面又自行铸发钱钞。双方的合力，导致咸丰时期的财政金融管理秩序更为混乱。

由于铸钱的铜原料不足，咸丰时还发行过铁钱和铅钱。铁钱于四年三月京师铸造，接着推行各省，面值有当一文的铁制钱和当五、当十、当五十、当百、当五百、当千的铁大钱。铅钱于咸丰四年六月在京铸造，面值有当一的铅制钱和当五十、当百、当五百、当千的铅大钱。

铸大钱的主要目的是实行通货膨胀政策缓解财政压力，因此铸大钱要尽可能地降低成本，使得币面价值远高于实际价值。

铜大钱标准如表 3-2 所示。

表 3-2　铜大钱标准

名称	面值	重量	成色
咸丰重宝	当五	二钱二分	铜六铅四
	当十	四钱四分	滇铜七成锡铅三成
	当五十	一两二钱	滇铜七成锡铅三成
咸丰元宝	当百	一两四钱	滇铜七成锡铅三成，黄色
	当五百	一两六钱	十成净铜，紫色
	当千	二两	十成净铜，紫色

资料来源：咸丰三年十一月二十一日管理户部事务祁寯藻等折，中国人民银行总行参事室金融史料组编《中国近代货币史资料》第一辑上册，北京：中华书局，第206—208页

铸钱自然是有成本的，铸钱的收益来自于成本和面值之间的差异。据史料记载，咸丰四年户部奏定，各种大钱应按规定核给工银、料钱："当千大钱每文按铸制钱七十六文工银核给，当五百大钱每文按铸制钱六十文工银核给，料钱减半；其当百大钱，每文按铸制钱三十文工银、二十文料钱核给；当五十大钱每文按铸钱十六文工料之数核给；当十大钱每文按铸制钱七文工料之数核给。"①由于是按铸造若干制钱的工银数核给，有学者做过分析，认为平均每枚制钱大约为工银 0.00045 两、料钱 0.3335 文；如果按每两白银折制钱 2000 文的比例来看，则每枚制钱的工银约合制钱 0.9 文左右。

铜大钱铸造成本如表 3-3 所示。通过该表可以看出，铸钱的面值越大，收益越高。如当千大钱，成本仅为 81 文，扣除成本，净盈余为 919 文。铜大钱如此，铁、铅钱也并无二致。了解到这一点，就可以知道，为什么咸丰、同治时期，在面临财政窘迫之后，清政府会如此热衷于强行铸造和发行大钱了。

表 3-3　铜大钱铸造成本（文）

大钱种类	工钱	料钱	合计
当千	68.4	12.7	81
当五百	54	10	64
当百	27	6.7	34
当五十	14.4	5.3	20
当十	6.3	2.3	9

资料来源：史志宏、徐毅《晚清财政：1851—1894》，上海：上海财经大学出版社，2008年，第80页

清政府规定，大钱与当时发行的官票、宝钞等纸币通用，凡文武官俸、兵饷、薪值等各种官放之款均按一定成数搭给大钱，民间完纳地丁各部课及捐输亦可搭交大钱。但因为大钱面值与实际价值严重背离，大钱迅速贬值，导致百姓不愿作用大钱。御史呼延振奏称，"现在当千、当五百大钱不能畅行，当千者折算七八百文，当五百者折算三四百文……实以分两过轻，当值过多，获利过厚，私铸者争先减价求沽也"，因此他建议"鼓铸

① 中国人民银行总行参事室金融史料组编：《中国近代货币史资料》第一辑上册，北京：中华书局，1964 年，第 218 页。

大钱以当百为止”[①]。当月，京师停铸当千、当五百大钱，已经发出者官发宝钞收回，当百以下较小的大钱还在继续使用。不过，当百以下面值较小的大钱也很快贬值。咸丰五年（1855 年）六月，当百、当五十大钱也被迫停铸。咸丰九年（1859 年）七月，停铸铁钱。此后，当十大钱仍然保留，主要在京师流通，但重量一减再减，市值跌到制钱 2 文。光绪三十一年（1905 年），当十大钱停铸，这一段滥发大钱的历史才宣告结束。与此类似，外省铸造的大钱，也因大幅贬值，壅滞难行，咸丰后期先后废止。

咸丰朝铸造大钱的活动，其根本目的在于尽可能获得最大的利润。巨大利润空间的存在，必然导致私铸盛行。咸丰四年（1854 年）六月，御史林廷选奏称：“自当千、当五百大钱一出，渔利之徒，用数百制钱购买旧铜一二斤，便可帮造当千大钱十余个，其利不止十倍，此所以易于犯法也。近闻此二项大钱，商民多不愿使用，皆以其折当过甚，私铸奸徒因而减折其值，每当千之钱作六七百或五六百售用。此端一开，到处纷纷效尤，而官铸与私铸混淆莫辨，不免同受亏折。”[②]私铸的充斥市场，让已经混乱不堪的金融市场更加不堪。

咸丰时期的大钱铸造活动，持续时间虽然不长，但其危害却非常严重。由于体系混乱，劣币驱逐良币，制钱很快被大量私销，几近绝迹。[③]咸丰以后，当十大钱流通十余年，制钱缺乏是一个重要原因。大钱的发行，还进一步导致银钱比价的据曲。咸丰以后，由于对外贸易出超，白银回流，道光以来的白银价格已经逐渐回落，但因为大钱的存在，使得一些地区银价不降反升。根据彭泽益的研究，同治时期的银价比咸丰初年上涨了 16.5 倍，高达每两白银合制钱 28 000 文，就是咸丰朝铸造大钱所造成的恶果。[④]

---

① 中国人民银行总行参事室金融史料组编：《中国近代货币史资料》第一辑上册，北京：中华书局，1964 年，第 263—264 页。

② 中国人民银行总行参事室金融史料组编：《中国近代货币史资料》第一辑上册，北京：中华书局，1964 年，第 265 页。

③（清）黄钧宰：《金壶遁墨》卷二《大钱》，民国十二年刻本。

④ 彭泽益：《十九世纪后半期的中国财政与经济》，北京：人民出版社，1983 年，第 108 页。当然，银钱比例失衡的另一原因在于，当时由于鸦片贸易的合法化，白银仍然大量外流，导致银钱比价进一步拉大。冯桂芬说：“盖通商五口，出入各货略相抵，独雅（鸦）片价皆以现银出洋，计每年漏银二三千万两，故银骤贵。”参见冯桂芬：《校邠庐抗议》卷下《用钱不废银议》，见《续修四库全书》之《子部·儒家类》，上海：上海古籍出版社，2013 年，第 564 页。

银钱比价的急剧变化和钱价暴跌的结果，必然是物价飞涨，百货腾贵。“街市上鸠形鹄面之人沿门求乞，每铺止给水上漂一文，而乞者积至十文，始能易一当十大钱，而当十大钱又止值一制钱。似此艰难，何以为生？……至于强者，公然白昼抢夺，肆行无忌。”可见甚至连乞丐都不愿意收这种毫无价值、偷工减料、品相低劣的“水上漂”钱。“宗室亦有散而为盗者，纠众横行，劫夺仓米，犯案累累，藉非饥寒所迫，断不至此。”[①]不光是普通老百姓，就连以前大富大贵的宗室也无以为生，只能铤而走险，不难看出滥铸大钱造成的恶果。

（三）官票宝钞

除铸造大钱，咸丰时期还发行官票和宝钞。官票以银两为单元，宝钞以钱文为单元，都是在咸丰三年推行的货币政策。

太平天国兴起，清廷财政大窘，发行钞票遂成为解决财政困难的方案而被提出。咸丰元年九月，御史王茂荫奏称：“粤西之军用未息，河工之待用尤殷。国家经费有常，岂能供额外之用？于是部臣又有开捐例之议。夫捐例之弊，人皆知之，岂部臣独不之知，而为此议耶？不得已也。臣观自汉以来，不得已而为经国之计者有二：一曰铸大钱，一曰行钞。二者之利同，而其难以经久亦略相似。……臣见往年议平银价，内外臣工多为铸大钱之说，因私拟为钞法，以为两利取重，两害取轻计。钞之利不啻十倍于大钱，而其弊则亦不过造伪不行而止。国初造钞岁十余万，行之亦经十年之久。其行也所以辅相夫不足，其止也即以裁成夫有余。圣神妙用，百世可师，济用权宜，似莫逾于此。”接下来，他提出十条发行钞币的建议：推钞之弊，拟钞之值，酌钞之数，精钞之制，行钞之法，筹钞之通，广钞之利，换钞之法，严钞之防和行钞之行。[②]不过，王茂荫的提议迅速遭到户部

---

① 中国人民银行总行参事室金融史料组编：《中国近代货币史资料》第一辑上册，北京：中华书局，1964年，第301—302页。

② 咸丰元年九月十九日御史王茂荫请行钞法折，中国人民银行总行参事室金融史料组编：《中国近代货币史资料》第一辑上册，北京：中华书局，1964年，第317—322页。

否决，认为这样于祖制不合，祸国病民。户部提供的解决方案是提各省生息帑本及购买谷价银两以充国用，同时发行特定用途的银票、期票以解决财政困难。但这又反过来遭到王茂荫等人的强烈反对。[①]

咸丰二年（1852 年）二月初一日，户部一度因为库存短绌，奏请延期发放，再加上钞法的推行，导致京师钱铺大量关闭，市面混乱。大臣纷纷上奏，指陈其弊端。都察院左副都御史文瑞奏称："民间于钞法不知其利而喧传其害，竟畏之如虎。并闻铺税之征，商民等更加惊迫，亟思逃避。十余日来，钱铺已关闭三十余处。昨日内外城一昼夜间陡然关闭者又不下二百处之多。即素日资本富厚最著名之铺，亦皆关闭。粮店亦间有已闭者。街市扰攘，人人惊危，如此急迫情形，实深可惧。复恐数日之间，其余铺计无复之，亦不得不出于此。民生日用更不可为。若人急变生，倘使旬日之间尽皆关闭，将如之何？况典当之铺，与钱铺互相表里，钱铺关闭，典当定行止当，两项不通，旗民交困。且此时典当者不止贫民，大员微职恃此为生者，居其大半，是人人束手待毙也。"[②]无奈之下，二月十六日，咸丰帝只好发布上谕称："钞法由来已久，本朝初年亦行之。近日诸臣纷纷陈请此事，原以济国用之不足，既非废银用钞，亦非责商缴银。部库出入通行，并不令稍有畸轻畸重，正当行之久远，俾天下咸知钞为国宝，与银钱并重。……仍著户部妥议速行，其各银号钱铺所用私票，仍令照常行用。"[③]同意做出适当调整。

咸丰二年二月初二日，左都御史花沙纳会同户部奏呈《试行官票章程》十八条，规定以京师为始，逐步推行各省；官票搭放三个月后，部库收项亦按同一比例搭收；衙门所领官票可到银号兑现，换钱者按本日市价

① 咸丰三年正月初八日王茂荫折，中国人民银行总行参事室金融史料组编：《中国近代货币史资料》第一辑上册，北京：中华书局，1964 年，第 329—331 页。

②《军机处录副奏折·咸丰朝·财政类》，咸丰三年二月十六日，都察院左副都御史文瑞折，档案号：03-9510-008。

③ 中国人民银行总行参事室金融史料组编：《中国近代货币史资料》第一辑上册，北京：中华书局，1964 年，第 343—344 页。

换给钱文钱票，不得克扣；应交官项之人赴银号购买官票，收 1%手续费；官票分 1、5、10 和 50 两四种；先行流通 12 万两，日久再行添制；户部设立官票所。[①]当日内阁得旨：前派左都御史花沙纳、陕西道御史王茂荫会同户部堂官妥议钞法，结果据花沙纳等公同酌议具奏，并绘具官票式样进呈，“朕详加披览，所拟章程各条尚属周密。著即照所请，定为‘官票’名目，先于京师行用。俟流通渐广，再行颁发各省，一律遵办。官票之行，与银钱并重，部库出入，收入相均。其民间银钱私票，行用仍听其便。商贾交易，亦无抑勒，洵为裕国便民良法，总期上下相信，历久无弊。即使国用充裕，官票照旧通行。该部即遵旨刊刻告示，并著步军统领衙门、顺天府、五城一体出示，晓谕遵行。”[②]

咸丰三年（1853 年）七月，户部奏请将官票推行各省，并将官票搭放范围扩大到兵饷，搭放比例扩大到五成，增加 3 两票，官票发行额增加为 200 万。[③]九月，清政府又另外发行宝钞。十一月，户部呈《宝钞章程》十八条，经上谕颁行。在这份章程中，办法包括宝钞与现行大钱、制钱并行不悖；准商民以官票兑换宝钞；设宝钞局管理发钞之事；宝钞面值为五百文、一千文、一千五百文、二千文四千，后又添设五千文、十千文、五十千文和一百千文；宝钞二千抵京平银一两；搭放搭收仍以五成为限。[④]

与铸大钱一样，由于没有现银准备，官票和宝钞一经推出即大规模贬值。官方随即改变官票可在官银钱号兑取现银的承诺，规定“有持官票到铺者，即按照时价折钱兑换现钱，钱票随所便以示信，惟不准于官钱铺取银；其在私铺，银、钱并兑，仍听其便。”[⑤]七月，官票推行到各省后，户

① 中国人民银行总行参事室金融史料组编：《中国近代货币史资料》第一辑上册，北京：中华书局，1964 年，第 349—352 页。
②《清文宗实录》卷八六，咸丰三年二月壬寅，北京：中华书局，1986 年影印本。
③ 中国人民银行总行参事室金融史料组编：《中国近代货币史资料》第一辑上册，北京：中华书局，1964 年，第 352—358 页。
④ 中国人民银行总行参事室金融史料组编：《中国近代货币史资料》第一辑上册，北京：中华书局，1964 年，第 358—360 页。
⑤ 中国人民银行总行参事室金融史料组编：《中国近代货币史资料》第一辑上册，北京：中华书局，1964 年，第 353 页。

部又规定“不准以银票搭解部库”[①]，将最初的可以兑换承诺一笔勾销。

随着货币信用的自我破产，进一步加速了官票和宝钞的贬值，从而造成严重的恶性循环。咸丰三年（1853 年）九月初二日，给事中英绶奏称：“夫官铺者，朝廷便民之举，非商贾居奇之地也。倘发票一两必先发一两之本，则部库何不发银；倘票藏于民，银存于铺，则部库何不可以存银！且持票不能取银，则民已疑；持票并不能取钱，则民愈疑。与其使民疑铺，又何妨使民疑库。此理甚明，较然易见。乃近日部发俸银官票约六七万两，初出之时商民争购，旋因官铺倡言户部无本不肯收换，于是市廛观望，收者渐稀。间有持票向官铺理论者，该商伙声言任人告发，自有大部作主。不数日，而户部有不必专归官铺收买之印示张贴铺门，众目咸观，相顾骇愕，因而相约不收，官票几成废纸。”[②]

官票如此，宝钞也并无二致。通政使崇实奏称：“自设立钞局以后，凡搭放之项均不能流通。有以钞买物者，或过昂其值，或以‘货尽’为词。八旗兵丁所得钱粮，皆养赡身家之用，今所领钞票不能买物则日用愈绌，强愈买物则滋生事端。自正月以来，奴才留心查访，内外城兵民及大小铺面，均视钞法为畏途，未见行钞之利，但见行钞之害。若不亟求通行之法，数月而后，必致兵民俱困，商贾歇业，其患不可胜言。”[③]崇实另片又奏：“京城放项甚多，收项惟崇文门税务及现在火器营捐输。乃奴才闻火器营收捐，有以钞票搭交者往往掷还不收；崇文门亦然。在督办各臣以为功归核实，而小民耳目甚近，谓钞票不能当银钱。此即明效大验，其怀疑不用之故，实由于此。”[④]可见百姓根本不愿也不敢持用此种货币。

鉴于纸钞流通不畅，首议发钞的王茂荫于咸丰四年（1854 年）三月初

① 中国人民银行总行参事室金融史料组编：《中国近代货币史资料》第一辑上册，北京：中华书局，1964 年，第 354 页。

② 中国人民银行总行参事室金融史料组编：《中国近代货币史资料》第一辑上册，北京：中华书局，1964 年，第 364—365 页。

③ 中国人民银行总行参事室金融史料组编：《中国近代货币史资料》第一辑上册，北京：中华书局，1964 年，第 381 页。

④ 中国人民银行总行参事室金融史料组编：《中国近代货币史资料》第一辑上册，北京：中华书局，1964 年，第 383 页。

五日上奏，要求更定钞法：“上年议行钞法以来，初用银票，虽未畅行，亦未滋累。至腊月行钱钞，至今已发百数十万。于是兵丁之领钞者，难于易钱市物；商贾之用钞者，难于易银置货。费力周折，为累颇多。臣察知其情，夙夜焦急，刻思有以补救之。惟臣既在户部，凡有所见，必取决于总理祁寯藻、尚书文庆。乃所商多未取决，而设想更已无力，有不得不上陈于圣主之前者。……现行官票、宝钞，虽非臣原拟之法，而言钞实由臣始。今兵丁领钞而难行者多怨臣，商民之因钞而致受累者多恨臣，凡论钞之弊而视为患害者，莫不归咎于臣；凡论钞之利而迫欲畅行者，又莫不责望于臣。”他还提出请令钱钞可取钱、银票可取银、各项店铺用钞可以易银、典铺出入均准搭钞的建议。[①]不过王茂荫的建议遭到了咸丰帝的严厉斥责。咸丰帝批评王茂荫“身任贰卿，顾专为商人指使，且有不便于国而利于商者，亦周虑而附于条款内，何漠不关心于国事至如是乎！并自请严议以谢天下，明系与祁寯藻等负缺相争。读圣贤书，度量顾如是乎？……看伊奏折，似欲钞之通行，细审伊心，实欲钞之不行。且有挟而求，必应照伊所奏，如是欺罔，将谓朕看不出耶？”[②]在这种情况下，王茂荫只能闭口不言。

随后，清廷仍试图通过行政手权来保证官票的发行。咸丰四年五月十八日上谕称：“前经户部奏请令各省开设官钱局，推行官票，添铸铜铁钱及各项大钱，当经降旨允准。原以经费支绌，全赖钱法、钞法流通无滞，庶足以利民用而济时艰。乃迄今日久，仅据福建、陕西、山西各督抚奏明遵办，其余各省并未将现办情形奏报。该督抚等如果悉心经理，何至迁延一载迄无定章。福建素称瘠区，办理已有成效。各省情形虽有不同，亦何难设法筹办？总由地方官畏难苟安，怠玩因循，实堪痛恨！著各省督抚、将军、都统、府尹等，查照户部原奏，督饬所属，酌量地方情形，迅速设立官钱局，并设法筹款，开炉加铸，俾钱法与钞法相辅而行。”[③]正是在清廷

① 《宫中档朱批奏折·财政类·钱法》，咸丰四年三月初五日，户部右侍郎王茂荫折，档案号：04-01-30-0515-038。

② 中国人民银行总行参事室金融史料组编：《中国近代货币史资料》第一辑上册，北京：中华书局，1964年，第393页。

③ 《清文宗实录》卷一三〇，咸丰四年五月丙辰，北京：中华书局，1986年影印本。

的强压之下，各省从咸丰四年初，便开始陆续设立官钱局，推行宝钞。据汤象龙《咸丰朝的货币》，可知各省的推行钱票日期。咸丰三年十一月，广西；咸丰四年四月，甘肃；咸丰四年五月，直隶；咸丰四年六月，福建、云南、山东；咸丰四年闰七月，湖北；咸丰五年正月，吉林；咸丰六年正月，河南；咸丰六年六月，江苏。

可以预料的是，由于各级政府仍然坚持只放不收的办法，只能进一步加速它的破产。据记载，近京州县交纳赋税，“从前部议钞票原许搭交五成，乃该州县并不张贴告示，俾民咸知。其地丁交项概用制钱，于钞标产、大钱全不收纳。……粮房、书吏百般抑勒，钞票则苛索其由来，大钱则吓其私铸，多方刁难，必不使其搭交而后已。”[①]京畿地区如此，外省情况也并没有什么不同。咸丰五年九月初五日，河东河道总督李钧奏称：“臣自到河南以来，见票银一两仅易制钱四五百文，宝钞一千始尤易制钱八九百文，现亦只易制钱四五百文，商民尚不肯收买。推求其故，总缘州县征收钱漕税课或收现银，或照现在银价核收现钱，其有以官票完纳者，拒而不收，追解司之时，除现银五成外，复以贱价收买五成官票搭解。”[②]

官票、宝钞的推行给百姓带来无穷灾难。宝钞刚行，京城就“物价腾踊，民气愈蹙，大商小贾走相告语，谓毕生贸易，所积锱铢，异日悉成废纸。虽三令五申，告以钞票即是银钱，而阳奉阴违，群存观望。”[③]咸丰三年，面对复杂的市场和局势，很多富商直接将银两装运离京。为此，朝廷的应对之方不是加速流通，而是强行禁止。据大学士祁寯藻奏称，“京师为商贾荟萃之区，非银钱充足，坊市流通，不足以便民而裕国。近闻各商多有装载银两，盈千累万，纷纷出都之事，以致银价骤昂。若彼此效尤，恐

① 中国人民银行总行参事室金融史料组编：《中国近代货币史资料》第一辑上册，北京：中华书局，1964年，第439—440页。

② 中国人民银行总行参事室金融史料组编：《中国近代货币史资料》第一辑上册，北京：中华书局，1964年，第446—447页。

③ 中国人民银行总行参事室金融史料组编：《中国近代货币史资料》第一辑上册，北京：中华书局，1964年，第383页。

根本重地将来财用匮乏，弊不胜言”。所以要求步军统领衙门、顺天府五城一体发布告示，凡携带多银出京者，“一经查出，即行罚惩”。[①]以强力手段来推行恶政，结果可想而知。

咸丰五年（1855 年），长沙大钱、官票入市后，民情惶恐，“旬日之间，商店纷纷歇业，几至罢市”。湖南巡抚骆秉彰不得不下令将大钱收回。不久，户部又将新铸钱钞八万两运到长沙，配搭兵饷，骆秉彰担心士兵哗变，只好将其存入仓库了事。[②]据事后统计，咸丰三年推行票钞至咸丰十年，户部共造银票 900 余万两，其中已掣字银票 190 余万两，造宝钞 2400 余万串，其中已掣字宝钞 800 余万串，因贬值严重，到咸丰末年皆成废纸，一文不值。

鉴于改善无望，惠亲王绵愉等人会同军机处、户部奏请：“宝钞、官票之设，原所以筹备库储，为一时权宜之计。至于今日，法久弊生，亟应随时变通，量为补救。即如宝钞一项，以纸代钱，原冀其架空行用，藉资周转；至今日钞必须有本，其民间持钞到局，并不取现钱而专取官号钱票，且甫经放钞，旋即取票，名为行钞，实则仍用钱票，徒多转折，并未流通。而官票所之造钞，每年用银四千余两，核对处之收钞，每年领经费十万余串，所耗甚多，所盈甚少。其实市价省钞每串不过值京钱一百余文，空钞每吊不过值京钱三百文，银票每两不过值京钱四百文，总因制造发放均无限制，以致壅滞不行。在兵民之领此钞票者，徒苦折耗，而铜局收捐，宝钞一吊即抵一吊制钱，官票一两即抵一两宝银，市井奸商因此渔利，高下其手，贵贱从心。在国家以新钞票抵实银实钱为放款，即以钞票抵实银实钱为收项，丝毫无利于其间，而兵丁小民因此受累。若年复一年，制造无已，弊端百出，伊于胡底。即以伪钞而论，现在铜局所收，由

---

① 《军机处录副奏折·咸丰朝·财政类·经费项》，咸丰三年正月二十六日，大学士祁寯藻折，档案号：03-9506-004。

② （清）骆秉章：《骆文忠公年谱》，光绪二十一年刻本，第 33 页。

核对处退换，每月不下数百千，此外未经查出，尚不知若干。”[①]于是，他们不得不拟定章程，决定停止发行官票、宝钞，以稳定金融市场。咸丰十年（1860 年）三月，户部奏请裁撤宇升、宇恒、宇谦、宇泰四官钞局，其所发行的宝钞专收不放。咸丰十一年（1861 年）四月，停收宝钞。同治元年（1862 年）十一月，停止各省应征地丁、旗租及各关税课搭收票钞，改收实银。同治七年（1868 年）三月，完全停止回收银票。

至此，官票、宝钞的历史才告一段落。

二、另辟蹊径

由于受到太平天国运动、第二次鸦片战争等一系列军事活动的打击，在咸丰、同治两朝，清廷的财政陷入了空前的危机。为克服这场几乎使国家灭亡的财政危机，从财力上支撑军事行动，清政府除大力缩减开支外，还不得不实行一系列的常规和非常规财政搜刮措施。不过，正如前文所述，在旧体制范畴内实施的许多措施，并未达到理想的效果。

不过，这一时期清政府和各省督抚在推行的战时财政搜刮措施，尤其是各省自筹饷需的过程中，创办的许多制度和办法，使清王朝的财政管理体制发生极为深刻的变化，并在事实上成为延续清廷命脉的决定性因素。

（一）创设厘金

厘金是商税的一种。咸丰三年（1853 年）初，伊犁参赞大臣布彦泰、翰林院侍读德瑛等人先后奏请开征商税，引起京城恐慌，咸丰帝特发布上谕：“布彦泰、德瑛前后奏请酌收商税，黎吉云奏请按户输钱，虽为急筹国用起见，惟思京师商贾资本不尽充裕，且有在本籍业经捐输者。至各省钱粮地丁并征，著为定例，若再按户征收，事类重科，且恐

---

① 咸丰十年二月初九日惠亲王绵愉等奏，中国人民银行总行参事室金融史料组编：《中国近代货币史资料》第一辑上册，北京：中华书局，1964 年，第 412—413 页。

吏胥滋扰，重累吾民。……所有布彦泰、德瑛、黎吉云征收铺银、计户收钱等折片，及户部奏请劝谕京师商贾捐输各条，均著毋庸置议。”[①]京师征收商税的提案虽然未能通过，但经过地方的实践，这种方法最终获得成功。

厘金是咸丰三年由帮办扬州军务的刑部右侍郎雷以諴创办的。当时军费无着，扬州军事难以支撑，雷以諴为筹措所募兵勇饷需，遂逐步创办了厘金制度。咸丰四年三月十八日，雷以諴向朝廷奏报了创办的过程："窃自粤匪窜扰以来，地已十省，时及四年。各处添兵，即各处需饷。……国家经费有常，出多入少，势必日形支绌。……有饷无兵，尚可招募；有兵无饷，更难支持。上年夏间请于里下河设局劝捐，藉练壮勇，保守东路。……特为时既久，精力已竭，诚恐未能源源接济。臣昼夜思维，求其无损于民，有益于饷，并可经久而便民者，则莫若各行商贾捐厘一法。因里下河为产米之区，米多价贱，曾饬委员于附近扬州之仙女庙、邵伯、宜陵、张网沟镇，略仿前总督林则徐一文愿之法，劝谕米行，捐厘助饷。每米一石捐钱五十文，计升仅捐半文，于民生毫无关碍，而聚之则多。计自去岁九日［月］至今，只此数镇米行，几捐至二万贯，既不扰民，又不累商，数月以来，商民相安，如同无事。……臣因此法商民两便，且细水长流，源源不竭，于军需实有裨益，是以现在复将此法推之里下河各州县米行，并各大行铺户，一律照捐，大约每百分仅捐一分，甚有不及一分者。令各州县会同委员斟酌妥议，禀明出示起捐；其小铺户及手艺人等概行免捐，以示体恤。现在仙女庙各行铺户均已议妥，业于三月初十日起捐，并将该镇所立章程刊刻刷印，发交各州县照办。”[②]

雷以諴的奏折详细解释了创办厘金的历史源头、创办经过及其收益情

---

① 咸丰三年二月十六日上谕，中国人民银行总行参事室金融史料组编：《中国近代货币史资料》第一辑上册，北京：中华书局，1964 年，第 343 页

②（清）雷以諴：《商贾捐厘助饷业有成效请予推广折》，中国第一历史档案馆编：《清政府镇压太平天国档案史料》第 13 册，北京：社会科学文献出版社，1995 年，第 305—306 页。

况，得到咸丰皇帝的批准。通过雷以諴的试办，朝廷也发现其中大有利润可挖，故而要求江苏各地官员进行效法。此后，厘金制度得到逐步推广，并由最初仅向铺户坐贾征收坐厘，发展到同时建局设卡，向行商征收活厘。咸丰四年闰七月二十三日，雷以諴再次奏称，厘金经过试办，“于扬、通两属之各铺户一律遵行。现在江、甘二县地方均已办齐，连活厘、呆厘（硃批：此两项名目何谓？），计自三月十一日以后，陆续起捐，至七月三十日及闰七月十五等日止，共捐厘钱十一万七千九百五十五千零十八文。其余高邮、宝应、泰州、海门厅各属，有甫经办竣，亦有尚未办完，已陆续解到厘钱三万零九百三十九千九百七十六文。……此项捐款，呆厘出自铺户，活厘出自商贾。”①说明铺户与行商均须纳厘，而且征税效果显著，四个月时间即能获益近二十万串制钱。

在雷以諴的捐厘助饷章程中，提到“照得各卡口来往官载货物，久经出示捐厘，并派员查收在案。惟货物之高下不等，价值之贵贱悬殊，若不逐细开明办理，殊难划一。今将酌定过卡客载货物抽厘助饷章程开列于后。……（应捐货物名单）及未载一切等货，均照行票核算，每本千文捐厘十二文；如由本营已捐一次执有联票者，各卡坝查验放行，不准再捐。隐瞒偷漏者，加倍议罚。”②说明抽厘一次，即须放行，不得再征。可惜此办法并未得到后来者的遵循。

四年十一月，会办江北军务的胜保在了解到厘金的成效后，也上奏力陈加以推广：“伏查雷以諴前在泰州、仙女庙等处劝谕商贩抽厘助饷，颇著成效。每月所入，捐资数万串不等。阅开载章程，裒多益寡，既非苛敛；经权达用，无病商民。行于用兵之省，可助军饷；行于各省，更多利益。……但各省水路马头，往来货物，非地方官及绅董熟悉情形，办理断难收效；若不专委之地方各官及各绅董，恐畏难苟安，存‘多一

① 中国第一历史档案馆编：《清政府镇压太平天国档案史料》第 15 册，北京：社会科学文献出版社，1995 年，第 286 页。

② 中国第一历史档案馆编：《清政府镇压太平天国档案史料》第 16 册，北京：社会科学文献出版社，1995 年，第 298—299 页。

事不如不一事’之心，非徒托空言，即巧为推卸。可否请旨饬下各路统兵大臣，会同本省邻省各督抚，督同地方官及公正绅董，仿照雷以諴及泰州公局劝谕章程，悉心筹办，官为督劝，商为经理，不经吏胥之手，自无侵漏之虞。用兵省分，就近随收随解；他省亦暂存藩库，为拨济各咱军饷之需。……总期有益于军饷，无病于商、民。事在必行，无虞窒碍。”也就是说，他希望能在更大范围内推广，且推广权由统兵大员掌握。户部经过讨论，得出的结论如下：“臣等公同商酌，将雷以諴抽厘条款逐加核算，不过百分取一。当此军需支绌之时，积少成多，未始非补助之一法。惟雷以諴在泰州、仙女庙二处劝谕抽厘，系属水陆交冲，商贾辐辏，办理或易为力；北路坐商多而行商少；市镇有大小之别，货物有多寡之殊。如果办理得宜，原属众擎易举；设或措施不当，即为众怨所归。胜保但虑地方官畏难苟安，巧为推卸；臣等转虑藉端滋扰，从而取盈。应请饬下各督抚专委道府大员，督同州县拣派公正绅董，各就地方情形，妥为筹度。既须有裨于国用，尤当体察乎舆情。如蒙俞允，即自臣部将雷以諴抽厘章程，缮发各省督抚查照办理。至各路统兵大臣，于地方绅董本非联属，且身在行间，志图灭贼，自有当务之急，又非雷以諴实任藩司帮办军务可比。所有用军省分酌量抽厘之处，应由各该督抚筹议具奏，毋庸会同统兵大臣。所收钱文，悉数解充兵饷，亦不准地方官擅自挪移，启影射侵渔之弊。”[①]可见户部认为还是由各省督抚负责厘金事宜为好。此后，各省纷纷开征厘金。

关于各省厘金的开办时间，史志宏、徐毅对罗玉东的观点做过修正，认为江苏厘金得到推广后，最先仿效江苏的不是湖南，而是安徽、广西二省，时间在咸丰四年。继二省之后，咸丰五年，江西、浙江、湖北与四川等省相继开办，从咸丰六年到咸丰十一年（1856—1861 年），除云南外的绝大部分内地省份，以及东北的奉天、吉林、西北的新疆，东南台湾等地，

① 户部：《遵议胜保奏劝谕抽厘助饷疏》，咸丰四年十一月二十三日，《皇朝道咸同光奏议》卷三七，光绪二十八年刻本。

都开始推行厘金。同治十三年（1874 年），云南开办厘金，光绪十一年（1885 年），黑龙江抽厘。至此，除西藏和蒙古外，全国都推行厘金制度。①

随着时间的推移，厘金制度越发完备，当然也较为复杂，既有征收于日用百货的普通厘金，也有专门征收于盐、茶、洋药、土药（鸦片）的特种厘金。按征收地点来区分，则可分为出产地厘金、通过地厘金和销售地厘金；征收的方式则有官征和商人包缴两种。大致来说，厘金在开征之初，征收的比例大致在 1%上下，所征税率并不算高，但此后这一比例被逐步提高。据罗玉东统计，晚清按 1.25%、1.5%、1.625%、5.5%、6%、7.5%征收的各有 1 个省，按 1%、4%、5%征收的分别有 2 个省，按 10%征收的有 4 个省，按 2%征收的有 6 个省，不详的 2 个省。②可见超过 2%是主流。

在各项厘金中，鸦片厘金的开征较为特殊。所史料记载，“咸丰五、六年间，东南各省奏请抽厘充饷，始自江苏之上海，定以每箱二十四两，以二十两归入军需支拨，四两为办公经费。其后粤匪窜入闽界，闽督奏请援照江苏从权办理，复以军饷紧迫，向洋商贷银五十万，约以课税归款（见外国新闻纸领事官告示）。旋经兴泉永道出示，定以每箱洋银四十圆，外加费八圆。浙之宁波有本地行栈与洋商往来，议定箱价，愿赴官包缴月厘。其他若江西之河口、安徽之屯溪，皆以此为厘金大宗。”③咸丰六年（1856 年），宗人府宋晋向咸丰帝奏请实行鸦片抽厘，以所得经费雇用轮船入江助剿。“上海为夷商总汇，每年销售鸦片烟一项，银两动以千百万计。现虽例于禁止，而地方官假立名目抽厘，半归私囊。若能官为箝制，不必明定单程，而按数抽厘，百万之数，不难凑集。”④但此议被军机大臣等有伤风化为由阻止。经过第二次鸦片战争，鸦片厘金才最终“名实相符”。

① 史志宏、徐毅：《晚清财政：1851—1894》，上海：上海财经大学出版社，2008 年，第 115 页。

② 罗玉东：《中国厘金史》，上海：商务印书馆，1936 年，第 62 页。

③（清）李圭：《鸦片事略》，中国史学会主编：《鸦片战争》资料丛刊第 6 册，上海：上海人民出版社，1957 年，第 219—220 页。

④（清）宋晋：《水流云在馆奏议》卷下，《洋务运动》资料丛刊第 2 册，上海：上海人民出版社，1961 年，第 220—221 页。

征收初期，各省厘金大多由粮台、军需局、筹饷局等机构负责，以后才逐步改由专设厘金局经理。但厘金由各省分别推开，自定章程，自设机构，自派人员，并无全国统一的制度。即以名称而论，广西、广东、甘肃、四川、贵州、河南等省称为厘金总局，浙江、安徽、江西、云南等省则称牙厘局，直隶、江苏则称厘捐局。省设总局，或直属于督抚衙门，或隶属于布政使，总局之下设分局或厘卡，分局之下再设分卡或巡卡，按旬或按月上报税款，再由厘局转报厘金总局。各省厘局人员多少不一，据罗玉东统计，同治初年，全国各省共设厘金局卡 3000 余处，人数高达 2.5 万—2.6 万人，“事实上所用人数或许要超过此数二、三倍亦未可知”。①

厘金的收数是个更为复杂的问题。战争初期，中央无力给饷，放任各省自筹经费，厘金的收支掌握在各省手中。战后，厘金的收入则主要用于勇营兵饷、局所经费，与中央无涉。当然，咸丰朝初厘金初创，户部曾要求各省报告厘金的收支数目。同治七年（1868 年），户部甚至还具体拟定了每年的报告期限及报单格式，分行各省，但由于各省已经取得了相当大的财务自主权，这一规章并未得到有效执行。咸丰至同治初年，按户部规定报告厘金收支的只有个别省份。同治七年以后，虽然各省逐渐报告厘金收支，但始终只是形式上的，不尽不实之处，中央也无力核实。

同治时期，御史孙翼谋奏称，厘金征收人员流品低下，弊端横生，“厘捐之设，原因军务未蒇，暂济军需，非以专利权也。乃近来捐纳出身人员，百计钻营，视为名利兼收之地，如蝇逐臭，如蚁附膻。甚至外省无耻官亲，本地不肖生监，亦转相援引，滥充斯选。并有游手之徒，贿通局员，给照认办，分置卡隘，榷算锱铢。……穷乡僻壤，搜刮无遗；负苦肩挑，苛索不免。……其实资军饷者十之二三，饱私囊者十之七八。”②

罗玉东估测了同治八年至光绪三十四年（1869—1908 年）间的全国厘金收数如表 3-4 所示。

---

① 罗玉东：《中国厘金史》，上海：商务印书馆，1936 年，第 84 页。

②（清）孙翼谋：《请除近日流弊疏》，陈弢辑：《同治中兴京外奏议约编》卷一，上海：上海书店，1985 年，第 25 页。

表 3-4　罗玉东估测同治年间厘金收数表（单位：万两）

年份	最低	最高
同治八年	1 452.7	1 469.7
同治九年	1 546.3	1 563.3
同治十年	1 531.7	1 548.7
同治十一年	1 512.2	1 529.2
同治十二年	1 571.7	1 588.7
同治十三年	1 478.2	1 495.2

资料来源：罗玉东《中国厘金史》，上海：商务印书馆，1936年，第469页

罗玉东在《中国厘金史》中的数据，仅限于同治八年之后，在此之前则付之阙如。周育民先生通过对大量文献的整体，不仅为我们提供了同治八年之前的清代厘金征税数据，还对罗玉东同治八年以后的数据进行考订和修正如表 3-5 所示。

表 3-5　咸丰同治时期各省征收厘金表（单位：两）

时间	百货厘金	鸦片厘金	茶厘	盐厘	合计
咸丰三年	400 000				400 000
咸丰四年	1 400 000				1 400 000
咸丰五年	3 694 640				3 694 640
咸丰六年	6 312 259				6 312 259
咸丰七年	7 128 175				7 128 175
咸丰八年	8 770 347	146 438		290 585	9 207 370
咸丰九年	9 618 469	236 783	117 911	310 759	10 283 922
咸丰十年	10 287 289	378 551	172 008	371 137	11 208 985
咸丰十一年	12 294 229	417 582	159 672	548 611	13 420 094
同治元年	13 644 813	505 885	308 456	1 117 323	15 576 477
同治二年	15 056 964	527 222	347 600	1 880 721	17 812 507
同治三年	13 673 698	511 869	359 774	3 268 423	17 813 764
同治四年	13 888 899	514 848	636 957	4 225 103	19 265 807
同治五年	13 784 544	477 319	652 665	3 886 059	18 800 587
同治六年	13 560 677	445 302	617 795	3 518 438	18 142 212
同治七年	13 896 878	474 318	746 168	3 342 418	18 459 782
同治八年	13 372 420	622 951	692 399	3 379 094	18 066 864
同治九年	14 380 945	604 773	650 353	3 409 554	19 045 625
同治十年	14 318 142	538 323	700 503	3 567 150	19 124 118
同治十一年	14 117 689	532 065	748 184	3 194 720	18 592 658
同治十二年	14 568 052	549 089	664 761	3 193 301	18 975 203
同治十三年	13 824 430	486 414	774 760	3 324 056	18 409 660

资料来源：周育民《晚清厘金历年全国总收入的再估计》，《清史研究》2011年第3期，第1—24页

据表 3-5 可以做出如图 3-1。

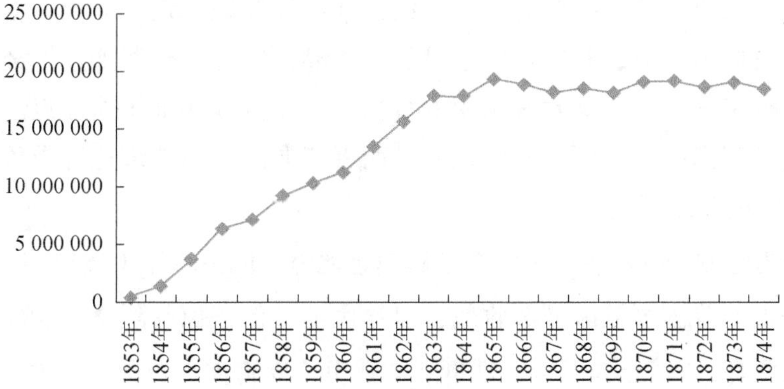

图 3-1　咸丰同治年间厘金收入示意图（单位：两）

通过上图可见，在咸丰朝厘金收入也有了飞速增长。至 1861 年时，各省厘金收入已经高达 1600 万两。这一时期厘金的增长速度，甚至一度超过了关税中的洋税。不过，同治、光绪时期，关税收入又重新超过厘金收入，成为第一大税收来源。不管怎么，厘金的横空出世，成为咸丰、同治时期清廷最重要的一笔意外之财，实属意外。

当然，厘金本身的弊端极大。咸丰十一年（1861 年），大理寺卿潘祖荫奏："近闻各省厘局，但有抽厘之名，实则抽分抽钱，有加无已。凡水陆通衢以及乡村小径，皆设立'奉宪抽厘'旗号，所有行商坐贾，于发货之地抽之，卖货之地又抽之，以货易钱之时，以钱易银之时又抽之"。百姓生计维艰，"资本微末之店铺，肩挑步担之生涯，或行人之携带盘川，女眷之随身包裹，无不留难搜括，其弊不可胜言"。即便如此，每个厘局所收之绑，"支应去其大半，侵渔去其大半"，豪奴猾吏，上下其手，朋比为奸，"十分之中，耗于隶仆者三，耗于官绅者三，此四分中，又去其正费若干，杂费若干，国家所得几何？"[①]但清廷为保住这"所得几何"的税源，也管不了那么多。

厘金也属商税，随着厘金的大规模铺开，必然会对关税的征收造成影响。咸丰十一年，恭亲王奕䜣奏称："广东设有'洋药抽厘总局'，如有人

① 户部：《遵议整顿厘金章程疏》，王延熙等辑：《道咸同光四朝奏议》卷三七，光绪二十八年刻本。

先输五十两，即无庸在关上完纳正税。又澳门漏税之茶叶，日见其多，每百斤税银二两五钱，抽厘局只征五钱，即可任商绕越走私，无一肯到关纳税。设局抽厘，原以补正税之不足。若如赫德所称洋药茶叶，一经抽厘，转于关税有碍。”[①]前文对常关税的分析，也很好地印证了这一点。不过，由于关税利归中央，厘金利归地方，两者流向的分野造成这种矛盾的不可调和，只能听之任之。

作为地方督抚的曾国藩完全了解厘金之弊。同治六年（1867 年），两江总督任上的曾国藩欲减厘金收数，以纾民困，但幕僚赵烈文却劝他减厘莫如剔除厘弊：“就土捐而言，其事烈与弢甫（周腾虎，曾国藩幕僚）二人所首创。彼时每箱捐十金，每月解至七八万金。后王雪轩复加至每箱二十余，即报二十余万不等。今捐至一箱四十金，而解数转止三四万金一月。由此类推，可以知矣。”[②]曾国藩果如其言，没有减厘而是除弊。同时，透过赵烈文的记载亦可看出，厘金的征数一直在加征，但所获收益反而在减少，其中原因，显由弊端而导致财源外流。

还有非常重要的一点，就是此时厘金已经成为督抚及统兵大臣之间争夺的目标。同治三年（1864 年）二月，沈葆桢奏请将江西茶税牙厘收回本省支用，其理由是各省都在征收通省牙厘，以前因皖省残破，苏常失守，江西较为完善，本省防勇不多，故常将厘金所得拨用他处，尤其是曾国藩的湘军所用。但现在各省已经收复，湘军已经不必专恃江西。[③]也就是说，沈葆桢打算停掉曾国藩军队的最重要饷需来源。

闻听消息之后，曾国藩立即上奏称，自己以前指拨江西银钱，皆先后奉旨允准，但沈葆桢到任后，于同治元年九月奏明将漕折截留，不解往自己军营；同治二年六月，又奏留洋税，实际“并未解过臣营一次”。考虑到大局，自己并未加以申辩，不过此次截留牙厘，“不能不缕陈而力争者，实

---

①《清文宗实录》卷三五三，咸丰十一年五月丁巳，北京：中华书局，1986 年影印本。
②（清）赵烈文：《能静居日记》，同治六年六月二十五日《续修四库全书本》。
③（清）沈葆桢：《江西税厘仍归本省经收折》，《沈文肃公政书》卷二，光绪六年刻本。

因微臣统军太多，月需额饷五十余万”。由于湘军的经费来源受损，以前军饷都是按六成给发，今年则仅发四成。相比这之下，江西巡抚统辖的各军，却都能做到八成发放，“臣军欠饷十六七个月不等，而江西各军欠饷不及五月”。湘军的经费主要来自于江西、安徽和苏北，“即以民困而论，皖南及江宁各属，市人肉以相食……江西亦尚不止此”。在这种情况下，饷需奇绌，“安得不以江西之厘，以慰军士之心？”所以无论如何，江西不得停拨此饷源。曾国藩还指出，清朝旧制，一省所入之款，报明听候部拨，疆吏不得擅自截留或改作他用。自军兴以来，各省丁漕等款，纷纷奏留，供本省军需，“于是户部之权日轻，疆臣之权日重”。至于江西一省，因附属于两江总督，巡抚也不得擅自行事。根据会典事例，“大抵吏事应由抚臣主政，兵事应由督臣主政”。就江西饷项论之，运京丁漕应归沈葆桢主政，以其与吏事相符合；厘金则应归两江总督负责，以其与兵事相符合。因为厘金“专为发逆兵事而设，初非国家经制之款，臣忝督两江，又绾兵符，凡江西土地所出之财，臣皆得奏明提用。即丁、漕、洋税三者，一一分提济用，亦不为过。何况厘金奏定之款，尤为分内应筹之饷，不得目为协饷，更为得称为隔省代谋。如江西以臣为代谋之客，则何处是臣应筹饷之地？”他还愤愤不平地指出，“巡抚应归总督节制，见诸会典，载诸坐名勅书。……数百年之成宪，臣不得而辞，沈葆桢亦不得而违，分也。军事危急之际，同寅之忧患相恤，有无相济，情也。沈葆桢于臣处军饷，论分论情，皆应和衷熟商。”激忿之余，曾国藩旧账新账一起算，特强强调指出，同治元年八九月间，湘军疾疫大作，死亡无算，而太平军李秀成大举援救金陵，危险万状，沈葆桢却在此时截留漕折银四万，“既不函商，又不咨商，实属不近人情”。同治二年，浔关洋税自己奏拨三万两，奉旨允准，不料关道蔡锦青分拨一万五千两解至军营，“沈葆桢乃大怒，严札申饬蔡锦青，并移咨诘问臣处，但有峻厉之辞，绝无婉商之语”。此次截留厘金，亦未函商咨商一次，“实属殊不可解”。沈葆桢此人“专尚客气，不顾情理，实有令人难堪者”。所以他特意请求，朝廷“不可遽改局面，动摇军心，致生功亏一篑之变”[①]。

由于沈葆桢的奏章先期到京，清廷随即表示了同意。之后曾国藩的申诉意见到京，朝廷觉得既然已经先期同意了沈葆侦的意见，所以便将曾国藩的申请驳回。孰料曾国藩听到朝廷的处理意见后，即上疏称病请假。清廷方才意识到事态严重，采取调和办法，指出江西省牙厘茶税，仍旧归曾国藩经收，并准沈葆桢分提一半，以为本省防兵之用，“此项厘税，本系曾国藩创立章程，抽收有年，若一旦改归本省经收，事属纷更，亦恐替换生手，必致所收之数不能如前”。且沈葆桢前奏，未经先与曾国藩商酌办理，似疑曾国藩不允所商而然，事属因公，“纵意见稍有不同，亦应往复参酌”，“若自恃因公而各执一是，不肯相下，则均属非是。朝廷本无所用其调停，止恐该督抚等意见各存，被左右所窥伺，从中播弄，贻误事机。”[②]为安抚沈葆桢，所以准提一半厘税；为安抚曾国藩，准其继续征收茶税牙厘，并另拨购买轮船余款五十万两接济金陵。

对此，曾国藩在日记中做了这样的记载：“二十日争厘金疏，未蒙允许。辞旨似右抚而左督，仍命督抚各分厘金之半。又念金陵大功将蒇，恐军心涣散，经总理衙门于上海奏拨银五十万，专解金陵大营。其中二十九万不甚可靠，其二十一万则立即可以起解，足济燃眉之急。因念枢廷苦心调停，令人感激。而劳逸轻重之间，又未尝不叹公道之不明也。”[③]

而据赵烈文分析，沈葆桢与曾国藩两人之争，“沈心地端纯，遇事敏练，而局面未免狭隘。本系中堂保荐升任，自以整顿地方，方为不负所举，不当顾念私恩，引嫌推委”。在他看来，“中堂荐列贤才，原系为国任事，沈之奋发有为，不可谓之越职”，两人皆出公心，但因“唯江西需饷虽迫，而皖台竭

---

①《宫中档朱批奏折·财政类·厘金》，同治三年三月十二日，两江总督曾国藩折，档案号：04-01-03-005-2556。

②《清穆宗实录》卷九八，同治三年三月辛酉，北京：中华书局，1986年影印本。

③（清）曾国藩：《曾文正公手书日记》，南京：凤凰出版社，2010年，第1781—1782页。

蹶尤甚。且中堂于江西军务亦未尝稍显膜视。则东征大局攸关，沈亦不当距江西稍远，遂生轸域。当此沧海横流，公私涂炭，体国大臣，虽彼此如头、目、手、足之相护，犹虑不济，而分崩如此，不能不为贤者责矣。①在部门利益面前，即便是自己一手举荐之人，也很难做到和衷共济。

厘金之征，对清代的财政体制造成了巨大的影响。因厘金这故，中央与地方利益冲突日益加剧，督抚与将帅也拼命争饷，改变了旧有的高度集中财政管理体制。列强也籍此强迫清廷接受子口税制度，洋货横行，国货艰难。因征收厘金而引发的种种弊端，更不是胜枚举。直到 1931 年，厘金才被撤裁，改征统税。

（二）关税激增

咸丰、同治时期的关税分为常关税和洋关税（海关税），前文已谈到，这一时期的常关制度本身的变化不大，但征税活动受到了太平天国战争的巨大影响，从而发生下降。不过，由于洋税收入的大幅度增加，导致关税征收数字整体上的激增，并和厘金一道，联手改变了晚清时期的财政收入结构。

目前关于关税征收数据的资料浩如烟海。笔者在确定各关收入的时候，将以藏于中国第一历史档案馆的《宫中档朱批奏折·财政类·关税》《军机处录副奏折·财政类·关税项》和《内阁户科题本·税课类·关税》，以及已经出版的《咸丰同治两朝上谕档》为资料来源。另一方面，20 世纪 30 年代由汤象龙等人整理的《清代关税收支报告表（第六册）》（现藏中国社会科学院经济研究所图书馆），曾对咸丰、同治时期的常关税收做过统计，也可资借鉴。

洋税的统计方面，汤象龙在《中国近代海关税收和分配统计：1861—1910》一书中，对这 50 年间的 30 个洋关税收做了详细统计，是这方面的经典之作。笔者将以此为基础，只是对其中的一些数据做过校正，并补入 1861 年之前的洋关数据。②

---

①（清）赵烈文：《能静居日记》，同治三年三月十二日，《续修四库全书》本。

② 参见附录《〈中国近代海关税收和分配统计：1861—1910〉税收统计补正》。

在统计口径上，清代关税奏销，例于关期内奏报，关税征收截止日期，例为本度年的关税。由于各个关的开征与截止时间差异极大，这种通融的办法也是学术界的共识。[①]夔关自咸丰六年（1856 年）始，恢复到按完整农历年征收。[②]渝关自1857年开始，以一年为征税关期。[③]打箭炉自1857年开始，亦恢复到按完整农历年为一个征税关期。[④]粤海关常税则自 1906 年开始，以完整农历年为征税关期。[⑤]简言之，由于各个关的关税年度时间并不相同，由此产生的问题是：通常意义上的年度关税收入，并不是指在此年份内各个关所征收的关税收入，而是各个关在本年度关期内，所征收关税的总和。

洋税方面则是另一种情形。清前期，粤海关一枝独秀，基本可以代表 1840 年之前的清代对外贸易水平。“粤海关向系常洋不分”，例于一年期满时一并奏报，1861 年，近代海关总税务司体系建立，粤海关的税收正式被划分为洋税和常税，分别奏报。[⑥]另外，从第一次鸦片战争开始到1860年以前，只有五口通商，其关期都是按粤海关的关期，以 12 个月为一年。故 1860 年的征税关期，是自咸丰九年八月二十六日至十年七月二十五日止。1861 年，因税务司体制的确立，导致洋税征收，自咸丰十一年八月十八日开始，以西洋历一年为征税关期。故咸丰十一年七月二十六日至八月十七日 20 多天的时间，这五个洋关各有一次额外的奏报。[⑦]

因大部分榷关征税以十二个月为征税年度，随着闰月的积累，会有个别年份出现两个关期的情况，即上一个征收关期以正月结束，而本年度又

① 祁美琴：《清代榷关制度研究》，呼和浩特：内蒙古大学出版社，2004 年版，第 448 页。

②《内阁户科题本・税课类・关税》，咸丰八年四月二十七日，户部尚书柏葰折，档案号：02-01-04-21639-012。

③《宫中档朱批奏折・财政类・关税》，咸丰六年十一月十一日，署四川总督乐斌折，档案号：04-01-35-0382-067。

④《内阁户科题本・税课类・关税》，咸丰八年七月二十九日，四川总督王庆云折，档案号：02-01-04-21639-016。

⑤ 中国第一历史档案馆编：《光绪朝朱批奏折》第七十四辑，光绪三十三年七月二十八日，护理两广总督胡湘林折，北京：中华书局，1996 年，第 919 页。

⑥《宫中档朱批奏折・财政类・关税》，同治四年八月初一日，粤海关监督师曾折，档案号：04-01-35-0386-016。

⑦《军机处录副奏折・同治朝・财政类・关税项》，同治五年［缺月日及奏报人］，清单，档案号：03-4873-073。

出现了闰月。笔者所统计出的咸丰、同治时期一个两关期情况分布如下：杀虎口（1868 年），左翼（1860 年）、右翼（1860 年）、淮安关（1865 年）、天津关（1860 年）、江海关（1868 年），以及浙海关（1868 年）。当然，由于资料的缺失原因，这一统计显然不算完备。

先来看咸丰、同治时期常关的情况如表 3-6 所示。

表 3-6　咸丰同治时期常关区域征收表（单位：两）

时间	公元	边疆关	运河长江关	沿海关	实征总计	补全后征数
咸丰元年	1851	274 892.9	2 717 964	2 077 153	3 433 436.224	3 819 654
二年	1852	195 657.9	2 321 833	2 040 641	2 891 319.898	3 494 146.8
三年	1853	277 269.9	1 793 060	1 586 613	2 382 813.23	2 653 691.8
四年	1854	256 815.3	906 380.9	1 448 864	1 445 568.525	1 794 557.2
五年	1855	234 961.8	1 010 239	723 585.1	1 564 026.917	1 876 696.4
六年	1856	282 184.9	1 126 289	1 532 294	1 783 961.286	2 197 318.1
七年	1857	267 543.6	980 600.9	503 629	1 650 651.798	1 883 510
八年	1858	251 543	995 857.1	852 943.8	1 666 071.734	1 950 502.7
九年	1859	148 637	1 093 634	1 319 888	1 680 141.126	2 057 870.2
十年	1860	131 312.4	1 356 889	1 508 731	2 005 044.845	2 350 975.8
十一年	1861	328 991.3	616 120.5	429 902.4	1 375 014.222	1 576 966.1
同治元年	1862	289 978.7	645 856.2	434 088.5	1 369 923.52	1 572 975.3
二年	1863	211 572.1	912 929.1	438 062.8	1 562 564.07	1 868 521.4
三年	1864	258 077.9	1 170 538	399 182.3	1 827 798.686	2 053 881
四年	1865	242 201.6	1 169 800	455 275.6	1 867 276.895	2 079 909.2
五年	1866	243 601.5	1 126 210	492 277.1	1 862 089.011	2 056 248.3
六年	1867	262 160.8	1 178 062	451 345.7	1 891 568.221	2 171 095.4
七年	1868	346 390.4	1 232 290	594 771.1	2 173 451.937	2 403 405.3
八年	1869	300 420.4	1 282 224	477 360.6	2 060 004.783	2 339 699.1
九年	1870	295 386.6	980 492	502 005.7	1 777 884.24	2 293 947.1
十年	1871	274 306.6	1 240 850	491 904.5	2 007 061.164	2 331 883.6
十一年	1872	274 299.6	1 264 770	661 548.5	2 200 618.329	2 403 440.8
十二年	1873	280 379.7	1 280 361	596 313.4	2 157 054.466	2 396 488.5
十三年	1874	288 805.4	1 088 217	601 097.4	1 978 119.542	2 373 542.4

资料来源：参见附录《咸丰同治时期关税征收表》

咸丰、同治时期常关税的趋势如图 3-2 所示。通过该表可以看出，这一时期的常关税收下滑幅度较大，由咸丰初年的接近 400 万两，下降至不足

200 万两，下降幅度多达一半。此后虽有所回升，但仍未超出 250 万两的水平。这充分说明了太平天国运动对常税征收的影响。

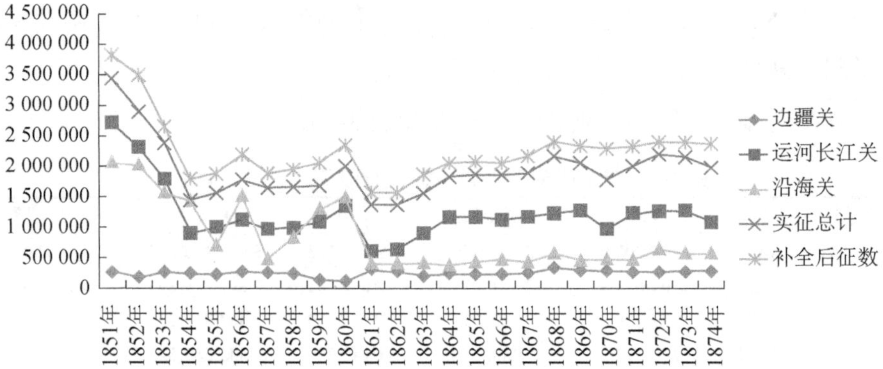

图 3-2　咸丰同治时期常关税征收趋势图（单位：两）

再来看洋关税情况，如表 3-7 所示。1861 年之前的洋关数据，来自笔者从档案中的搜集。

表 3-7　咸丰时期洋税征收表（单位：两）

年份	江海洋关	浙海洋关	福厦洋关	粤海关
1851	1 200 000			1 636 574.097
1852	1 283 377.6			1 666 811.949
1853	545 687.48	0	49 590.953	1 274 129.484
1854	646 847.56		198 970.68	1 166 492.126
1855	1 976 953	252	265 477.2	404 758.727
1856	2 126 956.7		387 663.5	1 156 805.88
1857	2 273 955.6	4 149.375	507 172.04	101 121.627
1858	1 954 739.4	2 153.825	526 122.41	434 272.172
1859	2 365 909.3	4 609.975	578 646.9	882 017.682
1860	2 047 898.7	994.2	711 549.11	991 888.533
1861	276 756.56	329 275.34	867 662.73	

资料来源：中国第一历史档案馆所藏朱批奏折、军机处录副奏折

对于 1861 年之后的洋关数据，前文已述，笔者曾对汤象龙著作做过一些修正。其中对咸丰、同治年间数据进行过修正的包括江海关（1863—1864 年、1874 年）、浙海关（1865—1868 年、1871—1872 年、1874 年）、闽海关（1872 年）、台湾关（1871 年），如表 3-8 所示。

表 3-8　咸丰同治时期洋税征收修改表（单位：两）

年份	江海关	镇江关	九江关	江汉关	浙海关	闽海关	台湾关	粤海关	东海关	津海关	牛庄关	合计
1861	2 072 603.313	10 987			373 256	920 484		1 553 311	14 813	90 917		5 036 371.313
1862	3 933 304.704	8644			220 834	1 947 852	11 814	1 279 835	59 255	98 331		7 559 869.704
1863	2 927 402.511	37 485	478 266	932 701	346 060	2 034 424	50 176	1 415 318	128 690	148 132	58 822	8 557 476.511
1864	2 150 662.993	19 242	579 864	1 047 055	513 302	2 349 469	69 036	1 130 334	214 184	175 364	128 502	8 377 014.993
1865	2 233 486.532	22 266	490 920	855 596	407 923.88	1 979 391	140 127	1 067 275	243 801	330 013	167 175	7 937 974.407
1866	2 164 051.573	17 494	491 411	1 085 195	465 905.23	2 248 242	98 207	1 365 057	308 082	504 104	158 942	8 906 690.803
1867	2 439 473	21 681	470 120	985 814	516 255.64	2 108 657	111 917	1 337 656	264 191	456 747	214 798	8 927 309.635
1868	2 675 717	32 733	528 982	1 274 303	608 762.56	2 512 513	127 723	1 286 405	219 042	399 728	221 576	9 887 484.562
1869	2 719 381	49 389	513 472	1 273 962	659 711	2 120 906	121 588	1 203 262	286 982	418 424	264 454	9 631 531
1870	2 821 247	67 594	528 458	1 306 811	700 468	2 011 502	176 736	1 178 501	301 749	407 033	260 148	9 760 247
1871	2 843 674	106 387	544 752	1 525 102	681 745.59	2 358 151	213 190.792	1 517 827	294 851	446 149	185 641	10 717 470.38
1872	3 479 212	349 322	448 726	1 576 400	826 740.03	2 293 308.047	227 957	1 503 610	320 981	364 155	215 508	11 605 919.07
1873	3 294 164.507	169 069	538 783	1 510 928	754 846	2 275 613	233 076	1 564 351	286 314	350 782	203 945	11 181 871.51
1874	3 607 757.843	152 504	723 593	1 611 006	747 564.55	2 403 178	249 573	1 521 552	300 545	388 909	204 042	11 910 224.39

资料来源：附录《〈中国近代海关税收和分配统计：1861—1910〉税收统计补正》

最后，对常税和洋税进行汇总，可以得到表 3-9。

表 3-9 清朝咸丰同治时期关税征收表（单位：两）

时间	公元	常关实征总计	补全后征数	洋税	实征合计
咸丰元年	1851	3 433 436.224	3 819 654	2 836 574.097	6 270 010.321
二年	1852	2 891 319.898	3 494 146.8	2 950 189.549	5 841 509.447
三年	1853	2 382 813.23	2 653 691.8	1 869 407.917	4 252 221.147
四年	1854	1 445 568.525	1 794 557.2	2 012 310.366	3 457 878.891
五年	1855	1 564 026.917	1 876 696.4	2 647 440.927	4 211 467.844
六年	1856	1 783 961.286	2 197 318.1	3 671 426.08	5 455 387.366
七年	1857	1 650 651.798	1 883 510	2 886 398.642	4 537 050.44
八年	1858	1 666 071.734	1 950 502.7	2 917 287.807	4 583 359.541
九年	1859	1 680 141.126	2 057 870.2	3 831 183.857	5 511 324.983
十年	1860	2 005 044.845	2 350 975.8	3 752 330.543	5 757 375.388
十一年	1861	1 375 014.222	1 576 966.1	6 510 065.943	7 885 080.165
同治元年	1862	1 369 923.52	1 572 975.3	7 559 869.704	8 929 793.224
二年	1863	1 562 564.07	1 868 521.4	8 557 476.511	10 120 040.58
三年	1864	1 827 798.686	2 053 881	8 377 014.993	10 204 813.68
四年	1865	1 867 276.895	2 079 909.2	7 937 974.407	9 805 251.302
五年	1866	1 862 089.011	2 056 248.3	8 906 690.803	10 768 779.81
六年	1867	1 891 568.221	2 171 095.4	8 927 309.635	10 818 877.86
七年	1868	2 173 451.937	2 403 405.3	9 887 484.562	12 060 936.5
八年	1869	2 060 004.783	2 339 699.1	9 631 531	11 691 535.78
九年	1870	1 777 884.24	2 293 947.1	9 760 247	11 538 131.24
十年	1871	2 007 061.164	2 331 883.6	10 717 470.38	12 724 531.54
十一年	1872	2 200 618.329	2 403 440.8	11 605 919.07	13 806 537.4
十二年	1873	2 157 054.466	2 396 488.5	11 181 871.51	13 338 925.98
十三年	1874	1 978 119.542	2 373 542.4	11 910 224.39	13 888 343.93

咸丰、同治时期的关税变动曲线如图 3-3 所示。

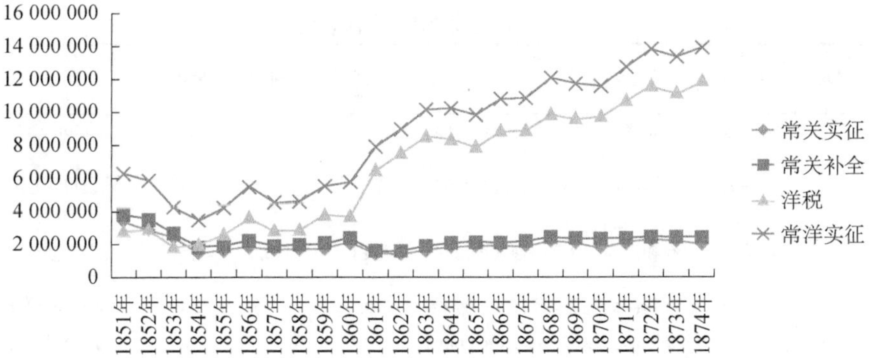

图 3-3　咸丰同治时期关税征收趋势图（单位：两）

由上图可以看出，虽然常税数据有所下降，但由于洋税的大量增加，导致这一段时间关税的整体数据得到飞速增长，由咸丰初年的 400 万左右，增加到同治末期的 1200 万两以上，增长幅度高达 3 倍。从同治后期开始，关税甚至还超越了厘金，变成了晚清时期清廷的第一大税源。

（三）举借外债

举借外债是晚清渡过财政困难的重要途径。而这种通过借债尤其是借外债来渡过难关的方式，在中国历史上还是头一遭。

咸丰三年（1853 年）南京失守后，上海道兼江海关监督吴健彰赊雇英国、美国夹板船 3 只。后又在广东雇拖层船 30 层，上海小刀会事起后，这些船只在黄浦江对小刀会发动攻击，所有费用均从江海关所收洋税内发还。自咸丰五年至七年，分两次扣还吴健彰预借洋商税饷银 71 342.5 两及 56 385.8 两，合计 127 728 两。此后，从咸丰十一年到同治初年，吴健彰还多次借贷洋款，作为护送李鸿章淮军援沪经费、筹措上海会防局经费、常胜军军饷及其他军需筹款。据统计，镇压太平天国期间，经苏松太道经手的借款就多达十余次，所借款额按库平银折算，统计约有 138 万余两。①

表 3-10 苏松太道借款表

时间	借款方	贷款方	金额	折库平银（万两）	利率	期限	用途
咸丰三年	吴健彰	上海洋商	本银127 727两	12.8			镇压小刀会
咸丰十一年十一月	吴煦	上海洋商	规银205 000两	18.7		半年	护送淮军援沪
咸丰十一年十一月	吴煦	怡和洋商	规银100 000两	9.1	月7厘	4个月	上海会防经费
同治元年三月	吴煦	怡和洋商	规银200 000两	18.2	年1分	1年	常胜军军饷
同治元年七月	吴煦	惇裕洋行	规银300 000两	27.3	年1.2分	1年	因公缺用
同治元年十月	吴煦	阿加剌洋行	规银100 000两	9.1	3600两	10个月	运常胜军援金陵
同治二年五月	应宝时	洋商	规银238 000两	21.7			鲍超、曾国荃兵饷
同治初年	吴煦	上海美商洋行	本银37 665两	3.8			常胜军军饷
同治初年	吴煦	美商	洋银130 000元	9.1			租用美商轮船
同治初年	吴煦	美商	银80 990两	8.1			洋商借垫军需

资料来源：中国人民银行总行参事室编《中国清代外债史料》，北京：中国金融出版社，1991年，第4—12页

广东、福建也是这一时期借款的主力。咸丰八年（1858 年），两广总督黄宗汉因军需缺饷，经行商伍崇曜出面，向美国旗昌洋行借银 32 万两，每月 6 厘行息，6 个月清还，由黄宗汉会同粤海关监督出具印票。此款借出后，广东一直拖延未还。第二次鸦片战争后，经过双方商议，最终同意于同治五年（1866 年），在粤海关应解部库四成洋银内发还。同治四年（1865 年）十二月，两广总督瑞麟等人向英商颠志洋行贷借洋银 10 万两，每两一分五厘行息，半年内先还一半，其余一年内还清。此笔借款最终于同治六年，在广东厘金项内还清。

同治元年（1862 年）之前，福建亦因经费支绌，向洋行借款约银 504 880 两。同治二年，再向洋商借银 15 万两，以为购买外洋船炮价银，借款到期未还，经过谈判延期半年后归还。同治三年十月至年底，福建再向

① 中国人民银行总行参事室编：《中国清代外债史料》，北京：中国金融出版社，1991 年，第 4—12 页。

洋商借银30万两，以作为清剿太平军余部军饷之用。

“阿思本舰队借款”是同治时期中外关系史上的一件大事。同治元年至同治二年，李泰国及赫德借口代清廷购置西洋兵船“阿思本”号，除总理衙门曾拨款80万两外，李泰国宣称曾向英国借银27万余两，清廷被迫从江海关等处分摊归还。此后，因李泰国在舰队控制权上和清廷发生激烈冲突，同治二年九月，清廷决定遣散此支舰队，遣散费用37.5万两，由总税务司向银号代借给付，由粤海关等关拨付。

同治五年（1866年），左宗棠由浙闽总督调任陕甘总督，出军潼关，对捻军及西北各地回民军作战，为支持军饷，特筹借“西征借款”。同治六年三月，左宗棠军队上海采办转运局委员胡光墉向在沪洋商借关平银120万两，月息一分五厘，借期半年，其中闽海关、粤海关代借24万两，浙海关代借42万两，江汉关代借12万两，江海关代借18万两，均可抵各省应协甘饷，“似此设法筹借，在各省仍止按月应协之款，并未提前；在各关旋垫旋收，并无增损；在各督抚臣止经手过目，并无烦劳；在陕甘费十余万两息银，先得百二十万应手之现银，相其缓急，通融撙节，集事可速，调度可灵”[①]。同治六年十二月，再借银100万两，按月一分五厘行息，借期10个月。仍由江苏、浙等省海关监督给出印票，于该省藩库应解协甘饷项下，按还拨解各关发还洋商。

同治十三年（1874年）十月，左宗棠又奏称：“据后路各台局禀报，合臣现在挪借各款，积欠已数十万，无款拨还。应发各项，无款筹发。而西路出关采运脚价，需发现银，尤难缓待。……时届年终，百数十营，照向章应发一月满饷。年前三月与明年春月应发各军盐菜、粮价、马乾正款，又需及早筹算。总全局计之，非确得实饷三百万两，难于支持。其地方营县一切杂支，尚无论也。”经胡光墉出面，再次向洋商借银300万两，于江

---

①《军机处录副奏折·同治朝·财政类》，同治六年三月十八日，陕甘总督左宗棠折，档案号：03-9526-022。

苏、广东、浙江三省应协甘饷内分年还款。[①]

同治十三年三月，日本兴兵侵台，清廷命福建船政大臣沈葆桢巡视台湾，协助浙闽总督李鹤年调兵防台。七月，沈葆桢以海防需款甚巨，“查闽省来年岁入丁粮税厘等项，为额营计授要需；邻省积欠每多缺乏，局征税厘，则近年拨款日增；兼之闽省一切需用经费，无不取给于此，已形支绌。即闽海关库所征税课，随时拨解各饷，亦鲜余存。此际预为筹防，将一应拨款移缓就急，悉数腾挪，而杯水车薪，无裨于事”，“购置铁甲船、洋枪、炮药、军械及防台一切经费，约略需银五百万两。闽省内地洋面……迤逦袤延，地逾千里，港汊分歧，舟船皆通，处处均关紧要，并须严密筹防置备，需费亦属不赀。计非先筹银六百万两，不敷目前周转。”[②]故与英国汇丰银行立约，先借银200万两，自借款之日起以365日为一年，8厘计息；前18个月分3次给付利银，以后再匀作10年归清本利。所借银两，亦由粤海关等四成洋税、津海关东海关六成洋税等项下摊还。此为“台防借款”。

除了军事借款外，这一时期出有“出使经费借款”一事。同治九年（1870年），因中法“天津教案”谈判的约定，三口通商大臣崇厚奉旨出使法国，前往“道歉”，因所带经费不敷，向法国丽如洋行借垫银3万两。

咸丰、同治时期的举借外债，在全部财政收支中所占的比重并不大。不过，如果将目光向后稍作延深，即可发现，光绪时期的举借外债，不论是频次还是数量，都远远超过了这一时期。可以说，晚清时期的举借外债，类似于滚雪球，越往后期数量就越大，对清廷的财政影响力也越大。不过，从另一角度来看，这也是西方列强借机逐步并深刻影响清朝财政体制的重要方面。

---

①《宫中档朱批奏折·财政类》，同治十三年十月初四日，陕甘总督左宗棠折，档案号：04-01-35-0977-034。

②（清）文庆等纂:《筹办夷务始末》同治朝卷九十六，同治十三年七月二十一日办理台湾等处海防大臣沈葆桢等奏，《续修四库全书》之《史部·纪事本末类》，上海：上海古籍出版社，2013年，第689页。

第四章

财 政 改 革

咸丰、同治时期，为挽救清王朝衰败命运，统治者进行了一些财政改革，最主要的措施包括地丁钱粮的减免、漕粮海运的推行和盐政改革三个方面。通过这些改革也不难看出，传统财政体制所具有的韧性和适应能力还是极为强大的。

一、减赋运动

咸丰、同治时期清朝国势渐微，为收买人心，同时也为了顺应经济凋敝、税无所征的局面，清廷在湖南、湖北、安徽、江西、江苏和浙江 6 个省份，进行了减赋运动。减赋运动主要包括两部分：一是核定地丁和漕粮折价，裁革部分浮收；一是对江苏、浙江两省的“浮赋”做一些削减。早在太平天国运动爆发前，江浙两省就有很严重的“浮赋”问题。浮收与浮赋不同，浮收是指额外多收，浮赋则是指超过了百姓纳税能力的额征。曾国藩、李鸿章认为：“漕粮为惟正之供，而苏松独曰‘浮粮’，曰‘浮赋’，见诸列圣谕旨及郡县志，不以为嫌，是知实有浮多应减之处。”[①]左宗棠也称，浙江杭嘉湖三属不仅税则不同，“浮额亦多寡不一”[②]。所谓浮粮、浮赋和浮额，均是指此。

① 《军机处录副奏折·同治朝·财政类》，同治二年五月十一日，两江总督曾国藩等折，档案号：03-4846-045。

② （清）杨昌濬等辑：《浙江省减赋全案》卷二《上谕章奏文册》，同治十二年刻本。

（一）指导思想

咸丰五年（1855 年），湖南首开“减赋先声”。当时湖南一省因受战争影响，百姓抗交钱粮事件此起彼浮。湖南湘潭士绅周焕南请求官府减除田赋征收中的各种浮收，愿意按每粮一两加收田赋的标准捐献银两，作为地方经费。湖南巡抚骆秉章采纳他的建议，以地丁每两加耗 4 钱，漕米折色每石完银 1.3 两，外加 1.3 两以资军饷，4 钱以作县署公费，其他款目一概裁革。这一办法首先在湘潭实施，湘潭县粮额原为 4 万余年，上年只征收到 4000 余两，采用新法后当年征收粮款 10 万两，效果显著。此后，这一办法推广至长沙、善化、宁乡、益阳等地。

咸丰六年（1856 年），清军第三次从太平天国军手里夺回武昌，次年胡林翼对相关州县推行湖南减赋办法，按各州县土地肥瘠、米价低昂等情况，革除冗费，裁减丁漕，禁革串票、样米、号钱等名色，并将漕米折价定在 4000—6500 文。1861 年，江西全省归复后，亦仿湖南、湖北成案，裁革陋规和削减丁漕，每地丁正银 1 两折收制钱 2400 文，每漕米 1 石折收制钱 3000 文。[①]1864 年，安徽的减赋运动亦全面展开。

在减赋运动中，影响最大、效果最巨的，当属江苏和浙江两省。冯桂芬言：“今苏属完漕之法，以贵贱强弱为多寡。不惟绅民不一律，即绅与绅亦不一律，民与民亦不一律。绅户多折银，最少者一石二三斗当一石，多者递增，最多者倍之。民户最弱者，折银约三四石当一石，强者完米二石有余当一石，尤强者亦完米不足二石当一石。”[②]监察御史丁寿昌指出，天下漕粮以江浙二省为大宗，几及 300 万石，居全国份额的 75%。这些地区方圆不过五百余里，收漕较之江西、湖南、湖北三省几及 2 倍，另有应征漕截轻赍等银数十万两，“赋重若此，民何以堪”？[③]江浙赋重问题一直存在，但随着经济

① 严中平主编：《中国近代经济史（1840—1894）》，北京：人民出版社，1989 年，第 574 页。

②（清）冯桂芬：《均赋议》，《显志堂集》卷五，光绪二年刊本。

③《军机处录副奏折・同治朝・财政类》，同治二年四月二十三日，福建道监御史丁寿昌折，档案号：03-4862-075。

动荡、水利失修、银价上涨和漕弊日深，人民负担越来越重。自嘉庆以来，江苏便屡以灾蠲之法削减赋额，从道光十一年起至咸丰十年（1831—1860年），三十年通扯，江苏仅得正额七八成。①浙江也是如此，全省漕额 110 余万石，道光至咸丰初年，每届皆不过完纳五六十万石，至多不过七八十万石。②这表明，早在太平天国运动爆发前，江浙两省已有减赋的必要。

太平天国运动是一次大规模的农民战争，持续时间之长、破坏程度之大，在中国史乃至世界史上都是罕见的。据研究，太平天国运动时期，作为主战场的江苏、浙江、安徽、江西、湖北、湖南和福建七省，死亡人口高达 7330 万，占战前人口的 37.2%。③如果再以江浙苏州、松江、常州、镇江、太仓、杭州、嘉兴、湖州为例，大致情况如图 4-1 所示。

图 4-1 苏州、松江、常州、镇江、太仓、杭州、嘉兴、湖州人口统计图（1851 年、1865 年）

州名	1851年	1865年	减少数	损失率
苏州	654.3	229.0	425.3	65
松江	291.5	263.0	28.5	9.8
常州	440.9	119.6	321.3	72.9
镇江	248.4	52.2	196.2	79
太仓	197.1	144.7	52.4	26.6
杭州	361.8	72.0	289.8	80.1
嘉兴	309.0	109.1	199.9	64.7
湖州	290.7	63.2	227.5	78.3
合计	2 793.7	1 052.8	1 740.9	62.3

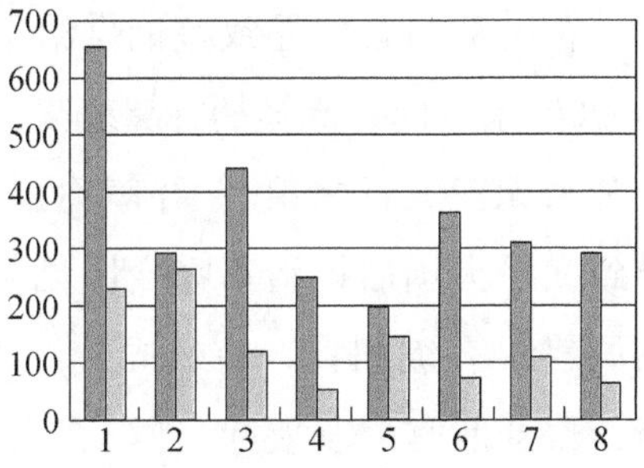

资料来源：1851、1865年人口资料来源为曹树基《中国人口史（清时期）》，上海：复旦大学出版社，2001年，第467、489页

由图 4-1 可知，整个江浙征漕地区人口损失 1740 余万，损失率高达 62.3%，情况之惨烈可想而知。与人口减少相伴随的是土地荒芜、百姓残破。在这种情况下，如果清廷再不采取有效措施，则人心思乱。李鸿章巡视收复各州县时，发现“向时著名市镇全成焦土，孔道左右蹂躏尤甚”。虽穷乡僻壤，亦人烟寥落。遇有居民，“无不鹄面鸠形，奄奄待毙”。如果仍责以重

---

①《军机处录副奏折·同治朝·财政类》，同治二年五月十一日，两江总督曾国藩等折，档案号：03-4846-045。

②（清）杨昌濬等辑：《浙江省减赋全案》卷二《上谕章奏文册》，同治十二年刻本。

③ 曹树基：《中国人口史（清时期）》，上海：复旦大学出版社，2001 年，第 553 页。

赋，肯定毫无效果，“所谓敲骨吸髓者至此而亦无骨可敲，无髓可吸矣”①。

地方官吏对此也有极为深刻的认识。吴煦指出，常太一带田地荒芜过半，百姓十不遗一，“远乡尚有人相食者”。苏松稍次，浙之杭湖与常、镇无异，“田荒人散，饿莩载道”。因战争破坏，当地居民锐减，“南北山坟树无一存者，已葬之坟，刨损尚少”。他在上海设“恤生局”，专养杭州难民，仅同治二年（1863 年），“收暴露已不下数千具”②。外国人也这样形容太平天国被镇压后南京的破落：“满眼所及皆野草，田地无人耕种，道路残破，家蓄全无。”③杭州的情况则是：“每个村镇都被撕成碎片，房屋荡然无存，少数曾经相当富有的居民，现在全都住草棚中。贫穷无处不在，曾经被稻田所笼罩的平原，现在却是灌木丛生，原来划分田地的小田埂依然存在，成为当地曾经繁荣的唯一象征。”④

农民贫困必然导致粮饷供给不足。据统计，湘军历年所欠士兵之饷多达 500 余万两，难怪胡林翼哀叹：“言货则月少十万两之银，言食则一省之大公家无三五日之粮。”并声称自己“与燕雀处堂何异”⑤。军饷缺乏正是导致太平天国后期清军哗变屡见不鲜的重要原因。而太平天国宣布的“有田同耕，有饭同食，有钱同使”的口号，对百姓有巨大吸引力，“民怨沸腾，聚众戕官之事屡起”⑥。有人甚至宣称：“蚩蚩之民，竞为贼卖。甚至贼至争迎之，官军至则罢市。”⑦因曾国藩等人不敢明言太平天国政策有诱民之处，只能主张清廷应该注重收拾人心，所以直到后来，才有光禄寺卿潘祖荫与监察御史丁寿昌出面，奏请减赋。

潘祖荫称，江浙旧赋本属过重，太平天国军兴以来民遭蹂躏，转徙流

---

①《军机处录副奏折·同治朝·财政类》，同治二年五月十一日，两江总督曾国藩等折，档案号：03-4846-045。

②《吴煦函稿》，1864 年 9 月 5 日（同治三年八月初五日），《吴煦档案选编》第三辑，南京：江苏人民出版社，1983 年，第 151 页。

③ *North China Herald*. 1868, 2, 1.

④ *North China Herald*. 1869, 1, 5.

⑤（清）胡林翼：《致严渭春观察》，《胡文忠公遗集》卷三《抚鄂书牍一》，同治三年刻本。

⑥（清）赵尔巽：《清史稿》卷一二一《食货志二·赋役》，北京：中华书局，1977 年，第 3539 页。

⑦（清）张德坚：《贼情汇纂》卷十《虏劫》，台北：文海出版社，1966 年，第 778 页。

离，纵使轻徭薄赋，“且恐有缀耕而叹者”。战乱以后，无所牵掣，正是改革的好时机，减赋可以示恩，可以弭变，可裕国课。[①]丁寿昌认为：苏杭失守后，漕运全停，即使全行克复，尚须招集流亡，培养元气，漕运断难如常。他主张将南漕永减 1/3，“多刻誊黄，遍加晓谕，并广遣间谍传闻贼中”，以攻心为上。同时，减赋后百姓必感激涕零，已收复者亟思减贼，未收复者率众归诚，“东南可指麾而定”[②]。有漕各省均对他们的建议表示赞同，曾国藩、李鸿章指出，百姓一闻减赋之令，必当望风增气，“弩矢之驱必更奋，箪壶之雅必更诚”[③]。他们还一致认为，减赋可以让百姓踊跃捐输，“率土腾欢，定必输将恐后”[④]。湖北巡抚胡林翼、湖南巡抚骆秉章等人也持同样观点。[⑤]由此看来，减赋已经成为实力派地方大员的共同心愿，减赋势在必行。

（二）江苏减赋

江苏减赋运动，启动于同治二年（1863 年）四月藩祖荫和丁寿昌的奏请。与此同时，地方豪绅也积极活动，以图加快减赋运动。同治二年正月，署松江府方传书禀告曾国藩与李鸿章，苏松太赋重为天下冠，兵燹余生，恳求减赋。[⑥]曾、李颇以为然，谓俟军事粗定，再行会疏具奏[⑦]。二月初一日，粮道郭嵩焘偕潘曾玮往访绅士吴云，吴云劝郭嵩焘裁减江南浮收。次日，吴云又致书潘曾玮，详述勒折浮收病民之处，苏松重赋由来，以及乱后实行减赋的便利条件。适逢冯桂芬在李鸿章幕僚中，且自称“三

①《军机处录副奏折 · 同治朝 · 灾赈档》，同治二年四月二十日，光禄寺卿潘祖荫折，档案号：03-4846-039。
②《军机处录副奏折 · 同治朝 · 财政类》，同治二年四月二十三日，福建道监御史丁寿昌折，档案号：03-4862-075。
③《军机处录副奏折 · 同治朝 · 财政类》，同治二年五月十一日，两江总督曾国藩等折，档案号：03-4846-045。
④（清）杨昌濬等辑：《浙江省减赋全案》卷二《上谕章奏文册》，同治十二年刻本。
⑤ 参见《骆文忠公奏稿》卷八、《胡文忠公遗集》卷三十之相关奏章。
⑥（清）刘郇膏等辑：《江苏省减赋全案》卷五《禀稿》，同治五年刻本。
⑦（清）刘郇膏等辑：《江苏省减赋全案》卷三《文移》，同治五年刻本。

十年来官中一事一言涉及漕赋者，必求其详手录之”。李鸿章看到吴云的信后，便将其托给冯、郭二人办理。①

冯桂芬是江苏减赋运动中的关键人物。“按减赋之议发于吴县敬亭冯公（桂芬），成于苏抚李公（鸿章）。冯实本其母谢夫人之教。谢乃秀水人也，其父以重赋破家，尝泣谓其子曰：汝他日作言官，当为民请命，以减赋为第一。敬亭识之，遂历考重赋症结以告，李公据以入告。”②冯桂芬代郭嵩焘起草详文，继为又李鸿章起草疏稿，但奏疏迟迟未发。经吴云极力催促，曾国藩、李鸿章乃于五月十一日联衔上奏。③这份奏折与郭嵩焘详文均由冯桂芬起草，内容大致相同。④奏折先述苏松太浮粮过重及起源，继述兵燹之后无力完纳，以及减赋的好处。他们要求朝廷允许删减苏松太三属粮额，以期与旧额本轻之常镇二属通融核计，每年仍起运交仓米 90 至 100 万石，著为定额。⑤奏折抵京后，当天即有上谕，令二人督饬司道设局，分别各州县情形，折衷议减⑥。清廷又将曾、李二人原折交户部议复，户部将其与潘、丁二人奏折合议，对其办法做如下修正：一、原奏请将苏松太漕额由 121 万石减为 50 万，骤减 6/10，未免太多，但可量减 1/3。二、常镇二府漕额虽轻，原奏不提减少，“未免不得其平”，亦量减 1/10。⑦接着，清廷降谕曾、李，令其依照办理，并将各州县减额结果奏闻。

曾、李接上谕后，转饬江苏藩司刘郇膏设立减赋局，专办此事。刘郇膏

---

①（清）吴云：《两垒轩尺牍》卷五，光绪十年刻本。

②《浙江田地山荡银米比较表》，见《浙江田赋略》。据冯桂芬自述，太平军起，他避居上海，曾国藩命钱鼎铭招之，他没有答应，“而以减赋节略相寄曾公，首趄之。同治元年春，合肥李公鸿章督师至沪，又有幕府之约见，即说以减赋，欣然相许，余无求于李公，而以此事故曲意赴军，同事粮道湘阴郭公嵩焘引为同志，李公遂以此事付我两人”，见《江苏减赋记》，《显志堂稿》卷四，光绪二年刻本。

③（清）吴云：《两垒轩尺牍》卷五，光绪十年刻本。

④（清）刘郇膏等辑：《江苏省减赋全案》卷四《详稿》，同治五年刻本。

⑤《军机处录副奏折 · 同治朝 · 财政类》，同治二年五月十一日，两江总督曾国藩等折，档案号：03-4862-080。

⑥ 中国第一历史档案馆编：《咸丰同治两朝上谕档》第 13 册，同治二年五月二十四日，桂林：广西师范大学出版社，1998 年，第 244 页。

⑦（清）刘郇膏等辑：《江苏省减赋全案》卷二《章奏》，同治五年刻本。

对减赋的意见与冯桂芬完全不同，两人都坚持已见，争执不断。[①]加之军务倥偬，不能全力以赴，迁延两年有余，至同治四年（1865 年）始行奏定。冯刘争执时，李鸿章也参加进来，他指出减漕一事，“缘此间官绅意见龃龉，敝处未便偏听武断”。苏松太科则轻重悬殊，以按则核减为是。常镇既不再减钱粮，苏松似难立异。[②]曾国藩折衷冯刘两人意见，各有取舍，并加入自己的见解：一、常镇二府不可不减漕米，反对刘氏的请朝廷收回成命。他表示，若奏常镇不减，“是户部既驳督抚之原奏，督抚又驳已降恩旨，亦恐不成政体”。十分减一之说久已遍播，家喻户晓，妇孺皆知，“今忽吝而不减，究竟议自何人，改自何人，屯之怨有所归，必归于弟及少荃二人，虽百喙何以自解？”[③]二、苏松太减漕应墨守部议成规，统减 1/3，反对冯氏的请求再减。三、冯氏主张合并百余种科则为 9 则，而曾国藩采取刘氏意见，仍旧保持。四、对漕米的核减，冯刘都主张递减，仅细节略有不同。曾国藩最初主张轻则与重则依比例同减，反对分别对待，但后来让步，允许苏松太按科则分别递减，惟常镇二府仍普减 1/10。五、冯刘二人都主张乘机奏请并减地丁钱粮，曾国藩最初极力反对，后来也加赞同，惟主张五郡普减 2/10，与刘氏的 1/10 及冯氏的苏松太 6 折、常镇 9 折均不相同。[④]

曾国藩将大概办法确定后，便命刘郇膏拟具疏稿。曾、李对文字进行谘商，复于四年五月会衔上奏，即苏松太按则递减，五升以下毋庸一体议减；常镇二府一律普减 1/10。清廷命户部议复后批准，但减钱粮仍驳斥不许，谓最好仿浙江办法，裁钱粮浮收而不减定额。冯桂芬、潘曾玮等主张上疏再请，但李鸿章以为再请无益，减赋之案遂定。[⑤]

---

① 两人意见分别见于《显志堂稿》卷四、卷五，《江苏省减赋全案》卷五。冯桂芬称，因他们的意气之争，江苏减赋留有四大遗憾：一、最初没有径请免赋一半；二、没有将苏州等地照常州起科；三、没有将南米丁粮一体核减；四、没有将科则全定九等，见《江苏减赋记》，《显志堂稿》卷四，光绪二年刻本。

②（清）李鸿章：《上曾中堂》，同治三年九月十三日，《李鸿章全集·信函一》，合肥：安徽教育出版社，2008 年，第 340 页。

③《曾国藩致刘郇膏》，同治三年四月十八日，刘郇膏等辑：《江苏省减赋全案》卷三《文移》，同治五年刻本。

④《曾国藩致刘郇膏》，同治四年五月十一日，刘郇膏等辑：《江苏省减赋全案》卷三《文移》，同治五年刻本。

⑤（清）冯桂芬：《江苏减赋记》，《显志堂稿》卷四，光绪二年刻本。

同治四年（1865 年）九月，李鸿章与刘郇膏奏陈苏松等属减漕章程，并将减米数清单一并呈上。次月，刘郇膏又将减赋科则表册呈上。十月初五日，上谕准照办理，刊刻誊黄，遍加晓谕。江苏减漕事宜告一段落。①江苏减赋所减漕粮情况如表 4-1 所示。

表 4-1　江苏减赋所减漕粮表

府别	原额（两）	减数（两）	新额（两）	核减率（%）
苏州	877 564.9538	326 632.3420	590 932.6118	37.2
松江	427 461.3940	116 544.6382	310 916.7578	27.3
太仓	153 432.7439	42 877.9955	110 554.7484	27.9
常州	355 980.5627	35 598.0563	320 382.5064	10.0
镇江	214 735.0714	21 473.5071	193 261.5643	10.0
合计	2 029 174.7258	543 126.5371	1 486 048.1887	26.8

资料来源：《江苏省减赋全案》卷七《减定应征米数册》，卷八《沿海优减米册数》

表 4-1 所列系漕粮正额，裁减浮收也同期进行。同治二年五月，曾、李鸿章奏请裁减赋税时，附片陈奏江苏漕粮积弊，“必以革除大小户名目为清厘浮收之原，以裁减陋规为禁止浮收之委”②。四年奏请兼减地漕正额时，又附片陈奏裁革钱漕积弊，谓二年秋间即加以清厘，钱漕酌定折价，大小户一律征收。③他们还曾对浮收大加删减，只因米贵银贱，没有统一定价。④户部对此持否定态度，认为若将漕项随同正漕核减，必致运费不敷，多提津贴凑用，是减一分漕项，即增一分津贴。他们要求江苏向浙江减浮运动看齐，通过减浮来减轻农民负担。⑤李鸿章另折奏陈裁减约数，谓裁减地漕

① 因减赋过程所牵涉的事情大多且过于琐碎，极易出现差错。如同治四年十月，护理江苏巡抚刘郇膏奏报，松江府低薄加科田荡有一亩四、五分或二、三亩始准熟田一亩的，本应一体核减，但原奏将其当成中则派减，“核与赋役全书不符”，尽管变动极小，也只能重新更正。结果刘郇膏等人因此交部议处，见中国第一历史档案馆编：《咸丰同治两朝上谕档》第 15 册，同治四年十月二十八日，桂林：广西师范大学出版社，1998 年，第 512 页。

②《军机处录副奏折·同治朝·财政类》，同治二年五月十一日，两江总督曾国藩等折，档案号：03-4862-080。

③ 关于裁减地丁钱漕，曾国藩认为：“此事利于民而不利于官，民有停捐之乐，又得减价之惠，或可踊跃输将；官不以停摊款为德，而但以减丁漕为怨，必且多方挠阻。请阁下于摊捐节寿漕规等项严禁止，俾大利归于州县。而啟处于抗违新章、征解不力者，参劾一二员，则事不劳而自集矣。”见何天柱编：《三名臣书牍》卷一《湘乡曾文正公书牍目录》，上海：上海广智书局，1923 年，第 8 页。

④《军机处录副奏折·同治朝·财政类》，同治四年五月十六日，两江总督曾国藩等折，档案号：03-4863-040。

⑤ 中国第一历史档案馆编：《咸丰同治两朝上谕档》第 15 册，同治四年六月二十五日，桂林：广西师范大学出版社，1998 年，第 315 页。

银两浮收，除酌留办公经费外，其余悉行裁减。将江苏五属额征地漕减免2/10，但有折粮田不科本色，或每亩科征在三分以下，概不议减。苏松太三属漕粮按则递减，五升以下轻则统减 1/3，常镇二属漕粮则一律普减 1/10，“庶于培养元气之中，仍寓慎重度支之意”①。照此比例，江苏全完之年，所减银数当在六七十万上下。

在减赋活动中，江苏漕粮海运津贴也受到裁减。津贴之名始于海运，从前河运时，旗丁向州县索费，各州县不能不向粮户浮收，兑漕除给帮漕截外，州县津贴多寡不同，乃有所谓“帮费”。自改海运以来，“帮费除而津贴之名起”。戴槃向大理寺少卿殷兆镛极力建议截减津贴，“苏省海运津贴之裁，实由于此”②。又据李鸿章核算，江苏海运津贴与所裁革陋规合计，每年可免浮费 140 万—150 万两。③幅度极大。同治五年六月，李鸿章奏陈江苏减漕未尽事宜，谓苏松太常四属共减浮收漕折钱（包括海运津贴及陋规）167 万余串。地漕各款每两折价以 2000 文为率，计减去浮收银钱40 万余串。当时市价每两银合钱 1300 文，折银 150 余万两，与同治四年所奏相差不远。本色收漕则每石余耗以 3 斗为率，不准多取，计共减浮收米374 600 余石。因镇江尚未收复，减数未定。大致情况如表 4-2 所示。

表 4-2 江苏所减浮收表

府别	应征米（石）	所减浮收钱文（串）	所减浮收米（石）
苏州	550 900	753 500	192 800
松江	310 900	505 700	108 800
常州	32 300	215 200	73 000
太仓	110 500	201 600	—
合计	1 004 600	1 676 000	374 600

资料来源：李鸿章《减漕未尽事宜折》，同治五年六月三十日，《李鸿章全集·奏稿》卷十

① 《军机处录副奏折·同治朝·财政类》，同治四年五月十六日，两江总督曾国藩等折，档案号：03-4863-040。

② （清）戴槃：《裁海运津贴记》，《两浙宦游记略·杭嘉湖三府减漕记略》。冯桂芬认为，此主张早经他于道光末年陆建瀛提起，但无法推行，后又与刘郇膏争论，仍由李鸿章另奏，“于是乎删除津贴之议以成”，见《江苏减赋记》，《显志堂稿》卷四，光绪二年刻本。

③ 《宫中档朱批奏折·财政类·漕粮》，同治四年九月初九日，署两江总督李鸿章等折，档案号：04-01-35-0288-068。

民田减漕的同时，清廷还批准对江苏各卫帮并丹徒省卫屯田额漕普减10%，分布情况如表4-3所示。

表4-3 江苏屯田普免表（单位：石）

名称	原额	应减	仍征
苏州卫	4970.2867	497.0287	4473.258
太仓卫	2236.2345	223.6235	2012.611
镇海卫	2783.1464	278.3146	2504.8318
金山帮	412.0838	41.2084	370.8754
丹徒省卫	174.3364	17.4336	156.9028
合计	10 576.0878	1 057.6088	9 518.479

资料来源：（清）刘郇膏等辑《江苏省减赋全案》卷七《减定实征米数册》之附件

除苏松等属外，江宁也曾推行减赋。太平天国运动时期，江宁受到的破坏最大，同治三年（1864年）收复金陵后，以赋册散失无考，曾国藩奏仿安徽之例，权办“抵征”。同治十三年（1874年），始正式开征丁漕。是年及次年，该省督抚多次入奏，仿苏属例酌减赋额。

江苏减赋持续了相当长的时间。光绪三年（1877年），江督沈葆桢据布政使孙衣言之请，将江宁府属上元、江宁、句容、六合和江浦5县额漕减免3/10，即从原额154 889石中减少46 466石。他声称，原两广总督邓廷桢之孙邓嘉缉，因土地无从招佃，情愿充公，“夫以奉代簪缨之族，尚无力赔赋，弃之如遗，则窃誊小民困于追呼，何堪设想”？四年三月，沈葆桢再次奏称，高淳和溧水2县向完折色，因有田地数万亩遭湖水坍没，赋额却被加摊入全县田赋中，请求豁银9200余两，米240余石。同年六年九月，刘坤一又奏请豁免溧水虚粮7万余亩，赋额五六千两。[①]这些均非“有名无实”所能囊括。

（三）浙江减赋

潘祖荫奏请减赋仅限于江苏，丁寿昌奏请始及浙江。丁寿昌称，浙江亦有减赋必要，建议各州县按应征漕米旧额永减1/3。[②]同治二年（1863

① （清）蒋启勋等修：《续纂江宁府志》卷二《田赋》，光绪七年刻本。
② 《军机处录副奏折·同治朝·财政类》，同治二年四月二十三日，福建道监御史丁寿昌折，档案号：03-4862-075。

年）六月初三日，清廷发布上谕："著左宗棠通饬杭嘉湖三属，将实在应征漕粮税则详细确查，各按重轻分成量减。"[①]十二月，左宗棠复奏，杭嘉湖三府均未收复，户口流亡，征册毁失，应俟地方肃清再行查办。他又表示，浙东各属浮收弊端也应同样核减。[②]也就是说，浙江减赋的启动虽在江苏之后，但它的策划却在江苏之前。

同治三年（1864 年）八月，湖州克复，浙西肃清，左宗棠与布政使蒋益沣、粮储道杨昌濬商议，在杭州设立清赋总局。他们宣称，杭嘉湖三府漕额与苏松太的征漕情况类似，江苏议减 1/3，浙江宜仿照办理。因浙江三属漕粮税则轻重不同，应各按科则量减，并计总数。[③]十月，清赋局报告减赋大概情形，左宗棠根据这份详文，提出四种办法：减正额、减浮收、筹运费，裁陋规。所谓减正额，其一是依原来科则，将田亩分为上中下三等，按科则重轻分别核减。其二是核减总数，按原额总数减去 1/3。但户部认为，浙省漕赋不如苏省重，统减 1/3 未免过多，只能仿照江苏办法，统按原额于 30 分中减去 8 分。[④]

户部行文到浙时，左宗棠已经赴闽剿匪，减赋事宜由巡抚马新贻继任。同治四年三月二十二日，马新贻奏称："浙西三府为财赋之区，贼之蹂躏亦深，数年之间，穷乡僻壤，搜括无遗，昔之繁盛村落，今则一片荒郊。"[⑤]他首先对当年三府应征缓征免征钱粮进行分别请示。闰五月，他又会同左宗棠陈奏浙漕应征分数，即按 8:30 的比例，将浙江各属漕粮全部额减。共计浙省额征漕白米 1 147 300 余石，除南匠正耗 133 863 石、白粮舂办米 13 039 石不减外，应减米 266 765 石，分别按等核减，则如表 4-4 所示。

---

① 中国第一历史档案馆编：《咸丰同治两朝上谕档》第 13 册，同治二年六月初三日，桂林：广西师范大学出版社，1998 年，第 257 页。

②《宫中档朱批奏折·财政类·漕粮》，同治二年十二月初四日，署理浙江巡抚左宗棠折，档案号：04-01-35-0086-004。

③《军机处录副奏折·同治朝·财政类》，同治三年十月二十六日，闽浙总督左宗棠折，档案号：03-4862-085。

④《户部奏复闽督奏减漕大概情形筹议四条》，马新贻等纂：《浙江海运漕粮全案重编》卷一《减漕事宜》，同治六年刻本。

⑤《军机处录副奏折·同治朝·财政类》，同治四年三月二十二日［朱批日期］，浙江巡抚马新贻折，档案号：03-4847-051。

表 4-4 浙江减赋比例表

属性	原额（斗）	减额率（%）	田数（顷）	原征（石）	减米（石）
上则	1.6—1.9	30	30 058	435 749	129 197
	1.1—1.5	25	22 831	316 854	76 901
中则	0.9—1	20	16 438	160 814	30 590
	0.6—0.8	15	23 019	172 914	24 297
下则	0.6以下	10	39 595	59 348	5779

资料来源：《军机处录副奏折·同治朝·财政类》，同治四年闰五月初一日，浙江巡抚马新贻折，档案号：03-9461-018

据马新贻咨送户部的浙江各属漕米细数清册，每州县减漕情况如表4-5所示。

表 4-5 浙江各州县减漕情况表

地名		原征米数（石）	减征米数（石）	仍征米数（石）	仍征率（%）	附南米数（石）
杭州	仁和	53 038.0747	9 470.9534	43 567.1213	82	108
	钱塘	22 400.2531	2 894.5192	19 505.7339	87	94
	海宁	53 387.4273	9 247.4978	44 139.9295	83	10 961
	富阳	6 946.7126	677.9870	6 268.7256	90	710
	余杭	11 653.9584	1 281.8165	10 372.1419	89	1 421
	临安	6 796.8794	1 031.1315	5 765.7479	85	82
	新城	4 169.8263	577.5315	3 592.2948	86	0
	於潜	3 029.9448	327.3976	2 702.5472	89	2
	昌化	2 142.9125	226.1535	1 916.759	89	24
	小计	163 565.9896	25 735.4880	137 830.5016	84	13 402
嘉兴	嘉兴	101 344.0280	28 351.4885	72 992.5395	72	16 124
	秀水	85 922.3860	28 593.2472	57 329.1388	67	14 218
	嘉善	97 701.4404	34 405.8576	63 295.5828	65	17 996
	海盐	54 657.9749	12 187.7828	42 470.1921	78	10 036
	平湖	56 923.1700	16 542.9974	40 380.1726	71	10 876
	石门	51 742.7807	14 941.1466	36 801.6341	71	8 843
	桐乡	43 984.3210	10 393.7809	33 590.5401	76	7 957
	小计	492 276.1010	145 416.3010	346 859.8	70	86 050
湖州	安吉	8 541.7154	845.3811	7 696.3343	90	0
	归安	98 118.3738	31 369.3850	66 748.9888	68	9 648
	乌程	114 515.8809	38 960.6064	75 555.2745	66	16 291
	长兴	54 945.2664	7 803.2171	47 142.0493	86	5072
	德清	56 132.4914	15 042.9835	41 089.5079	73	1101
	武康	12 313.0120	1 592.2699	10 720.7421	87	249
	小计	344 576.7399	95 613.8430	248 962.8969	72	53
合计		1 000 418.8305	266 765.6320	733 653.1985	73	32 414

资料来源：（清）马新贻等纂《浙江海运漕粮全案重编》卷1《减漕事宜》，同治六年刻本

由表 4-5 可知，相较于江苏，浙江减漕比例更为规整，而且全省幅度基本保持不变。因具体情况相当复杂，在此只列出总体数额，至于各州县细数，以及各级官员核实应征、起征、减征米数及具体田亩变化数据，则更为琐碎和复杂。比如嘉兴府海盐县在具体减漕过程中，知府许瑶光就曾经因该县田亩之变迁、记载之变化、细数之确定等，多次上禀马新贻。马新贻也要求许瑶光将该县旧存县志送呈核实，并对他所禀报的减漕计划进行认真研究，最后于五年统一奏请朝廷。如此等等，不一而足。①

清廷谕令浙省督抚，立即将减漕之事"刊刻誊黄，遍行晓谕"②，浙江减赋运动遂告一段落。不料到了同治六年，在漕粮减征时，竟因征税体制过于死板，导致无闰之年的扣算灰石较有闰之年反多。对此，连马新贻也极为糊涂："无闰之年，何以多于有闰？是否以南抵漕？"布政使蒋益沣等人经过仔细核实，才发现其中的奥秘：浙省漕粮以额征正改兑、灰石、正耗各米合并计算，有闰、无闰之年数额差别极小。除改正兑向不征闰，改折灰石正耗米遇闰应行加征，但减其闰米，是以有闰之年，"灰石加增，漕粮转少"③。也就是说，这样于情于理都说不通的事，居然会堂而皇之地出现，并且会被执行下去。

同样，昌化县原额月粮及金华府兰溪县、衢州府龙游县，也出现了"原额月折月本银两，有闰额数较与无闰原额转致减少"的现象，其原因则是"无闰原额系照咸丰二年奏册为额，有闰原额系照咸丰十年奏册为额"。因账册已经上报户部，马新贻只得奏请更改，最终修改的结果，以昌化为例，有闰之年仍照咸丰十年原额征收；无闰之年则仍照有闰原额，匀减闰米 42.889 石，使数额变小。④因前后数据变动较多，到最后连户部也颇不耐烦，他们干脆规定：无闰之年，应照咸丰九年分奏册作为定额；有闰之

---

① 参见《浙江省减赋全案》之卷三《上谕章奏文册》，以及卷十《附刊各案》。

② 中国第一历史档案馆编：《咸丰同治两朝上谕档》第 15 册，同治四年五月十一日，桂林：广西师范大学出版社，1998 年，第 242 页。

③（清）蒋益沣等：《省局会详漕粮项下扣算灰石是以闰年漕米转少》，马新贻等纂：《浙江海运漕粮全案重编》卷一《减漕事宜》，同治六年刻本。

④（清）马新贻：《浙抚咨昌化等县月粮本折银米闰年转少请部核复》，马新贻等纂：《浙江海运漕粮全案重编》卷一《减漕事宜》，同治六年刻本。

年，应照咸丰七年分作为定额。但这种貌似改革性质的变化，意义并不大，因为有闰之年的米数与此次所改之数，“悉属相符”[①]，而无闰之年的米数，相差也微不足道。另一方面，即便做了这些更改，问题依然存在。同治五年（1866 年）起运漕粮，浙江便出现了这样的场景：省局询问嘉兴府钱塘县，“本年漕粮额征应否连闰计算？其折开起运五年无闰字样，与嘉属各县禀报连闰计算之案，因何两歧”？经确查回复，乃知它的新漕乃同治五年起运四年之米，“该县折开起运五年无闰字样，似系误会”[②]。清廷因此类统计方式的困扰，被耗掉了太多的精力。

浙江减漕之外，又有裁减浮收。同治三年（1864 年），左宗棠奏定核减绍兴府及宁波府钱粮浮收，蒋益沣、马新贻等人继之。马新贻于次年四月十二日将杭嘉湖 3 府浮收钱粮上奏[③]，以后又奏准核减嘉、金、衢、严、处等属浮收，而杭嘉湖 3 属仅奏及浮收银钱。[④]是年九月，马新贻与藩司蒋益沣、粮道薛时雨等，访查各州县征收漕南旧规，除酌留耗余以为办公之费，其余悉改新章，其中以裁革海运津贴所省最多。杭州府减浮收 64 653 石，嘉兴府减 285 387 石，湖州减 136 866 石，合计 486 906 石，详见表 4-6。另外，漕南统征分解，米款向以征剩漕米归南，“多系疲玩，小户历来折钱完纳，今一并核减”，三府南米，共减浮收钱 247 千余串。浙江省局规定，愿完折色者仍可按照市上米价随时收纳，而杭州新城、于潜、昌化等县，向收折色，官为办运，“应照旧办理”[⑤]。浙江 11 府，只有台州尚未办妥，马新贻称，台州各县“地本瘠苦，粮额亦少，有无浮收应行核减之处，现在严催详办”[⑥]，但

① （清）马新贻：《浙抚咨送户部减定无闰额漕并昌化月粮核正清册》，马新贻等纂：《浙江海运漕粮全案重编》卷一《减漕事宜》，同治六年刻本。

② 《省局详复四年冬漕自应加闰科征》，马新贻等纂：《浙江海运漕粮全案重编》卷二《省局事宜》，同治六年刻本。

③ 《军机处录副奏折·同治朝·财政类》，同治四年四月十二日，浙江巡抚马新贻折，档案号：03-4863-026。

④ 《军机处录副奏折·同治朝·财政类》，同治四年闰五月初六日，浙江巡抚马新贻折，档案号：03-4847-077。

⑤ 《军机处录副奏折·同治朝·财政类》，同治四年九月二十八日，浙江巡抚马新贻折，档案号：03-4863-079。

⑥ 《军机处录副奏折·同治朝·财政类》，同治四年闰五月初六日，浙江巡抚马新贻折、档案号：03-4847-077。

事后并无下文。

表 4-6 浙江所减浮收情况表

府别	所减浮钱（千文）	所减浮米（石）
温州	40 500	300
绍兴	221 420	361
宁波	104 870	867
嘉兴	255 638	285 387
杭州	69 215	64 653
湖州	205 501	136 866
金华	156 161	521
衢州	103 929	65
严州	61 986	—
处州	6 833	125
总计	1 826 053	489 045

资料来源：《军机处录副奏折·同治朝·财政类》，同治四年闰五月初六日，浙江巡抚马新贻折，档案号：03-4847-077

浙江减定浮收的章程，归纳起来可以分为三点：一、正额照常征解，惟杭嘉湖漕米额征数依谕旨酌减。二、一切陋规概行禁革，对浮收加以裁减，仅酌留平余为办公费。三、严禁大小户之分。这些规章均能与裁减浮收相辅而行，故都取得了较好的结果。共计浙江减米近 49 万余石，减浮收钱达 182 万余串。

相较于江苏，浙江减赋具有以下几个特点。其一，从数量上说，浙江所减漕粮正额远不及裁减浮收之巨，裁减浮收才是此次减赋运动的主要内容。正因为浙江减漕比例较小，使得有人对此极为不满："所减重赋之嘉湖两郡，至今民有菜色，而山区轻赋之乡，所减仅及圭撮，民不知感。"究其原因，乃在于僧多粥薄，"减赋之义，所以慰杼柚之劳民，非以媚无辜之赤子也"①。其二，浙江减漕并没有核减漕截银两。马新贻奏称，浙江漕截较之江安粮道（每米 100 石征银 5 两，征米 5 石）和苏松粮道（每米 100 石征银 10 两，征米 5 石），"多寡实相悬殊"。漕截原为给帮济运而设，浙省漕截虽较重于他

①《浙江田地山荡银米比较表》，见《浙江田赋略》，光绪年间铅印本。

省，现在既减漕额，又禁浮收，百姓当不致再以赋重藉口，“且现在海运经费既不准动用别款，又不便再提津贴，舍此漕截银两几于无款可筹”[①]。也就是说，出于本省经费的考虑，浙江将这一部分税收保留下来。

经过减赋运动，各省都取得了一定的成效。湖南、湖北、江西、安徽、江苏和浙江六省所裁减的漕额及浮收共计银 150 万余两，钱 640 万余串，米 170 万余石，数量相当惊人，效果明显。[②]

二、漕粮海运

清代财政的重要收入之一是漕粮，清前期漕粮的运输向以河运为正途，至 1850 年之前，仅在道光六年（1826 年）和二十八年（1848 年）年试办过两次海运，且旋试旋止。

（一）木帆船海运

咸丰三年（1853 年），太平军攻下南京，部署稍定，即着手东征北伐。太平天国运动对清朝漕运体制的打击是致命的：其一是上海陷落，导致江浙两省漕粮出海口问题遇到难题。其二是太平军攻下扬州，扬州系南省河运漕粮集散地，河运漕粮本应于此地集中，再分帮北上。扬州陷落后，漕运河道被切成两段，使得江西、安徽、湖南、湖北等省漕粮无法再依靠运河。其三是南方省份成为主战场，自咸丰二年起，湖南等省河漕停止，再也没有恢复。[③]随着太平天国运动的爆发，这几个省的河运漕粮实质上已经终止。而江浙两省的海运漕粮，已经成为清王朝得赖支撑的重要支柱。

咸丰元年（1851 年），清廷对江苏白粮 72 000 石进行了试运。咸丰二年

① 《军机处录副奏折・同治朝・财政类》，同治四年八月初四日，浙江巡抚马新贻折，档案号：03-4982-032。

② 刘克祥：《十九世纪五十至九十年代清政府的减赋和清赋运动》，《中国社会科学院经济研究所集刊》第 7 辑，北京：中国社会科学出版社，1984 年，第 321 页。

③ 咸丰三年，湖南省之折漕请求得到批准，当时董恂“详阅其章程，顿足曰：噫，自是湖南不复漕矣，亟思挽救，苦未得策”，见董恂：《还读我书室老人手订年谱》，咸丰三年七月，台北：文海出版社，1966 年，第 44 页。

(1852 年)，户部尚书孙瑞珍奏称，自从太平军起，户部支绌，收入年年减少，若非有另外加增之项，不足以维持开支，唯一可行的办法只能是漕粮海运。通过类推道光二十八年的江苏海运，他认为，如果此年仍行海运，共可节省银八、九十万两。虽然只能够京城两个月的支出，但如不行海运，“则来岁并此而亦无”①。自此之后，漕粮海运开始取代河运，成为清代后期漕运的主导方式。

咸丰二年三月初三，苏松太道吴健彰等人禀报，漕粮已经全部兑装完竣，连前共解漕米 1 078 600 石，白粮 81 331 石，内除沙船耗米 85 140 石，津通食耗二米 27 941 石，实在交仓 1 046 255 石，与原报数目一致，共装船 873 只。②至五月中旬，海运验兑工作结束。共节省 66 万两白银。咸丰三年(1853 年)共运漕米 823 000 余石。③咸丰三年江苏海运经费，头批汇寄银 12 万两，后由江苏粮道何俊在天津运库借银 5 万两。原打算等苏省银解到后归还，因太平天国运动爆发后金陵需饷甚急，仍就近截留，津通需用银两则在长芦盐场的盐课项下拨抵。此次江苏海运能节省银 60 余万两。④

直到咸丰二年，漕粮海运均行之于江苏省，“浙省不与焉”。浙江漕粮海运始于咸丰三年。在二年河漕兑运后，浙江漕船难归水次，黄宗汉疏请变通，仿效江苏海运故事。不久，太平军占领镇扬，江路受阻，浙江“遂无岁不行海运”⑤。

江苏和浙江两省漕粮海运同时进行的效率，给咸丰帝留下了深刻印象。咸丰三年的漕粮海运收兑工作尚未结束，户部就向咸丰帝奏报，经过江浙两省海运，京通各仓粮食储备大为增加，情况明显好转，“欲求裕国恤

---

①《户部尚书孙瑞珍跪奏为援照成案河海并运以裕库储而资周转》,《海运续案》卷一《谕旨、章奏》，抄本，北京大学图书馆藏。

②《军机处录副奏折 · 咸丰朝 · 财政类》，咸丰二年三月初六日，两江总督陆建瀛等折，档案号：03-4362-068。

③《军机处录副奏折 · 咸丰朝 · 财政类》，咸丰三年三月二十二日，户部尚书孙瑞珍等折，档案号：03-4363-035。

④ 户部折，咸丰二年九月二十二日，杨守岘等纂：《重订江苏省海运全案原编》卷二《奏章文移》，光绪十年刻本。

⑤(清)马新贻等纂：《浙江海运漕粮全案重编》，马新贻序，同治六年十月，同治六年刻本。

民，舍海运别无办法”[①]。咸丰帝谕准，来年两省漕粮仍行海运。因为江苏此年成为清军与太平军斗争的主战场，能交纳的漕粮数额急剧减少，变成海运的配角，浙江则一跃占据主导地位。又因小刀会事起，上海失守，原有漕粮海运的部署被打乱，清廷只能选择从效率方面来说，相当失败的浏河口。这也是清代漕粮海运唯一一次没有从上海出运的特例。

与此相伴随的，则是京师出现大规模粮荒。西方人做过这样的描述：“北京大米来源已断 3 月，居民已用小麦和其他北方谷类作为粮食。2/3 的人口业已离开京城。”[②]早在三年九月，太平军北伐节节胜利之际，清廷中就有人要求将京通仓米转运北京城内，“若待贼氛较近，临时转运，恐费周章”，并限仓场侍郎在 10 天之内完成任务。[③]京师粮荒成为理解江浙漕粮海运时清廷态度的重要线索。

咸丰四年（1854 年），江苏本应起运本色漕粮数十万石，但咸丰三年十二月漕粮开征时，恰逢扬州起义民众与前来接应的太平军汇合，聚集瓜州，欲攻镇江，“苏杭之谣，民情十分惶惑”，抗租之案层见叠出。江苏欲按上年部议，粳米每石 1.4 两折色，在津采买。[④]但户部极力反对：京仓全赖江浙，江苏办理折色，无需设局雇船，无庸赴津交兑，孰难孰易不办自明，“是该督抚但为其易，而不为其难”。采办成案每石合银 2.2—2.4 两不等，加以抵坝运仓，每石总须 2.6—2.7 两，江苏所议仅及其半，“是该督抚但为本省计，而未为京仓计”[⑤]。

咸丰四年四月，怡良等再次奏称，虽然上谕再次要求江苏起运本色，但自苏省戒严，土匪横行，民多迁徙，地即抛荒。长江又被截断，商贩不通，

---

① 《户部奏咸丰四年起运三年粮米仍由海运》，马新贻等纂：《浙江海运漕粮全案重编》卷一《省局事宜》，同治六年刻本。

② *North China Herald*. 1853, 10, 29.

③ 《军机处录副奏折》咸丰三年九月初九日，惠亲王绵愉等奏请将津通各仓米石速运京仓分存折，中国第一历史档案馆编：《清廷镇压太平天国档案史料》第 10 册，北京：社会科学文献出版社，1995 年，第 273 页。

④ 《军机处录副奏折 · 咸丰朝 · 财政类》，咸丰三年十二月十五日，两江总督怡良等折，档案号：03-4364-053。

⑤ 《户部议奏苏常等属新漕不准改收折色》，杨守岘等纂：《重订江苏海运全案原编》卷三《奏章文移》，光绪十年刻本。

专恃本地粳米，兵勇云集，需米更多，市价倍增。兼之沿海沙船自小刀会起义后，闻风远避，分头封雇，仅敷装运浙漕。松太镇三属已经被兵，其余地方又不敢过分征漕，"宽则漕务废弛，猛则激成事变"，直至三月底，江苏一共才征银 32 万余两。[①]户部只得同意江苏的要求。作为最大征漕省份的江苏停止起运本色，导致本来就十分紧张的京仓放米更加严峻。为弥补这种亏缺，清廷命令各省采买和劝捐米石。诚然，这无非是因京通粮食存储形势危急，不得不采取的过渡性办法，如果清廷能够破釜沉舟，通过这些补救方式，彻底摆脱对苏漕、乃至南漕的依赖，倒也不失为改革漕粮体制的契机。只可惜，清廷很快就撤回到原来的轨道上，再也不肯多走一步。

咸丰五年（1855 年），铜瓦厢决口，洪水先向西北又折东北，流分三股：一股由赵王河东注，两股由东明县南、北分注，至张秋三股汇合，夺大清河入海，成为清朝历史上最重要的黄河改道。清廷既需要投入大量财力进行赈济与重建，又使得河运至少在短期内无法通航，海运的重要性更加突显。在此期间，江浙两省的漕粮海运受到海盗与西方侵略势力的双重夹击，出现严重危机。火轮船护漕的出现，以及第二次鸦片战争期间漕粮海运的无所适从，均是这种困境的反映。

咸丰六年（1856 年）九月，"亚罗号"事件爆发。英法联军于咸丰八年三月到达大沽口，双方开始谈判。咸丰九年五月，英法军队再赴大沽，遭僧格林沁重创。咸丰十年六月，联军又至大沽，占领天津后直趋北京，九月火烧圆明园。咸丰帝逃往承德，并于咸丰十一年七月十七日病死。在此期间，清廷政局动荡，英法军舰在沿海频繁出现，并一度占领天津，使得江浙两省漕粮海运饱受影响，河运呼声抬头。

在第二次鸦片战争期间，江浙漕粮在天津的受兑皆受影响。咸丰八年三月二十四日，江浙共有进口船只 394 只，米 50 余万石，已及正漕 30%。[②]

---

①《军机处录副奏折·咸丰朝·财政类》，咸丰四年四月二十三日，两江总督怡良等折，档案号：03-4365-061。

②《宫中档朱批奏折·财政类·漕粮》，咸丰八年四月初二日，钦差验米大臣文彩折，档案号：04-01-35-0287-045。

四月初七日，夷船共 13 只于海口下碇。沙船进口必经其间，最初两不招呼，尚无阻碍。[①]但次日，大沽炮台失守，英法军队遂进驻运河，商船被抢被毁“不下数十只”[②]。直到四月下旬，英法军舰还停泊西沽红桥地面，系北运河南口。[③]因漕粮沙船俱被拦住，“进不能进，出不能出”[④]，海运验米完全停顿下来。拖延至六月二十八日，到达天津的江苏船只为 546 只，米 618 000 余石；浙江 146 只，米 20 余万石。核计苏省抵津米数已及 70%，浙江抵津米数亦及 50%。[⑤]受战争的拖累，此年两省漕粮于八月中旬才全部兑完。[⑥]

第二次鸦片战争失败后，咸丰皇帝逃往热河。陈孚恩奏称，在京商贾无利可图，生意日减，且恐土匪及夷人扰动，已经将所有资本暗运出京，店铺也逐渐关闭，“既去之后，难以遽复旧观”[⑦]。又有人报告，自咸丰帝外逃之后，“搬家者终日络绎，煤米腾贵，睹此时事势，不能禁人心不惊惶也”[⑧]。记者也观察到，咸丰外逃后，“商人们发现粮食在热河可以比北京卖更好的价钱时，许多北京的粮食被转移走了，结果使得北京的粮食上涨一倍”[⑨]。

在败于英法联军的同时，清廷也遭到了太平军的强力攻击。咸丰十年

---

①《天津夷情（二）》，1858 年 4 月 28 日（四月初七到沪），《吴煦档案选编》第五辑，南京：江苏人民出版社，1983 年，第 279 页。

②《吴煦禀商船在津被劫》，1858 年 6 月 17 日（五月初七日），《吴煦档案选编》第四辑，南京：江苏人民出版社，1983 年，第 414 页。

③《宫中档朱批奏折 · 财政类 · 漕粮》，档案号 04-01-35-0287-048，咸丰八年四月十六日，钦差验米大臣文彩折。另外，据 Harold C. Hinton 研究，“当联合舰队于 5 月底开到北河时，他们发现那里蜂拥着漕船……这些粮食的最后命运不得而知”（*The Grain Tribute System of China (1845-1911)*， p. 26.）

④《宝顺洋行通事探报》，1858 年 5 月，《吴煦档案选编》第五辑，南京：江苏人民出版社，1983 年，第 281 页。

⑤《宫中档朱批奏折 · 财政类 · 漕粮》，咸丰八年七月初九日，钦差验米大臣文彩等折，档案号：04-01-35-0287-061。

⑥《军机处录副奏折 · 咸丰朝 · 财政类》，咸丰八年八月二十一日，钦差验米大臣文彩等折，档案号：03-4371-066。

⑦《陈孚恩奏请圣驾回京折（抄件）》，1860 年 12 月（十月），《吴煦档案选编》第四辑，南京：江苏人民出版社，1983 年，第 270—271 页。

⑧《都门来信（二）》，1860 年 10 月 3 日，《吴煦档案选编》第五辑，南京：江苏人民出版社，1983 年，第 298 页。

⑨ D. F. Rennie. *Peking and the Pekingese during the First Year of the British Embassy at Peking*. London. 1865, p.268-269. 转引自 Harold C. Hinton. *The Grain Tribute System of China (1845-1911)*. p. 33.

（1860 年），为夺取苏州，太平军联合丹阳、常州等处 10 余万部众，“分番更代，日夜来攻”[①]。四月，苏州失陷，各府州县亦将次不守，“是届冬漕，只将完善之川、奉、南三厅县酌量征运”[②]。因浙漕已经无法起征，苏漕又少，京城只能专恃北省杂粮，“饷糈民食，匮乏立形”[③]。据报，江苏川沙、南汇和奉贤三厅县仅征米 36 500 余石，经剥等米 890 余石，沙船耗米 27 600 余石，“起运漕米为数无多，一切情形又非往届可比”。江苏此次没有设立海运省局、沪局，而是均由兼署苏藩司吴煦与署粮道李万杰会办，知府汪有勋则前往天津负责交米。因米数太少，本次也没有专派钦差验米验收，只是由天津道酌派数员办理。[④]随后两年，即同治元年（1862 年）及二年漕运，江苏更是因为“各城尚未收复，奏准停免征运”[⑤]，漕粮海运完全停顿。浙江省的情况亦复如是。咸丰十一年（1861 年）四月，巡抚王有龄奏称，浙江各属饱遭蹂躏，“逆匪所到之处，庐舍化为焦土，人烟寥寂，鸡犬无闻”。浙江新漕无从起运，“惟有候来年各漕察看情形”[⑥]。结果，从咸丰十一年至同治四年（1861—1865 年），浙江一直都没有恢复过海运。

对江浙两省的停办漕运，户部极不情愿。户部指出，咸同时期，江浙两省同时用兵，而各属被扰情形，以江苏省尤甚。江苏苏松太几无完善之区，浙江杭嘉湖尚多“保全之地”。也就是说，他们仍想让浙江起运本色，但并未收到效果。[⑦]同治元年闰八月，户部又强调来年新漕急须赶办，浙江杭嘉湖等属被兵，办理自难措手；江苏则松太两属间有完善地方，且海运系由上海交兑，现在运道无阻，应令该抚选择完善各属，照常征兑，由海

① 强汝洵：《金坛见闻记》卷下，《求益斋全集》，光绪二十四年江苏书局刻本。

②《编者按》，杨守岘等纂：《重订江苏海运全案原编》卷四《奏章文移》光绪十年刻本。

③《桂良致吴煦函》，1861 年 5 月，《吴煦档案选编》第五辑，南京：江苏人民出版社，1983 年，第 227 页。

④《户部奏议复海运章程》，《重订江苏海运全案原编》卷四《奏章文移》。

⑤《编者按》，杨守岘等纂：《重订江苏海运全案原编》卷四《奏章文移》光绪十年刻本。

⑥《军机处录副奏折・咸丰朝・财政类》，咸丰十一年四月初二日，浙江巡抚王有龄折，档案号：03-4374-017。

⑦《军机处录副奏折・咸丰朝・财政类》，咸丰十一年九月二十日，大学士管理户部事务周祖培等折，档案号：03-4374-026。

运津，“不得以军需紧急，未遑兼顾等词一奏塞责”[①]。但在江苏的强烈反对下，户部最终也不得不同意，将其漕额全行蠲免。

因江浙及两湖、安徽、江西都停止起运本色，河南和山东两省倍受压力。为防止河南与山东也起而效法，有言官称：“值此京储告匮，海运米石尚不能预定多寡，全赖河南、山东两省米粮用资接济。”[②]表示绝不允许这两省也行折色。此后，在有漕诸省开展减赋运动的同时，清廷也开始进行恢复漕运制度的努力。只是这种努力在江西、湖北、湖南、安徽等省没有收到好的效果，它们的河运漕粮制度已经在事实上宣告结束，再也没有恢复。能够继续起运南漕本色的只有江浙两省。

早在同治二年（1863 年）二月，李鸿章已着手让商人试运采买米石，他劝谕商户，无论粳籼洋米，或自行捐运，或交商购运，藉济要需。[③]经过精心策划，这些商买米 3 万石，由司道等会议章程，陆续放洋。[④]此后，江苏的漕粮海运全面恢复。

浙江漕粮海运在同治五年（1866 年）得到恢复。在此之前，户部曾多次提议浙江重开海运，都遭到浙江拒绝。直到朝廷同意推行海运经费一揽子计划，加大津贴力度，浙江才允诺恢复。户部指出，浙江办漕向来只准动用漕截，各州县籍口津贴，重累闾阎。现在议增之款几至一倍有余，“为此破格之举，自此次明定章程后，办运既无虞掣肘，绅衿更无可挟持”[⑤]。正因为有了这种改变，浙江答应得才极为爽快。考虑到北京缺粮，户部不仅要江浙两省多筹海运，还要求山东也同样办理，“能多一石起运，即多一

① 《军机处录副奏折·同治朝·财政类》，同治元年闰八月二十日，大学士管理户部事务倭仁等折，档案号：03-4862-028。

② 《军机处录副奏折·同治朝·财政类》，同治元年十月十六日，江南道监察御史官亮折，档案号：03-4862-038。

③ 中国第一历史档案馆编：《咸丰同治两朝上谕档》第 13 册，同治二年二月初二日，桂林：广西师范大学出版社，1998 年，第 39 页。

④ 《军机处录副奏折·同治朝·财政类》，同治二年四月初七日，江苏巡抚李鸿章折，档案号：03-4936-066。

⑤ 《户部奏复浙江巡抚议奏筹抵海运经费》，马新贻等纂：《浙江海运漕粮全案重编》卷四《经费事宜》，同治六年刻本。

石储备"[①]。至于江北，户部也命漕运总督吴棠仿照本年河运成案，"扫数起运"。他们声称，即使不能照此办理，至少也要由该省酌量情形，"划分成数，河海并运"[②]。

江浙漕粮海运进行得如火如荼，清廷中恢复河运的呼声却从来也没有停止过。咸丰之后，南漕重新河运当始于同治四年（1865 年）。早在一年前，漕运总督吴棠即奏请："东南军务大定，拟请试办河运。"他打算在淮军军需捐款内动银购米 2 万石，试行河运，结果得到批准。[③]后来清廷在缺米的压力下，要求吴棠将采购米数增加到 30 600 石。此次河运于次年八月全部抵通，相关人员也得到奖赏。[④]但这次试办并不能称得上成功。当漕船返抵山东时，河道淤塞，直至同治五年三月仍未南归，"以致人人视为畏途，必须优加体恤船户乐从，方可行之久远"[⑤]。因此，户部谈论同治五年江北新漕河运时，指出河运系封雇民船，不无掣肘，如不能概由河运，即酌量情形划分数成海运，但并未得到响应。[⑥]此后，清廷又多次在试行江北漕粮河运，但效果均不算佳。

（二）招商局承运

轮船招商局的创办是清代漕粮海运史上具有划时代意义的大事。"自营轮船事业，当以李鸿章、盛宣怀等所组织之招商局为滥觞"[⑦]。招商局是晚清洋务派创办的第一家"官督商办"企业，也是洋务运动最重要的成果之一。招商局的成立，既是洋务派对漕粮海运解决办法的一个贡献，对洋务

① 《户部奏催江浙山东赶办新漕并催造江浙减漕册籍》，马新贻等纂：《浙江海运漕粮全案重编》卷四《经费事宜》同治六年刻本。

② 中国第一历史档案馆编：《咸丰同治两朝上谕档》第 15 册，同治四年八月二十五日，桂林：广西师范大学出版社，1998 年，第 386 页。

③ 《清穆宗实录》卷一二四，同治三年十二月庚辰，北京：中华书局，1986 年影印本。

④ 中国第一历史档案馆编：《咸丰同治两朝上谕档》第 15 册，同治四年九月初二日，桂林：广西师范大学出版社，1998 年，第 395 页。

⑤ 中国第一历史档案馆编：《咸丰同治两朝上谕档》第 16 册，同治五年三月初一日，桂林：广西师范大学出版社，1998 年，第 48 页。

⑥ 《军机处录副奏折 · 同治朝 · 财政类》，同治四年十月初八日，署两江总督李鸿章折，档案号：03-4863-082。

⑦ 张庆枏：《中国航业史略》，见招商局档案：《本局恢复周年纪念刊稿卷》，南京中国第二历史档案馆馆藏号：468-799。

运动的发展也具有巨大的推动作用。可以说，招商局对洋务运动以及近代中国的社会变迁，起了非常重要的作用，而这种作用的发挥，无疑又是和漕粮海运密切联系在一起的。

一般人认为，因洋轮入侵，原有沙卫等船的经营活动遭受致命打击，数量急剧下滑，漕粮海运船只不敷，招商局得以创设。应该承认，洋轮入侵在很大程度上威胁了漕粮海运，并左右着社会舆论；沙卫等传统木帆船的衰落，也为招商局的出现提供了最佳时机。但最终促使招商局创立的，主要还是源于洋务派政治权力的壮大。通过招商局成立初期的情况来看，当时木帆船显然还没有到无法完成漕粮海运任务的地步。时人曾言，沙船其初往北专装豆饼等货，贩诸浙闽，不愿装漕，“诚以贩运之利，厚于漕米之水脚”。以后轮船畅行，兼载豆饼，沙船失业，“屡求多装漕米”[①]。也就是说，漕粮海运虽然因招商局的创设而受益，但创立招商局在很大程度上却是洋务派官员利用漕运之名，推动洋务事业。

同治五年（1866 年），为创办福州船政局，左宗棠奏称，江浙大商以海船为业，只因效率低下，生意渐为洋商所占，船只减少，漕政益难措手，“非设局急造轮船，不能凑效”。如能以新造轮船运漕，以雇沙船之价支撑，“漕务毕则听商雇，薄取其值，以为修造之费”[②]。同治十年内阁学士宋晋对福州船政局的造船事业进行猛烈抨击，指出福州船政局原议制造船 16 只，立限 5 年，经费不逾 300 万两。至今仅造成 6 条轮船，拨解经费已有正款银 315 万两，另养船经费银 25 万两，“用款已较原估有增，造成各号轮船虽均灵捷，较之外洋兵船尚多不及”。名为远谋，实同虚耗。如用以运粮，“更比沙船倍费”。当此用款支绌之时，要求将福州船政局裁撤，以节省经费。[③]清廷要求相关大员进行议复，文煜、沈葆桢、李鸿章、奕訢等人

---

① 《字林沪报》，光绪十三年五月初三日，1887 年 6 月 23 日。

② 《军机处录副奏折 · 洋务运动 · 船厂》，同治五年五月十三日，闽浙总督左宗棠折，档案号：03-9401-001。

③ 《军机处录副奏折 · 洋务运动 · 船厂》，同治十年十二月十四日［朱批日期］，内阁学士宋晋折，档案号：03-9402-012。

纷纷发表意见，坚决反对停办船厂。针对保守派的指责，洋务派人士都同意变通办理，而变通之方“不外配运漕粮、商人租赁两义”[①]。

同治十一年（1872 年），曾国藩病故，左宗棠出任陕甘总督，李鸿章成为筹设新式轮船公司的实际主持者。十一月二十三日，李鸿章上陈著名的《试办招商轮船折》，指出自己于本年夏间验收海运之暇，命浙局总办海运委员朱其昂等人拟定轮船招商章程。[②]经反复议论，朱其昂等人拟定《轮船招商节略并各项条规》（即招商局章程）20 条，明确规定在招商过程中，要杜绝洋人借名入股，也不准将股份让与洋人，以保证企业的掌握在中国人手中。但招商局可通融雇用洋人，在轮船进出口时由洋人引水员，“帮同驾驶，以免搁浅”。章程中和漕粮海运直接相关，并且也是招商局招商的关键，则是规定承运漕粮，转漕水脚耗米“均照江浙沙宁船章程”。轮船运米到津后，先行上栈，须在天津紫竹林一带修造栈房，费用先向江浙海运总局借款置造，于水脚项下陆续扣还。[③]

为支持此新兴公司，李鸿章特请明年饬拨漕米 20 万石，由招商轮船运津。如果从此中国轮船畅行，“庶使我内江外海之利，不致为洋人占尽，其关系于国计民生者，实非浅鲜”[④]。李鸿章还把它与巩固海防联系起来，认为海防非有轮船不能布置，必须劝民自置，无事时可运官粮客货，有事时装载援兵军火，“藉纾商民之困，而作自强之气”[⑤]。对于李鸿章的目的，外国人了解得极为清楚：李鸿章坦然地接受了外国轮船不可能被中国人赶

---

① 《江苏制造轮船》，同治十一年正月二十八日，《海防档》，福州船厂（二），台北：“中央研究院”近代史研究所，1957 年，第 325 页。

② 创设招商局之事，盛同颐在《盛宣怀行述》（见《愚斋存稿》）中称：“府局以为大利不可不兴，每欲有所陈说。于壬申五月，见文忠及沈文肃公义闽厂造船未可停罢折内皆以兼造商船为可行，遂献议二公，主张速举。……文忠深韪其言，乃命府君会同浙江海运委员朱云甫观察其昂等酌拟试办章程上之，江浙大吏，交相赞成，于是南北合筹，规模渐具，是为府君办理轮船招商之始。”显有过誉之处。

③ 《总署收北洋通商大臣李鸿章文，附章程》，同治十一年七月十二日，《海防档》，购买船炮（三），台北：“中央研究院”近代史研究所，1957 年，第 911—915 页。

④ 《军机处录副奏折·洋务运动·船厂》，同治十一年十一月二十三日，直隶总督李鸿章折，档案号：03-9438-001。

⑤ 《军机处录副奏折·洋务运动·船厂》，光绪元年二月二十七日，直隶总督李鸿章折，档案号：03-9438-003。

出去的现实，“唯一的选择只能是‘施夷长技以制夷’，并通过开办中国人自己经营的轮船，防止轮船完全由外国人控制”①。

招商局最初的招商活动并不顺利，“招股年余，无人过问”。甚至著名商人胡光墉和李振玉也一度改变主意，拒绝出资。②直到次年，商人也仅认购10万两，且并无现银交局。李鸿章只得从天津练饷钱中拨出20万串，不足部分先由朱其昂、朱其诏兄弟垫付，临时购买轮船 3 艘。在回忆轮船招商局最初的窘境时，李鸿章指出，此事本系创始，事体极为烦重，华商初犹观望，洋人又复嫉忌，“往往跌价相争，非开诚布公，坚持定见，不足以服众而自立”③。因招商不理想，朱其昂只得改变原来“官商合办”的念头，变为“官督商办”，即“由官总其大纲，察其利病，而听该商董等自立条议，悦服众商”。所有盈亏全归商认，与官无涉。在李鸿章的指示下，朱其昂等人重新拟定《招商局条规》28条，企业名称也由原来的“轮船商局”改为“轮船招商局”④。

轮船招商局创办伊始，既缺资金设备，又无管理经验，更为严重的是，它还面临着外国轮船公司的激烈竞争。当时，美国旗昌轮船公司控制着中国内河的主要航线，招商局一成立，旗昌即与成立不久的英国太古轮船公司停止了相互倾轧，共同以降低运价为手段，企图挤垮招商局。有鉴于此，同治十二年（1873 年），招商局共承运江苏和浙江漕粮 197 540 石，获得运费收入 110 081.1404 两。同治十三年，共承运江苏和浙江漕粮 214 956 石，获得运费收入 119 786.3806 两。正是依靠运漕利润的支撑，招商局才渡过了难关，站稳了脚跟，并逐步发展壮大起来。

---

① *North China Herald*. 1873，9，20.

② 郑观应：《招商局股东大会演说词》，《盛世危言后编》卷十《船务》。据李鸿章说，李振玉系“底细不甚深知”，后因众论不洽而辞退，胡光墉则“畏洋商嫉忌，不肯入局”。李鸿章甚至通过延请粤商叶廷眷入局而吸引粤资，见《复孙竹堂观察》，同治十一年十二月二十日，《李鸿章全集·信函二》，合肥：安徽教育出版社，2008 年，第 491 页。

③《军机处录副奏折·洋务运动·船厂》，光绪元年二月二十七日，直隶总督李鸿章折，档案号：03-9438-003。

④《总署收李鸿章函，附轮船招商条规》，《海防档》，购买船炮（三），台北：“中央研究院”近代史研究所，1957 年，第 920—923 页。

咸丰、同治时期的漕粮海运情况如表4-7所示。

表4-7　咸丰同治时期江浙漕粮海运数额表（单位：两）

朝年	年份	江苏			浙江			合计
		正耗	经剥	运通	正耗	经剥	运通	
咸丰元年	1851	72 000	4 290	76 290				76 290
二年	1852	1 046 256	15 910	1 062 166				1 062 166
三年	1853	823 000	19 474	842 474	580 537	15 614	596 151	1 438 625
四年	1854	50 758	4 576	55 334	677 780	18 172	695 952	751 286
五年	1855	500 398	13 554	513 952	714 200	46 000	760 200	1 274 152
六年	1856	825 000	20 300	845 300	760 200	146 220	906 420	1 751 720
七年	1857	116 202	3393	119 595	不详	不详	253 587	373 182
八年	1858	914 000	24 000	938 000	515 885	52 480	568 365	1 506 365
九年	1859	994 072	15 127	1 019 199	632 338	28 086	660 424	1 669 623
十年	1860	783 009	31 766	814 775	411 721	35 290	447 011	1 261 786
十一年	1861	36 500	890	37 390	0	0	0	37 390
同治元年	1862	0	0	0	0	0	0	0
二年	1863	0	0	0	0	0	0	0
三年	1864	117 069	14 204	131 273	0	0	0	131 273
四年	1865	302 854	5137	307 991	0	0	0	307 991
五年	1866	354 280	46 270	400 550	169 843	25 869	195 712	596 262
六年	1867	494 424	13 000	507 424	332 400	1 193	333 593	841 017
七年	1868	590 268	62 972	653 235	326 592	46 677	373 268	1 026 509
八年	1869	636 083	76 966	713 049	329 960	48 655	378 615	1 091 664
九年	1870	572 000	53 790	625 790	257 821	29 349	286 170	912 960
十年	1871	680 000	31 000	711 000	358 602	75 398	434 000	1 145 000
十一年	1872	675 086	32 650	707 736	367 304	57 111	424 416	1 132 151
十二年	1873	677 700	81 700	759 400	396 448	57 308	453 756	1 213 156
十三年	1874	582 227	163 766	745 993	不详	不详	350 000	1 095 993

资料来源：倪玉平《清代漕粮海运与社会变迁》，上海：上海书店：2005年，第503—513页

咸丰、同治时期，江苏和浙江两省每年运输100万石左右的漕粮，成为困难时期清廷得以延续下去的重要因素。

三、盐政改革

清代的盐区以两淮盐区面积最大、地位最重要，咸丰、同治时期的盐

政改革，亦以两淮为最复杂、最关键。在此期间，两淮地区经历了川盐济楚、以盐济饷、票盐改革等，都对咸丰、同治时期的财政产生了巨大影响。

（一）川盐济楚

清盐法规定，川盐行于楚地仅为八州县，并不大量销往湖广，但川楚相连，川私入楚，颇具优势。诸如川盐运道捷于淮，川盐盐色胜于淮，川商筹运巧于淮，川商筹销便于淮。川贩成本轻，盐价贱，如果能逃税，成本当然更低。当时侵销湖广引岸的，除川盐而外，还有潞盐、粤盐等，但川盐颗粒与淮盐类似，符合两湖消费者的习惯，因而占有优势。

咸丰元年（1851 年），太平天国运动爆发。不久，淮盐运销湖广的长江水道被太平军控制，湖南、湖北两省食盐供应短缺，盐课收入锐减。咸丰二年十二月，湖南巡抚张亮基以“淮盐转运不前”为由，奏请湖南借销粤盐。[①]江西巡抚张芾亦请借销粤盐：“江西存盐无多，请拨粤盐……现因逆匪窜入长江，运道阻隔，赴淮装运之商贩势难望其抵岸”，因粤盐产旺场多，又有水路可通，请由广东运 6 万引，由两广暂行通融筹垫，仍先拨 3 万引，“佥商委员赶运”[②]。这两份奏折虽然都得到朝廷批准，但实施效果并不理想。

咸丰三年正月，户部议准，将粤盐运至湖南、江西行销。然而，粤盐亦因战乱阻碍等原因，经常不能按时到达，湖广食盐供应问题仍未能到解决。因此，帮办湖北军务的云贵总督罗绕典上奏称：“下游淮盐阻滞，盐价增昂，尤应暂准川盐、潞盐接济，庶小民无虞淡食，俟下游贼氛已靖后，再复旧规。”[③]户部认为，罗绕典之请，“与湖南省之请借粤盐情事相同”，应一体批

①《军机处录副奏折·咸丰朝·财政类·盐务》，咸丰三年五月十九日，湖广总督张亮基折，档案号：03-4386-015。

②《军机处录副奏折·咸丰朝·财政类·盐务》，咸丰三年二月十五日，江西巡抚张芾折，档案号：03-4386-006。

③（清）丁宝桢等纂：《四川盐法志》卷十一《济楚上》，咸丰三年罗绕典奏，光绪八年刻本。

准。惟民食固当接济，而国课尤宜统筹，“总冀以川潞两省之溢销，藉补淮南额课之不足，方不致顾此失彼，转便私枭之侵灌”，种种应办事宜，以及如何官为拨运，如何加引征课，以至设卡分销、派委员稽查，应命该省与四川总督、山西巡抚等一一确筹，以便稽核，“勿任私贩乘虚而入，尽撤淮盐藩篱，转瞬逆匪荡平，仍复旧规，以昭法守”。[①]

咸丰三年二月，湖广总督张亮基对川盐、潞盐、淮北盐运销湖广的可能性进行分析后，向咸丰帝请示川盐济楚的具体方案，即“借拨川盐二千引”，实行官运官销，由四川转运湖北。至应纳盐引正课等款项，一律由湖北按引提解交付四川。他在奏折中称：湖北省除施南一府六县及宜昌府属之鹤峰、长乐二州县例食川盐，其余州县例食淮盐。淮盐向来系由仪征溯江而上，经江南、安徽各州县境入楚，自太平军兴，江路梗塞，转运不前，“票商裹足，盐船潜踪，小民无从购买，淡食堪虞”。若不筹议变通，徒滋私枭攘夺之风，小民困弊日甚，“地方情形将更有不忍言者”。他自己接到朝廷关于罗绕典的批复后，当即派员查明，湖北襄郧一带，与潞盐引界相近，迤西荆宜一带，与川盐引界相近，东北罗田、麻城、黄安一带，与淮北引界相近，当此淮南片引不到之时，自非借销邻引不能裕课便民。但经过通盘考虑，“则无有如借销川引之善者”。因为潞盐由豫入楚，水陆舟车脚费甚巨，淮北引盐由安徽北境陆运入楚，山岭重叠，转运殊难，且淮北距山西路途遥远，缓不济急。惟川盐由船装运，从长江上游顺流下驶，由沙市、汉口分运各府州县口岸，水路处处可通，盐质既良，脚费又省，转运既易，成本又轻，较之借销潞盐，“其便利相去何啻霄壤”。不过，自从太平军横扫汉口后，票贩及各巨商大贾久已逃避他方，此时招商领运，无人承办，自己虽已经委员设法招集，但亦没有确切回音，而民食又万难刻缓。现在司道库正杂各项，俱已荡然无存，筹办官运又苦成本无从筹措，故他请朝廷命四川方面，先行借拨川盐二千引，仍照川硐川包规

① 财政部盐务署编：《清盐法志》卷二五二《四川九·运销门八·济楚》民国九年铅印本。

定，赶紧委员雇船装载，运至巫山，由楚省委员设局验收，以济急需。至于应纳盐引正课及川省成本水脚、委员薪水等项，均由湖北盐道督同委员，按引提存，然后解交四川。[①]对此，上谕表示：张亮基所奏事宜，“自系实在情形”，同意由四川盐茶道负责借拨川盐之事。[②]

自此，川盐济楚闸门开启，并一直持续了十余年。日本学者佐伯富认为，“随着邻盐的借销，邻地的私盐也源源不断的流入行盐地，盐利尽被私盐贩卖者独占，政府不得不承认这种既定的事实，设卡从私盐中抽税，以盐厘的收入补充盐课的不足”[③]。由此观之，川盐济楚是在突发事件之下，在清王朝所允许范围内所实行的食盐销售制度，采取市场化行为。

不过，“川盐济楚”方案刚推行不久，两湖方面即曾因诸多不便，要求在一定程度上恢复两淮盐运，只因客观条件的限制，未能如愿。[④]随着战事的推进，两淮产盐区的生产能力得以逐步恢复，而原来盐区划份的深层次利益冲突也开始显现。在这种情况下，于何时、何地、以何种方式结束川盐济楚，就不仅仅是一个经济话题，同时也是一个实实在在的政治话题了。

川盐济楚在解决两湖食盐问题的同时，也为四川和湖北当局提供了相

---

① 《军机处录副奏折·咸丰朝·财政类·盐务》，咸丰三年二月二十日，湖广总督张亮基折，档案号：03-4386-005。

② 中国第一历史档案馆编：《咸丰同治两朝上谕档》第 3 册，咸丰三年二月二十日，桂林：广西师范大学出版社，1998 年，第 67 页。

③ 佐伯富：《清代咸丰朝の淮南盐政》，《东洋史研究》第 16 卷第 3 期，1955 年，第 505 页。

④ 由于江路阻滞，湖南巡抚骆秉章曾要求绕道浙江，运淮南至两湖地区销售。户部表示同意，称其意见“诚不为无见”，但户部也担心，“惟声请由两淮运使等设法倡导，劝谕各场有盐之商运赴一节，查淮南自改票以后，商人早已星散，此次拨运淮盐，自应责成官为运办”，要求两淮方面想出具体实施办法。（参见《军机处录副奏折·咸丰朝·财政类·盐务》，咸丰五年十月初九日，军机大臣文庆、大学士户部尚书贾桢等折，档案号：03-4388-043。）对此，浙江巡抚何桂清竭力反对借道浙江。在他看来，自淮盐改道以来，“收课寥寥，官盐仍不能到楚，而杭嘉松各属淮私……愈形恣横，引地竟废，但犹在浙西地界，未能灌入浙东”，如再向两湖运盐，浙盐必不可收拾。（参见《军机处录副奏折·咸丰朝·财政类·盐务》，咸丰五年十一月十三日，浙江巡抚何桂清折，档案号：03-4388-052。）与此同时，两江总督怡良亦表示坚决反对，他认为两湖缺盐严重，故“凡有运盐之策，无不尽力筹商”，但采办借道，“事关淮、浙全局，筹议不厌精详”，本打算先行采买淮盐 17 500 引，运至江西樟树镇，但因江西不靖，实难以施行。又因接到何桂清之意见，更坚定自己的看法，借道济运之事只能取消。（参见《军机处录副奏折·咸丰朝·财政类·盐务》，咸丰六年二月二十五日，两江总督怡良折，档案号：03-4389-010。）

当丰厚的收入，如表 4-8 所示。

表 4-8　同治元年、二年湖北川盐收厘表

月份	宜昌盐局（两）		沙市盐局（串）	
	元年	二年	元年	二年
正月	16 982.53	19 573.28	30 831.918	28 996.4805
二月	17 030.74	22 336.46	65 798.999	66 350.518
三月	20 038.99	30 273.1	48 870.488	44 009.784
四月	30 378.39	30 747.88	71 203.808	55 935.2625
五月	35 718.07	25 818.2	61 039.5305	54 165.631
六月	32 014.91	16 162.96	56 854.954	42 384.446
七月	30 179.6	18 138.18	68 441.126	37 856.585
八月	23 475.25	17 173.09	70 191.1665	30 039.4055
闰八月	2 7470.78	——	54 293.967	——
九月	49 292.73	31 316.82	77 268.7825	59 949.877
十月	30 502.35	33 162.36	76 723.738	69 224.259
十一月	27 398.15	28 603.29	66 197.183	55 927.937
十二月	23 660.84	30 661.72	44 225.7465	46 716.4165
合计	336 672.55	303 967.34	791 941.407	591 556.602

资料来源：倪玉平《博弈与均衡：清代两淮盐政改革》，福州：福建人民出版社，2006年，第130—131页

对于每年近百万的收入，两淮方面不可能不动心。同时，随着战事的渐次平定，两淮盐场逐步恢复生产能力，这也为两淮收复失地提供了条件。咸丰三年（1853 年），淮局开始办理就场征课事宜，不过并未取得好的效果。至七年七月，又开始设局收税，每担百斤正税 1 钱 2 分，外销 3 分，6 担给大票 1 张，后因包大盐少，恐有夹带，于八年正月重新规定，改为 9 担给大票 1 张，即 900 斤征正税 1 两 8 分，经费 2 钱 7 分。①

咸丰十一年（1861 年）五月，在两江总督曾国藩等人的推动下，湖广总督官文奏称，楚省例食淮盐，自咸丰三年太平军占领金陵，江路梗阻，商贾星散，淮盐片引不至，所以不得已开始川盐济楚。但自上年起，川省“匪徒滋事，井灶产盐之地屡被蹂躏”，去夏以后，商贾观望不前，盐价骤增，每斤

① （清）乔松年：《楚商试运淮盐详》，咸丰十一年九月，方濬颐：《淮南盐法纪略》卷三《招商督销》，同治十二年刻本。

贵至八九十文及百文以外，不特民间苦于食贵，“且虑蜀寇日久未平，井盐来源稀少，无以济楚，食淡堪虞”。而这几年湖北整顿水师，于长江上下分设炮船，梭织巡防，商船尚可随时挽运，当此楚北盐缺价昂之时，正应乘机引导，“力筹淮运渐复旧规”。考虑到淮商复业无期，现拟于汉岸招募商贩，变通试办。运同衔浙试用盐副郑荣封与职员黄世贤、张杰墀等人，情愿凑集资本，赴淮南办运引盐。当然，由于办理淮盐“能否畅旺尚难预定”，故所有入楚川盐应仍照常行销，并行不悖。[①]事后的结果证明，官文的担心是很有必要的。张杰墀等领运淮盐，于七月抵淮，初次只先试运 250 票，照税盐科则，计收正税 270 两，但时间过去一月有余，楚省也未见有淮盐运到，“设江路安危靡定，无利可图，恐他商闻风难期踊跃”。淮南从前运楚之盐，从未有如许之多，若“厘不减，课无从增”，为顺利招商，淮南只能照七年百斤完税 1 钱 2 分、经费 3 分之例征收[②]。

同治二年（1863 年），在太平天国运动失败前夕，两江总督曾国藩又开始着手准备恢复两淮盐区的原有引地。九月，在他制定的《淮盐运西章程》中，曾国藩明确提出“加重邻私厘税”[③]，至十一月，他更在《淮盐运楚章程》中指出，对于“夺我淮引之地”的川盐，每斤要特别加征 8 文税钱，其中以 5 文归两淮盐政，以 3 文归鄂湘督抚，以求争取湖北方面的支持。[④]同治三年（1864 年），长江航行全线打通，曾国藩又于筹办淮盐折内奏陈疏销、轻本、保价、杜私四条，“意在重税邻邦私、量减淮厘，俾邻本重而淮本轻”[⑤]，一时之间，淮盐逐渐得到恢复。此后，同治四年、五年两淮报收盐厘数目，每年约 300 万两。可惜好景不长，到同治六年，收数又开始大减，于是曾国藩奏请减淮厘，缓纳场课，旋又经湖北省奏裁淮盐陆

①《军机处录副奏折·咸丰朝·财政类》，咸丰十一年五月二十日，湖广总督官文折，档案号：03-4516-081。
②（清）乔松年：《楚商试运淮盐详》，咸丰十一年九月，方濬颐：《淮南盐法纪略》卷三《招商督销》，同治十二年刻本。
③（清）曾国藩：《淮盐运西章程》，同治二年九月，方濬颐：《淮南盐法纪略》卷三《招商督销》，同治十二年刻本。
④（清）曾国藩：《淮盐运楚章程》，同治二年十一月，方濬颐：《淮南盐法纪略》卷三《招商督销》，同治十二年刻本。
⑤《宫中档朱批奏折·财政类·盐务项》，同治三年正月十二日，两江总督曾国藩折，档案号：04-01-35-0521-062。

课，均得到朝廷批准。虽然已经采取很多措施，毕竟楚岸私盐处处可通，川盐随流下驶，来源既旺，收税亦多，淮盐在湖北的销售情况未见大的改善，曾国藩的计划受到挫折。

同治七年（1868 年）十月，曾国藩再次上奏，称楚省本系淮南引地，定额最多，销盐最广，“是淮纲之兴替，全视楚岸之畅滞为转移”。太平天国被镇压后，淮盐不能行楚，曾国藩曾于同治二年至三年整顿鹾务，暂令将邻盐厘税酌量加重，“原冀川私本重而日衰，淮盐渐进而日旺”。但不料川贩巧于趋避，百计漏厘，常常是运两引之盐，仅完一引之税。故他于同治六年时，特意派委员至宜昌，会同楚省委员公同掣验。同治七年又减淮盐之厘，期收敌私之效。只因鄂湘两局，积压淮盐不下十余万引，存数极多，销数极滞，而川私纷至沓来，较前尤盛。推原其故，总由鄂省利食川盐，虽有掣验之名，而明让斤两。听说宜昌抽收川税，仍不过六七折，并不照章办事，以致“川贩成本太轻，来源愈旺”。以前绕越偷行的，现在更加肆无忌惮，“川鄂官商，几忘引地之应属何省”。川省业盐之人一日行盐至楚，则淮盐一日无畅销之望。议者谓川盐停止，于川省业盐之人有碍，殊不知淮南通泰两属二十场，垣商、煎丁以及鉤杠、捆忙人等，不下数百万户。他们皆因兵荒年久，困苦颠连，为从来所未有，满望江路通行，规复引地，徐图转机，不料鄂湘最畅之岸，尽为川私所占。西岸亦为粤私闽私所占，场运各商倒歇之家固众，而煎捆各役失业之人尤多，比之川省业盐者何止数倍。自然，湖北军饷原以川厘为大宗，若川盐尽弃，则军饷为难。但曾国藩强调，太平军、捻军已被镇压，局势大定，鄂省存营极少，饷项足敷周转。况且淮盐内亦收鄂厘，“淮销果畅，鄂饷即因之而增”，实无妨碍。他请求朝廷下令四川、湖广各督抚，停止川私行楚，以复昔年之旧制，而收经久之利权。他认为，盐区划分乃“大经大法，一成而不可易”，如不能乘军务告竣而力图规复，“则二百余年之宪典自臣而隳”，一则拂逆商情，“敛一时之怨”，败坏成法，“贻后世之讥”[①]。

①《宫中档朱批奏折·财政类·盐务项》，同治七年十月初五日，大学士调任直隶总督一等侯曾国藩折，档案号：04-01-35-0523-003。

户部对此的意见是，川盐济楚之事，牵涉到三方面利益，只能各方面都统筹兼顾，才能取得满意的效果。四川应考察如何防止失业，两江方面要重点考察如何堵邻私，否则邻税停收而邻私不绝，川盐虽禁而淮私日增，虽有规复楚岸之名，并无裨益淮课之实，“较之现办情形转属无益有损”。[①]次年，随着人事的变动，户部为调和各方面的矛盾，又下令让四川总督吴棠“封禁井灶以节源”，湖广总督李鸿章“罢除局税以绝流”，两江总督马新贻“煎炼盐色以敌私”[②]。但是，户部此举遭到四川和湖北当局的强烈反弹。

同治八年（1869 年）七月二十九日，李鸿章上疏称“川盐行楚未可遽禁”。他表示，以前曾国藩提议收复淮引地，自己在同治四年至五年署两江总督任内，“亦尝持此议”。去年路过江苏，马新贻复以筹禁川盐谆谆见嘱，“臣方慨然许之”。如今到任两湖，通过调查研究却发现，此举万万不可。但为维护两淮盐区利益起见，他建议派员在荆州沙市设局配销，暂定川盐八成，淮盐二成，以期渐减渐复。户部表示，李鸿章所陈六端，自系亲加体察，确见其难。况且李鸿章“在楚言楚，不得不设法迁就”。[③]

与此同时，四川总督吴棠也大倒苦水，提出不可行者四：其一，兵兴以来，川井遭灾，此时川盐的销区云南、贵州两省，旧岸未复，若又停止济楚，边商苦无销路，所欠新旧税势难责令空赔。其二，川盐每年提供京饷 23 万，又有各省协饷，历年以数十万计，如停止济楚，各局厘源断绝，京外要需无款可以改拨，恐会贻误大局。其三，楚民喜食川盐由来已久，官商纵停，私贩势难尽绝。且恐办理稍有未善，既易滋生事端，复虑扰累行旅。其四，两淮煮海为盐，其本甚轻，川省取盐于井之眼之深，均系数十丈至二三百丈不等，“推凿甚属费力，成本本重，人力更多”，如一旦封禁，恐数十万

① 《宫中档朱批奏折·财政类·盐务项》，同治七年十月初五日，大学士调任直隶总督一等侯曾国藩折，档案号：04-01-35-0523-003。

② （清）丁宝桢等纂：《四川盐法志》卷十一《济楚上》，光绪八年刻本。

③ 《宫中档朱批奏折·财政类·盐务项》，同治八年七月二十九日，协办大学士湖广总督李鸿章，档案号：04-01-35-0523-010。

人丁难以安稳。既然李鸿章已有“八二配售”之议，不妨暂行。[①]

“八二配销”方案暂时得到各方的接受，但实施不到两年，当曾国藩再次出任两江总督后，他立即发现，设局配销的淮盐根本没有不能销足二成。湖北九年分所销淮盐仅 7 万余引，相较川盐销数不及 1/3，“喧宾夺主，莫此为甚”。川盐每包 350 斤以上，八成则近 3000 斤，淮盐每包 86 斤，二成仅 172 斤，“名为淮占二成，实不及一成”。因此他建议，“纵不能全禁川私入楚，亦当使淮多于川”，或者淮八成而川二成，或淮七成而川三成，“川虽极多亦不得满四成”。他还强调，楚岸之公平，“但在楚督一心之转移，一心向川则川销旺，而众商有恃矣。分心向淮则淮销旺，而众商亦有恃矣”。为达到这一目的，他甚至表示，可以由两淮当局支付湖北因改行淮盐而减少的收入。[②]

至同治十一年（1872 年）正月，曾国藩又与湖广总督李翰章、四川总督吴棠、湖南巡抚王文韶等共同就此事上奏朝廷。他们称，近来淮南销数日疲，存盐无法疏通，皆由川盐到处洒卖，遂使淮引之界几被川盐占尽。究其原因，“论盐斤则色白味咸，川货本胜于淮；论搬运则下水顺流，川路较近于淮；论民情则楚人食川习惯而已成自然；论官事则川贩聚楚，骤禁而恐生事变”，总之，川私侵占淮南引地，虽属大紊纪纲之事，“而有万难遽变之势”。为当前之计，只能暂分疆域，以图日后规复。湖北淮引之地九府一州，就川私侵淮之地而于其中收复数府，专行淮纲，酌分数府，准销川盐者，应系权宜可行之计。经过讨价还价，他们决定将武昌、汉阳、黄州、德安四府先行归还淮南专销淮盐，安陆、襄阳、郧阳、荆州、宜昌、荆门五府一州，仍准川盐借销。他们还议定，淮分之界，不准川盐侵入分寸，而川分之界，仍可由淮商就中酌设子店，拨售零引，“以明本系淮引地方”，不可喧宾夺主。另外，由于以前所设之沙市配销局并无成效，将其裁

①《军机处录副奏折·同治朝·财政类·盐务》，同治八年十月初九日，四川总督吴棠折，档案号：03-4886-049。

②（清）曾国藩：《楚岸盐引淮川分界行销折》，《曾文正公全集·奏稿》卷三十，北京：中国书店出版社，2011 年，第 416 页。

撤，移设于新堤，改为分销淮盐局。至武汉黄德四府内，湖北所设抽收川税水陆局卡，也一并裁撤禁止。为降低淮盐价格，他们亦采取相关措施：以前湖北每银一两约易钱1500余文，今则增至1800余文。居民买盐用钱，而局中售盐则收银，故价格未变，而百姓负担已增。楚岸定章每引售银 24两，此后递减至 19 两 2 钱，现再将其减价 1 两 2 钱，每正引 600 斤，定售银 18 两，而所减之价，在应解鄂淮盐厘内各半分扣。①由于这一方案实施起来并无太大困难，至四月，朝廷批准了这一意见。②

识者指出，川盐行楚本止八邑，其余皆淮盐引地。自咸丰初年，湖北不得已始借运川盐，而当时正好云南、贵州的盐岸荒废，川商遂纷纷改代，“群趋于济楚一途”。以后江路肃清，于是有划界分销之约，有按年限引之议，而湖北安、襄、郧、荆、宜、荆门一府一州、湖南沣州一州，之所以不能完全归淮，一方面是由于鄂饷中梗，亦以川省盐产较丰，“尤赖济楚以资宣泄”，则此五府二州，“洵川盐必争之岸也”③。这正是晚清川盐济楚无法完全停止的根本原因。

（二）就场征课

所谓“就场征课”，是在淮南二十盐场设征盐场所“厂”，商贩自行到灶户处采买食盐，然后到“厂”纳课，自行运销。究其实质，就场征课的基本出发点是为了照顾灶丁，即通过降低成本，吸引小贩运盐，其中的易引为斤及易银为钱，都是出于这一目的。

太平军虽然没有直接控制过两淮盐区的主体淮南盐场，但却间接地使淮南盐场的食盐生产受到削弱。咸丰三年（1853 年）三月，太平军攻陷镇江，四月攻陷扬州，“不特淮南引地无不被其蹂躏，即商人之居于镇扬二郡

---

①《宫中档朱批奏折·财政类·盐务项》，同治十一年正月二十八日，两江总督曾国藩等折，档案号：04-01-35-0523-044。

② 财政部盐务署编：《清盐法志》卷一百十一《两淮十二·运销门二·引目二·引地引额二》，民国九年铅印本。

③ 财政部盐务署编：《清盐法志》卷二百五十二《四川九·运销门八·济楚》，民国九年铅印本。

者，十有八九亦悉遭荼毒，以致盐务更形败坏”[①]。有鉴于此，两江总督怡良随即上奏，请将壬子纲奏销展限，积引暂停。

迫于形势，户部虽然只能同意怡良之不开本年淮盐，但因怡良“于淮南盐务如何设法办理，并未一语筹及”，担心淮南盐政从此不可收拾。况且淮南各场产尚属“完善”，相邻各省人口繁荫，军队需盐亦大，“若藉词军书旁午，任听灶丁私煎私售，而不设法经理，非特尽撤藩篱，不可收拾，即目前自然之美利弃之如遗，于全局大有关系”。经过部议，他们特意将道光十一年太仆寺少卿卓秉恬之立场抽税、侍读学士顾莼之课归场灶、光禄寺卿梁中靖之就场收税、江西巡抚吴光悦之撤商归灶四件奏折，转抄怡良，希望他在危局之中能别开生面，“不拘运数多寡，不问销路远近，随资本之大小，听商民之贸易，只交一引之课，准运一引之盐”[②]。

怡良很清楚，“以国课支绌，军需浩繁之际，若不于无可筹画之中，急思补救，非独饷需无出，且恐盐务全局从此荡然，将来更难收拾”的道理，故而他立即与署两淮运司郭沛霖等商议后，上奏奏称就场征税的办法。[③]这一方案很快得到清廷的批准。

由于刚开始就场征税效果并不理想，咸丰四年（1854 年）五月，怡良不得不再次奏称，征课开办半年有余，仅止 4 万余两，且“皆由认运勒限追缴，并非因畅销而得”，日后征课，必定“更属日难一日”。故本年奏销不能如额，仍不过是不“尽征尽解”。户部对此并不满意，认为怡良等人如果认真补救，实力缉私，“何至片引不行，一筹莫展”？且所收课税本无须拘定商名，但交一引之课，准运一引之盐，“若止责令旧商派认正课，亦非所以广招徕”。另外，现在江南大军云集，“无一非食盐之人，即无一非销盐

①《军机处录副奏折 · 咸丰朝 · 财政类 · 盐务》，咸丰三年九月二十九日，两江总督兼盐政怡良折，档案号：03-4386-039。

②《军机处录副奏折 · 咸丰朝 · 财政类 · 盐务》，咸丰三年八月十七日，大学士户部尚书祁寯藻等折，档案号：03-4386-033。

③《军机处录副奏折 · 咸丰朝 · 财政类 · 盐务》，咸丰三年九月二十九日，两江总督兼盐政怡良折，档案号：03-4386-040。

之地”，为今之计，不如派专员运盐至琦善、向荣等人军营，“计口授盐，俾资抵饷，似于国计、军储两有裨益”。[①]

淮南一筹莫展，淮北的情况亦属勉强。咸丰三年淮北征课情况尚可。据怡良奏报，淮北纲食各岸共296 982引，而本年份票贩请运335 770引，官运24 000引，书院经费1000引，皖省借拨10万引，委员捆运新关功盐存坝应贩1130引，青口腌切食盐80引100斤，以上总共请运票盐461 980引100斤，较之定额仍溢盐164 998引100斤。[②]但随着军事行动的加剧，淮北每况愈下。

咸丰四年（1854年）五月，怡良奏称，淮北历票盐，向系预于年前开办，本年份之癸丑纲新课，节经札催海州分司，遵照成案，赶紧筹议开局。但据海州分司运判许惇诗回复称，淮北近日“售价日疲，销市日滞”，加之安徽警报频传，临淮五河一带，还有土匪把持盘踞，“自怀远至正阳，尤为匪徒渊薮，商贩裹足”。因为正阳关为淮北畅岸，向来每年可行盐十余万引，现已片引不行，近闻庐郡失守，正阳关居民纷纷迁徙，湖贩更加畏阻。本年正月间，西坝并未售盐，更兼三河坝因洪水未能堵塞，盐须陆运，上年盘驳费重，并闻浮山口三十里河，均已全涸，以致怀远以下之湖贩，亦复畏累，不敢运盐。通计积引多至一纲有余，“即使运道指日肃清，恐亦不能于数月中销足一纲之盐”。票贩只有一副赀本，且银路多阻，借贷无门，开办新纲，实属无可措手。现在西坝卖价，每包仅售7钱数分，核计成本每包亏银2钱有奇，每引即亏银8钱有奇，新纲科则若仍照旧征收，“是驱之倾覆之地，强令完纳，人情不顺，何以招徕”？故而他建议，唯一的办法，只能是减轻成本。当然，成本内如正税杂课，系要上交朝廷，未敢拟减，惟有代纳淮南悬引课银一款，每引征银6钱9分3厘2毫，原案曾经声明淮北销滞，

① （清）方濬颐：《淮南盐法纪略》卷一《就场课税·江路梗阻片引不行未能依限造报奏销折》，同治十二年刻本。

② 《宫中档朱批奏折·财政类·盐务项》，咸丰四年六月初四日，两江总督兼盐政怡良折，档案号：04-01-35-0519-014。

即当议停。今淮南业已改章，本无悬引名目，淮北疲滞，“万难再令代纳”。即使尽数减免，每包轻本只 1 钱有奇，尚虑不敷，故请在场商应得盐价每引 6 钱内减银 1 钱，再减河费 1 分，以符每引减轻 8 钱有奇之数。对于许惇诗这一建议，怡良认为所言各条，尚系实情，故应准行，“一俟道路稍通，坝销日起，仍令照旧代纳，或即按引提还，当随时相机办理”。①

但是，户部对此极为不满。户部认为，淮北盐务自道光十二年改票以后，每年行销票盐 46 万余引，内融销淮南悬引 22 万，代纳课盐 31 万余两，并票盐溢课协贴淮南银 36 万两，“历经奏报全完”。现在怡良等人所言，并无疏销裕课长策，只冀减免悬引。不过，考虑到所减之经费，均系“外支外用，非如悬引课银拨解攸关可比”，应如所议准其酌减，以轻成本。②

淮南各岸亦要求减轻科则。据署运司郭沛霖称，江甘等五岸向因地近场灶，只完报部正课，其余外带杂款概不完纳，但随着时间的推移，相关费用也被逐渐添加到征税活动中，即每引征课 1 两 7 钱 3 分零，另带征经费 4 钱 5 分。江甘五岸委员候补大使邹观廷、候补知事褚霖称，五岸销数以江甘为最，计自扬城收复，人民凋敝，食户不及十之二三，疏民多未归里，较之平时益形狭隘。现在盐价每斤不过数文，计商盐成本即增至一倍，尚不敷钱粮应用。故请照原来办法，每引 8 钱 8 分 5 厘 3 毫 2 丝 1 忽 5 微 8 纤，高宝原则每引 8 钱 4 分 6 厘 8 毫 5 丝 9 忽 2 微 3 纤，加完一半。况且，江甘等五岸从前每引 400 斤，现在每引 600 斤，“自应照引半完课”。加完一半之后，实际上是江甘每引 1 两 3 钱 2 分 7 厘 9 毫 8 丝 2 忽 3 微 7 纤，高邮、宝应 1 两 2 钱 7 分 2 毫 8 丝 8 忽 8 微 4 纤 5 沙，各引仍加带经费银 1 钱。既可以缓解运商压力，于正课亦无影响。结果，这一主张得到怡良的同意，得以推广开来。③

---

①《宫中档朱批奏折・财政类・盐务项》，咸丰四年五月十二日，两江总督兼盐政怡良折，档案号：04-01-35-0519-011。

②《宫中档朱批奏折・财政类・盐务项》，咸丰四年五月十二日，两江总督兼盐政怡良折，档案号：04-01-35-0519-012。

③（清）方濬颐：《淮南盐法纪略》卷七《江食各岸・请减江甘等岸科则详》，同治十二年刻本。

针对两淮盐政的困局，原任侍郎周天爵奏请淮盐 10 万引，“由官招商运销，先盐后课”，不过效果并不好，很长时间才招运 1 万余引，且“尚未销脱”。正在两淮盐斤一筹莫展之际，左副都御史袁甲三又奏请就滞销盐斤筹运济饷。据其奏报，现在商贩均跌价求售，以便脱手，故袁甲三想官运淮盐。他称，听说西坝现存旧盐约三十四五万引，本年能否销完尚未可知。不如令票贩将在坝盐斤，每包按照时价 8 钱内外，全部交官运，多出部分算作下纲课银，“如此通融办理，各票贩无须在坝守候卖盐，可省多出旅费，且释其尾欠之追呼，免其新课之称贷”。现在淮南引地悉被阻断，惟淮北引地尚有可销之处，现商贩运跌价相售，该署运司目睹焦灼，不得不议每引减悬引银 6 钱 9 分，又减不关解课之盐价 1 钱，河费 1 钱，以冀招新贩而鼓旧贩。至于周天爵之遭遇，袁甲三认为，可照时价先销十数万引，以作水脚，再来周转。这得到户部的高度赞同。[①]

随后，袁甲三再次上奏，谈及让他办理官运之事，淮北一年应销 184 万包，今时事尚未可知，是以日前折内于 184 万包减而又减，至于计销六七十万包。不过，部议称“票贩在坝跌价贱售，实欲收回成本，及早散归，今以盐抵课，所有存盐悉交官运，该票贩视为脱然无累之身，去之更速”等语，他表示，商人零星亏本跌价贱售，“一经售竣，携资而去，无所系恋，谁能禁之”？[②]

针对袁甲三之以盐济饷计划，怡良表示强烈反对。他认为，现在的问题只如果官运只有借助于私商，但官府无钱，则找不到商贩。袁甲三之办法，不但不是两纲之课，甚至连一纲之课也不足。[③]对此，户部表示，原以为袁甲三之事，“于溢销裕课，洵为有见”，但由于怡良反对，“臣等究未身

---

①《军机处录副奏折·咸丰朝·财政类·盐务》，咸丰四年六月十九日，大学士户部尚书祁寯藻等折，档案号：03-4387-021。

②《军机处录副奏折·咸丰朝·财政类·盐务》，咸丰四年六月二十八日，左副都御史袁甲三折，档案号：03-4387-027。

③《军机处录副奏折·咸丰朝·财政类·盐务》，咸丰四年闰七月初四日，两江总督怡良折，档案号：03-4387-034。

历其境，难以悬揣”，故“袁甲三著无庸会办”。[1]

在遭到怡良的反对后，袁甲三亦展开反击。袁甲三称怡良行署与两淮相距较远，一切应行事宜，均由自己主稿，“即或有求全之毁，亦断不相尤等语”。他私心窃喜，以为怡良“开诚布公，和衷商榷，不愧大臣风度”。不料怡良忽然有窒碍难行之奏。据他搜集到资料，怡良所称窒碍难行之处，均系受自己斥责的海州运判许惇诗之意见。许惇诗曾被自己批驳过，该运判无词可辩，遂亲赴泰州面见署运司郭沛霖。郭沛霖原来打算揭参许惇诗，不料许惇诗拜认师生，“遂致通同一气，侵蚀公帑，丧心昧良，至此已极”。至于安徽军饷欠饷，他原奏声明或随同官运，或买回存盐，均听其便，“并非尽人而强以所难也”。若票贩于以盐抵课后，即难再行措银买盐，则该分司何为以旧盐抵旧欠？明系奸商要挟，仍欲曲从减免悬引之议，“膜视课饷，肆意把持”，自己“断难姑容”。至前纲旧盐未能全运，岂不苦累灶丁？乃该分司不催重旧盐而虑停新盐，“试问旧盐未竣，新盐可畅销乎？新课未征，新盐可先重乎？”不揣其本而齐其末，欲为灶丁诉苦，与灶丁何益？现在私盐充斥，乡民惟利是视，未有不争食私盐者。即以临淮而论，官盐运到合计成本已在二十六七文，而乡间盐价不及二十文，其为私盐毫无疑义，“皆因顺清河、泗州关稽察委员得钱卖放”。自己于临淮上下设法严查，大帮私枭远在下游，已闻风远避，不敢闯过。但其余奸商夹私，有于定例每包110斤之外，捆至120余斤者，有旧票不缴，累年影射者，有于票内挖补年月者，“即官运委员亦无不公然带私”。此时若因自己不办盐务而稽察之设亦撤，“不惟无此政体，且扪心自问，亦断不忍出此”。若移交怡良照办，无论相距千余里，耳目难周，即精神亦恐难到。故他恳请明降谕旨，将盐船往来并一切售运提课，仍责成自己随时稽查，“俾得尽一分心，即收一分效”。至怡良专司盐政，自有办法，臣未便搀越，致

[1]《军机处录副奏折・咸丰朝・财政类・盐务》，咸丰四年闰七月二十四日，大学士户部尚书祁寯藻等折，档案号：03-4387-037。

有龃龉。且怡良主减引之说，自己主不减引之说，官商人等，“莫不以怡良为德而以臣为仇”。自揣才力，亦断不敢再担此任。[①]

针对袁甲三所反映的情况，清廷相当重视，下诏责令怡良彻底清查。朝廷还担心怡良有所顾忌，特意安慰他：“怡良到任后，总在苏常一带驻札，或因未曾亲历，误听其言，亦无所用其回护，著即拣派公正廉干司道大员，驰往淮北，逐一严切根究”[②]。随即，怡良派署江安粮道赵德辙至常州，询问盐务情形，“该道并非盐务人员，委其查访，可期事事核实”。[③]不过，可以想见的是，这样的调查是不会有什么结果。果然，怡良不久即奏称，郭沛霖与许惇诗两人并未结拜师生，“无勾串影射情弊”，“无从侵渔”。当然，怡良也必须对袁甲三有所交待，故他表示，自己任官四十余年，于两淮盐务从未阅历，专采周谘，不敢稍存大意。袁甲三直节铮铮，自己素所敬慕，“奴才孑肩巨任，目睹时艰，万不敢稍存意气”。[④]

针对户部要求，怡良毫不退让，他表示课从盐出，盐有销路则课有来源。面对困难局面，以前讨论过就场征课，以及绕道东坝出江，原冀可上达江广，但不料两淮当局刚刚请定章程，而芜湖、安庆、九江相继失守，东坝以上江路仍是不通。旧商勉纳十余万两之课，却因道路未通而无法运盐，新贩惮于冒险，“更不肯认运”。二十场贫灶穷丁有盐无售，“其势岌岌不可终日”。是以酌量变通，议行设厂抽税之法，专为便小贩以恤灶起见，“原未敢议及裕课也”，且“照三百文抽纳，已属未见踊跃”，如今试办将届二月，据各场卡折报税钱一万数千余串，而岸盐税钱仅居其三，是办理毫无把握之明证，“若更议加征，窃恐有名无实”。考虑到不能借道，又要加税，而灶户人等，“平时愍不畏法，值此多事之时，而又为饥所驱，任意透

① 《军机处录副奏折·咸丰朝·财政类·盐务》，咸丰四年八月十七日，左副都御史袁甲三折，档案号：03-4387-043。

②中国第一历史档案馆编：《咸丰同治两朝上谕档》第4册，咸丰四年十月初九日，桂林：广西师范大学出版社，1998年，第286页。

③ 《宫中档朱批奏折·财政类·盐务项》，[缺奏报时间]，两江总督怡良折，档案号：04-01-35-0519-027。

④ 《军机处录副奏折·咸丰朝·财政类·盐务》，咸丰四年十二月二十日，两江总督怡良折，档案号：03-4388-004。

私，屡拿不缉，设竟绝其生路，惨切激变，害何可言”，故仍只能保持 300 文之数不变。“淮南盐课为拨解大宗，当此军需浩繁、经费支绌之时，筹课宜在所先”。鉴于怡良的强烈反对，户部只得暂时表示同意。[①]

咸丰七年（1857 年），怡良因病辞归，他的改革就此停止。随着军事将领控制两江地区的实权，以盐济饷这一能够缓解地方军需压力的办法，顺理成章地推行开来。根据相关资料，两淮盐课征收与分配如表 4-9 所示。

表 4-9 两淮盐课征收与分配

时间	收数	解拨军饷数	拨饷所占比例	资料来源
咸丰六年正月至十二月	钱27 932.868串	江北大营粮台，24 000串	85.9%	《宫中档朱批奏折·财政类·盐务项》，咸丰七年二月二十五日，两江总督怡良折，档案号：04-01-35-0519-048
咸丰七年正月初一日至七月初二日	银14 861.866两，钱33 504.447串	江北大营粮台，35 000串	104.5%（占钱比例）	《宫中档朱批奏折·财政类·盐务项》，咸丰七年十月初六日，两江总督何桂清折，档案号：04-01-35-0520-008
咸丰七年七月初三日至十二月三十日	银97 301.478两，钱24 499.273串	银：安省军需、江北粮台等66 841.51两；钱，24 000串	68.7%（占银比例）；98%（占钱比例）	《宫中档朱批奏折·财政类·盐务项》，咸丰八年正月十五日（朱批日期），两江总督何桂清折，档案号：04-01-35-0520-022
咸丰八年正月至六月底	银145 609.44两，钱1871.655串	银：江北大营、江南大营粮台，92 000两；钱：江北军需，全部	63.2%（占银比例）；100%（占钱比例）	《宫中档朱批奏折·财政类·盐务项》，咸丰八年八月初九日，两江总督何桂清折，档案号：04-01-35-0560-029
咸丰八年七月至十二月底	银137 471.229两，钱644串	银：江北大营粮台等，119 250两；钱：江北等营军需，全部。	86.7%（占银比例）；100%（占钱比例）	《军机处录副奏折·咸丰朝·财政类·盐务》，咸丰九年正月二十日，两江总督何桂清折，档案号：03-4354-012
咸丰九年正月至六月底	银137 580.453两，钱202.8串	银：皖省军需等，118 000两；钱：江北等营军需，全部	85.8%（占银比例）；100%（占钱比例）	《军机处录副奏折·咸丰朝·财政类·盐务》，咸丰九年七月十七日，两江总督何桂清折，档案号：03-4392-038

通过表格不难发现，这几年两淮所征收之盐课，相当大的比重是用于

① （清）方濬颐：《淮南盐法纪略》卷一《就场课税·东坝出江岸盐仍照原奏数目就场抽税折》，同治十二年刻本。

解拨军饷。需要指出的是，本表并没有列出盐政各级官员的养廉银支出。换言之，扣除必要的官员养廉银，两淮之盐课收入，可能是均用于解拨军饷了。这种情况，在太平天国起义之前的盐政奏销体系中，是绝无发生可能的。

（三）保价整轮

曾国藩为两淮盐政改革奠定了重要基石，在晚清盐政史上发挥了重要作用。时人曾做过这样的评介：“陶文毅公（陶澍）淮北改票，而盐法一变，北鹾畅行，而南盐疲敝日甚。陆沔阳（陆建瀛）淮南改票，而盐法又一变。发捻苗练之事起，川粤潞私充斥，大湖南北皖军饷盐为害尤甚。自江路肃清，商灶复业，时曾文正公（曾国藩）设总栈，置岸局整轮章程，定牌价，盐法至是一新，而淮运乃大畅。惟请引多，势且不给，李文忠公（李鸿章）定以循环给运，而纲法与票法乃互相维持于不敝。今之行者，皆曾文正公手订章程也。”[①]

曾国藩在淮南所进行的最重要改革，当属保价整轮。所谓“保价”，即盐斤到岸，由局经理批销，按销市之畅滞，酌量情形，核定价格，不准任意涨跌；所谓“整轮”，即盐船到岸，赴局挂号，按其先后，榜示局门，挨次发售，盐不到轮，不得抢卖。

同治初年，清军逐步收复江南失地，但淮南盐区所面临的局面仍极为严峻，可谓“岸无真商，商无真本”。曾国藩为增加盐税收入，决定通过设立淮盐招商局，广事招徕商人，“毋论官绅富商，悉准赴局认办”。但曾国藩的真正想法，只是扶植少数大盐商，对中小商人则加以限制。他认为，从前陶澍淮北试票，从十引起运，不过是因为引地甚隘，道里甚近，民贩甚小。但淮南纵横万里，交错七省，“与淮北迥不侔矣”。加之江广各岸，

① （清）王安定等纂：《重修两淮盐法志》，“两江总督魏光焘序”，中国科学院图书馆藏清光绪三十一年刻本，刊于《续修四库全书》第842—845册，北京：《续修四库全书》编纂委员会，2002年。

小贩充斥，竞趋微利，争先跌价，“大贩因之受挤于小贩，亦犹官盐之受挤于私盐”。有鉴于此，曾国藩主张取缔小贩，规定凡行销鄂、湘、赣三岸者，须以 500 引起票，谓之“大票”；行销皖岸者，以 120 引起票，谓之“小票”。商人运盐，最低以一票起运，愿多者听，少者不准。以当时的材料来看，办运所需成本，大票约银五、六千两，小票亦须一、二千两，自然是一般小商小贩所无力承受的。①故曾国藩之办法，虽名之曰票，实已失去了陶澍票法改革的实质。

为了招商，淮南特在泰州设立招商公所。同治二年八月，两淮盐司郭嵩焘称，江西行销淮盐每年拟约 6 万引，但因口岸日疲，应先行招商试办 3 万引。为方便招商，各路运贩以及各营饷盐指运江西省的，一律停止。现在运西之淮盐，有已到岸者，有尚在路上者，有已过坝甫装江船者，约计有数千引，统名为“旧盐”，在江西省未设官局之前，听商自便；以后则由官定价，不得随意抢跌。新盐到岸后，当日即须到官局挂号，以船到先后排队轮售，不准抢先或者跌价竞争。各商成本，每引核定实银 14 两数，余利 2 分，外加各项厘捐，共银 26 两数。将来如果盐价低于 29 两，所得全部归商。价格在 29 两至 35 两之间的利润，全部归官。超过 35 两，则官商按比例分配。如果盐价疲弊，不能到 35 两之数，则由西局委员酌量减售，在官利内缩除。②如此，官商的利益再次被捆绑在一起，如果考虑到官为定价，官商联手合作，攫取盐业利润的最大化，已经是不可避免的趋势。随后，曾国藩将江西的经验推广，并着手制订了系列的区域性运盐章程，如湖北运盐章程、淮盐运皖章程等，所列各条内容基本与江西章程类似，只是偶有调整根据。③

“保价整轮”在运行过程中也遇到了一些麻烦。同治二年（1863 年）十

---

①（清）曾国藩：《与刘星房都转盐务》，盛康辑：《皇朝经世文续编》卷五一，光绪三年刻本。

② 运司郭嵩焘：《试办西坝章程详》，同治二年八月，方濬颐：《淮南盐法纪略》卷三《招商督销》，同治十二年刻本。

③ 督盐院曾国藩：《淮盐运楚章程》，同治二年十一月，方濬颐：《淮南盐法纪略》卷三《招商督销》，同治十二年刻本；财政部盐务署编：《清盐法志》卷一二五《两淮二十六・运销门十六・督销四・皖岸督销》，民国九年铅印本。

二月，曾国藩称，江西口岸售盐，水大时盐船可以直抵省城，原可饬令商贩运赴省局依次排号销售，但现值冬令水涸，盐须起驳，兼之吴城向为售销总汇之区，盐行亦多，若令新盐行抵吴镇，必令起驳赶赴省城，驳船不能停泊，食盐守候上仓，抛洒浪费，换船则费用更大，"殊于成本攸关"，应行改变，即在于吴城设立分局，"以速销路而顺商情"[①]。

在总体方案确定后，曾国藩向朝廷汇报了他的改革思路。曾国藩认为，淮南盐课甲于天下，自太平天国起事以来，长江道路不通，两湖引岸废弛，两淮票运亦坏。两江总督怡良于咸丰四年实施就场抽税，但收税极少。又经两江总督何桂清于七年奏改设局征收，也只是稍有起色。直到同治二年，每年所征课银，较全盛时尚不及 10%。究其原因，总因两湖、江西引地未通，盐无去路，是以课无来源。现在江路肃清，运道畅行无阻，所有两湖、江西各岸自应设法运盐济售，力图整理。但整顿的困难在于两个方面：其一是邻盐之侵灌太久，江西口岸则食浙私、粤私及闽私；湖北口岸则食川私及潞私，引地被占将近十年，"积重难返，久假不归，势不能骤行禁绝"。其二是沿途厘卡设立太多。淮盐出江，自仪征起，历经金柱关、荻港、大通、安庆、华阳镇，最终抵达湖北、江西口岸，层层设卡，处处报税，均以盐厘为大宗。军饷所食，势不能概行裁撤。唯一可行的办法，仍不外乎疏销、轻本、保价、杜私。疏销、杜私已经分别交由各省去做，而淮南的重点则在轻本和保价。关于轻本，曾国藩称，近年两湖、江西之盐，每引完厘约共 15 两以上，所得银两分别接济下游的都兴阿、冯子材和李世忠部队，上游则是自己与官文部下，这些军饷"皆万不可停者"。盐厘虽不能全停，但未始不可暂缓。除扬镇两处照旧额外，其余亦未始不可少减。前之逢卡抽收的，今可改为到岸销售，汇总后再行完厘，分解各军。以往每引抽厘 15 两有余，今改为两湖口岸每引抽厘 11 两 9 钱 8 分，江西口岸每引抽厘 9 两

① 财政部盐务署编：《清盐法志》卷一二四《两淮二十五 · 运销门十五 · 督销三 · 西岸督销》，民国九年铅印本。

4 钱 4 分，安徽口岸每引抽厘 4 两 4 钱，减厘便商，此为轻本。保价方面，商贩无不愿价值高昂，以获取垄断利润，但如果不是由官方、总商主持制衡，就往往会由一、二奸商零贩带头，以薄利多销的手段，但求卸货先销，不肯守日赔利，彼此争先，越跌越贱，以保成本而不可得，“官与商俱受其害”。故现于湖北、江西各口岸设立督销局，派委大员驻局经理，盐运到岸，令商贩投局挂号，悬牌定价，挨次轮销，即便盐少，百姓也无食贵之虞；即便销滞，盐商亦无亏本之害，“此保价之略也”[①]。

经过近一年的实践，淮南盐务取得了一定成绩。同治三年（1864 年）上半年淮南共收课厘银 506 320 余两，又收盐厘钱 115 400 余串，相较以前已有起色。而且以往商人完课之外，并不完厘；现在则是厘重于课。在盐商负担日重的情况下取得这样的成绩，尤其可贵。曾国藩颇为自得地宣称：“江西销路渐次开通，请运尚属踊跃，湖南新盐售销亦颇畅旺。”[②]通过行政权力，强行规定销售价格，从而确保税收，这一做法虽深得朝廷赏识，但无疑显示出曾国藩之对于市场经济调节力量的深刻怀疑。相对于陶澍以个体商人的自由竞争来扩大销量，从而提高税收水平的票法改革，两人高下立现。

曾国藩在改革持续一段时间后，因事被调往直隶。随着两江总督马新贻被刺杀，朝廷担心时局动荡。同治六年（1867 年），曾国藩又回到两江总督任上，再次接管两淮盐务。由于规章已经确立，故曾国藩将注意力放在了整顿盐务。十一月，曾国藩札饬湖北督销局称，淮盐售销极滞，固因川私充斥，遍地侵灌，亦因银价日昂，水贩成本加重，盐行又多方欺勒，以致贩户裹足，课饷日绌。现派委前署运司程桓生赴汉口整顿，设法平价。鄂局售盐，除定价外，每百斤另收缉私公费 4 分，名为盐道巡缉之用，其实

---

① 《宫中档朱批奏折·财政类·盐务项》，同治三年正月十二日，两江总督曾国藩折，档案号：04-01-35-0521-062。按，《清盐法志》称：“此为淮南现行票法之始，余详督销。”另，《清盐法志》称户部议复为三月，时间当有误。

② 督盐院曾国藩：《奏报同治三年上半课厘银钱折并清单》，同治三年十月二十七日，方濬颐：《淮南盐法纪略》卷九《课厘奏报》，同治十三年刻本。

缉私各卡缉私费用，都是由督销局支给，何况盐道每月已由局中支送薪水银 400 两，足敷办公，未便再增。又每百斤另收陆课钱 200 文，合银 1 钱 2 分或 1 钱 3 分，淮盐行销鄂省每引已完鄂厘 2 两 4 钱，为数已巨，亦未便再增陆税，以上两款一律裁除，以轻贩本。至行用每百斤收银 1 钱 5 厘，系照 3 分定例，暂准照收，其余行中一切浮费，应概行革除。①

与淮南盐业不同，淮北盐政之害，重在饷盐。咸丰三年（1853 年）以后，为镇压太平天国，临淮、徐州均驻扎清军，兵多则饷绌。淮北所产之盐，堆放西坝，为苗沛霖等人所占据，从中牟利，一般盐商不敢前往押运。清廷乃定饷盐之制，即以盐抵课，或由漕运总督派商带销，或直接由军队派人提取（名曰军委）。凡商贩运盐，多以三到四成之盐，缴纳饷盐，以代应纳之课；其余六七成则仍归商贩。此例一开，营中提数越来越多，大乱票法，以致商贩裹足，营委横行，不可收拾。在这其中，尤以李世忠部下赴坝领盐，肆无忌惮，甚至直接下场捆盐，护私夹带，为害最甚。

同治三年（1864 年）五月，曾国藩宣称，淮北盐迭经朝廷谕旨，饬令整顿，现在确定章程，开办新纲。其具体条文如下：改复票盐旧制、接开新纲、核定正杂各款、截并各处厘金、分派票厘数目、计算成本余利、严杜夹带重斤和禁止出湖改捆。由于新章甫定，曾国藩担心盐贩不能遍知，或不踊跃，为确保盐课，他提议“凡督辕抚辕漕辕，皆可辅以官运”。为此，他又特制定官运章程四条，以便规范军队运盐：其一，各军营筹款委员赴栈请票买盐，应遵商运规矩，以现银交易，既以体恤商贩，且不致于使官运本轻而商运本重。其二，官运盐船过卡，验票、截角、查舱、完厘等事，均照商运一律办理。其三，盐斤到岸后，仍归督销委员稽察，不准以军饷“藉词抢跌贱售”。其四，军运委员薪水，由各营自给，如有盈余，亦归各营管理。②简言之，所有运盐活动，均由军营自负盈亏。

① 财政部盐务署编：《清盐法志》卷一二二《两淮二十三・运销门十三・督销一》，民国九年铅印本。
② 财政部盐务署编：《清盐法志》卷一一五《两淮十六・运销门六・商运二・淮北票法》，民国九年铅印本。

当淮北盐货滞销时，每有放欠换货等弊，小贩之中，亦有人欲加速转输，跌价抢售，“最为盐法之害”。另有不肖卖手伙友人等，为获中饱，暗中代为交易，都在所难免。经曾国藩授意，署运司忠廉特严定章程，规定无论销市畅滞与否，凡于票盐出栈时，只有查明并无抢跌、赊欠、换货之事，方准通过。各栈户亦须出具切结，如有阳奉阴违之人，查出即行惩究。①

轮售是保持曾国藩“票法”稳定的关键。同治三年（1864 年）七月，正阳督销运判韩茂萱称，三河尖为两省三县交界，现在行户之弊更甚于正阳关，且存盐尚多，急宜整饬。怀远为蒙亳必由之路，附近亦有销数，该二处必须设立分局，以归划一。经派员前往，拟定三河尖卖价 3 两，怀远 2 两 6 钱，正阳 2 两 8 钱。统计正阳三河尖一带，存盐 10 万余包，秋后销市渐起，不难销售。上游兵警渐松，后续之盐亦可陆续运到。他向曾国藩提出如下建议：其一，抵关旧盐截至开局止，共计 4 万余包，其中贩盐约 2 万余包，漕运总督和安徽巡抚饷盐 2 万余包。现在新盐陆续运到，整轮匀销，以 2 万包为一轮，新旧各半匀销，以示公平。其二，以 1 万包作为十成，内销饷盐五成，贩盐五成。饷盐五成之内，巡抚军务较紧，拟分销三成，漕督运军分销二成，等以后商贩新盐来岸较多，饷盐渐少，再行分成售卖。曾国藩的意见是，其他各项均可同意，唯贩盐整轮，尤其要格外强调，断不可以后盐越先销售，“此端万不可开”②。

经过一段时间酝酿，曾国藩于同治三年（1864 年）八月二十七日上奏，宣布停止淮北饷盐，以复票盐旧制。曾国藩在奏折中称，淮北盐务自前督臣陶澍改行票盐，“意美法良，商民称便”，果能率由旧章，行之百年而不敝，不料军兴以后，运道之通塞靡常，销数之畅滞无定，盐既不能如

① 财政部盐务署编：《清盐法志》卷一二〇《两淮二十一·运销门十一·配运》，民国九年铅印本。
② 财政部盐务署编：《清盐法志》卷一二七《两淮二十八·运销门十八·督销六·淮北督销》，民国九年铅印本。

额运售，课又不能按纲造报，拖延套搭，一年不如一年。但未办饷盐以前，票贩虽日形竭蹶，尚能勉力从公，池商虽难免偷漏，未敢任意售私。此后军营提盐抵课，变易旧规，“营员日出于途，商贩遂闻而却步”。李世忠部下赴坝领盐，“尤属桀骜”，护私夹私之弊，遂至不可穷诘。后李世忠业经开缺回籍，其部下兵勇亦皆遣散，乘此大好时机，应将饷盐截停，招集新旧票贩，照常请票运盐，完纳现课，出湖贩售。曾国藩表示，饷盐停，则强封害贩之弊除；捐盐停，则科敛病商之弊除，借运朋贩之盐停，则引界混淆、营私充斥之弊无不除。在此基础上，曾国藩提出了四方面的整理意见：其一，淮北纲引前系奏至戊午纲为止，今于五月初八日接开己未新纲，因兵事之后，户口大减，断不能销 46 万引之多。应循近年旧案，先办正额 296 982 引，每引例收报部正课 1 两 5 分 1 厘，杂课 2 钱，又外办经费 4 钱，仓谷河费盐捕营各 1 分，至于其他的团练、缉费、坝工、号项等款，名目太繁，一概删除。其二，近年军饷皆赖盐厘接济，势不能概行裁撤，但长淮处处设卡，商贩视为畏途，且从前各卡，总计每包约需完厘 2000 余文，为数过重，应大加核减。其三，淮北解饷原案，以十成分摊，其中临淮军营分四成，滁州李营四成，安抚营二成，现在由于军事调动，应随即进行调整，仍以十成分派，自己军营派五成，抚营派四成，漕营派一成。其四，北盐每引例定，正盐 400 斤分捆 4 包，每包连卤耗重 110 斤，为节省运脚及按包抽厘之费，进一步减轻商贩负担，以后栈盐出湖皆在西坝改捆，执行新规，即每大包可重一百二三十斤。经户部议复同意，这道奏折也成为淮北恢复票法之始的标志。①不过毫无疑问，此时淮北的“票法”，也如淮南一样，随着轮售的推行，精神尽失。

出于对交易活动中不法行为存在的担心，以及小商小贩易于不法，大商人易于自律，易于受到政府控制和管理，曾国藩毅然决定弃小商人，才

① 《宫中档朱批奏折·财政类·盐务项》，同治三年八月二十七日，两江总督兼盐政曾国藩折，档案号：04-01-35-0522-007。

有了以上诸多变革。在曾国藩改革的支撑下，清末又造就了一批新的盐商资本集团。两淮实行循环给运、预缴部分盐厘后，淮南盐商运盐一引需成本 12 两，以年销盐 52 万引计，淮南运商需资本 620 万两。[1]淮北运盐一引约需商本银 7 两，时年销 29 万余引，需资本近 200 万两。再加上场商的资本，同治以来两淮盐商的资本总额至少在 1200 万两银以上，远非一般小商贩所能染指。关于盐商的利润，据同治五年两淮运司程桓生报告可知，淮南盐商每运盐一引，皖岸可获银 3 两 7 钱、楚、西两岸可获 4 两 7 钱左右[2]。平均每引获利以 4 两计，淮南盐商年获利 208 万两。淮北盐商每运盐一引可获利银 3 两，年获利 78 万两[3]。由此可见，同治以来两淮盐商资本财力，虽逊于乾嘉鼎盛时期，但依然相当引人侧目。同治年间江北沭阳程氏由贩淮北盐起家，积资 200 万，称为"江北第一家"；淮南大盐商周扶久，财产最高时达四五千万两[4]。随着时间的推移，部分票商又开始不亲自运盐，而是靠出租或出售引票获利。当时"湘楚票一张转行售出，可值万金。江西票亦值六七千金。即租出一年，亦得千余金"，这已经与以往推行纲法时少数盐商垄断盐引，专靠获取窝价没有本质的区别[5]。

晚清盐商的繁荣是短暂的。在盐厘叠加、盐价日高、私盐日盛的条件下，官盐日滞，悬岸废岸日多，道光改票前商人困乏的情况不久复见于清之末世，许多弊端随之出现。

---

① (清) 王安定等纂:《重修两淮盐法志》卷五五《转运门・淮南规复引地一》，光绪二年五月沈葆桢咨，光绪三十一年刻本。

② (清) 王安定等纂:《重修两淮盐法志》卷一〇〇《成本下》，光绪三十一年刻本。

③ (清) 曾国藩:《淮北票盐章程》，《曾文正公全集・杂著》卷三，长春：吉林人民出版社，1995 年，第 1798 页。

④ (清) 欧阳兆熊、金安清:《水窗春呓》卷下《大富必大寿》，北京：中华书局，1984 年，第 74 页。

⑤ 吴慧、李明明:《中国盐法史》，台北：文津出版社，1997 年，第 308 页。

第五章

收支结构演变

咸丰、同治时期，因战乱频仍，册籍损毁，同时也由于传统的税收体制破坏，有名无实，钱粮奏销不能按规定填入，故上自户部，下自州县，也无完全的财政记录可资利用。关于咸同时期的财政支出规模，仅有零星的时代表述，缺乏系统确切的史料记载。另一方面，咸丰、同治以后，各省为办理军需、善后、洋务等相关事宜，在旧有的行政机构之外另设局、所，各类很多，名目不一，纷繁复杂，各省“有事应责成司道府厅州县者，亦必另设一局，以为安置闲员地步，有地方之责者反可置身事外。各局纷设，限制毫无。”这些地方自设机构，开支相当庞大，但因经费系由各省自筹，收支多属外销，具体多少无从知晓。[①]这些都无疑大大增加了了解这一时期财政收支结构真实情况的难度。

一、奏销体制破产

咸丰、同治时期，清朝的财政收支结构发生了巨大的变化，并产生了深远的历史影响。就财政制度而言，咸丰以前的春秋奏拨、京饷协饷、钱粮奏销等传统制度，在这一时期都基本失消，户部不能再有效地掌握全国

---

① 户部:《遵旨会议开源节流事宜疏》，盛康辑:《皇朝经世文续篇》卷三十，光绪三年刻本。

财政大权。就租税结构而言，财政收入的主体，也是传统的农业税，转变为以厘金和海关为主体的工商税。

（一）奏销流于形式

清前期实行奏销制度，军兴以后，这一制度受到沉重打击。以军需报销为例，自军兴始至同治初年军事行动结束，十余年里，各省基本停止了军需报销。例如广东省，咸丰十年（1860 年）四月上谕称："自道光三十年起，本省军需前后支应，为数甚巨，仅将二年动用军需奏报一次，余均系笼统约略之数。其历年防剿处所调派兵勇及动用粮饷若干，并何员经理支放，事越十载，总未造报，节经该部奏催，置若罔闻，以致漫无稽考。"所以特命两广当局，"查明历任司道及办理军务各员，先行奏参，交部严加议处；一面将该省迭次防剿处所支用军需确实细数，遵照历奉谕旨，按限分晰造册报销。自此次严催后，倘再藉词延搁，以及造报含混，即著户部参办，以重帑项。"①

到了咸丰十一年（1861 年），情况仍未好转。即以广东省为例，其厘银仍未遵照章程造报。据查，广东省自咸丰八年四月起至九年十二月止，共收厘银 513 600 余两，"前因该督等并未奏明擅行动用，奉旨勒限分赔"，但现在已经年代久远，超过时限，故朝廷再次要求两广总督、广东巡抚严饬收厘军需各局员，"将限内已否按成全缴，核实造报"。同时，清廷还要求将广东自咸丰十年正月起所新收的厘银 72 万余两，"专存候拨，毋得再行擅动。并将所收厘银各项货物，作何定数抽收，以及防剿调派雇募官弁兵勇月支各数，均著遵照定章据实分款造册报部，毋许含混"。②但是，广东方面一直采取敷衍方式，不予直接回应。直到同治三年（1864 年），这一情况没有任何改观。郭嵩焘奏称："再查广东自办理军务以来，钱粮奏销，连年

①《清文宗实录》卷三一六，咸丰十年四月甲申，北京：中华书局，1986 年影印本。
② 中国第一历史档案馆编：《咸丰同治两朝上谕档》第 11 册，咸丰十一年九月十七日，桂林：广西师范大学出版社，1998 年，第 357 页。

展缓。迨展缓期届，不惟仍不能全完，甚至循例具题之册，又逾限经年，方得造报。”“同治元年奏销展限届满，而旗营销算册，屡催未据造送，绿营未到者亦多至二十余营，以致无凭核算结总。”①可见情况依旧。

广东如此，其他省份也没有例外，对于中央的指令多阳奉阴违。有人记载当时的情况：“盖自停遣督饷大员后，每遇征伐，帅臣兵饷兼操，内而户部，外而藩司，支数可稽，用数无考。而军中大小将吏得以多立名目，肆为侵冒，皆恃部费为护符，贪狡成风，真堪痛恨！然犹全用旗绿官兵，调发若干，死亡若干，人数尚有可核，而浮冒侵渔，弊已如是。”咸丰以来，战乱不止，先后经历太平天国运动、捻军起义、第二次鸦片战争、陕甘回民起义等事件。“召募之勇十居七八，经制之兵十才一二。某路某帅召募若干，撤换若干，某路某战伤亡若干，更补若干，其立营补额，均未随时奏咨备案。其随营执事文武员弁，倏入倏出，亦不能报部存查。为薪为粮，扣旷扣建，纷纭轇轕，无从清厘。”面对奏销体制的要求，各路统兵大帅皆违旨不报，“非不知事后报销，无凭核算，必成不了之局，亦惟赖别筹部费耳”。②有鉴于此，清廷决定恢复旧有的奏销体制，以便掌握全国财政的收支状况。

咸丰时期，清廷屡次尝试恢复奏销体制，但没有成功。同治初年，随着太平军的渐次剿灭，局势渐稳，清廷又开始试图恢复军需报销。孰料提前得到消息的户、兵、工三部书吏，立即密遣亲信，分赴各省实地探查，并与各省督抚密议，提前做好预案，准备乘机大捞一笔。当时各军围攻金陵，大局将定，不料户部的书吏等人，“知复城之不远也，报销之难缓也，约同兵、工两部蠹吏，密遣亲信分赴发逆被扰各省城，潜与各该省佐杂微员中狙诈狡黠、向与部书串通又能为管库大吏关说者，商议报销部费，某省每百几厘几毫，粗有成约；一面遣派工写算之清书，携带册式，就地坐

---

①《户科题本·财政类》，同治三年六月初二日，署广东巡抚郭嵩焘折，档案号：02-01-04-21767-032。

②（清）吴庆坻：《蕉廊脞录》卷二《同治三年变通军需报销》，北京：中华书局，1990年，第38—39页。

办。”[①]因为各省藩、粮、盐、关四库款目及捐输、厘金等项，存库旧籍、报部清册，其名目各省都不相同，不得不就地查核，以求符合。可见，勉强符合旧有奏销体制只能为蠹吏创收，而于实际无补。

面对这种流于形式的做法，户部郎中王文韶建议，此次军需报销应免册报，“灼知将来报销万无了局，因创请免册报私议，堂司同僚中多有闻而善之者”。金陵平定，大学士倭仁乃借鉴王文韶文稿，参阅酌定，于七月十二日，召集所有人员齐赴户部，关门闭户，“某录稿，某用印，某缮折，至漏下三刻毕，乃偕各堂官随议政王恭亲王诣宫门递折”[②]。在奏折中，倭仁这样写道：自太平天国起义以来，战争持续十余年，范围波及十数省，历年以来，各省军需承办非一人，转战动经数省，“且则例所载征调，但指兵丁，而此次成功，多资勇力。兵与勇本不相同，例与案遂相歧出。在臣部，引例核案，往返驳查，不过求其造报如例而已，要不能于既支之帑项，再求节省。”但即便如此，“而各处书吏，藉此需索，直属防不胜防。粮台委员，藉此招摇，甚至费外加费；费无所出，则浮销苛敛之弊兴”。此次军需历时太久，各省财力都一贫如洗，“兵勇饥苦情形，屡见章奏，则军营已无余裕可知”。如果此时严格按照奏销体制朝廷，严饬报销，则其造册按例定之数不溢一丝，而阴将款目浮开巨万，“与例既符，即在准销之列，应驳之款，或数十万，或数百万，甚且着落赔偿”。这些为国浴血奋战的劳臣战将，刚刚凯旋归来，就在被体制所限，“筹庸于前而追呼于后，无论力有未逮，恐亦非国家厚待勋旧之心”。所以他们经过商量，建议朝廷将“所有同治三年六月以前各处办理军需未经报销各案，拟恳天恩，准将收支款目总数，分年分起，开具简明清单，奏明存案，免其造册报销”[③]。

倭仁的奏折于情于理都说得通，两宫皇太后召见称善，命颁谕中外此

① （清）吴庆坻：《蕉廊脞录》卷二《同治三年变通军需报销》，北京：中华书局，1990年，第39页。
② （清）吴庆坻：《蕉廊脞录》卷二《同治三年变通军需报销》，北京：中华书局，1990年，第40页。
③ （清）倭仁等：《请免军需造册报销疏》，王云五编：《道咸同光四朝奏议》，台北：商务印书馆，1981年，第1860—1861页。

奏，同意他们的请求："所有同治三年六月以前各处办理军需未经报销之案，准将收支款目总数分年分起开具简明清单，奏明存案，免其造册报销。……其自本年七月起，一应军需，凡有例可循者，务当遵例支发，力求撙节；其例所不及，有应酌量变通者，亦须先行奏咨备案，事竣之日，一体造册，不得以此次特恩，妄生希冀。"①至此，跨时十余年、数额几亿白银的太平天国军需报销，草草了结。诏书既降，让那些打算乘机大捞一笔的书吏们无比失落，"各部书吏闻而大骇，有相向泣者"②。

同治三年（1864 年）以后，虽然各省陆续以专案的方式对战时军需向朝廷做报告，并逐渐恢复各项钱粮奏销，但仍然只是徒具形式，特别是厘金这一重要地方财政来源，并未被中央实质掌握。同治七年（1868 年）十月，朝廷谕称："军兴以来，用兵省分需饷较多，或由本省筹画，或由他省协济，头绪纷繁，章程不能画一"，现在军务渐平，自应通盘考虑，前经谕令江苏、江西、安徽、湖北、广东、浙江、福建等七省督抚，"将厘金一项每月可酌提若干接济外省，奏明办理，著仍遵前旨迅速筹议，限于年内奏到。该督抚等受恩深重，当知顾全大局，不至迟延观望，致误事机。其厘金报部章程，并著照两淮盐厘格式，每年分两次奏报。以归简易。至各省军务既平，所有捐输一款，自应专供陕甘云贵之用。除江西一省业经刘坤一奏明办理外，其江苏等六省亦应仿照办理，著该督抚等一并筹议具奏"。另外广东从前抽厘济饷，"坐贾行商一律抽收，集款甚巨。自蒋益澧改为止征行商，不征坐贾，遂至走漏包私，利归中饱，收数大不如前"，要求他们妥议将抽厘章程变通整顿。"③但据事后来看，显然各省并未认真执行。

由于这一时期中央和地方权力格局的变化，主从形势易位，所以朝廷想要恢复旧有的奏销体制，可谓困难重重。曾国藩曾做过这样的分析："前

①《清穆宗实录》卷一〇八，同治三年七月戊申，北京：中华书局，1986 年影印本。
②（清）吴庆坻：《蕉廊脞录》卷二《同治三年变通军需报销》，北京：中华书局，1990 年，第 39 页。
③《清穆宗实录》卷二四四，同治七年十月戊午，北京：中华书局，1986 年影印本。

代之制，一州岁入之款，置转运使主之，疆吏不得专擅。我朝之制，一省所入之款，奏明听候部拨，疆吏亦不得专擅。自军兴以来，各省丁漕等款，纷纷奏留，供本省军需。于是户部之权日轻，疆吏之权日重。”①

完全恢复旧有的体制，也有现实的困难。关于咸同时期奏销体制的变化，张之洞曾言：“凡已用未销，确系有著者，例报实存。夫案库储之籍，则曰实存多金；检军需之案，则又曰筹垫巨款。忽绌忽盈，矛盾已极。”②可见军需之类的巨额预算外支出，如果已经支用，只要能找到弥补财政缺口的来源，则报销时仍可将这笔开支确定为实存项目。这和白莲教时候军费奏销牵延数年仍不能结清、仍需相关人员赔补的情况，已经完全不同了。

同治七年十一月，曾国藩再次就奏销体制一事上奏朝廷，希望能够改弦易辙：“臣查从前各路军营办理报销，均按‘军需则例’，分款开报。”但这一体制，乃部中则例，定自乾隆年间。当时的情形是国家打仗，全用八旗、绿营，经制之兵，部拨之饷。而平定太平军，则多由湘军、淮军这些体制之外的士兵，“兵由外募，饷由外筹”。虽然在嘉庆初年平定川陕楚三省白莲教起久时，曾经参用勇丁，但当时所募之数甚少，所定之例甚略，“从未有一军募至十余万之多，行之十余年之久，如此次者也”。按以往惯例，军营各官递升一阶，则酌加薪粮若干，如果再能得到“巴图鲁”称号，则领饷更优。但湘军所定“湘军陆师章程”专论差使，不论官阶；营哨各官，论功则随时保擢，领饷则从不加支。即使从千总、把总升为至提镇，而薪粮如故。给予“巴图鲁”等称号，“亦但有虚荣，而无实惠”。其他开支，如旗帜、号衣、书医、匠役，“例准支销者，悉包括于公费一项之内”。另一方面，向来军需正款，收放一律用库平银，惟杂款每百两扣平余银一两。湘军军营初亦纯用库平银，自咸丰九年（1859 年）起，经过和胡

① 《宫中档朱批奏折 · 财政类 · 厘金》，同治三年三月十二日，两江总督曾国藩折，档案号：04-01-03-005-2556。

② 《军机处录副奏折 · 光绪朝 · 财政类》，光绪八年七月二十九日，山西巡抚张之洞折，档案号：03-6550-003。

林翼商议，无论正杂用款，概以湘平支放。而所收各处库平银，每百两会多出三两六钱，另列入款拨用，积少成多，所省颇巨。湘军的花名清册，为送台领饷之据，也是送部备查之的底册。但湘军的勇册和兵册有所不同，兵册实名的居多，勇册则假名的居多，相沿已久，“盖勇丁来去无定，原籍本无伍符可稽，而又有汰革者，告假者，随时更换。又或疾疫连丧数十人，大败连丧数百人，仓卒难以募补，则其空缺之时应有截旷银两”。若令按月造送名册，势力不能一一对应，必造假名册以应付，故“其有违部例者在此，其不欺朝廷者亦在此”[①]。由此可见，由于间隔久远，今昔情况大不相同，肯定再也不可能按原来的办法进行奏销。

由于外省开支大增，清廷无法掌握详情，自然弊端横生。同治六年（1867 年），曾国藩曾对幕僚说：“今筹饷类南宋时，而人心之浮华日甚，吾惧秘且为英夷之风气所染。往时官员薪水，二千金即已阔绰，而今则人皆万之。异日口粮薪俸日增月长，不至尽仿夷法不止。饷源所恃，仅在厘金，征敛百端，民穷财尽，此大乱之道，已迫在眉睫。”[②]可见他也是心生忧虑。

（二）京协饷变化

和奏销体制改变相伴随，咸丰、同治时期的财政体制，还出现了京协饷体制失效的局面。

咸丰朝战争频频，由于开支浩繁，支不抵收，原来由户部统一分配全国财政资源的京、协饷制度迅速开始发生动摇。咸丰元年、二年期间，随着战争的展开，被兵省份及邻近省份，纷纷奏留奉拨应解京协饷项。

咸丰二年（1852 年）九月，安徽巡抚蒋文庆将全省上下两忙地丁钱粮、关税及杂款等项，全部截留本省以充军费。此举虽与体制不合，但户

① 《军机处录副奏折·同治朝·财政类》，同治七年十一月初三日，调任直隶总督曾国藩折，档案号：03-4823-031。

② （清）赵烈文：《能静居日记》，同治六年六月二十三日，《续修四库全书》本。

部因库款支绌，实在没有银两可以接济安徽，不得不加以默认。咸丰三年（1853 年），各省及统军将领自行动支、截留的情形日益严重。咸丰四年闰七月，陕西巡抚王庆云建议，将各路粮台所辖漕米、仓谷、储粮这些以往绝对不可截留的项目充作军饷，“湖北等省漕粮均准截留接济，山东折漕因恐出入折耗，令将米石拨营备用。各属仓社米谷，均准关支”，总之“务须各就地方情形，迅速储备粮石”。为防止士兵哗变，全力平叛，户部也只得同意作战省份及粮台，可以就近截留国家钱粮，“其有漕省分徵存未运漕粮，均准各该粮台就地动用，并准碾动各属仓谷。其无漕省分，均令于所属仓谷项下酌量关支”。[①]

除了截留本省钱粮外，领兵大员和地方督抚还发展到截提京饷及过境钱粮。咸丰三年，浙江协拨湖广饷银 7 万两，途经安徽时就被安徽巡抚蒋文庆就地截留，以为本省防堵经费。八月，江西巡抚张芾再次截留广东解往江南粮台的饷银 15 万两。虽然户部指出：“地丁正款从来无此办法，即盐课关税，亦不能开此弊窦也。”但因形势所迫，“倘指款一时未能即到，岂可坐误事机”，故只能“准其暂行截留备用”[②]。随后，十月，曾国藩在长沙也截留过境饷银 4 万两。因为类似的事件越来越多，户部作为全国财政调度中心的权威角色基本被废除。

户部银库收入锐减之后，为稳定来源，不得不改变旧有的办法，将尽收尽解通融变为定额摊派，即由户部于每年冬季，预先派定各省、关下一年度应解京饷数额，奏准后咨行各省和各关，要求来年分批解京。咸丰三年，上谕指出：“向来户部岁需京饷，例于各省春秋拨册内随时奏拨解部。近年以来，各省经部指拨之款，每因起解不时，以致部库时形支绌，自应先期筹画，以济要需。所有该部岁拨京饷，著准其自本年为始，归入冬拨

---

①《清文宗实录》卷一三九，咸丰四年闰七月戊寅，北京：中华书局，1986 年影印本。
②《清文宗圣训》卷一〇六，咸丰三年八月辛丑，北京：中华书局，1986 年影印本。

案内，与各直省协拨兵饷一律酌拨。”[①]经此变化，原来的春秋两次拨解变成每年一次拨解，且拨解数额由原来的不定额指拨改为定额指拨。摊派的京饷，最初为每年400万两，咸丰十年增加为500万两，次年增加为700万两，同治六年起，除每年700万两，再行增加100万两，共计800万两，这一做法延续至清末，成为晚清时期户部最重要而且相对稳定的一笔收入。

除了户部的这个定额摊派外，由于临时性开支的增加，导致中央也在定额之外，还有其他名目，向各省、关摊其财政负担。这些名目主要包括内务府经费、大婚经费、固本京饷、抵闽京饷、船政经费等，各有所指。

内务府经费。清前期，户部例拨内务府经费经乾隆确定为每年 60 万两。咸丰以后，军务孔殷，本应按年拨给内务府的银两常常不能兑现。同治时期，内廷花费日增，频频向户部借款，户部也不堪其扰。同治四年十二月，户部特意奏称：“各省欠款太巨，遽令批解，势必不能而借支部库，又非长策。请设法变通酌核解款，及暂行添拨。”户部要求各直省和各常关口岸，“凡历年欠款数在百万以外者，或解五万，或解八万，数在十万以外者，或解五千，或解八千，数在一二万者，或解一半，或扫数全解”，总之务求积少成多。同时，另行要求两淮盐课、两浙盐课、山东盐课、广东盐课、江海关洋税、闽海关洋税、浙海宁波口洋税、江汉关洋税、临清关常税、福建茶税项目下各拨银 3 万两，共计银 30 万两，全数直接解交内务府，限于来年开印后陆续解交，“六月前解到一半，十二月扫数解清”，结果这一要求得到朝廷的同意。[②]于是，自同治五年起，相关各省、关经费专款 30 万两直接解送内务府充用。同治七年，经奏请每年加拨 30 万两，每年合计60万两，也算是恢复了旧制。[③]光绪十九年（1893年），清廷又要户

①《清文宗实录》卷一一三，咸丰三年十一月戊辰，北京：中华书局，1986年影印本。

② 中国第一历史档案馆编：《咸丰同治两朝上谕档》第15册，同治四年十二月初十日，桂林：广西师范大学出版社，1998年，第571页。

③《宫中档朱批奏折·财政类·经费》，光绪二十七年十一月十三日，大学士荣禄等折，档案号：04-01-35-1058-016。

部每年另行筹拨 50 万两解交内务府支用，合为 110 万两之数。当然，此为后话。

大婚经费。同治十年，同治皇帝大婚在即，朝廷亦向全国百姓摊派费用。翰林院编修吴大澂曾专折上疏“节省大婚工费”，其中有“臣知皇上之心，不难节一人之用，以裨天下；万不欲竭天下之财，以奉一人”之语。[①]话虽如此，同治十一年筹备皇帝大婚，除户部拨银 450 万两外，还另外支用江宁织造银 55 万余两，苏州织造银 182 万余两，杭州织造银 110 余万两，两广当局银 37 万两，粤海关、淮安关等关银 117 万余两，“统计京外拨过银将及一千万两”。[②]由于内务府指拨银过多，同治十一年，大学士倭仁奏称：“近闻内务府每年费用逐渐加增，去岁借动部库百余万两。国家经费有常，宫廷之用多，则军国之用少。况内府金钱皆闾阎膏血，任取求之便踵事增华，而小民征比笔捶敲之若，上不得而见也；怨嗟愁叹之声，下不得而闻也。”倭仁还特别强调，“方今库藏支绌”，云贵、陕甘“回氛犹炽”，直隶、河南、山东、江浙等省，“发捻虽平，民气未复，八旗兵饷折减，衣食不充”。加之列强环伺，处处需钱，不得不预加筹备，“此焦心劳思之时，非丰亨豫大之日也”。大婚典礼虽然繁重，应备之处甚多，但也要精打细算，不得任意指拨，“于所有应备之物力为撙节，可省则省，可裁则裁，总以时事艰虞为念，无以粉饰靡丽为工”。[③]

除直拨经费外，内务府还常常以经费不敷为由，向户部借款。同治末年，此类借款每年多则一百三四十万两，少亦八九十万两，以致户部不堪其扰，不得不于同治十二年再次奏请，希望朝廷能划清内府、外库界限。户部在奏折中指出：“窃维国家定制，户部综核天下之钱粮，内务府备内廷之供应。”故而旧例各省地丁、关税、盐课正项，皆输之户部，而各关额外

①《清穆宗实录》卷三一七，同治十年八月戊辰，北京：中华书局，1986 年影印本。
②《军机处录副奏折·同治朝·财政类·经费项》，同治十一年四月二十五日，户部尚书宝鋆等折，档案号：03-4932-077。
③（清）倭仁：《请崇俭疏》，《倭文端公遗疏》卷二，光绪二十年刻本。

盈余，解交内务府，“诚以京外兵饷、军饷，动用正项，均由户部供支，内务府惟供内廷传用及紫禁城值班兵丁钱粮等项”。本来各动各款，不相牵混，“此列圣定制，良法美意存其中也”。而且道光元年以来，以及咸丰初年，朝廷还时时有特旨，从内务府指拨银两，或为赈济、河工、军饷之需，或直接由内库拨给户部银库，“从无内务府向户部借拨银两之事”。但自咸丰七年以后，“始因内廷供应不敷，初向户部借拨银数万两”，此后借拨之数越来越多，近年合计已达 800 余万两，“户部之经费有常经，而内务府之借款无定数”。而户部银库本已不敷，“去年岁底竭力挪凑，部库已罗掘一空”。截至十二月二十二日，除封储四成洋税及漕折等项外，所存正项银只有区区 2 万余两，“若非挪动四成洋税，几至放无可放”。而内务府本有内务府之钱粮，有所天津、长芦各款、粤海关公用以及庄园头租银等，已在 60 万两以上，本应足供一年之收支；况且自同治五年起，又专款指拨 30 万两，同治七年起指拨 60 万两，更敷应用。而此项清拨银两，“即臣部指拨各省关之京饷，每年匀拨内务府六十万，即部库少进京饷六十万……非各省、关能另行筹出款项也”。一出一入，户部资金更为困难，为确保日常工作的正常运转，所以恳请朝廷嗣后“毋得再援近年之案，一面业请添拨外款，一面复请借拨部库银两，致臣部既少进分拨之京饷，又多出借拨之库银，中外掣肘。[①]”不过，从事后慈禧太后挪用海军经费来看，户部的请求依然没有得到认真执行。

除京饷指拨外，协饷也大都开始采取专款专用的办法。其中长年由各省、关摊派的专项经费包括：

固本京饷。同治二年（1863 年），署礼部侍郎薛焕奏请仿效西法，在直隶设立四军镇，每镇万人；设神机器四营，每营五千人，专门巩固京师，额定经费 65 万两。此项经费自同治二年起，每年向各省、关指拨 65 万

①《军机处录副奏折·同治朝·财政类》，同治十二年正月二十九日，户部尚书载龄等折，档案号：03-4933-005。

两，解交直隶藩库，供支新军四镇及神机四营饷项。同治五年八月，总理各国事务衙门奏请亦通练兵章程，拟建马步六军，经户部奏准，全款解交部库。

抵闽京饷。同治十三年（1874 年），因为筹办台湾防务，清廷向汇丰银行借款 200 万两，本息于闽海关每年应解 20 万两京饷内支付，而闽省关之京饷缺额，则改由各省海关照数分摊解京，称为抵闽京饷。

船政经费。专门用于福州船政局的开支，于同治五年由左宗棠奏准，在于闽海关六成洋税内拨用，定额 60 万两。

不过，虽然确定了指拨之数，且清廷屡加催款，但各省关并未认真办理。同治二年十一月，上谕称历年京饷，向系预拨各省地丁、盐课、关税、杂款，以备次年开放之用，但咸丰十一年（1861 年）以后，每年均拨七百万两，责令分限解齐，"惟山西年清年款，他省多不能依限报解，且有逾限不解者"，虽然"奏咨叠催，各该省报解仍属寥寥。"[①]可见在很多时候，指拨也只是一个蓝图而已。当然，指拨的实行还是有着特殊意义的。至此，中央和地方其实在财政收入上进行了特定比例的划分，经此指拨，各省对指拨款之外的其他财政收入，有了很大的自由支配权力。

此外，洋税征收交由赫德一手办理之后，海关的日常行政经费直接由海关税收中扣留，定额支出，随海关征数变化而变化。据记载，同治二年（1863 年）的经费为 700 200 两，1867 年增加为 748 200 两。到清末的 1896 年，则达到了 1 968 000 两，增长速度非常快。[②]

汇兑方式也发生了改变。咸丰、同治之前，官款解运例由各省装鞘运现，不许汇兑。咸丰时期开始出现松动；同治时期，因战争持久，交通阻断，清廷被迫同意各省及海关可以由票号汇兑。此后，江南各省多选择票号汇兑京饷和协饷。如果恰逢库款支绌而解限甚严，则不得不先由票号借款垫汇，俟税款征收入库再行归还。此种借垫以广东、福建、浙江及粤海

---

①《清穆宗实录》卷八五，同治二年十一月辛酉，北京：中华书局，1986 年影印本。
②（清）刘锦藻：《清朝续文通通考》卷七一《国用考八 · 会计》，上海：商务印书馆，1936 年，考 8273。

关、闽海关为最多。

同治元年（1862 年），广东巡抚郭嵩焘奏称，该省自咸丰年间库储挪用一空，故历年拨解京饷，“多由藩、运二库出具借贴，由各银号汇兑，各库收有饷课，陆续给还。”①此后成为定例。同治四年，因京师实银匮乏，户部奏请京饷仍著解现，署两广总督瑞麟即称库储愈形匮乏，所解京饷仍需由银号借垫。②据粤海关监督历年奏报，自咸丰十年八月起至光绪七年八月止，21 年之中，票号为粤海关汇解京饷垫款总额为 2593 万余两，年均 120 万两，可见数额之巨。③

福建汇兑京饷亦始于同治元年，此后历年照办。同治八年，福州将军文煜奏称，闽海关税厘“旺月少而淡月多，淡月解款不敷，不能不向银号挪移凑济”，闽海关“每年解京一百数十万两，其中随时设法借垫，尤不能不向银号通挪。若汇兑一停，则缓急无可相通，即筹解难以应手。”④同治八年，浙江巡抚李瀚章奏称该省“常洋两税逐日征收之数，衰旺靡常。每年部拨京饷限于紧迫，势难展缓，历年均赖银号借垫汇兑，陆续收拾洋票归完垫款；遇有征不敷解之时，亦赖移后赶前，筹措垫凑。”⑤

同治后期，票号除了为各省汇兑京饷、协饷垫款外，于地方财政及重大军事行动需款，亦多有借贷。同治十二年，福州船政局为奖赏遣返合同期满之洋监督及工匠需开支经费银 15 万两，其中 8 万两即由福州将军向号商挪借。⑥同治十二年，左宗棠西征平定新疆，攻下肃州后，清政府特拨库帑银 100 万两，另由户部指拨各省、关协款 100 万两，共计 200 万两，但左

---

①（清）郭嵩焘：《奉拨京饷酌筹解部情形片》，《郭侍郎奏疏》卷九，光绪十八年刻本。

②《军机处录副奏折・同治朝・财政类・关税项》，同治四年三月二十一日，广州将军署两广总督瑞麟折，档案号：03-4938-038。

③《军机处题本抄档・关税类》第 39 册，《清代关税收支报告表》。

④《军机处录副奏折・同治朝・财政类・关税项》，同治八年九月初七日，福州将军文煜折，档案号：03-4947-057。

⑤《军机处录副奏折・同治朝・财政类・关税项》，同治八年九月二十八日，浙江巡抚李瀚章折，档案号：03-4947-063。

⑥《军机处录副奏折・同治朝・财政类・经费项》，同治十二年十二月二十七日，福州将军文煜折，档案号：03-9402-037。

宗棠只领到 70 万两，余款皆由各台、局代借商款。[1]可见地方私人金融势力，已经深深地介入到了政府的财政运作过程中。

二、支出大增

（一）勇饷

清前期军费常年开支在 2300 余万两，由八旗和绿营分享。咸丰、同治时期，这一结构发生巨大变化，尤其是勇饷的出现。勇饷是咸丰时期各省招募的勇营开支。在镇压太平军、捻军后，这些地方军队并未像过去那样予以遣散，而是大部分保留下来，转变成为正规军队，即所谓的“防军”，驻防各地，实际为各省地方实力派督抚所掌控。

咸丰、同治时期，八旗和绿营已经腐朽不堪，防军成为国家新的主要武装力量。每年勇饷的支出约为 2000 万两，加上旧有的八旗绿营每年岁支 1400 万两，使得整个岁支兵饷较前期增加了近一倍。光绪十一年（1885 年），军机大臣奏称：“自咸丰以来，各省舍兵不用而用勇，兵乃日归无用，岁仍糜饷一千四五百万两。至今又养勇营，以户部登记册档可考者核计，约有五十四万余员名，一岁约需饷银三千四百余万两。是各省兵、勇两项已不下百余万人，岁需饷项五千余万两。再加以京外旗兵三十余万，岁又需额项银一千余万两。就现时赋税额入连例外征收之厘金、洋税等项合计，一岁约共应收银七千八万两，其中各项每年仍约有欠完银共六、七百万两不等。是竭天下之物力，八分以养兵勇！”[2]可见勇饷已经占据军费常例开支的大头。

性质相同的支出新旧并存，叠床架屋，成为咸丰、同治时期财政体制一个非常显著的特点。由于新旧体制杂糅，导致中央甚至无法掌握确切的

---

① 《宫中档朱批奏折·财政类》，同治十三年十月初四日，陕甘总督左宗棠折，档案号：04-01-35-0977-034。

② 中国史学会编：《洋务运动》（三），上海：上海人民出版社，1961 年，第 541 页。

士兵人数，各省也通过隐瞒士兵人数还获取额外利益。同治元年十一月，朝廷谕称："兵部奏请饬各省督抚及各路领兵大臣，按期具报兵勇数目一摺。各省兵额例于年终题报到部，岂得藉词军务未平，延不造报，任令提镇协营互相徇隐？现据该部奏称，除湖北、四川两省依限题到外，其余各省均未依限造报，实属疲玩已极。嗣后各省督抚务须痛除积习，将存营、出师各兵数，核实稽察，按限造报。倘再任意迟逾，即日该部奏参，将该督抚及各营员从严议处，以儆玩泄。其各路军营征调兵勇及添裁数目，粮台文案既有册载可稽，何难随时报部备查。嗣后各路统兵大臣，著于此次奉旨之日起，限三个月内将现存兵勇名数，并管带员名、征防处所，一并分晰报部。此后随时有无增减，均著按限三个月咨报一次。如敢视为具文，延玩不报，即著该部查明严参，请旨办理，以杜浮销而除隔阂。并著各省督抚及各路统兵大臣，另备详细册籍一分，按限送报军机处以备查核，毋许藉词稽延。"①但各省督抚置若罔闻，拒不执行。

按待遇来说，禁旅八旗高于驻防八旗，驻防八旗又高于绿营。即以禁旅八旗为例，其饷需是这样的："前锋、亲军、护军、领催、弓匠长月给饷银四两，骁骑、弓匠、铜匠月给饷银三两，皆岁支米四十八斛。步军领催月给饷银二两，步军一两五钱，钱匠一两至四两，皆岁支米二十四斛。炮手月给饷银二两，岁支米三十六斛。由觉罗补锋、亲军、护军者，月加饷银一两。养育兵月给银一两五钱，不给米。"②各省绿营兵饷，则是"马兵月给银二两，步兵一两五钱，守兵一两，皆月支米三斗"③。在财政困难的情况下，这些饷银都会进行扣发。

相比之下，勇营的待遇均较八旗、绿营为高。在曾国藩之前，江忠源、胜保招募勇营，每月饷营四两五钱，此后逐步成为定例。咸丰三年冬天开始，曾国藩招募水陆两营和马队，其军饷情况，如表 5-1、表 5-2、表 5-3 所示。

---

①《清穆宗实录》卷四九，同治元年十一月辛酉，北京：中华书局，1986 年影印本。

②（清）李鸿章等纂：光绪朝《大清会典事例》卷二五四《户部・俸饷》，光绪三十四年石印本。

③（清）李鸿章等纂：光绪朝《大清会典事例》卷二五五《户部・俸饷》，光绪三十四年石印本。

表 5-1　湘军陆营军饷（单位：两）

级别	人数	日支	月支	月支共计	备注
营官	1		50	50	
哨官	4	0.3		36	
哨长	4	0.2		24	
什长	32	0.16		153.6	营官月支公费银150两。凡帮办及管账、军装人员、书记、医生、工匠薪粮，并置办旗帜、号补各项在内开支 按日支领者，小月扣建
亲兵	72	0.15		324	
护勇	20	0.15		90	
正勇	336	0.14		1 411.2	
伙勇	32	0.11		138.6	
长伕	180	0.10		530	
共计	681			2917.4	

资料来源：（清）王闿运《湘军志·营志篇第十五》，光绪十二年刻本；罗尔纲《湘军新志》，上海：商务印书馆，1939年，第171页

表 5-2　湘军水师军饷（单位：两）

级别	日支	月支	备注
营官		50	
哨官	0.4		全营月支薪水、口粮、公费1911.2两。营官月支公费银150两 水师初二十一船为一营，大小不一，人数不定。后合三十船为一营
头篙	0.14		
舵工	0.15		
舱长	0.16		
炮手	0.14		
桨工	0.12		

资料来源：（清）王闿运《湘军志·营志篇第十五》，光绪十二年刻本；罗尔纲《湘军新志》，上海：商务印书馆，1939年，第171页

表 5-3　湘军马队军饷（单位：两）

级别	日支	月支	备注
营官		50	
帮办		16	
字识		9	营官月支公费银100两 全营有马268匹，每匹月支麸豆银2两。每营月支薪水、口粮、公费2663.8两
正哨官		18	
副哨官		15	
什长	0.26		
马勇	0.24		
火夫	0.11		

资料来源：（清）王闿运《湘军志·营志篇第十五》，光绪十二年刻本；罗尔纲《湘军新志》，上海：商务印书馆，1939年，第171页

如果对比湘军和八旗、绿营的军饷支出，不难发现湘军饷项极为优厚。随曾国藩之后，李鸿章创立淮军，军饷开支也以此为例。同治三年（1864 年），清军攻下南京后，湘军大部遣散，清廷有意以裁勇挑补绿营额兵，曾国藩便奏称："至挑补兵额之说，近多建此议者，臣窃不以为然。盖勇丁之口粮，一倍于马兵，三倍于守兵。马粮之缺极少，守粮月支一两，断不足供衣食之需。谁肯于数千里之外，补一衣食不敷之缺？欲以湖南朴实之勇，补三江绿营之兵，必不情愿。"[①]有学者指出："练军的饷额相对于绿营的低水平饷额已有了明显提高，而防军的饷额相对于湘、淮军的高水平饷额又有所压低。"而且"清朝传统的武官对文官法定收入的逆差已经彻底改变为顺差了，这无疑是一个非常值得注意的历史事实。"[②]就是这种情况的反映。

除粮饷外，购买武器装备也是湘军、淮军的重要开支。仅以李鸿章的淮军为例，1862 年当年的 4 笔开支就多达 65 万两，支付购买外国军火 24.17 万两，支付洋枪炮队中外教习弁勇薪工口粮等银 20.75 万两，支付中外水手工食等项银 9.03 万两，支付苏州两炮局工匠物料等银 11.06 万两。[③]各省督抚也纷纷从国外购买武器。1874 年，山西从国外购买来福前膛枪 500 支，恩费尔前膛枪 3000 支，马枪 14 000 支，双响手机 200 支，洋火箭 40 支，笔瑟后膛枪 100 支，云者士得后膛马枪 646 支，哈乞开恩后膛枪 2104 支，来福枪 400 支，格林炮 12 尊，共计枪 8350 支，炮 12 尊，以及子药配件若干。[④]

同治后期，勇营虽屡有裁减，但各省防勇、练勇，却始终不下三四十万人。绿营兵号称五十余万，所需饷营还不到一千万两。另外，咸同时期的经制外人员也非常多，常常是裁无可裁，越裁越多。关于他们的财政开销，就更是一笔糊涂账。

---

① 《军机处录副奏折·同治朝·财政类》，同治三年三月初六日，两江总督曾国藩折，档案号：03-4701-030。
② 皮明勇：《晚清军人的经济状况初探》，《近代史研究》1995 年第 1 期，第 15、33 页。
③ 孙毓棠：《中国近代工业史资料》第 1 辑，北京：生活·读书·新知三联书店，1957 年，第 262 页。
④ 中国史学会编：《洋务运动》（二），上海：上海人民出版社，1978 年，第 249、257、259 页。

由于勇饷之设，是在旧有的军事体制之外，其军饷来源也不能不另辟途径。督抚及统兵大臣自设粮台，自为收支，即为此而来。咸丰七年（1857 年）十二月，曾国藩奏称，湘军之设，起初未经奏派大员综理粮台，亦无专司之员，始终其事，此后“越境剿贼，用银较多，历时渐久”。所募概系勇丁，将领多系绅士，官事非其所娴，册报间有未备，加之和湖南、湖北、江西三省相交涉，“有先在臣处粮台领饷而后在他处支领者，有本在臣处领饷而他处亦时为接济者”，有鉴于此，不得不设专人管理，在衡州时，出入银钱多系自行经理；委员即补同知陶寿玉检点账目，派湖南即用道裕麟、湖北记名道万云官司其事。其水陆行营收支事务，则李瀚章及江南同知郑德基主之。九月以后，于汉口设立转运局，派礼部员外郎胡大任司其事。咸丰五年驻军南康后，于南昌设立后路粮台，派礼部员外郎甘晋及李瀚章司其事。①

到了同治五年（1866 年），曾国藩的弟弟曾国荃奏称：“查鄂省入款之丰盈，莫如厘税。出款之总汇，皆由粮台”。以前湖北巡抚林翼设立通省“牙厘总局”和“湖北总粮台”，无论何项进款，皆归粮台验收；无论何项开支，亦由粮台批发，“即各厘局所收银钱，均交粮台，总厘金局不过照验清册而已”。此后，湖北地方底定，邻境荡平，五年之间，“巡抚接篆视事者五员，皆因在任未久，不暇兴复旧制”②，都延续了胡林翼的办法，可见粮台权力之大。

同治六年（1867 年），负责为李鸿章筹饷的“后路粮台”陈鼒表示，淮军正饷、杂支及李鸿章办公经费，均归“后路粮台”支放，每月约三十七八万两。所有进款，以上海厘金为大宗，每月 16 万两；江海常关 4 万两，江苏省牙厘 2 万两，地丁银 2 万两，共计 24 万两。不足之数，由江海洋关

① 《军机处录副奏折·咸丰朝·财政类》，咸丰七年十二月初七日，前任兵部侍郎曾国藩折，档案号：03-4451-008。

② 《军机处录副奏折·同治朝·财政类》，同治五年九月十四日，湖广总督官文、湖北巡抚曾国荃折，档案号：03-4809-093。

提二成洋税、淮北票盐项下预提 10 万两，合为 40 万两之数。[①]勇饷经费主要依靠厘金，可见一斑。

与此相伴随的，则是咸丰三年（1853 年）以后，各省督抚及各军粮台以捐输作为主要的筹饷途径之一，纷纷设立捐局，“内则京捐局，外则甘捐、皖捐、黔捐，设局遍行各行省，侵蚀、勒派、私行减折，诸弊并作。”[②]捐局也成为粮台的重要来源手段。不过，在粮饷的发放过程中，还是存在一些弊端。咸丰七年，御史吴焯奏称，江苏粮台出入款项不清，弊端极大，“粮台委员百余醉饱，恣睢荒淫，奢靡无所不至，于支放所关，则任意开销”。[③]

湘军、淮军系统的弊端也同样存在。同治元年，御史刘庆奏称，自咸丰以来，用兵筹饷之方莫备于今日，“而贼未见其平，饷愈形其绌者，良由各路军营耗饷者多，节饷者少也”。文武官员，莫不以军营为利薮，统兵大臣，亦多以军营为市恩的场所，“每一员至，或本系亲故，或别有请托，辄准留营”。一旦留在军营，“则必为之谋所处，而设局寝多矣”。于是在军营之内，就出现了幕府、营务、文案等名称。粮台也是如此，有转运局、米局、钱局等名目，钱局甚至又分出内银钱局、外银钱局。而军装、器械、火器、火药之类，也是各有专局。局的层级分为总局、分局，局员也分为正办、帮办。正办尚有定员，而帮办则并无限制，可以随心所欲，名目繁多，难以枚举。总之，“军营实在兵额不多，而滥竽官吏及杂役人等，虚靡廪禄者，不可胜数”。由于人浮于事，导致各营中每遇他处解饷一至，“兵丁所得无几，而官吏则坐而取盈。兵丁口粮多有挂欠，而官吏薪水则按月现支，甚且侵挪克扣，饷归无着；转令从征兵勇，至有鸠形鹄面，终月不得一饱者”[④]。

除军营和粮台内部管理上的漏洞，督抚与统兵大员之间的矛盾也非常

---

①（清）赵烈文：《能静居日记》，同治六年五月二十七日，《续修四库全书》本。

②（清）赵尔巽：《清史稿》卷一一二《选举七 · 捐纳》，北京：中华书局，1977 年，第 3237 页。

③《军机处录副奏折 · 同治朝 · 财政类 · 经费项》，咸丰七年五月十三日，山东道监察御史吴焯折，档案号：03-4284-010。

④《军机处录副奏折 · 同治朝 · 财政类》，同治元年四月初二日，江南道监察御史刘庆折，档案号：03-4787-002。

尖锐。咸丰五年（1855 年），曾国藩率军入援江西，按理应由江西供应所有饷需，但江西巡抚陈启迈以私人嫌隙，不肯给饷。无奈之下，曾国藩只有上奏弹劾陈启迈："臣等一军，自入江西境以后，于大局则惭愧无补，于江西则不为无功。"塔齐布驻九江防陆路之太平军主力，曾国藩驻南康防太平军之水师，结果罗泽南克复一府两县，保全东路，"此军何负于江西？而陈启迈多方掣肘，动以'不肯给饷'为词。臣军前后所支者，用侍郎黄赞汤炮船捐输银四十余万两，奏准折漕银数万，皆臣军本分应得之饷，并非多支藩库银两。银使尽取之江西库款，凡饷项丝毫皆国家之饷也。又岂陈启迈所得私乎？乃陈启迈藉此挟制，三次咨文，叠次信函，皆云'不肯给饷'，以此掣人之肘而市己之恩。"[①]面对朝臣的纷争，朝廷只有调和了事。

咸丰八年（1858 年），仓场侍郎廉兆纶奏称，太平天国运动日渐浩大，旧有督抚体制之外，另设统兵大员；旧有八旗绿营军制之外，另设湘军、淮军，结果双方都受其害。各省督抚虽有"会剿"之名义，其实不过是专门负责筹饷之事，"统兵者往往以呼应不灵，饷糈不给，渐至迁延；而督抚又往往以事权不一，供亿不赀，各生意见"。一旦城池失守，统兵者无地方之责，能够获得宽大处理；而并未带兵之督抚，却因职守原因，转受其咎，"名实不符，事多掣肘，贼氛之炽，职此之由"。因此他建议，将督抚和统兵大员合二为一，"设其人未尽知兵，不妨择统兵大员，畀以督抚之任，使之各清各省，而责其成功"。[②]

同治元年五月，朝廷命江苏巡抚李鸿章由江海关提拨银四万两，赶解钦差大臣袁甲三军营，结果李鸿章却称："淞沪各防军饷亏欠累累，实有自顾不看遑之势，惟袁甲三望饷迫切，暂于关税项下分解一万两以济急用，以后委难源源接解，请奏咨改拨。"[③]直把江海关收入当成了淮军的专用提款机器。

---

①（清）曾国藩：《奏参江西巡抚陈启迈折》，咸丰五年六月十二日，《曾文正公全集·奏疏》卷五，长春：吉林人民出版社，1995 年，第 518 页。

②（清）赵尔巽：《清史稿》卷四二二《列传·廉兆纶传》，北京：中华书局，1977 年，第 12189 页。

③（清）李鸿章：《代征长江洋税急难筹解折》，同治元年五月二十七日，《李鸿章全集·奏疏》卷一，合肥：安徽教育出版社，2008 年，第 31 页。

由于部门利益的不同，驻节封疆大臣和临时驻扎的统兵大员，在军饷及人事权上，矛盾重重，从而深刻影响到镇压太平天国的军事行动。正是由于这些弊端的出现，玉麟奏称："兵饷原有定制，兵米亦有定数。近因经费支绌，所发兵饷，或七成、八成不等，且有同在一省，所发不一，或七月、八月、十月亦不等。至兵米，有向在各州县给领者，现亦随饷，或七成、八成不等。又或每石折银若干，辗转核扣，不足以赡一身，又安望其专心操练乎？"另一方面，粮台及军需总局等新设财税机构，在太平天国起义被镇压之后，也并没有被直接裁撤掉，而是以"善后局"、"筹防局"等名义，作为常设机构保留下来。但这些保留下来的机构，又并不隶属于布政使司，而是由经督抚衙门直接向户部奏销收支，从而成为隶属于督抚衙门的地方财政机构。例如在两江地区，"支应局经管水陆各营月饷及一切开支，筹防局经管修舰筑台、订购枪炮、采买各项物料，筹防局统筹江南税捐各进款，并经理牙捐、房捐、膏捐等项，三局各不统属"①。

（二）洋务

第二次鸦片战争之后，清统治者为求强求富，设立总理各国事务衙门以协调和各国的关系，进行外交活动，还举办了一系列的包括军事、科技和文化各方面向西方学习的事业，如购买船炮，训练新军，兴办工业，创办学堂、派出游学等。这些都是清朝财政支出方面出现的新现象。咸丰、同治时期创办的军工企业情况，如表 5-4 所示。

表 5-4　咸丰同治时期创办的军工企业表

时间	名称	创办人	地点
1861年	安庆军械所	曾国藩	安庆
1862年	上海制炮局	李鸿章	上海
1864年	苏州洋炮局	李鸿章	苏州
1865年	江南制造总局	曾国藩、李鸿章	上海

①（清）朱寿朋：《光绪朝东华录》，光绪元年五月初一日，北京：中华书局，1958 年，第 75 页。

续表

时间	名称	创办人	地点
1865年	金陵机器局	李鸿章	南京
1866年	福州船政局	左宗棠	福州
1867年	天津机器局	崇厚、李鸿章	天津
1869年	西安机器局	左宗棠	西安
1869年	福州机器局	英桂	福州
1872年	兰州机器局	左宗棠	兰州
1874年	广州机器局	瑞麟	广州

资料来源：孙毓棠《中国近代工业史料》第1辑，北京：科学出版社，1957年，第565—566页

在这些局厂中，江南制造总局、金陵机器局、福州船政局、天津机器局都是规模较大的企业。局厂的经费，大部分由中央拨款，小部分由各省自筹。

江南制造总局是当时最大也最先进的军事企业。该局运营事务由丁日昌负责，开办费用即高达 54.3 万两，其中包括容闳从美国采购机器费 6.8 万两，李鸿章在上海购买美商旗记钱厂 6 万两，房租薪水工资 5.5 万两，添购物料 12 万两，购地建厂费 24 万两。同治六年（1867 年），在议造轮船大讨论中，曾国藩奏准留拨江海关二成洋 40 万两，以一成专供江南制造局，一成酌济淮军军需。同治八年，两江总督马新贻奏准、洋各两成，全数拨充造船经费。此后，该局开办的经费主要是江海关洋税拨付。①

同治二年（1863 年），李鸿章在上海设立三个军火制造局，专造火器及炸药。其中一局迁至苏州，成为“苏州机器局”。各局所需经费均在淮军军需项下拨付，至同治四年五月，共耗银 288 570 两。②与此同时，江海关被革职人员，合资四万两购得虹口英人铁厂，献与李鸿章以求开复，李鸿章更名为“江南制造总局”，将旧有丁日昌、韩殿甲两军火局并入，月需局

①（清）魏允恭：《江南制造总局记》第 4 卷，石印版，上海：文宗书局，第 1 页。
② 王尔敏：《淮军志》，桂林：广西师范大学出版社，2008 年，第 296—297 页。

用、房租、薪水等银四千余两，购置物料一万两，全年合计约十七八万两，经费也是在淮军项下支付。

同治五年（1866 年），左宗棠在福建马尾设立福州船政局，聘法人主持造船，英人训练海军，开办经费四十七万余两，在闽海关四成洋税项下一次拨银四十万，不敷部分在六成洋税项下补足。其规模较江南制造局大十倍，常年经费每月四万两，后增为五万两。由于闽海关税收减少，经费不能足额，同治十二年（1873 年），经船政大臣沈葆桢奏准，自正月起于闽省茶税项下按月增拨二万两，以为经费。至同治十三年六月底，船局共领过制造经费 5 360 588 两，支销之数为 5 356 948 两。养护经费，则自同治八年八月至十三年四月，共支销 621 831 两。两项共计 600 万两，平均每年约七八十万两。①

天津机器局于 1867 年经崇厚筹备开办，开办经费为 48.5 万两，1870 年局务告成，共用费用 48.4 万两，1871—1872 年支出 25.6 万两。咸丰、同治时期，每年运作经费为二十至五十余万两不等，常年经费由海关提供。②

此外，还有一些与之相配套的民用企业。即如轮船招商局，创建之初就得到李鸿章的大力支持，直接从直隶练饷中借银 20 万串，年付息 7 厘。此后，招商局也多次得到李鸿章的帮助，尤其是承运江浙两省的漕粮获得固定收益，从而迅速站稳了脚跟。

当然，需要指出的是，从总体上来说，洋务企业的经费主要来源于海关和厘金，但受限于时局和经费匮乏的制约，导致政府的实际投资在整体财政支出中所占比例并不算太高。

---

① 孙毓棠：《中国近代工业史资料》第 1 辑上册，北京：科学出版社，1957 年，第 431 页。

② 据中国史学会编《洋务运动（四）》，上海：上海人民出版社，1961 年，第 243—286 页。天津机器局 1867—1870 年共收入 485 333 两，支出 483 974 两；1870—1871 年收支 256 080 两，支出 244 988 两；1872—1873 年收支 395 269 两，支出 394 700 两；1874—1875 年收入 584 617 两，支出 575 494 两。

三、财政收支

咸丰朝战事频仍，户部无力支撑军饷开支，遂令地方自筹自支，将财权部分下放，各省就地筹饷，不再完全依赖中央拨济。闽浙总督王懿德说："数年以来，各处军需国用短绌，应支款项固不能专恃部拨。"[①]地方自筹的额外收入名义上仍属国家，但各省往往借口军需紧要就地截留。当然，在户部的持续催解下，地方督抚也不得不适当拨解京饷，以维持表面的平衡。

（一）库储锐减

清前期银库每年的大进大出数变化不大，保持在千余万两左右，入大于出，占全国财政收入的 1/4 左右。到了咸丰时期，这一局面发生了巨大变化，不但收支规模远小于前期，而且多数年份均收不抵支。

咸丰继位之初，户部银库仅存银 187 万两，起运在途款项 225 万，两项合计亦不过 412 万两。[②]而清制规定秋拨款项系供户部银库十一月至次年五月支放，需款 450 万两，可见已经捉襟见肘。咸丰七年（1857 年），户部银库存银为 11 万两，咸丰八年至十一年仅为 6 万两，是清代户部银库存银的最低纪录。这一变化，是太平天国运动爆发之后，各省军需开支大增，无法再如前期那样大量解送京饷的必然结果。

咸丰初年，户部官员曾奏称，天下财政以东南为最，"金陵失守，安徽、两湖等处又皆蹂躏无余，岂能复为征税？计今年入所亏又不下千万……思之实可惊心。且内帑所存数百万，现用五十万。内务府南库久已告罄，北库所存约不过十余万。纵使以此接济，业已不敷。而况军兴未艾，无日成功，源

① 《军机处录副奏折·咸丰朝·财政类·经费项》，咸丰四年闰七月二十一日，闽浙总督王懿德折，档案号：03-4265-029。

② 中国人民银行总行参事室金融史资料组编：《中国近代货币史资料》上册，北京：中华书局，1964 年，第 171 页。

源请饷又将何以应付耶！……水旱无定，难以预期，是财用将竭而补葺无方，深堪惧也。现在户部库存不过支三、四两月，兼之道路梗塞，外解不至，设使一旦空虚，兵饷亦停，人心猝变，其势岌岌不可终日。”[①]已经极为窘迫。

与此同时，户部银库收入中银的比重也急剧下降，钱的比重迅速增加，改变了以前的以银为主的收入结构。收入如此，支出也必然如此，钱的发放成为最重要的来源。彭泽益先生指出：银库银钱的比重及收支，“不过是一个记账数字，是现银与非现银、‘票银’与‘实银’等一切按银两单位计算的收付项目的总计而已”[②]。真正的实银收入非常少，以实银方式解送各省的京饷也少得可怜。从银库的变化来看，可以说当时的清政府是靠铸大钱以及发行官票宝钞才得以勉强维持下来的。

户部银库自同治四年（1865 年）起开始实现出入略有结余，收支规模也逐渐接近道光朝的正常水平。从京师收支的角度说明了财政状况。同治末年，首次有了军兴以后的全国收支统计。据吴廷燮记载，同治十三年（1874 年），各省地丁实征约计 2000 万两，其他盐课、盐厘共计 800 万有奇，常关税、漕折各约 200 万两，海关税 1200 万两，厘金 1500 万两，四川按粮津贴 180 万两，总计岁入为 6000 万两，比道光时期多出 2000 万两。岁出除无定额的左宗棠西征军饷外，新增长江水师岁费一百数十万两，闽省船厂经费数十万两，神机营及税务司经费各 100 余万两，加上旧有常例支出（廉俸、例饷有减扣），总数大约 7000 万两。这一统计，岁入项目没有包括捐输及当时已经不时发生的对外举债收入（同治十三年因台湾事件，船政大臣沈葆桢借外债 200 万两），因此收支大体平衡。

通过表 5-5 可以看出，咸丰军兴后，户部银库大进大出现剧烈波动，发生了以往较为少见的亏空现象，充分显示了咸同时期财政收支的失衡。

---

① 邓绍辉：《晚清财政与中国近代化》，成都：四川人民出版社，1998 年，第 46 页。
② 彭泽益：《十九世纪后半期的中国财政与经济》，北京：人民出版社，1983 年，第 76 页。

表 5-5　咸丰同治时期户部银库收支表

时间	大进银（两）	大进钱（串）	京票（串）	宝钞（串）	大出银（两）	大出钱（串）	京票（串）	宝钞（串）
咸元	8 508 528.559	1 245 930.308						
二年	8 361 836.683	835 109.744			8 471 745.585	1 368 406.263		
三年	4 516 837.223	1 153 206.481						
四年	4 996 127.336	3 045 823.584	7 846 071.882		5 031 018.775	3 040 549.541	7 834 542.621	
五年	3 067 774.336	1 598 806.626	7 791 060.497	4 088 318				
六年	2 669 662.682	811 063.454	7 884 488.834	4 405 082	2 704 989.316	517 736.361	7 950 869.448	4 405 082
八年					3 061 904.319+	629 857.432+	11 360 118.52+	1 510 662.5+
九年	4 463 477.956	968 530.12	19 131 590.15	2 133 825	3 808 417.424	903 324.258	16 046 192.47	2 124 455
十年	5 429 090.777	299 250.57	4 315 241.583	3 321 594.5				
十一	6 678 613.514	295 354.819	408 881.064	155 518	6 331 925.933	169 540.327	174 287.254	155 431
二年					7 263 494.213	155 582.554		
四年	8 495 356.045	186 292.076			8 349 346.984+	183 162.126+		
五年	8 579 763.994+	139 298.535+			8 240 574.491	160 990.265		
六年	12 348 310.57	148 869.461			10 293 685.15	148 869.461		
八年					11 336 640.07	153 776.279		

资料来源：经济研究所抄档，《清代黄册·户部银库类》第十二册、三十三至三十五册。数额带“+”者指该年存在数量缺额。详细数据参见附录《咸同时期户部银库收支表》

另一方面，作为财政收支的重要方面，这一时期的常平仓制度也遭到破坏，十室九空。湖南于咸丰十一年（1866 年）对常平仓做过清查。据何烈统计，如表 5-6 所示。

表 5-6　咸丰十一年清查湖南各属常平仓谷统计表（单位：石）

州县	原额	实存	州县	原额	实存
长沙	72 189	0	兴宁	6 000	4 725
善化	73 446	2 964	慈利	6 663	2 057
湘阴	39 960	0	安福	6 010	2 010
浏阳	34 065	4 595	绥宁	10 000	0
醴陵	33 748	9 229	会同	10 761	0
安化	8 000	7 592	通道	6 000	3 349
茶陵	10 969	5 336	阮陵	39 643	0
衡阳	43 897	25 147	泸溪	12 187	0
清泉	45 428	27 972	辰溪	12 000	0
衡山	38 181	8 800	溆浦	16 159	0
湘潭	78 601	19 821	永顺	36 853	19 668
湘乡	58 367	11 492	保靖	12 000	0
宁乡	20 450	11 177	龙山	10 413	1 038
益阳	30 380	2 305	桑植	7 000	5 445
攸县	24 974	13 235	芷江	48 650	1 499
祁阳	24 354	6 385	巴陵	54 719	0
东安	8 000	4 250	宜章	8 000	0
道州	9 588	0	靖州	14 783	0
宁远	10 000	831	黔阳	15 089	0
永明	8 000	0	麻阳	15 734	2 658
江华	7 820	0	平江	7 324	2 634
新田	6 000	0	临湘	20 541	0
沣州	22 103	62	华容	22 312	8 828
安乡	7 631	266	邵阳	20 800	16 261
石门	6 214	3 330	新化	10 000	0
安仁	17 742	3 868	武冈	10 000	6 658
耒阳	19 843	6 724	新宁	8 000	6 684
常宁	10 387	6 765	城步	10 000	7 313
酃县	12 051	5 988	武陵	68 227	0

续表

州县	原额	实存	州县	原额	实存
零陵	58 517	30 646	桃源	25 032	400
永定	6 542	1 874	龙阳	23 000	0
桂阳	8 000	0	沅江	15 561	0
临武	8 000	1 523	乾州厅	10 014	3 550
蓝山	6 000	0	凤凰厅	16 988	7 914
嘉示	5 133	0	永绥厅	8 000	0
郴州	9 097	0	晃州厅	0	0
桂阳	8 000	0	克丈平厅	1 981	1 144
桂东	6 000	2 808	合计	1 530 121	328 820
永兴	6 000	0			

资料来源：何烈《清咸同时期的财政》，中华丛书编审委员会，1981年，第185—187页。其合计数有误，此处改正

通过表 5-6 可以看出，在湖南的 76 个州县之中，规定的原额为应储谷 1 530 121 石，实存却只有 328 820 石，仅为 21.5%，而其中甚至还有 30 个州县完全是颗粒无存，可见情况的严重。其他战争省份的情况，也绝不会好到哪里去。

（二）收支估算

咸丰、同治时期的财政收支出现了一些新的变化：不管是种类还是项目，收支方面都呈不断扩大的趋势，收支结构也随之发生了根本性变化。由于清代不健全的财政收支制度，使收入在面对非常例支出时难以招架。清前期的经制岁入岁出均有固定的范围与数额，不得逾越。非常例支出主要是军费，所造成的财政缺口通过暂开捐例、加征临时性捐税得以填补。到了咸丰、同治时期，非常支出项目不断增多，除战时军需外，赔款、外债支出均十分庞大。这些事先并未列入预算，清廷只能通过加税增捐、开征厘金、举借公债等手段来弥补经常性收入的不足，以期平衡收支，但财政支出的扩张速度远超收入增加的速度。光绪十年（1884 年），户部曾奏称："查国家自咸丰、同治年来，各省出入，迥非乾隆年间可比。近来岁入

之项，转以厘金、洋税为大宗，而岁出之项，又以善后筹防等为巨款。若照常年汇奏成案办理，均未列为出入，实不足以尽杜度支之全。”[①]就是这种收支结构变化的反映。

清前期财政支出的主体是兵饷、河工和官员的廉俸，咸丰、同治时期，则变成了勇饷、兵饷和赔款等开支。这是前后期支出结构的重大变化。当然，一些常规征收的支出活动还在进行，只是支出金额已经大不如前。咸丰三年，南河总督杨以增奏请户部拨银 50 万两以济工需，结果遭到咸丰帝的怒斥：“览奏各情形固无虚捏，然大吏所司者何事？虽不必为朕分忧，顾不能为部臣分忧耶！目下筹款艰难，汝断不能不知，动请部拨，亦何若是之厚颜耶！”[②]咸丰初年黄河铜瓦厢决口改道，清廷因财政窘迫而基本放弃修复，导致河道日淤，河防荒废。咸丰十一年（1861 年），河督奏请添拨经费抢修，结果户部仍然议驳：“该河督所主额数虽与成案相符，但河险之有无尚属臆度，而工需之多寡岂能预定？纵谓物料宜先购办，有余仍请归司库，然与其余利日后，何如节省于事先？况近来司库仍未充裕，而豫省用需日见繁多，黄河之修守固贵兼筹，通省之饷需尤关紧要。”[③]同治五年（1866 年），直隶水旱蝗灾，清廷即让直隶先拨银 3 万两赈济，随后由长芦应解部款内拨给制钱 9 万串，此后又发帑银 10 万两，江浙仓谷米 16 万石一体开放。不过，在总体支出中，因清廷自顾不暇，此类活动的经费支出比重已经大为降低，而这些都是在清前期所无法想象的。

通过频繁的铸发钱钞活动，清廷获得了大量的货币收入。据不完全统计，1853—1861 年间，户部铸发新式银票 978.12 万两，大钱 8765.14 万串，京钱 3073.38 万吊，共折合银 6129.03 万两。而同一时期户部银库的收入仅为 8600 万两。[④]可见通过货币发行，户部额外获得了银库收入 70%的财富，

---

① 户部：《进呈解办年例汇奏会计出入黄册疏》，王延熙等辑：《皇朝道咸同光四朝奏议》卷二十六，光绪二十八年刻本。

②《清文宗实录》卷九十，咸丰三年四月戊寅，北京：中华书局，1986 年影印本。

③《军机处录副奏折·咸丰朝·财政类·河工项》，咸丰十一年八月二十八日，户部尚书周祖培等折，档案号：03-4456-030。

④ 彭泽益：《十九世纪后半期的中国财政与经济》，北京：人民出版社，1983 年，第 114 页。

或者说每年差不多接近 1000 万两的收入，这也在相当大的程度上缓解了户部财政紧张的状况，有效地帮助了清廷渡过难关。

海关的征收也是这一时期的新变化。西方人掌管海关后，采用近代海关税收办法，编制“海关贸易统计报告册”，对历年各国船只进出口数量及吨数，各种货物进出口数量及价值、税收数额及各埠人口数等，事无巨细全行收录。所有税款一律记账上缴，而不是旧有的定额制征收，这种做法堵住了税款随意流失的漏洞。赫德主持总税务司后，立即由洋税担保 1600 万两的英法赔款，并于 1866 年全部清偿完毕，此后又由中央提用四成，从而受到清廷的高度重视。大臣文祥甚至还认为，“用中国人不行，因为显然他们都不按照实征数目呈报”，“如果在海关里没有外国人的帮助，如果不是把这些机构设置于一个划一的制度之下，他们将无法处理赔款问题。”[①] 这对于缓解清廷的财政压力起到了不可忽视的作用。

自道光时发生第一次鸦片战争后，清政府在历次对外战争失败后或对外交涉事件中，不断有赔款案发生。自咸丰时期镇压太平天国起义，又不断有外债的借、还。第一次鸦片战争对英赔款 2100 万银元，约合银 1470 万两；第二次鸦片战争对英法赔款共 1600 万两[②]；同治末年日本侵台之役赔款 50 万两。这些赔款，也是以前财政体系中没有的。教案赔款也在这一时期频繁出现。同治元年，湖南湘潭等地发生教案，损失 4 万两。同治二年，江西教案议结，中方赔银 17 000 两。同治八年，四川酉阳教案议赔 3 万两。[③]

上文已述，咸同时期洋务运动的开支也迅速增多。不过，由于资料方面限制，目前很难搞清这些洋务企业活动实际花了多少银子，同时又创造了多少收益。除了洋务企业经费，还有新生事物出现。同治五年（1866 年），赫德请假回国，清廷便派遣斌椿率文馆学生随赫德赴英国游历。同治六年，清廷派卸任的美国驻华公使蒲安臣（Anson Brulingame）充当出使钦差大臣，访问欧美各国，记名海关道志刚和礼部郎中孙家榖等随同前往。

---

①〔英〕莱特:《中国关税沿革史》，姚曾廙译，北京：商务印书馆，1963 年，第 171 页。

② 第二次鸦片战争还另有抚恤费英军 50 万两，法军 20 万两。

③“中央研究院”近代史研究所编:《教务教案档》第 1 辑，第 23、969 页。

两次出使经费，皆由海关洋税开支。其中前者出使经费 24 948 两，后者出使经费 16 万两。[①]另外，同治九年（1870 年）“天津教案”善后，清廷派崇厚出使法国“道歉”，其开销自然也属出使经费。同治十一年，清廷又开始派幼童赴美学习，其经费据《挑选幼童前赴泰西肄业章程》预算，“每年驻洋薪水膏火等费，约给库平银六万两。”[②]

咸丰初年，汪振基曾略算当时的财政收入“约三千数百万两”，王东槐则估算为“三千九百余万”。[③]据吴廷燮《清财政考略》记载，同治末年的财政收入为 6080 万两，开支为 7000 万两。除此之外，我们很难看到系统而翔实的财政收支统计数据。这里，我们稍加分析。

根据前文的叙述可知，咸丰、同治时期的地丁钱粮征收估计在 1500 万两上下，关税由咸丰初年的 400 万两增加到同治末期的 1200 万两，厘金也变为 2000 万两左右，铸发钱钞获得每年近 1000 万两的收益，总数已经接近 7000 万两。盐课的征收仍以 500 万两计，漕粮因系折征和实物运输相结合，较为复杂，若以征漕 300 万石计，折银 600 万两，再加上捐输报销及杂征等，同治末年的财政收入达到 7 500 万两，应该是一个较为合适的数字。

支出方面，传统的八旗、绿营兵饷支出为 2500 万两，新出现的勇饷为 3400 万两，洋务支出（含洋务企业及洋务事业）每年以 1000 万两计。赔款方面较为复杂，第二次鸦片战争中，清方赔款 1600 万两白银，据中英《北京条约》“第三款”可知，其赔还方式如下：“戊午年原约后附专条，作为废纸，所载赔偿各项，大清大皇帝允以八百万两相易。其应如何分缴，即于十月十九日在于津郡先将银伍拾万两缴楚；以本年十二月二十日，即英国十二月初二日以前，应在于粤省分缴三十三万三千三百十三两内，将查明该日以前粤省大吏经支填筑沙面地方英商行基之费若干，扣除入算；其余银两应于通商各关所纳总数内分结，扣缴二成，以英月三个月为一结，即行算

① 《海防档甲》，同治七年十一月十四日，总署行户部文，台北：“中央研究院”近代史研究所，1957 年，第 694 页。
② 舒新城：《中国近代教育史资料》上册，北京：人民教育出版社，1981 年，第 166 页。
③ 汪振基：《请权出入以培国脉疏》，王东槐：《戒患贫言利疏》，均见盛康辑：《皇朝经世文续编》卷三十，光绪三年刻本。

清。自本年英十月初一日，即庚申年八月十七日至英十二月三十一日，即庚申年十一月二十日为第一结，如此陆续扣缴八百万总数完结，均当随结清交大英钦差大臣专派委员监收外，两国彼此应先期添派数员稽查数目清单等件，以昭慎重。再今所定取赏八百万两内，二百万两仍为住粤英商补亏之款，其六百万两少裨军需之费，载此明文，庶免纷纠。”[①]据此可知，这批赔款清廷每年大致各需向英、法赔补 100 万左右，再加上日本侵台赔款，可知同治末年的赔款，约在 250 万两左右。再加上借款利息、各省未经奏销之开销、杂支等，数目当更大。

根据前文的估计，可大致推算出同治末期年均财政收支情况，如表 5-7 所示。

表 5-7　同治末期年均财政收支估算表（单位：两）

财政收支项目		财政支出项目	
地丁钱粮	15 000 000	八旗绿营	25 000 000
厘金	20 000 000	勇饷	34 000 000
常税	2 000 000	洋务支出	10 000 000
洋税	10 000 000	赔款	2 500 000
钱钞收益	10 000 000	小计	71 500 000
盐课	5 000 000	估测	80 000 000
漕粮	6 000 000		
小计	68 000 000		
估测	75 000 000		

以上数字并非确数，实为不得已之估算，希望对了解同治朝总体财政情况有所帮助。以估算数字来看，同治末期的财政收入为 7500 万两左右，财政支出则为 8000 万两，其中的赤字则须靠借款、摊派、垫付等方式弥补。但可以肯定的是，这一时期的财政收支，相较于战争之前道光时期的财政收支规模，扩大了近一倍，应该是没有问题的。

① 王铁崖：《中外旧约章汇编》，北京：生活·读书·新知三联书店，1957 年，第 144—145 页。

第六章

财政与社会

一、社会思潮

咸丰、同治时期，社会思潮的变化，主要体现在两个方面，一个是财政指导思想的变化，一个是人们对财政功能的反思。

（一）财政指导思想

自西周以来，“量入为出”一直是历代中国王朝所遵行的财政基本政策，而与之相对应的“量出为入”则被视为苛政。“财政上开源之说，最为儒家所忌，且修改古人之陈法，更为儒家所切齿。”[①]这是中国历史上财政指导思想转变面临的最大阻力。在咸丰、同治之前，清廷严格按照量入为出的原则规划财政收支，并以“轻徭薄赋”为美德。

不过，到了咸丰、同治时期，随着太平天国运动的发生，由于财政支出大增而收入有限，导致“量入为出”在实际操作层面已无可能。可以说，由“量入为出”转为“量出为入”，成为这一时期财政指导思想最重要的转变，也是清廷统治者最为无奈的转变。

咸丰元年（1851 年），王东槐曾称：“皇上躬行节俭，为天下先。户部诸

① 刘秉麟：《近代中国外债史稿》，武汉：武汉大学出版社，2007 年，第 277 页。

臣先事持筹，必量入为出，无量出为入，如是则财患不足者未之有也。”[①]但是由于收支形势的突然逆转，户部只能遵行旧有思路，坚持节流省费，以符平衡。户部奏称：“自古理财之道，不外开源节流二端。开源之道必须有利无弊，或弊少利多者方可举行。臣等旦夕思维，未有良法可裨经费。惟节流之道臣等随事讲求，有以节制。”[②]到了咸丰二年（1852 年），咸丰帝谕令军机大臣：“户部议奏，度支万分紧迫，军饷无款可筹，密陈情形一折，览奏实深焦灼……若不及早筹维，岂能以有限之帑金，供无穷之军饷乎？”[③]不过，咸丰、同治时期，虽然还能经常在诏书中看到对“量入为出”思想的强调，但由于财政开支不敷，清廷已经改变了旧有的以常例收入指拨京协饷体制，而是通过指拨等变通方式，将非常例收入如厘金、捐纳纳入收入范畴，“变通办理”。于此，旧有的常例与非常例收支明确划分的办法被抛弃，“量入为出”徒具空壳。同治十二年（1873 年），内务府即奏称，内务府之广储司银库“一年进款用款，通盘核计，详细比较，例内尚无靡费，实因例外各款递有加增，量入为出实不敷用”[④]。

晚清农业经济的落后和农民生活的贫困也是财政收支失衡的重要原因。太平天国运动爆发之前，清廷的财政收入主体是田赋，来自于农业税。受限于农业经济规模，农业税的增长不可能发生太大的变化。与此相对应，“量入为出”的财政指导原则得到真实贯彻，收支结构相对稳定，且略有结余。清前期的农业赋税政策使农业经济逐渐恢复，田赋收入得到自然增长。到了晚清时期，农业经济凋敝，农民生计困难，加在厘金等项目的征收负担，最终还是会转嫁到农民身上，从而成为一大顽疾。咸丰、同治时期的东南各省减赋运动，就是在“量入为出”思想下，着眼于节约政

① （清）王东槐：《戒患贫言利疏》，盛康辑：《皇朝经世文续编》卷三十，光绪三年刻本。
② （清）席裕福：《皇朝政典类纂》卷一五五，光绪二十九年铅印本。
③ （清）席裕福：《皇朝政典类纂》卷一七三，光绪二十九年铅印本。
④《军机处录副奏折·同治朝·财政类·经费项》，同治十二年四月十四日，总管内务府大臣崇纶等折，档案号：03-4951-063。

府支出，减轻百姓财政负担。正因为有此财政指导思想的转变，咸丰、同治时期的加征田赋、盐课等旧赋，开征厘金、洋税等新税种，发行大钱宝钞之类，举借债，行捐输，才能得到清廷理直气壮的大规模推行。清廷的财政收支规模，也才能由咸丰初年 4000 万两增加到同治末年的 7000 余万两。当然，即便如此，由于传统儒家思想的影响，“量入为出”的指导原则一直坚持到清朝灭亡，也没有被清朝统治者从口头上抛弃。

正是由于出现了财政指导思想的实质性转变，所以咸丰、同治时期的财政收入情况才会出现明显的变化，这主要表现在加重旧赋和开征新赋。旧赋包括对田赋附加税的加征和盐厘的加征，诸如前文所述的按粮津贴、按粮捐输、厘谷、亩捐、沙田捐等，都在这一时期泛滥成灾。开征新赋系是围绕厘金和洋关的大量征收，并在事实上超过田赋成是晚清时期的最主要财政收入来源。当然，发行大钱、举借外债也是财政指导思想变化的重要表现。

同样也是由于财政的窘迫，“量入为出”难以维继，清廷为苟延残喘，只得放弃财政高度集中管理体制，改变京饷协和奏销制度，将部分筹饷权下放各省督抚，地方财政体系初步得到发展。这正是咸丰、同治时期“国家财政”向“财政国家”转变的关键因素。

（二）财政功能再认识

咸丰、同治时期，在财政思想领域出现了一些新的因素。在保护关税方面，郑观应在《盛世危言》中说：“洋货同入中国，则输半税，土货出外洋，则加重征。资本纵相若，而市价则不同，洋货可平估，而土货必昂其值。颠倒错紊，华商安得不困，洋商安得不丰？”①要求从外国人手中收回海关行政权，实行关税保护政策。著名文人王韬则称：“迂拘之士动谓朝廷宜闭言利之门，而不尚理财之说，中国自古以来重农而轻商，贵谷而贱

---

①（清）郑观应：《税则》，《盛世危言·二编》卷三，光绪二十年刻本。

金，农为本富而商为末富，如行泰西之法，是舍本而务本也。况乎中国所产足以供中国之用，又何假外求而有俟乎出洋贸易也哉？呜呼！既其所言农事以观，彼亦何尝度土宜，辨种植，辟旷地，兴水利，深沟恤，备干旱，督农肆力于南亩，而为之经营而指授也哉？徒知丈田征赋，催科取租，纵悍吏以殃民，为农之虎狼而已。”[①]这种批判是很有见识的，为此他还提出了著名的“恃商为国本”的建议：“通商之益有三，工匠之娴于技术者得以自食其力，游手好闲之徒得有所归，商富即国富，一旦有事可以供输糈饷，此西国所以恃商为国本欤！”[②]应该说，王韬的思想相较于同时期的人是相当超前。

咸丰、同治期的政府与官员也逐步认识到财政对于促进社会经济发展所起的重要作用。特别是第二次鸦片战争之后，清统治者为求强求富，设立总理各国事务衙门以协调和各国的关系，进行外交活动。清政府还举办了一系列的包括军事、科技和文化各方面向西方学习的事业，如购买船炮，训练新军，兴办工业，创办学堂、派出游学等。这些都是清朝财政支出方面出现的新现象。正如李鸿章所言：“西洋方千里数百里之国，岁入财赋动以数万万计，无非取资于煤铁五金之矿、铁路电报信局丁口等税。酌度时势，若不早图变计，择其至要者逐渐仿行，以贫交富，以弱敌强，未有不终受其敝者。”[③]

轮船招商局的创办，很好地说明了这种认识上的转变。同治五年（1866 年），左宗棠以解决漕运困难为由，创办了福州船政局。同治十年，福州船局遭到以内阁学士宋晋为首的顽固派人士攻击，洋务派人士纷纷反击。李鸿章更是借机创办轮船招商局，从人力、物力和财力等多方面予以大力支持，最终站稳脚跟，并获得大发展。可以说，如果没有思想上的转变，轮船招商局的成立是无法想象的。

---

①（清）王韬：《弢园文录外编》，郑州：中州古籍出版社，1998 年，第 97 页。

②（清）王韬：《弢园文录外编》，郑州：中州古籍出版社，1998 年，第 368 页。

③（清）吴汝纶编：《李文忠公全集·朋僚函稿》卷十六，《复丁稚璜宫保》，光绪三十一年刻本。

同治时期用于造船的经费开支十分巨大，仅以《清史稿》记载来看，“同治十三年首次报销造船购费、盖厂各费达五百一十六万两，养船费十九万两”①，可见花费之大。同治末期，随着财政收支的转好，清廷在洋务运动项目上的支出数额呈不断扩大之势。平均来看，同治年间清廷在江南制造局及福州船政局，每年各约投入一百万两，是各项新政开支中最大的一笔。当然，需要指出的是，从总体上来说，这些洋务企业的经费主要来源于海关和厘金，但受限于时局和经费匮乏的制约，导致政府的实际投资在整体财政支出中所占比例并不算太高。

简言之，咸丰、同治时期财政功能的转变，导致国家将财政收入投入到生产领域，催生了中国近代史上的第一批现代化企业，从而促进了中国近代交通运输业、机器制造业和军事工业的产生。

二、财政与吏治

（一）吏治败坏

咸丰、同治时期，财政的总体格局十分窘迫，而财政的窘迫又导致吏治的进一步败坏。

为克服太平天国后的财政危机，清廷采取了克扣官员俸禄和养廉银的办法，使官员的生计问题变成一个重要的社会问题。关于减成发放的问题，前文已经有了详细的说明，这里不再赘述。需要指出的是，清廉的官员，仅依靠官俸度日，生计十分艰难。曾高中状元的林鸿年出任知府，逐步擢长至云南巡抚，“罢官而归，余囊仅有三千金。其时年事已高，谓年用三百金，分作十年之用，可以就木矣。谁知老而未死，乃赖正谊书院掌教束脩以度日。官至巡抚，不为小矣，其宦囊竟不足以送死”②。

面对朝廷的刻薄寡恩，各级官员自然额外加征。以江南征收漕粮为

①（清）赵尔巽：《清史稿》卷一三六《兵七・海军》，北京：中华书局，1977年，第4049页。
②（清）何刚德：《客座偶谈》卷四，上海：上海古籍出版社，1983年，第10页。

例，“官不足于奉（俸），私变漕粮为靳折。费不足于批解，名火耗为加封”，江苏以南米折银至五六两，江北折银亦四五两，“弱者倾产以输赋，强者聚众以抗官”①。地主豪绅抗粮不交，导致平民百姓的负担增加，而官员征收时的中饱私囊，更成为他们反抗的直接原因。冯桂芬称：当今兵荒交迫，民不聊生，征漕“血杖淋漓，敲骨吸髓，小则转于沟壑不忍言矣，大则铤而走险尤不忍言矣”②。官府在征漕过程中，往往穷凶极恶，百姓苦不堪言。咸丰元年（1851 年），江苏震泽县所贴出的催征告示，还令地保“用高脚牌肩示，鸣锣传谕”。气焰之盛，可以想见。

> 业主该田，赡家完赋；佃户选米，赶早交租。如敢拖欠，自取灾祸，经业指告，立刻拘捕。当堂痛比，皮开肉破，或予枷示，或以墩锁。受此官刑，租仍追捕，不如完租，免得受苦。③

正是由于吏治败坏，农民抗漕之事渐多。咸丰二年（1852 年），浙江鄞县、奉化因钱粮价重，乡民滋闹，道府县衙皆被烧毁，“什物尽数掳掠，观察亦受折辱”。地方官带兵往剿，结果清军纪律不严，毫无约束，沿途闹事，奸淫抢掠，乡民不服，率众拒捕，打死副将以下武官20余员，兵丁200余名④。清廷不得已宣布：“当以解散胁从、安抚良民为首务。”⑤咸丰三年八月，黄宗汉又奏报浙江新城县屡南新庄僧人慧心等人，因“欠完钱粮，裹胁乡民抗不交纳”，署理知县宣汝珍派兵弹压，慧心等人持械迎拒，将宣汝珍及几名亲丁当场打死。后来经湖州府用招抚办法，慧心等人自首，此事才得平息，黄宗汉则因“未能先事预防，著交部照例议处”⑥。

---

①（清）徐鼒：《务本论·罄办篇第一》，《未灰斋文集》卷三，咸丰八年刻本。
②（清）冯桂芬：《与赵抚部书》，《显志堂稿》卷五，光绪二年刻本。
③《震泽县催租告示（底稿一）》，1851 年，《吴煦档案选编》第六辑，南京：江苏人民出版社，1983 年，第 114—115 页。
④《何士祁致吴煦等函》，1852 年 5 月 29 日（咸丰二年四月十一日），《吴煦档案选编》第四辑，南京：江苏人民出版社，1983 年，第 25—26 页。
⑤ 中国第一历史档案馆编：《咸丰同治两朝上谕档》第 2 册，咸丰二年五月初五日，桂林：广西师范大学出版社，1998 年，第 191 页。
⑥ 中国第一历史档案馆编：《咸丰同治两朝上谕档》第 3 册，咸丰三年八月二十三日，桂林：广西师范大学出版社，1998 年，第 302—303 页。

浙江如此，江苏也不例外。仍在咸丰三年，因海运加米过多，乡农结党抗租，完粮迟滞。开仓多日，小户输纳不前，“新漕大为棘手”①。吴煦表示：“民情到处浮动，催科殊无把握，不可不熟筹审处”②。咸丰四年，江苏巡抚吉尔杭阿禀报：江苏百姓久困于钱漕，太平军攻下九江后，到处遍张告示，首以“薄赋税，均贫富”二语宣传，是以“赍粮资贼者，沿江皆是”。他指出，明末李自成曾有“归了闯王不纳粮”歌谣以为舆论，太平军正是仿此行事③。

太平天国起义后期，抗漕之事也屡见不鲜。咸丰九年（1859 年），江苏震泽农民抗漕又起，乡民纠众抗米短交，闹漕滋事，“人聚数万，船排数里”。地方官到震泽时查询民情，绅董无一出头，书差怕乡人捉拿，也避不见面。乡民为首者坐大船，“掣公所大旗四面，枪船围护”，对民船任意指挥，乡民惟命是听，本地人无敢过问④。正因为抗漕之案频发，地方官视征漕为畏途，以至于当江苏试用知县王庆嵩被任命为吴江县令时，得知该县有应行筹补前任欠解海运米石，系紧要款项，“辄敢托病告假，实属有心规避”⑤。

晚清官场混杂，吏治极为败坏，与捐输泛滥也有着很大的关系。江苏巡抚丁日昌曾言，现在捐班、军功二途，纷至沓来，官场拥挤，处处有人满之患，以江苏一省为例，道员可由外补之缺不过二三员，府州县同通可由外补之缺亦不过数十余员，而候补道员约有六七十人，候补同通州县约有一千余人，“夫以千余人补数十员之缺，固已遥遥无期，即循资案格而求署事，亦非数十年不能得一年”。这些捐官之人，“前此数十年中衣服饮食

① 《沈则柯致吴煦函》，1853 年 1 月，《吴煦档案选编》第四辑，南京：江苏人民出版社，1983 年，第 27 页。

② 《吴煦上赵德辙禀（底稿）》，1853 年 9 月 1 日（七月廿八日），《吴煦档案选编》第四辑，南京：江苏人民出版社，1983 年，第 33 页。

③ 《吉尔杭阿陈时事禀（底稿）》，1854 年 3 月，《吴煦档案选编》第一辑，南京：江苏人民出版社，1983 年，第 129—130 页。

④ 《贾益谦致吴煦函》，1859 年 11 月 5 日，《吴煦档案选编》第四辑，南京：江苏人民出版社，1983 年，第 125 页。

⑤ 中国第一历史档案馆编：《咸丰同治两朝上谕档》第 3 册，桂林：广西师范大学出版社，1998 年，第 260 页。

之资、养家应酬之费，皆须于一年署事中取偿，而后十数年衣服饮食之资、养家应酬之费，又须于一年署事中预蓄，置犬羊于饥虎之前，而欲其不搏噬，虽禁以强弓毒矢，而势固有所不能。”①不难看出，这些通过捐输起家的官员，必然会在行使权力的过程中，上下其手，为自己谋求比当初所付出的金钱更多的利益。而这些恶果，最后全部都要由老百姓来承担。

咸丰、同治时期的陋规，也有变本加厉之势。同治初年，有人奏称：“至于京官之羡外官，正所谓‘好官不过多得钱’。而以今之外官论，则无一应得之钱，然终于羡之者，岂人人思为贪墨哉，则以外官有相沿不除之陋规也。”羊毛出在羊身上，陋规之大端，惟州县在征收钱粮时通过不法手段，在平余折耗上动心思，尽取于民。于是，上司亦以节寿为名，道府取之州县，院司取之道府，其不能除而几乎人人皆然，处处皆然。之所以这样，“盖自耗羡归公，代以养廉银，大吏事简而廉厚，道府以下事愈多而廉愈少”。即以州县论，廉多者不过千数百两，少者五、六百两，而州县延一幕友，辄数百金，故岁入之廉，非但化为乌有，捐摊之数，且溢于养廉之数。“捐摊者，捐廉也，至于捐廉而廉尽，藩司尽扣其廉而不足以抵，犹复严催补解，取勇而后止，亦不计所补解者安从得也”。这还只是针对道府州县而言。若省一级的院司，养廉较厚，捐摊所不能尽，“而减折以来，所余亦遂无几”。四川总督养廉银不过 3000 两，经过摊扣后，仅余 2400 两，但四川总督所招募的刑名幕友束修即 1300 两，“幕友不止一人，费亦不仅延幕一事，其余将以办公乎？以自养乎？近日官捐，动曰廉俸所积，其实并无所得，又安从积，不过出其陋规之余耳”。对于官场的种种陋规，“朝廷未尝不知，特以其不败而听之。幸而不败，则以为操守廉洁；不幸而败，则以为卑鄙无耻，是上下相蒙，教之作伪也”。上下相蒙，层层相因，最后的结果必然是“绅民挟持州县，州县挟持上司，地方有事，州县不敢诘，州县不肖，大吏不敢诘，各殚其才力聪明，以为弥缝隐徇之计，遂有‘家家贩私

---

①《军机处录副奏折·同治朝》，同治八年三月二十日，江苏巡抚丁日昌折，档案号：03-5089-008。

酒，不犯是高手’之谣。”[①]显然，朝廷也完全明白捐纳的种种弊端，但为饮鸩止渴，图得一线残喘，也只能听之任之，不闻不问了。

咸丰、同治时期清廷极为缺乏熟悉财政的相应人才。咸同时期，上至帝后，下至权臣，其财政思想颇让人担忧。咸丰三年（1853 年），太平军攻下武昌，顺江而下，朝廷命诸大臣集议增兵筹饷之事，事后文瑞上疏弹劾称：“如此大政，宜如何悉心商酌公正平允，以慰圣怀。乃大学士等并无一语议及公事，惟笑语喧呶，彼此酬应，竟不知内阁为何，并不问会议为何事。大臣如此作为，曷胜悼叹！”奴才告以现有暂救之术，尚可支持，商之户部尚书孙瑞珍，而该尚书以闲言支吾，毫不介意，且自述其家资若干，出语粗俗，形同市井无赖。至其赌咒之言，不敢上达宸听，然亦昭昭在人耳目，窥其用意，似恐此议一成，必自为法自弊。其余大臣等闻该尚书首倡此言，亦并不置一词，皆哄然而散。”[②]可见对于财政这一专业性知识，相关官员居然不仅毫无办法，毫无见识，也毫不关心。

对于主政者的不堪，亦有人做过这样的记载：“恭邸颇赎货，胜保在时，曾以二万金为献，误投惠王（绵愉）府。旗人凡赔遗津要，例不具函。惠邸遂欣然纳之。而召醇王（奕譞）与之万金，曰：‘此非吾辈所宜有，然至则受之，何用辞让？’醇亦大喜。醇邸之福晋，圣母之亲妹，惠欲结以倾恭邸故也。胜保之诛，恭邸屡祐之。一日，廉内传旨：‘无事，各直员皆散！’恭邸甫出，而赐胜死之旨从中降。以是恭、醇益切齿。宫中近日传索金珠翠玉甚众，广储司库银堆积不动；相传留为仓皇奔徙之用。外人逼处肘腋，动息皆知之，不之避也。”[③]同治六年，曾国藩与幕僚赵烈文有过如下对话：“下午，滌师来谈。……余言在上海见恭邸小像，盖一轻俊少年耳，非尊彝重器，不足以镇压百僚。师曰：‘然，貌非厚重，聪明则过

① （清）蒋琦龄：《应诏上中兴十二策疏》，盛康辑：《皇朝经世文续编》卷十三，光绪三年刻本。

② 《军机处录副奏折·咸丰朝·财政类·经费项》，咸丰三年二月十六日［朱批日期］，都察院左副都御史文瑞折，档案号：03-9506-009。

③ （清）赵烈文：《能静居日记》，同治七年十月十四日，《续修四库全书》本。

人。’余言：‘聪明信有之，亦小智耳。见时局之不得不仰仗于外，即曲为弥缝。……然随时称量轻重，揣度形势之才则有之；至已为何人，所居何地，应如何立志，似乎全未理会。……位尊势重，而虑不出庭户，恐不能无覆竦之虞。非浅智薄慧，涂饰耳目之技所能倖免也。’师曰：‘本朝君德甚厚……又如大乱之后而议减征，饷竭之日而免报销，数者皆非亡国举动。足下以为何如？’余曰：‘天道幻远难知，未敢妄对。三代以后，论强弱，不论仁暴；论形势，不论德泽。即如诸葛辅蜀，宫府甚治，而卒不能复已绝之炎刘。……既未可以一言而决其必昌，亦不得以一事而许其不覆。议减征……但小事以迅速而见长，大事亦往往以草率而致误。……只兴气象，第一贵政地有人；奄奄不改，欲以措施一二之偶当，默运天心，未必其然也。’师又言：‘本朝乾纲独揽，亦前世所无。……即如九舍弟（曾国荃）参官相（官文）折，进御后，皇太后传胡家玉面问，仅指折中一节与看，不令睹全文。比放谭、绵二人查办，而军机恭邸以下，尚不知始末。一女主临御，而威断如此，亦罕见矣。’余曰：‘然，顾威断在俄顷，而蒙蔽在日后。究竟此案模糊了局，不成整体。覆疏全无分晓，未见中旨挑斥一字也。大家规矩素严，臧获辈当面谨愿奉法，而一出外，则恣为欺蔽，毫无忌惮。一部红楼梦，即其样子，又足多乎？’”[①]可见曾国藩对于恭亲王奕訢、慈禧等人的评价也是极其低的，认为他们只是善于利用满汉矛盾，左右局势而已，实在难堪中兴大任。

同治八年，曾国藩再对朝廷决策者做过点评：“两宫才地平常，见面无一要语。皇上冲默，亦无从测之。时局尽在军机，恭邸、文（祥）、宝（鋆）诸人，权过人主。恭邸极聪明，而晃荡不能立足。文柏川正派，而规模狭隘，亦不知求人自辅。宝佩衡则不满人口。朝中有特立操，当推倭艮峰（仁），然才薄识短。余更碌碌，甚可忧耳。”[②]可见在他眼中，国家主政

①（清）赵烈文：《能静居日记》，同治六年七月初九日，《续修四库全书》本。
②（清）赵烈文：《能静居日记》，同治八年五月二十八日，《续修四库全书》本。

者还是不过尔尔，前途渺茫。话虽如此，曾国藩自己的见识也并没有能够超越传统。他曾对其弟曾国荃写信："洋枪机括，弟营既善收拾，又勤于擦洗，余当令筱泉（李瀚章）于粤厘项下购买。然我军仍当以抬、鸟、刀、矛及劈山炮为根本。譬之子弟，于经书、八股之外，兼工诗赋杂艺，则佳。若借杂艺抛弃经书、八股，则浮矣。至嘱。"①由此不难看出，他对于当时的世界潮流抱着怎样的一种态度。而这尚且还是所谓的"中兴名臣"的视野，更何论其他人等。

咸丰、同治时期中央和地方财政体制的败坏，导致非有铁腕人物不能治其病。同治元年（1862 年），阎敬铭任山东巡抚，"山东藩库仅存银数千两，其帮由州县亏空，贿属幕友书吏，通同蒙蔽，牢不可破。历年大吏，不能清理。相国在户部精会计，下令核算。诸幕书力言事不可行，百端作难。相国震怒，曰：'有敢阻挠者斩！'幕书素闻其名，遂不敢动，提册清查，弊窦尽发露。籍州县一百五十三家，杀书吏数人，逐幕友十余人。……数年，藩库积银至五百万两。"②可见只要下定决心，还是能有所起色。

（二）财政与权力格局

地方财权的扩大和京协饷制度的指拨，从根本上改变了旧有的财政管理体制。在旧有体制下，户部对各省布政使实行垂直领导，可以直接划拨各省钱粮。各省督抚对辖区内钱粮的动用，必须经布政使司上报户部审批。至于专项经费漕粮、关税和盐课，也分别责成粮道、税关监督和盐运使负责，再由督抚、漕运总督和盐政核查。咸丰、同治时期，京饷定额指拨后，新设财政机构顺势而起，地方督抚凌驾于布政使之上，总揽一切，布政使司反而成为督抚的执行机关，地方财政系统逐步完备，而户部再也无法通过布政使完全掌握各省财政收支的实际情况。单一的中央集权财政

① （清）曾国藩：《曾文正公家书》卷六，北京：中国书店出版社，2011 年，第 38 页。
② （清）欧阳昱：《见闻琐录·阎相国》，长沙：岳麓书社，1986 年。

管理体制，逐步演变为中央与地方并存的二元财政管理体制。

地方督抚权力的扩大，也是一个不容忽视的变化。清前期，国家的行政、军事和财政管理体制是有机统一的整体，由中央牢固掌握。国家遇有重大事件，“兴大兵役，必特简经略大臣、参赞大臣驰往督办，继乃有钦差大臣关防及会办帮办者，皆王公亲要之臣，勋绩久著，呼应素灵。吏部助之用人，户部为拨巨饷，萃天下全力以经营之。总督巡抚不过承号令、备策应而已。”[①]而太平天国起义之后，湘、淮军队起，兵为将有，突破了旧有的军事格局。湘军至同治元年，已有 12 万人，号称“长江三千里几无一船不张鄙人之旗帜，外间疑敝处兵权过重，利权过大，盖谓四省厘金络绎输送，各处兵将一呼百诺，其相疑良非无因”，所以他在给李鸿章的信中说，“两接户部复奏之疏，皆疑弟广揽利权，词意颇相煎迫。自古握兵柄而兼窃利者，无不一凶于国而害于家。弟虽至愚，岂不知远权避谤之道？”[②]不过，曾国藩也不得不指出，湘淮兵饷筹由自主，“口粮虽出自公款，而勇丁感营官挑选之恩，皆若受其私惠”[③]，承认军队的私属性质得到强化。同治七年（1868 年），曾国藩由两江总督调任直隶总督，清廷令湘军改制，隶属兵部，但改制后的湘军虽然名义上纳入国家经制额兵之中，但指挥调动权力仍操于原有将帅，朝廷无法干涉。

督抚还有意干涉和控制地方行政、司法等体制，强行大量举荐人员出任州县官员。湘军建成之后，曾国藩还“立三等之法，重者斩，次杖毙，少鞭责释之而已，不以烦府县狱”[④]。督抚权重，各地官史只能仰其鼻息，“黜陟司道，荣辱终身，风旨所在，能使人先事而逢迎，即事而隐饰，不特司道不肯违其情，即军民亦不敢忤其意”[⑤]。当然，这绝不意味着这些督抚

①（清）薛福成：《叙疆臣建权之基》，《庸庵全集·海外文编》，光绪十九年刻本。

②（清）曾国藩：《曾文正公全集·书札》卷二三《致李宫保》，长春：吉林人民出版社，1995年，第2493页。

③（清）曾国藩：《复议直隶练军事宜折》，《曾文正公全集·奏稿》卷二八，长春：吉林人民出版社，1995年，第1176页。

④（清）王闿运：《曾军篇第二》，《湘军志·湖南防守篇》，光绪十二年刻本。

⑤（清）曾国藩：《查覆何桂清退守情形折》，《曾文正公全集·奏稿》卷十六，长春：吉林人民出版社，1995年，第886页。

存有二心，已经成为国家分裂的巨大隐患，这些地方督抚所为不过是形势所趋。薛福成曾指出，曾国藩“以侍郎剿贼，不能行其大志，及总督两江而大功告成，以其土地人民之柄，无所需于人也。是故督抚建树之基在得一省为之用，而其绩效所就之大小，尤视所凭之地为准焉”[①]。可见只有将行政权、军事权和财权牢牢掌握在自己手中，才能有所作为。

面对各省地方财权的扩张，中央政府也再三试图加强中央集权，与各省展开对财政资源控制权的争夺。在这其中，还若隐若现地存在着满汉官僚间的矛盾，更是在很大程度上加剧了各方争夺财政资源控制权的复杂化。即以曾国藩为例，咸丰四年九月，曾国藩一举攻克太平军占据的湖北省会武昌，名声大震，咸丰帝闻讯极为高兴，立即任命曾国藩为署理湖北巡抚，并谓“不意曾某一书生，乃能建此奇功！”而首席军机大臣祁寯藻却大加反对：“曾某以匹夫居闾里，一呼蹶起，从之者万余人，恐非国家之福。”[②]咸丰随即收回成命。此后的六七年时间里，曾国藩皆“不获大行其志”。直到咸丰十年太平军攻占苏州、常州，两江总督何桂清被革职，经大臣肃顺力荐，曾国藩才出任两江总督，督办江南军务。曾国藩的幕僚赵烈文对此看得极为清楚：“迨文宗末造，江左覆亡，始有督帅之授。受任危难之间，盖朝廷四顾无人，不得已而用之。”[③]

行政权如此，财政权更是如此。由于中央和各省在税源上的同一性，导致矛盾不可避免。咸丰九年（1859 年），闽浙总督王懿德请将洋药税仍归地方官委员征解，户部议驳。得旨：“所驳甚是。关税、抽厘，原属二事，该督等欲含混为一，并以税则三十两为抽厘报数，不独以后抽多报少，徒饱私囊，不能稽核，兼可冒销前收之款，为调剂属员起见，殊属取巧过甚。”[④]曾国藩曾言：“前代之制，一州岁入之款，置转运使主之，疆吏不得专擅。我朝之制，一省所入之款，报明听候部拨，疆吏亦不得专擅。自军

①（清）薛福成：《叙疆臣建树之基》，《庸庵全集·海外文编》卷四，光绪十九年刻本。
②（清）薛福成：《宰相有学无识》，《庸庵全集·续编》卷下，光绪十九年刻本。
③（清）赵烈文：《能静居日记》，同治三年四月初八日，《续修四库全书》本。
④《清文宗实录》卷二八四，咸丰九年五月甲午，北京：中华书局，1986 年影印本。

兴以来，各省丁漕等款纷纷奏留，供本省军需，于是户部之权日轻，疆吏之权日重。”[①]何烈发现，曾国藩于 1860 年任两江总督时，已经创办土药捐，但在第五案报销案中，只列厘捐、盐厘等收入，而未列入土捐收入。[②]

咸丰、同治时期的地方财政还不可能形成完全独立的财政体系。从制度上来说，所有的收入和支出都归户部负责，各省自己的行政开支，在形式上仍然要向中央政府报告并接受奏销审计，与清前期的财政大一统并无二致。即使是由地方牢牢控制的厘金收入，经过太平天国运动后户部的的调整，已经开始根据各省报数从中指拨解款。吴廷燮一针见血地指出：“论者多谓其时财政各省皆自专之，然如广东厘金未报支数，则户部奏诘，各省亦有以催征短绌谪降藩司以下多人者，财政之权计臣亦未尽失。”[③]简言之，对于晚清督抚权重的意义，不可过份夸大。这种权力格局的变化，或者说晚清督抚的“权重”，是在地方财政做大之后的权重，而不是旧有体制之下的“权重”。

---

①《宫中档朱批奏折·财政类》，同治三年三月十二日，两江总督曾国藩折，档案号：04-01-03-0161-001。

② 何烈：《清咸同时期的财政》，中华丛书编审委员会，1981 年，第 382 页。

③（清）吴廷燮：《咸丰时之财政》，《清财政考略》，1914 年校印本，中国社会科学院经济研究所图书馆藏。

结　　论

清朝咸丰、同治时期厘金、洋税地位上升，极大地改变了传统的财政结构。作为直接税的农业税收比重下降，作为间接税的关税和厘金收入都超过了田赋的收入，工商业税收成为财政收入的主体。财政收入规模的扩张，是社会经济发展的结果，没有社会经济的发展，财政收入规模的扩张只能是海市蜃楼。咸丰、同治时期，随着国门的洞开，以洋务运动为代表的近代化工商业经济得到快速发展，并随之带动中国经济结构的巨大变化。这一时期财政结构的变化，也是经济发展所带来的必然结果。虽然财政结构的转型是被迫的、被动发生的，却也反映出税收国家向财政国家转变的轨迹。而这种被迫转型的因素，无疑再次提醒我们，研究中国传统社会的历史演进轨迹，必须要重视政治因素在国家转型、社会变革中的作用，而旧体制的自我救赎能力，也不由得让我们大为感叹。

咸丰、同治时期，清廷的财政收入规模扩张速度比清前期要快得多。大体而言，由于厘金和海关洋税的增出，这一时期的岁入较之清前期大体增加了一倍；因勇饷、关局经费及洋款的增出，岁出规模也较前增加了近一倍。当然，这是根据各省奏销统计出来的岁出岁入情况，而不是当时财政收入和支出的全部。从绝对数层面上来看，清代财政收入的规模确实在不断扩张甚至膨胀。但若从收支关系的角度来看，清代财政收入不敷出的赤字状况又十分常见，这一收入规模在急速增长的财政支出面前相形见绌。

如果从税率的角度来看，随着太平天国运动的爆发，连续多年的战乱使这一时期的百姓负担显然是急剧增加了。新增负担主要来自于加重旧税和开征新税两个方面。加重旧税包括田赋征收中的按粮津贴、亩捐、漕折、盐斤加价等，新税则包括厘金、海关税、鸦片税、名目繁多的捐税（如粮捐、草捐、花捐、布捐等)。厘金与海关共同构成全新的财政收入，也导致晚清时期国内关卡林立，一物数征，税率不断提高，经此转变，清廷彻底告别了“量入为出”“永不加赋”的旧有财政原则。

奏销收支只是国家全部财政的一部分，而“外销收支”则是由各省地方自行掌握的收支，虽也是国家财政不可分割的部分，但并不报告户部，不受户部的监督和审计。清前期外销收支只占全部财政收支极小的部分，奏销收支基本上可以反映国家财政收支的总体状况。而咸丰、同治时期，随着各省财政自主权的不断扩张，外销收支越来越多，在各省财政上的地位越来越重要，奏销反而成了例行公事，敷衍为之。咸丰、同治以来，各省在筹措军饷扩充地方政费的过程中，除了创办厘金这一得到国家正式承认的新税外，还以“捐”的名义获取一种比厘金征收范围更加广泛的收入。这些新收入名目繁多，最初仅具临时性、权宜性特点，但一旦开征往往就会固定、延续化，成为一种实质上的新种收。史志宏等人认为：“晚清的外销支出成为其时国家全部岁出中一个巨大的‘灰色’地带。这是研究晚清财政决然不能忽视的。”①

针对晚清财政的被动局面，日本学者松进义夫曾言：“清人以外族统治中国，为求巩固其政权，军事费用居于最重要的地位。……军费的递增，遂使财政陷于不可挽救的困境。而且自清初以来，皇室经费与政务支出混淆不清，内廷经常向户部借拨款项……这不仅是制度上的缺点，也是政治的堕落，有以致之。清朝的经费……外受西方东渐的影响，自初期的一千五百万两，膨胀为末季的三亿两。内部政治良心的松弛，民本政治转为官僚政治，难以维持‘量入为出’的原则。……又中国历代财政有一特征：中央经费比地方经费增加得更快，这是由于皇室经费的漫无节制。前一政权倒败，继起者引以为鉴，复守‘量入为出’的原则。但曾几何时，政纲

① 史志宏、徐毅：《晚清财政：1851—1894》，上海：上海财政大学出版社，2008 年，第 272 页。

废弛，便重蹈前朝的覆辙。这是中国历代兴亡的通例，清朝不过是其中之一而已。”[①]虽然松进义夫带着很强的国家和民族偏见，但他揭示的晚清财政困局及其变化趋势，却大致符合情况。

最后，需要指出的是，咸丰、同治时期虽然开启了“国家财政”向“财政国家”转变的道路，但这一转轨如何最终完成，却还有待于后世的探索和继续；而在转变过程中的诸多弊端和不足，也需要由后世来承受和改进。可以说，这一时期的财政，显然是过渡性的，因为工业化尚未展开，而农业财政已经难以维系，所以只能走中间道路对商业过分征税。从财政史的角度来看，咸丰、同治时期的历史地位，或许正在于此。

①〔日〕松井义夫:《清朝經費の研究》，大连：满铁经济调查会，1935 年，第 24—25 页。

附　　录

一、咸同时期户部银库收支表

附表 1　咸丰元年分银库大进黄册数据

时间	银（两）	钱（串）
正月	1 525 569.079	
二月	1 329 839.478	97 204.534
三月	1 002 092.995	97 461.706
四月	338 559.449	96 573.29
五月	886 681.396	97 150.762
六月	356 532.827	97 820.006
七月	87 966.292	97 997.952
八月	479 941.837	99 173.805
闰八月	85 406.547	92 308.903
九月	969 121.281	76 687.532
十月	172 691.393	97 418.668
十一月	326 480.205	96 256
十二月	947 645.78	199 877.15
合计	8 508 528.559	1 245 930.308

资料来源：经济研究所抄档，《清代黄册 · 户部银库类》第十二册

附表 2　咸丰二年分银库大进黄册数据

时间	银（两）	钱（串）
正月	535 084.55	
二月	208 381.694	85 406.928
三月	633 799.721	74 336.6
四月	1 546 111.648	74 076.937
五月	694 168.519	73 749.53
六月	456 287.187	66 062.567
七月	483 952.692	66 726.172
八月	228 801.77	66 285.481

续表

时间	银（两）	钱（串）
九月	1 223 874.115	66 202
十月	829 191.265	65 992
十一月	534 030.097	66 069.574
十二月	988 153.425	130 201.955
合计	8 361 836.683	835 109.744

资料来源：经济研究所抄档，《清代黄册·户部银库类》第十二册

附表 3　咸丰二年分银库大出黄册数据

时间	银（两）	钱（串）
正月	176 169.231	
二月	1 051 220.048	52 245.879
三月	878 771.776	63 577.922
四月	1 245 602.41	63 318.974
五月	681 893.024	63 443.091
六月	559 309.201	96 845.054
七月	536 965.716	93 760.597
八月	806 369.761	79 136.126
九月	688 601.448	92 716.385
十月	529 218.577	195 015.82
十一月	625 254.25	176 922.897
十二月	692 370.143	391 423.518
合计	8 471 745.585	1 368 406.263

资料来源：经济研究所抄档，《清代黄册·户部银库类》第三十三册

附表 4　咸丰三年分银库大进黄册数据

时间	银（两）	钱（串）
正月	853 073.657	
二月	334 128.268	54 574.798
三月	603 901.85	66 113.646
四月	230 745.976	59 992
五月	210 329.841	65 892
六月	430 286.913	105 663.824
七月	317 162.843	104 091.36
八月	519 855.142	121 332.099
九月	281 702.261	92 716.385
十月	145 612.595	170 671.162
十一月	337 139.877	171 979.207

续表

时间	银（两）	钱（串）
十二月	252 898	140 180
合计	4 516 837.223	1 153 206.481

资料来源：经济研究所抄档，《清代黄册·户部银库类》第十二册

附表 5　咸丰四年分银库四柱黄册数据

名称	银（两）	钱（串）	京票制钱（串）
旧管	1 696 896.984	2 707.72	13 183.652
新收	4 996 127.336	3 045 823.584	7 846 071.882
开除	5 031 018.775	3 040 549.541	7 834 542.621
实在	1 662 005.545	7 981.763	24 712.913

资料来源：经济研究所抄档，《清代黄册·户部银库类》第三十五册

附表 6　咸丰五年分银库大进黄册数据

时间	银（两）	钱（串）	京票制钱（串）	宝钞（串）
正月	268 417.999		15 193.56	35 027.5
二月	130 114.122	214 899.57	1 178 476.773	42 678
三月	325 749.457	216 001.822	563 140.015	104 612.5
四月	146 171.881	216 003.121	522 737.487	327 013.5
五月	284 714.948	213 268.508	666 695.61	374 038.5
六月	401 577.768	213 718.713	550 742.526	364 033
七月	178 070.378	217 521.629	612 100.822	（350 626）
八月	194 605.849	12 438.698	648 390.313	894 334.5
九月	298 974.562	9 248.995	589 671.918	281 941.5
十月	184 315.433	150 892.972	555 539.218	326 168.5
十一月	226 554.889	6 886.845	613 002.813	273 892.5
十二月	428 507.05	127 925.753	1 275 369.442	713 952
合计	3 067 774.336	1 598 806.626	7 791 060.497	4 088 318

资料来源：经济研究所抄档，《清代黄册·户部银库类》第十二册。另：七月宝钞原抄档上的数字为350 000.626，当系笔误

附表 7　咸丰六年分银库大进黄册数据

时间	银（两）	钱（串）	京票制钱（串）	宝钞（串）	宝钞尾零对条钱（串）
正月	208 340.084		32 927.214		
二月	326 670.2	51 874.1	611 441.16	1 004 719	
三月	254 484.952	77 896.365	619 552.554	282 937	
四月	17 405.694	48 598.033	610 118.721	295 526.5	

续表

时间	银（两）	钱（串）	京票制钱（串）	宝钞（串）	宝钞尾零对条钱（串）
五月	221 918.352	113 122.205	951 293.584	275 948.5	
六月	182 267.155	34 694.036	577 884.037	266 438.5	
七月	250 390.737	32 674.621	577 620.034	277 729	
八月	318 917.58	32 842.154	652 164.421	288 715.5	
九月	141 100.046	33 073.167	498 661.658	307 772	24.467
十月	114 863.801	26 538.012	513 473.775	319 712	31.196
十一月	126 436.166	304 406.385	574 118.282	310 817	45.658
十二月	506 867.915	55 344.376	1 665 233.394	774 767	52.787
合计	2 669 662.682	811 063.454	7 884 488.834	4 405 082	154.108

资料来源：经济研究所抄档，《清代黄册·户部银库类》第十二册

附表 8　咸丰六年分银库四柱黄册数据

名称	银（两）	钱（串）	京票制钱（串）	备注
旧管	1 496 601.811	52 475.627	66 381.214	
新收	2 669 662.682	811 063.454	7 884 488.834	另有宝钞4405 082串，尾零对条钱154.108串
开除	2 704 989.316	517 736.361	7 950 869.448	另有宝钞4405 082串，尾零对条钱154.108串
实在	1 461 275.177	345 802.72	0.6	

资料来源：经济研究所抄档，《清代黄册·户部银库类》第三十五册

附表 9　咸丰八年分银库大出黄册数据

时间	银（两）	钱（串）	京票制钱（串）	宝钞（串）	宝钞尾零对条钱（串）
正月	残	残	残	残	残
二月	227 190.66	109 612.68	1 386 351.803	132 758.5	14.413
三月	208 403.349	40 000	888 241.989	200 393.5	19.449
四月	199 839.858		767 661.461	118 573	21.034
五月	380 221.888	71.918	1 039 556.136	109 069.5	17.594
六月	174 538.713		1 055 887.269	95 432	23.616
七月	144 520.434	12 144.829	738 134.771	183 745	27.907
八月	395 449.512	13 732.586	1 101 750.653	187 821	17.893
九月	310 168.315	212 168.083	722 128.721	87 378.5	17.941
十月	273 382.743	240 264.656	1 010 046.641	57 234	20
十一月	216 878.513		646 408.457	112 383.5	39.857
十二月	531 310.334	1862.68	2 003 950.623	225 874	47.305
合计	3 061 904.319+	629 857.432+	0 11 360 118.52+	1 510 662.5+	267.009+

资料来源：经济研究所抄档，《清代黄册·户部银库类》第三十三册

附表 10 咸丰九年分银库大进黄册数据

时间	银（两）	钱（串）	京票制钱（串）	宝钞（串）	宝钞尾零对条钱（串）
正月	146 281.32		1 145.276		
二月	160 208.605		1 205 310.939	100 437	20.209
三月	86 556.078		3 206 216.712	173 326	22.625
四月	376 648.218	406 708	2 065 419.607	129 616.5	26.064
五月	284 957.02	1 035.07	1 690 462.428	87 488	21.17
六月	428 376.238		1 760 871.451	147 727	26.131
七月	585 543.175	8 110	1 475 606.609	106 727.5	27.94
八月	313 992.151	450 000	1 782 874.311	101 379.5	25.242
九月	374 409.12	62 178	1 337 509.941	99 708.5	22.148
十月	276 569.705	50	1 013 888.369	233 873	74.399
十一月	418 786.205	23 473.449	1 321 208.725	437 079.5	65.883
十二月	1 011 150.121	16 975.601	2 271 075.781	516 462.5	77.041
合计	4 463 477.956	968 530.12	19 131 590.15	2 133 825	408.852

资料来源：经济研究所抄档，《清代黄册·户部银库类》第十二册

附表 11 咸丰九年分银库大出黄册数据

时间	银（两）	钱（串）	京票制钱（串）	宝钞（串）	宝钞尾零对条钱（串）
正月	257 611.139				
二月	266 348.057		1 214 860.948	100 437	20.209
三月	225 508.868		1 905 632.499	173 326	22.625
四月	287 744.221	400 000	1 565 702.419	129 616.5	26.064
五月	293 105.617	71.918	988 572.068	87 488	21.131
六月	242 736.167		1 984 221.644	147 727	26.131
七月	205 712.354	1 603.62	826 273.893	106 727.5	27.94
八月	336 666.823	250 000	2 457 871.146	98 175.5	25.242
九月	327 362.876	50 000	734 287.272	98 788.5	22.148
十月	388 885.455		1 182 333.93	228 627	74 399
十一月	348 010.061		1 116 307.929	437 079.5	65.883
十二月	628 725.786	1 648.702	2 070 128.723	516 462.5	77.041
合计	3 808 417.424	703 324.24	16 046 192.47	2 124 455	74 733.414

资料来源：经济研究所抄档，《清代黄册·户部银库类》第三十三册

附表 12　咸丰九年分银库四柱黄册数据

名称	银（两）	钱（串）	京票制钱（串）	附注
旧管	2 370 433.947	367 444.249	31 959.628	另有金189.929余两
新收	4 463 477.956	968 530.138	19 131 590.149	另有宝钞2 133 825串，尾零对条钱408.852串
开除	3 808 417.524	903 324.258	16 046 202.67	另有宝钞2 133 825串，尾零对条钱408.852串
实在	3 025 494.379	432 650.129	3 117 347.107	另有金189.929余两

资料来源：经济研究所抄档，《清代黄册·户部银库类》第三十五册

附表 13　咸丰十年分银库大进黄册数据

时间	银（两）	钱（串）	京票制钱（串）	宝钞（串）	宝钞尾零对条钱（串）
正月	616 217.894	60.75	6 118.562	289 501	16.13
二月	144 605.262	11 108	1 024 922.777	598 859	72.068
三月	226 223.773	106	1 059 360.497	173 872.5	26.5
闰三月	414 750.014		466 631.642	195 303	44.666
四月	268 846.338		240 896.008	122 956.5	50.377
五月	564 826.07	11 650.3	176 256.635	136 829.5	42.14
六月	448 352.779		317 442.79	215 635	34.747
七月	620 654.719		276 826.467	436 518	68.068
八月	216 347.919		53 673.5	418 838	8.03
九月	68 904.38	67 483.35	159 816.544	95 543	25.388
十月	451 253.358	67 511.43	73 138.447	120 520	59.658
十一月	391 115.302		40 302	383 151.5	134.739
十二月	996 992.969	141 330.74	419 855.714	134 067.5	33.581
合计	5 429 090.777	299 250.57	4 315 241.583	3 321 594.5	616.092

资料来源：经济研究所抄档，《清代黄册·户部银库类》第十二册

附表 14　咸丰十一年分银库四柱黄册数据

名称	银（两）	钱（串）	京票制钱（串）	附注
旧管	1 175 096.676	379 419.809	75 196.998	另有金189.929余两
新收	6 678 613.514	295 354.819	408 881.064	另有宝钞155 518串，尾零对条钱184.903串
开除	6 331 925.933	169 540.327	174 287.254	另有宝钞155 431串，尾零对条钱182.203串
实在	1 521 784.257	505 234.301	309 790.808	另有金189.929余两，宝钞87串，尾零对条钱2.7串

资料来源：经济研究所抄档，《清代黄册·户部银库类》第三十五册

附表 15　同治二年分银库大出黄册数据

时间	银（两）	钱（串）
正月	0 239 775.677	1 2 943.117
二月	550 110.307+	14 899.592+
三月	472 840.334	11 313.946
四月	511 062.184	10 907.843
五月	564 665.781	11 029.746
六月	516 844.481	11 918.915
七月	533 882.434	12 310.623
八月	756 437.721	13 142.317
九月	534 547.208	11 850.854
十月	731 754.845	20 820.285
十一月	860 707.211	14 259.622
十二月	990 866.03	20 185.694
合计	7 263 494.213	155 582.554

资料来源：经济研究所抄档，《清代黄册·户部银库类》第十二册。说明：二月数据系中间缺数字

附表 16　同治四年分银库大进黄册数据

时间	银（两）	钱（串）
正月	523 054.189	
二月	547 237.414	13 593.264
三月	616 697.095	12 521.511
四月	707 314.904	13 174.306
五月	734 370.308	14 098.311
闰五月	1 043 711.251	15 485.044
六月	956 323.549	12 684.929
七月	612 759.166	14 279.26
八月	464 929.255	14 867.134
九月	469 034.472	13 622.531
十月	376 336.112	16 380.548
十一月	349 344.204	14 251.842
十二月	1 094 244.126	31 333.396
合计	8 495 356.045	186 292.076

资料来源：经济研究所抄档，《清代黄册·户部银库类》第十二册。十二月数据残，系各款项相加所得

附表 17　同治四年分银库大出黄册数据

时间	银（两）	钱（串）
正月	276 196.044	
二月	714 182.634	13 593.266
三月	483 654.272	12 521.511
四月	747 294.161	13 174.306
五月	724 066.331	14 098.311
闰五月	574 078.968	15 485.044
六月	491 222.98	12 684.929
七月	540 813.851	14 279.26
八月	789 737.183	14 279.134
九月	855 184.383	13 622.531
十月	616 445.823	13 838.598
十一月	564 105.307	14 251.842
十二月	(972 365.047)	(31 333.394)
合计	8 349 346.984+	183 162.126+

资料来源：经济研究所抄档，《清代黄册·户部银库类》第三十四册，十二月数据系相加所得

附表 18　同治五年分银库大进黄册数据

时间	银（两）	钱（串）
正月	584 628.209	
二月	621 243.209	14 143.989
三月	351 524.417	12 774.331
四月	763 628.412	12 682.062
五月	930 910.794	14 277.439
六月	1 140 873.544	14 845.42
七月	785 071.441	13 225.441
八月	661 959.015	14 918.305
九月	626 922.152	13 892.43
十月	956 215.277	12 833.394
十一月	1 156 787.524	15 705.724
十二月		
合计	8 579 763.994+	139 298.535+

资料来源：经济研究所抄档，《清代黄册·户部银库类》第十二册，十二月无总额及各款项分项

附表 19　同治五年分银库大出黄册数据

时间	银（两）	钱（串）
正月	480 392.184	
二月	797 936.96	14 143.989
三月	662 342.878	12 774.331
四月	810 885.445	12 682.062
五月	573 375.284	14 277.439
六月	521 455.768	14 845.42
七月	518 451.88	13 225.441
八月	805 236.316	14 918.305
九月	512 347.831	13 892.43
十月	824 250.607	12 833.394
十一月	581 771.494	15 705.724
十二月	1 152 127.844	21 691.73
合计	8 240 574.491	160 990.265

资料来源：经济研究所抄档，《清代黄册·户部银库类》第三十四册

附表 20　同治六年分银库大进黄册数据

时间	银（两）	钱（串）
正月	665 703.885	151.067
二月	742 264.985	14 594.18
三月	932 922.366	11 294.097
四月	1 277 988.803	11 551.309
五月	1 193 800.058	14 482.573
六月	1 295 642.882	11 641.016
七月	807 371.389	11 939.605
八月	922 193.177	12 614.689
九月	867 536.766	11 452.906
十月	682 423.544	11 663.088
十一月	1 084 358.889	13 418.265
十二月	1 876 103.824	24 066.666
合计	12 348 310.57	148 869.461

资料来源：经济研究所抄档，《清代黄册·户部银库类》第十二册

附表 21　同治六年分银库大出黄册数据

时间	银（两）	钱（串）
正月	285 319.168	151.067
二月	975 274.611	14 594.18
三月	826 700.028	11 294.097
四月	809 192.52	11 551.309
五月	1 130 410.153	14 482.573
六月	716 436.533	11 641.016
七月	711 181.589	11 939.605
八月	1 125 558.724	12 614.689
九月	631 066.943	11 452.906
十月	779 857.064	11 663.088
十一月	908 440.125	13 418.265
十二月	1 394 247.691	24 066.666
合计	10 293 685.15	148 869.461

资料来源：经济研究所抄档，《清代黄册·户部银库类》第三十四册

附表 22　同治八年分银库大出黄册数据

时间	银（两）	钱（串）
正月	293 667.742	
二月	1 148 578.699	12 865.705
三月	1 320 093.302	11 432.754
四月	1 108 077.428	11 187.881
五月	882 459.806	18 130.246
六月	777 412.358	12 541.339
七月	715 844.556	11 298.551
八月	925 612.862	13 861.112
九月	679 625.976	11 565.061
十月	680 622.944	12 350.04
十一月	673 697.13	19 427.404
十二月	(2 130 947.267)	(19 116.186)
合计	11 336 640.07	153 776.279

资料来源：经济研究所抄档，《清代黄册·户部银库类》第十二册，十二月数据系相加所得

二、咸同时期常关税征收概况

附表 23　咸丰同治时期常关税征收表（单位：两）

时间	山海关	张家口	杀虎口	归化城	打箭炉	辰关	中江
咸丰元年	111 970.38	62 297.78	46 271.87	27 040.591	21 544.2914		4 693.291
二年	119 029.11		46 281.631	27 041.054			3 306.102
三年	117 233.92	62 303.297	46 278.57	27 041.117	20 033.7157		3 306.108
四年	112 673.38	78 744.104	22 623.23	18 021.299	21 447.1998		3 306.113
五年	112 331.86	43 680.118	28 935.323	25 636	20 002.6229		3 306.12
六年	152 906.38	62 126.141	37 137.69	25 636			3 306.127
七年	116 160.38	62 143.929	41 774.097	25 794.289	21 670.8579		
八年	116 161.05	62 136.394	44 145.03	25 794.359			3 306.152
九年		55 175.339	44 356.48	25 794.441	20 004.6188		3 306.167
十年		38 514.566	44 363.93	25 794.505	21 629.4382		
十一年	172 243.38	62 161.439	44 370.57	25 794.566	20 015.2451		3 306.2
同治元年	139 416.09	56 753.772	43 150.21	25 794.628	21 557.8177		3 306.216
二年	143 865.38		44 374.52		20 025.9894		3 306.237
三年	131 234.88	59 124.053	44 379.32		20 033.4163		3 306.265
四年	151 157.36	43 345.566	44 392.41				3 306.295
五年	132 475.88	43 392.049	44 396.87		20 030.4135		3 306.329
六年	153 151.31	42 553.248	44 409.51		20 017.2803		2 029.463
七年	191 129.38	43 420.501	88 842.97		21 631.3524		1 366.216
八年	191 129.38	41 549.52	44 431.85		20 003.2711		3 306.393
九年	191 129.38		44 436.59		21 662.2607	34 851.9532	3 306.422
十年	169 141.71	37 366.37	44 441.42		20 050.632		3 306.457
十一年	172 335.12	37 474.378	44 446.52		20 043.6253		
十二年	173 255.79	37 687.898	44 451.52		21 677.9189		3 306.534
十三年	183 178.06	37 829.304	44 456.02		20 035.4273		3 306.586

续表

时间	潘桃口	崇文门	左翼	右翼	坐粮厅	淮安关	浒墅关
咸丰元年	1 074.6975	314 976.722	37 728.312	24 262.464	12 347.28	324 661.13	334 416.76
二年		323 678.602	37 322.19	24 148.025	12 347.47	139 632.36	307 569.18
三年	1 073.1355	314 976.722	38 193.766	24 158.351	10 115.346	100 120.69	279 868.71
四年		141 736.956	27 915.054	17 449.181	7 367.265	69 520.134	311 805.78
五年	1 069.7805	174 010.618	27 432.287	17 431.979	7 761.923	153 950.15	326 850.89
六年	1 072.53	231 489.35	30 060.947	18 054.335	10 446.316	190 671.52	346 922.89
七年		216 339.972	32 015.933	18 187.492	9 998.582	110 103.31	168 793.63
八年		159 410.236		18 266.392	7 458.582	114 581.95	236 543.08
九年		201 275.854		16 286.754	9 880.165	116 057.69	287 595.83
十年	1 010	245 171.002	52 215.857	26 315.595	9 040.236	98 570	358 000
十一年	1 099.9095	145 980.304	27 459.243	19 543.531	6 354.86	44 975.058	0
同治元年		180 180.392	25 164.936	19 043.515	7 268.242	29 705.326	0
二年		182 023.892	25 284.562	16 704.272	6 387.807	37 615.804	0
三年		170 036.542	26 027.685	18 112.024	6 752.407	38 814.514	0
四年		190 650.762	22 968.165	18 781.104	7 103.302	82 995.659	0
五年		183 080.592	26 066.454	18 158.208	7 011.477	35 754.169	0
六年		185 078.592	22 949.682	17 480.74	6 350.768	33 101.003	0
七年		167 218.512	21 563.635	16 778.655	6 812.012	34 118.99	0
八年		187 078.592	23 797.083	17 665.423	6 980.094	44 161.919	0
九年		180 058.592	23 239.888	17 530.4	7 183.691	52 798.138	0
十年		180 061.112	19 848.842	17 071.988	7 272.652	41 756.449	0
十一年		171 242.382	18 643.847	16 370.163	7 617.578	51 121.392	0
十二年		178 468.832	18 707.119	17 058.59	8 153.724	56 871.774	0
十三年		172 243.442	19 142.5	16 266	6 370.057	32 210.845	0

续表

时间	扬州关	芜湖户	芜湖工	凤阳关	龙江关	西新关	九江关
咸丰元年	123 921.38	235 326.05	103 015.99	107 362.01	78 683.627	41 551.849	430 499.0286
二年	101 078.31			107 231.45	78 767.63	41 742.56	483 613.116
三年	0	0	0	84 172.555	0	0	450 314.6141
四年		0	0	23 026.258	0	0	0
五年	31 612	0	0	32 651.743	0	0	0
六年		0	0	59 294.276	0	0	0
七年		0	0	32 283.638	0	0	0
八年		0	0	14 512.014	0	0	0
九年		0	0	6 650.9767	0	0	0
十年	35 946	0	0	1 210.816	0	0	0
十一年	15 236.468	0	0	5 764.2218	0	0	0
同治元年	20 333.462	0	0	0	0	0	0
二年	35 558.45	0	0	0	0	0	253 374.7172
三年	43 242.52	0	0	0	0	0	477 441.7033
四年	40 551.8	0	0	0	0	0	429 865.881
五年	44 217	0	0	0	0	0	412 984
六年	34 461	0	0	0	0	0	409 517
七年	31 365	0	0	0	0	0	435 721.9786
八年	37 454	0	0	0	0	0	439 017.081
九年	56 996	0	0	0	0	0	336 894.4596
十年	43 140	0	0	0	0	0	455 661.0719
十一年	42 188	0	0	0	0	0	425 849.58
十二年	43 259	0	0	0	0	0	427 474.023
十三年	43 379	0	0	0	0	0	442 522.824

续表

时间	赣关	北新关	南新关	临清户关	临清工关	太平关	武昌厂
咸丰元年	185 198.91	177 376.02	28 394.133	40 982.12	3 422.98	113 837.74	
二年	92 632.73	176 024	29 871.203	64 694.28	5 501.111	111 735.966	
三年	58 853.985	151 048	18 688.467	46 310.72	4 583.381	102 646.163	
四年	53 491.241		16 584.29	26 611.134	1 452.077	92 671.033	
五年	0	164 874.65	24 166.614	37 494.51	4 490.739	7 467.92	
六年	0		30 107.935	37 382.83	2 925.824	49 504.366	
七年	0	124 991.58	29 622.674	38 807.5	4 070.24	53 774.573	
八年	0	121 578.11	29 554.139	48 211.95	6 338.871	33 411.656	
九年	0	123 580.68	25 583.922	51 635.47	7 170.26	30 975.989	
十年	92 742.937	115 031.31		83 748.698	7 823.717	41 580.349	23 587.75
十一年	92 404.38	0	3 312.975	50 075.96	3 753.651	37 286.698	20 691.78
同治元年	83 741.811			34 989.95	7 254.44	37 733.712	20 357.16
二年	92 399.614			36 631.19	3 070.672	39 655.327	
三年	87 388.568			26 650.47	5 890.59	38 615.196	23 111.84
四年	53 943.454	14 429.794	1 445.8283	18 620.349	3 212.879	32 601.022	
五年	60 424.3	0	0	21 712.97	4 997.113	66 996.263	24 786.94
六年	57 123.693	0	0	32 186.05	5 764.275	189 825.1	
七年	70 175.702	0	0	32 811.54	3 105.718	189 597.198	25 407.87
八年	75 231.063	0	0	33 813.68	5 148.011	175 260.624	24 513.49
九年	64 130.973	0	0	42 453.53	3 689.807	175 385.626	20 130.86
十年	62 206.229	0	0	29 100.64	6 098.114	175 421.532	18 985.33
十一年	65 153.839	0	0	54 352.26	7 827.49	170 071.259	19 554.35
十二年	75 728.613	0	0	65 886.3	4 951.694	168 261.367	19 633.53
十三年	88 318.408	0	0	42 173.31	3 450.61	163 074.366	19 097.25

续表

时间	荆州关	湖北新关	夔关	渝关	天津关	天津海关	东海关
咸丰元年					95 356.383	34 982.94	
二年			184 242.509		95 701.773	24 711.67	
三年			108 099.697	908.853	94 099.303	42 656.28	
四年			115 801.863	948.589	85 259.643	40 391.95	
五年				42.682	68 345.603	40 025.36	
六年			119 146.24	281.736	93 936.963	41 795.93	
七年		21 800	118 619.757	1 192.019	93 806.833	41 954.67	
八年		27 700	178 290.142		93 561.903	42 563.22	
九年		27 600	184 219.438	5 121.177	93 482.383	41 243.66	
十年			164 833.203	1 072	162 428.48	35 485	
十一年			143 281.376		74 932.203	14 127.9	
同治元年			180 083.296		75 393.623	14 668.56	
二年			184 222.826		76 083.403	28 995.2	
三年	23 242.205		184 225.181	987	84 447.273		
四年	23 242.188	31 252.35	196 705.11	1 430	84 451.813	29 074.9	68 578.107
五年		35 794.042	184 226.802		84 591.553	38 858.71	90 299.097
六年			184 223.795		84 841.543	38 772.1	94 229.341
七年			197 613.572		85 535.023	42 713.89	68 649.287
八年		39 771.374	172 331.29			43 143.25	80 981.974
九年						40 545.93	86 662.34
十年			184 226.123			40 481.87	86 183.675
十一年		39 917.964	174 860.125		66 633.17	42 055.67	86 183.675
十二年			195 906.813		92 953.463	40 373.18	81 635.569
十三年		39 968.164			92 498.89	41 721.82	78 557.353

续表

时间	江海关	浙海关	闽海关	粤海关	总计
咸丰元年	72 469.088	76 430.256	161 340.158		3 433 436.224
二年	74 011	47 053.6	132 351.272		2 891 319.898
三年		62 698.97	113 028.798		2 382 813.23
四年	14 046.794	62 321.091	80 352.866		1 445 568.525
五年	45 783.157	62 522.613	102 149.664		1 564 026.917
六年	53 422.453	64 111.843	122 220.661		1 783 961.286
七年	70 686.031	65 467.18	130 592.638		1 650 651.798
八年	71 038.665	66 340.071	145 167.77		1 666 071.734
九年	84 374.328	71 368.584	147 400.915		1 680 141.126
十年	99 892.289	55 267.699	163 769.4707		2 005 044.845
十一年	100 584.58	49 858.298	129 958.603	60 440.82	1 375 014.222
同治元年	140 140.59	32 138.239	109 494.28	62 253.251	1 369 923.52
二年	165 138.54	21 593.101	99 290.707	46 961.863	1 562 564.07
三年	121 661.03	40 336.456	104 879.927	47 857.626	1 827 798.686
四年	103 920.61	38 047.517	77 261.575	53 941.092	1 867 276.895
五年	103 809.12	32 800.503	85 406.222	56 511.941	1 862 089.011
六年	42 687.124	29 885.037	94 284.269	66 646.296	1 891 568.221
七年	129 547.56	62 656.751	93 897.763	111 770.867	2 173 451.937
八年	60 813.79	31 671.04	100 709.255	160 041.338	2 060 004.783
九年	67 392.839	35 335.831	115 134.8168	156 933.913	1 777 884.24
十年	61 223.639	30 481.496	116 649.686	156 884.128	2 007 061.164
十一年	61 652.102	30 061.519	117 779.21	157 183.118	2 200 618.329
十二年	61 652.102	35 908.23	126 150.803	157 640.082	2 157 054.466
十三年	64 927.22	33 712.202	131 068.286	158 611.602	1 978 119.542

说明：在1861年常税、洋税分开奏报之前，粤海关之税收归入洋税项下。1861年，粤海关本年征收常税60 440.82两。本表格数据来源于中国第一历史档案馆所藏档案及中国社会科学院经济研究所抄档

三、《中国近代海关税收和分配统计：1861—1910》税收统计补正

20 世纪 30 年代，以汤象龙为首的一批历史学家，在内忧外患的局势下，以高度的历史责任感，对藏于故宫文献馆的清代财政史档案进行了系统的整理。从 1930 年至 1936 年，他们通过统计列表方式对清代的相关经济数据进行详细分类，其工作规模之大，参与人数之多，研究方法之严谨，都是前所未有的。由于历史的原因，当时他们经手整理的一些原始档案已经遗失，导致这批抄档（现存放于中国社会科学院经济研究所图书馆）本身就成为档案，史料价值和研究价值不容低估。

在整理抄档的过程中，作为活动主持人的汤象龙边整理，边研究，经过长达五十五年的积累与沉淀，在抄档的基础上最终完成了巨著《中国近代海关税收和分配统计：1861—1910》（以下简称“汤书”）。该书是研究中国近代经济史极为重要的，也是极为经典的基础性工具书。诚如罗尔纲所言，该书的出版“在我国史学界是仅有的，也是最早的”“至于著者运用统计方法整理大量财政经济档案更是我国史学界的第一人”。

当然，由于各种各样的原因，在摘抄和整理这批数据时，难免会出现这样或那样的错误。由于数量巨大，本文仅就资料所及，对海关统计资料中的税收部分做一简单补正，藉此向以汤象龙为首的那一批经济史学家筚路蓝缕之功，致以崇高的敬意。

（一）

汤书对 1861—1910 年共计 50 年间的 30 个海关税收状况进行了详细分类统计。鉴于该书统计数据数量庞大，此处不可能对所有数据都做出详细分析，这里仅以江海关为例稍加说明。江海关的税收统计部分，系作者分

类列表的第一个表格（见汤书第 269—273 页），重要性不言而喻。

根据《军机处录副奏折》(中国第一历史档案馆藏，以下简称《军录》)（档案号：03-4873-073，同治五年，《呈江海关洋税各届收支数目清单》）可知，本份档案详细开列了自咸丰五年（1855 年）九月二十六日起至同治五年（1866 年）八月二十二日为止各届收支数目。此处仅列出与汤书相关年份（即 1861 至 1866 年的数据），其余年份情况则不予考虑，如附表 24 所示。

附表 24　汤书与《军录》1861—1866 海关统计数据对比表（单位：两）

年次	汤书数据（两）	档案数据（两）	差异原因
1861	2 072 603	2 072 603.313	四舍五入
1862	3 933 305	3 933 304.704	四舍五入
1863	2 926 402	2 927 402.511	摘抄错误，未按四舍五入
1864	2 150 662	2 150 662.993	未按四舍五入
1865	2 233 487	2 233 486.532	四舍五入
1866	2 164 052	2 164 051.573	四舍五入

通过附表 24 可以看出，1861 年（咸丰十一年份）和 1862 年（同治元年份）的数据，汤书系直接对小数点后面的数据进行了四舍五入处理。1863 年（同治二年份）的数据，汤书因摘抄错误，导致数据出现 1000 两的差异，且汤书并未采取四舍五入的办法，而是直接对 0.511 两的数据进行舍弃。1864 年（同治三年份）的数据同上，亦未采取四舍五入的办法，仍是直接舍弃 0.993 两。1865 年和 1866 年的数据则对 0.532 两和 0.573 两进行了四舍五入。通过表 24 可以看出，在摘抄这些年份的数据时，汤书存在校对不精，以及舍弃标准不统一的情况。

据《军录》(档案号：03-6330-026，光绪二年正月二十六日，江苏巡抚吴元炳，《呈江海关第四十九结至第六十结洋税收支数目清单》）可知，1873 年（同治十二年份）征数为 3 294 294 507 两，汤书进行了四舍五入。仍据本条档案还可以知道，1874 年（同治十三年份）应征数为

3 607 607 843 两，汤书没有进行四舍五入，而是直接舍弃。再根据本条档案可知，1875 年（光绪元年份）应征数为 3 608 608 269 两，而汤书记载为 3 610 700 两，出现了 2700 两的误差。核查该年分类数据均按四舍五入抄录，出现误差的原因乃在于汤书在核算总数时出现了笔误。

江海关 1876 年（光绪二年份）的数据，汤书记载为 3 690 861 两，而根据《军录》(档案号：03-6339-040，光绪五年二月二十七日，江苏巡抚吴元炳折，《呈江海关洋税自六十一结至七十二结各厘收支数目清单》) 可知，此年收数应为 3 691 691 396 两。两者的差异显然不是摘抄笔误所至，也不可能是因为分类项中一两组数据的四舍五入误差所致。为什么会出现这种情况呢？这就必须对汤书表格中的分类项做逐一分析。档案相关部分的原文如下：

收洋船进出口正税银二百一十九万三千三百二十五两一钱六分一厘，洋药税银七十五万六百二十三两四钱二分八厘，洋船钞银一十九万五千九百六十七两五钱二厘，洋船长江各项关税银一十六万三千三百六十一两八钱五分八厘，华洋商人完纳内地子口半税银三十四万九千八百四十八两三分二厘，招商局轮船及关照船进出口正半税银一十二万五千五百五十两一钱九分九厘，招商局轮船及关照船钞银二千八百十五两二钱一分六厘。以上共收银三百六十九万一千四百九十一两三钱九分六厘。

据此档案可以做出如附表 25 所示的分类表格：

附表 25　汤书与《军录》1876 年江海关统计数据对比表（单位：两）

	汤书（两）	档案数据（两）	差异原因
华商进出口正税	12 550	12 550.199	四舍五入
洋商进出口正税	2 193 325	2 193 325.161	四舍五入
洋商复进口半税	163 362	163 361.858	四舍五入

续表

	汤书（两）	档案数据（两）	差异原因
内地子口税	349 848	349 848.032	四舍五入
华商船钞	2 185	2 815.216	摘抄错误
洋商船钞	105 968	105 967.502	四舍五入
洋商洋药税	750 623	750 623.428	四舍五入

通过附表 25 可以看出，本年份数据的差异，除了正常的四舍五入，最主要的原因在于该书对于华商船钞银的数据抄错，将 2815 两变成了 2185 两，在随后的汇总过程中，汤书又出现了总数相加错误的情况。

据《军录》（档案号：03-6346-064，光绪七年闰七月二十七日，护理江苏巡抚谭钧培折，《呈江海关洋税自第七十三结起至八十结止各届收支数目清单》）可知，1879 年（光绪五年份）江海关数据应为 4 020 020 333 两，汤书对数据进行了四舍五入。

据《军录》（档案号：03-6349-078，光绪九年九月初三日，江苏巡抚卫荣光折，《呈江海关洋税第八十一结至八十八结各届收支数目清单》）可知，1881 年（光绪七年份）数据应为 4 653 653 153 两，汤书进行了四舍五入。

据《军录》（档案号：03-6349-078，光绪九年九月初三日，江苏巡抚卫荣光折，《呈江海关洋税第八十一结至八十八结各届收支数目清单》），可知 1882 年（光绪八年份）数据应为 4 350 350 136 两，汤书记载为 4 349 682 两。这种差异显然也不可能是摘抄错误所至。对照原档可知，此年数据出现误差的原因在于，除了对其余各数据进行四舍五入外，汤书对该年招商局轮船及关照船进出口并洋药正税银 144 329.329 两以及招商局轮船及关照船半税银 59 611.945 两进行合并处理，统统纳入到华商进出口正税项下，但此两项数据合计应为 203 941.274 两，汤书则误算为 203 441 两，随后的错误由此引发。

据《军录》（档案号：03-6351-030，光绪十年十月二十五日（朱批日期），江苏巡抚卫荣光折，《呈江海关洋税自第八十九结至九十二结收支数目清单》）可知，1883 年（光绪九年份）数据应为 382 082 083 两，汤书没有进行四舍五入，而是直接对 0.83 两进行舍弃。

据《军录》(档案号：03-6353-035，光绪十一年七月初三日，江苏巡抚卫荣光折，《呈江海关第九十三结至九十六结收支洋税数目清单》）可知，1884 年（光绪十年份）实征数目为 3 819 819 223 两，而汤书记载为 3 819 195 两，两者相差 7 两余。差异原因在于华商进出口正税一项，汤书仍将招商局轮船及关照船进出口并洋药正税银、招商局轮船及关照船半税银相加，但相加数应为 123 710.67 两，汤书直接舍弃小数点后位数，华商船钞应为 10 801.558，汤书仍是直接舍弃小数点后位数；洋商洋药税银应为 966 086.126 两，汤书则误抄为 966 081。7 两余的误差，也是由此引发。

据《军录》(档案号：03-6357-055，光绪十二年九月初五日，江苏巡抚崧骏折，《呈江海关第九十七结至一百结收支洋税各数清单》）可知，1885 年（光绪十一年份）实收 419 919 928 两，汤书进行了四舍五入。

据《军录》(档案号：03-6361-013，光绪十三年七月十五日，江苏巡抚崧骏折，《呈江海关第一百一结至一百四洋税收支各数目清单》）可知，1886 年（光绪十二年份）实收 4 547 547 217 两，汤书误抄为 4 546 976 两，导致数据变小了 1000 两。

据《军录》(档案号：03-6365-010，光绪十四年六月二十四日，江苏巡抚崧骏折，《呈江海关洋税自光绪十二年九月至十三年八月收支各数清单》）可知，1887 年（光绪十三年份）实征数据为 5 142 142 759 两，汤书记载为 6 432 961 两，两者差异巨大。除一般性项目为正常的四舍五入外，华商进出口正税一项（自 1888 年开始，这两项就没有合计，而是分归华商进出口正税、复进口半税两项），汤书仍将招商局轮船及关照船进出口并洋药正税银、招商局轮船及关照船半税银相加，应为 320 517.454，汤书直接对 0.454 进行了多算一位。差异巨大的原因在于洋药厘金项下，该条档案记载该项数据为 563 005.175 两，而汤书则记载为 1 853 829 两。汤书数据缘自何处，笔者暂时还未找到出处。

（二）

根据以上原则，笔者对其余各海关相关年份数据，亦按档案材料进行还原。对数据进行过修正的包括镇江关（1875—1880、1882、1884—1886）、杭州关（1897—1898）、浙海关（1865—1868、1871—1872、1874—1876、1878—1880，1882、1884—1886、1897—1898），闽海关（1872、1875、1877—1880、1882—1887）、台湾关（1871、1875、1877—1879、1881—1886、1888—1892）、粤海关（1905）、岳州关（1906—1907）、沙市关（1897—1899、1902、1904—1907）、宜昌关（1889—1890、1892、1894—1895、1898—1900、1902—1905）、重庆关（1906）、梧州关（1898、1901、1903—1907）、镇南关（1894—1895、1897—1900、1902、1904—1906）、蒙自关（1891—1892、1895、1897—1901、1903—1907）、思茅关（1892、1895、1897—1901、1903—1907）和腾越关（1902—1906）。

在上述各关各年份的修正中，数据相差稍大且来自于误抄的情况包括镇江关1884年数据系将148 415.257两误抄为148 445两；岳州关1907年数据系将20 425两误抄为20 465两；宜昌关1890年数据系将207 418.098两误抄为207 488两；重庆关1906年数据系将577 598.314两误抄为577 791两；闽海关1872年数据系将2 293 293 047两误抄为2 293 293 047两。

又有以下几个年份的数据差异较大，详情如下：

宜昌关1894年（光绪二十年份）税收，汤书数据记载为194 132两，而据《军录》（档案号：03-6391-030，光绪二十一年正月二十六日，护理湖广总督谭继洵折，《呈宜昌关自第一百三十三结起至第一百三十六结止一年期满收支各款等各数目四柱清单》）可知，本年份宜昌关实收银为193 796.973两。

闽海关1887年（光绪十三年份）税收，汤书为2 765 296两，而据《军录》（档案号：03-6362-011，光绪十三年十月十六日，署福州将军古尼音布折，《呈福厦二口第一百五结至第一百八结洋税收支各数四柱清单》）可知，本应实收 220 916.608 两，又收六成洋税拨解轮船经费项下节余银 3272.7276 两，又另并征洋药正税银 177 895.2 两，合计共计征银 24 224 225 356 两。这要较汤书所记载的数据小了不少。再加上前文分列的江海关数据误差，故本年份税收总数据两者差异较大。

据《军录》（档案号：03-6382-039，光绪十八年七月十六日，福建台湾巡抚邵友濂折，《呈台湾沪尾打狗二口第一百二十一结至一百二十四结收支各项洋税并洋药税厘数目清单》）可知，1891 年（光绪十七年份）台湾关共收银 1 089 089 438 两，汤书则误记为 1 089 447 两。

蒙自关 1906、1907 年汤书记录数据分别为 289 046 两和 225 967 两，然而根据《军录》（档案号：03-6443-028，光绪三十三年正月二十六日，云贵总督丁振铎折，《呈蒙自关第一百八十一结至一百八十四结征收税银分别提拨支解各款暨存船钞银数清单》）可知，1906 年（光绪三十二年份）系收银 288 976.484 两。又据《军录》（档案号：03-6450-020，光绪三十四年二月初五日，云贵总督锡良折，《呈蒙自关第一百八十五结起至第一百八十八结止征收税银提拨支解各款清单》）可知，1907 年（光绪三十三年份）实收为 225 466.683 两。本关这两年份误差的原因在于，汤书将这两年份所收的土药统税银 70 两、500 两（详见汤书 490 页）分别加入到了相关年份的税收中。

据《军录》（档案号：03-6418-016，光绪二十七年十二月十六日，广西巡抚丁振铎折，《呈广西梧州关第一百六十一至一百六十四结期满收支各款银数清单》）可知，1901 年（光绪二十七年份）本年份梧州关进口正税银应为 192 658.522 两，汤书误抄为 192 699 两，结果导致后来在统计总数时，汤书合计为 336 033 两，其实应改为 335 993.47 两。

据《光绪朝朱批奏折》第七十三辑（光绪二十五年三月十九日，浙江巡抚刘树堂折，中国第一历史档案馆编，北京：中华书局 1995 年版，第 854 页）可知，浙海关 1897 年（光绪二十三年份）、1898 年（光绪二十四年份）各自征收银为 1 022 547 两和 702 028 两，汤书则记为 1 022 908 两和 702 029 两。

补正后的数据如附表 26 所示。

附表 26　汤象龙近代海关统计修正表（单位：两）

年份	汤书数据	档案数据	误差	年份	汤书数据	档案数据	误差
1861	5 036 371	5 036 371	0	1886	15 263 475	15 263 475	0
1862	7 559 870	7 559 870	0	1887	20 081 682	18 447 644	1 634 038
1863	8 556 476	8 557 477	−1001	1888	23 094 267	23 094 267	0
1864	8 377 014	8 377 015	−1	1889	21 929 723	21 929 721	2
1865	7 937 975	7 937 974	1	1890	21 984 309	21 984 239	70
1866	8 906 692	8 906 691	1	1891	23 126 136	23 126 536	−400
1867	8 927 309	8 927 310	−1	1892	22 808 391	22 808 397	−6
1868	9 887 484	9 887 485	−1	1893	22 066 185	22 066 185	0
1869	9 631 531	9 631 531	0	1894	22 797 364	22 797 028	336
1870	9 760 247	9 760 247	0	1895	20 984 970	20 985 110	−140
1871	10 717 471	10 717 470	1	1896	22 040 654	22 040 654	0
1872	11 605 818	11 605 919	−101	1897	22 672 911	22 672 550	361
1873	11 181 872	11 181 872	0	1898	21 828 055	21 828 054	1
1874	11 910 223	11 910 224	−1	1899	26 015 231	26 015 232	−1
1875	12 171 811	12 169 112	2699	1900	24 090 590	24 090 590	0
1876	12 572 216	12 572 847	−631	1901	23 923 670	23 923 631	39
1877	12 293 699	12 293 700	−1	1902	28 377 186	28 377 190	−4
1878	12 455 213	12 455 212	1	1903	30 423 243	30 423 205	38
1879	13 196 197	13 196 197	0	1904	30 206 504	30 206 506	−2
1880	14 346 406	14 346 406	0	1905	32 675 574	32 675 574	0
1881	15 052 722	15 052 722	0	1906	34 968 046	34 967 986	60
1882	14 488 272	14 488 772	−500	1907	33 198 319	33 197 778	541
1883	13 603 926	13 603 925	1	1908	32 930 162	32 930 162	0
1884	13 738 336	13 738 314	22	1909	33 205 087	33 205 087	0
1885	14 178 227	14 178 229	−2	1910	34 518 859	34 518 859	0

（三）

以上仅就资料所及，对汤书所载部分内容做出一点补正。通过表 3 可以看出，在 30 个关，长达 50 年的统计范围及时段中，汤书虽然存在摘抄标准不统一、偶有笔误等问题，但除个别年份外，该书的总体质量仍然相当高。针对每年几百万至数千万的征收量，无误差及误差数在 1—2 两白银的数据年份有 31 个，占全部年份的 62%；如果再把误差数在 100 两以内的数据年份包括在内，则准确率接近 80%。

本文所做的补正，并未从根本上改变汤书所呈现的近代海关税收变化趋势。只是由于计算工具及研究手段的进步，才使得我们能够较为容易地对该书进行零星补正。在极其艰苦的学术研究环境和相对落后的技术条件下，汤象龙完成的《中国近代海关税收和分配统计：1861—1910》一书，仍然是一座后人难以逾越的高峰。

参 考 文 献

一、档案

《海防档》，台北："中央研究院"近代史研究所，1957年。

《教务教案档》第1辑，台北："中央研究院"近代史研究所，1974年。

太平天国历史博物馆：《吴煦档案选编》，南京：江苏人民出版社，1983年。

中国第一历史档案馆编：《光绪朝朱批奏折》，北京：中华书局，1996年。

中国第一历史档案馆编：《嘉庆道光两朝上谕档》，桂林：广西师范大学出版社，2000年。

中国第一历史档案馆编：《清政府镇压太平天国档案史料》，北京：社会科学文献出版社，1995年。

中国第一历史档案馆编：《咸丰同治两朝上谕档》，桂林：广西师范大学出版社，1998年。

中国第一历史档案馆藏：《宫中档朱批奏折》、《军机处录副奏折》、《户科题本》、《内阁大库现存清代汉文黄册》。

中国社会科学院经济研究所图书馆藏抄档：《清代关税收支报告表》、《清代各省钱粮征收表》、《中国近代经济史资料・财政门・清代黄册・户部银库类》。

二、官书、政书

《清穆宗实录》，北京：中华书局，1986年影印本。

《清文宗实录》，北京：中华书局，1986年影印本。

（清）包世臣：《安吴四种》，光绪十四年刻本。

财政部盐务署编：《清盐法志》，民国九年铅印本。

（清）曾国藩：《曾文正公全集》，长春：吉林人民出版社，1995年。

（清）陈康祺：《郎潜纪闻》，北京：中华书局，1984年。

（清）陈其元：《庸闲斋笔记》，北京：中华书局，1989年。

（清）陈弢：《同治中兴京外奏议约编》，上海：上海书店，1985年。

（清）陈忠倚编：《皇朝经世文三编》，光绪二十八年石印本。

（清）戴衢亨等修：《清朝文献通考》，上海：商务印书馆，1936年。

（清）董醇：《议漕折钞》，抄本，中国社会科学院经济所图书馆藏。

（清）董恂：《还读我书室老人手订年谱》，台北：文海出版社，1966年。

（清）方濬颐：《淮南盐法纪略》，同治十二年刻本。

（清）冯桂芬：《显志堂稿》，光绪二年刻本。

（清）冯桂芬：《校邠庐抗议》，上海：上海古籍出版社，2013年。

（清）福祉等纂：（光绪朝）《户部漕运全书》，光绪二年刻本。

故宫博物院文献馆编：《史料旬刊》，北京：京华印书局，1930年。

户部纂修：《户部则例》，咸丰年间刻本。

（清）纪昀：《历代职官表》，光绪二十二年刻本。

（清）贾桢等纂：《筹办夷务始末》（咸丰朝、同治朝），台北：文海出版社，1966年。

（清）蒋攸銛：《绳柤斋年谱》，台北：文海出版社，1968 年。
（清）昆冈等纂：（光绪朝）《大清会典》，光绪三十四年石印本。
（清）李澄：《淮鹾备要》，道光三年刻本。
（清）李鸿章：《李鸿章全集》，合肥：安徽教育出版社，2008 年。
（清）李鸿章等纂：光绪朝《大清会典事例》，光绪三十四年石印本。
（清）李星沅：《李文恭公全集》，同治四年刊本。
（清）李元度：《国朝先正事略》，台北：明文书局，1985 年。
（清）李岳瑞：《春冰室野乘》，北京：北京古籍出版社，1999 年。
（清）梁廷枏：《粤海关志》，台北：文海出版社，1996 年。
（清）刘锦藻：《清朝续文献通考》，上海：商务印书馆，1936 年。
（清）刘郇膏等辑：《江苏省减赋全案》，同治五年刻本。
（清）鲁子健：《清代四川财政史料》，成都：四川省社会科学院出版社，1984 年。
（清）骆秉章：《骆文忠公年谱》，光绪二十一年刻本。
（清）缪荃孙：《续碑传集》，宣统二年刻本。
（清）欧阳兆熊等：《水窗春呓》，北京：中华书局，1984 年。
（清）钱实甫编：《清代职官年表》，中华书局，1980 年。
（清）沈葆桢：《沈文肃公政书》，光绪六年刻本。
（清）盛康辑：《皇朝经世文续编》，光绪三年刻本。
（清）孙鼎臣：《畚塘刍论》，咸丰九年刻本。
（清）孙静安：《栖霞阁野乘》，北京：北京古籍出版社，1999 年。
（清）童濂编：《（增订）淮北票盐志略》，同治七年刻本。
（清）托津等纂：（嘉庆朝）《大清会典事例》，台北文海出版社，1991 年。
（清）王闿运：《湘军志》，光绪十二年刻本。
（清）王茂荫：《王侍郎奏议》，合肥：黄山书社，1991 年。
（清）王庆云：《石渠余纪》，台北：文海出版社，1966 年。
（清）王守基：《盐法议略》，光绪十二年刊本。
（清）王延熙等辑：《皇朝道咸同光奏议》，光绪二十八年刻本。
（清）魏源：《圣武记》，北京：中华书局，1984 年。
（清）魏源：《魏源全集》，长沙：岳麓书社，2004 年。
（清）倭仁：《倭文端公遗疏》，光绪元年刻本。
（清）席裕福等纂：《皇朝政典类纂》，光绪二十九年铅印本。
（清）徐鼒：《度支辑略》，台北：文海出版社，1987 年。
（清）徐鼒：《未灰斋文集》，咸丰八年刻本。
（清）许宝书：《淮北票盐续略》，同治九年刻本。
（清）杨昌濬等辑：《浙江省减赋全案》，同治十二年刻本。
（清）姚莹：《寸阴丛录》，中国社会科学院近代史研究所图书馆藏。
（清）姚元之：《竹叶亭杂记》，北京：中华书局，1997 年。
（清）英和：《恩福堂笔记》，上海：上海古籍出版社，1985 年。
（清）张德坚：《贼情汇纂》，台北：文海出版社，1966 年。

（清）张集馨：《道咸宦海见闻录》，北京：中华书局，1999年。
（清）赵尔巽：《清史稿》，北京：中华书局，1977年。
（清）赵烈文：《能静居日记》，《续修四库全书》之《史部•传记类》，上海：上海古籍出版社，2013年。
（清）朱寿朋：《光绪朝东华录》，北京：中华书局，1958年。

三、资料汇编

梁方仲编：《中国历代户口、田地、田赋统计》，上海：上海人民出版社，1980年。
彭泽益编：《中国近代手工业史资料(1840—1949)》，北京：中华书局，1962年。
严中平等编：《中国近代经济史统计资料选辑》，北京：科学出版社，1955年。
姚贤镐编：《中国近代贸易史资料(1840—1895)》》，北京：中华书局，1962年。
中国人民银行总行参事室金融史资料组编：《中国近代货币史资料》第1辑，北京：中华书局1964年。
王铁崖：《中外旧约章汇编》，北京：三联书店，1957年。
徐义生：《中国近代外债史统计资料》，北京：中华书局，1962年。
中国史学会编：《鸦片战争》，上海：上海人民出版社，1957年。
中国史学会编：《洋务运动》，上海：上海人民出版社，1961年。
中国史学会编：《第二次鸦片战争》，上海：上海人民出版社，1978年。

四、专著

陈锋：《清代财政政策与货币政策研究》，武汉：武汉大学出版社，2008年。
陈锋：《清代军费研究》，武汉：武汉大学出版社，1992年。
陈锋：《清代盐政与盐税》，郑州：中州古籍出版社，1988年。
陈诗启：《中国近代海关史》，北京：人民出版社，2002年。
陈秀夔：《中国财政史》，台北：正中书局，1968年。
陈支平：《清代赋役制度演变新探》，厦门：厦门大学出版社，1988年。
戴一峰：《近代中国海关与中国财政》，厦门：厦门大学出版社，1993年。
邓绍辉：《晚清财政与中国近代化》，成都：四川人民出版社，1998年。
邓亦兵：《清代前期关税制度研究》，北京：北京燕山出版社，2008年。
郭蕴静：《清代商业史》，沈阳：辽宁人民出版社1994年。
何烈：《清咸同时期的财政》，中华丛书编审委员会出版，1981年。
何平：《清代赋税政策研究》，北京：中国社会科学出版社，1998年。
李文治、江太新：《清代漕运》，北京：中华书局，1995年。
梁方仲编：《中国历代户口、田地、田赋统计》，上海：上海人民出版社，1980年。
罗玉东：《中国厘金史》，上海：商务印书馆印行，1936年。
茅海建：《天朝的崩溃》，北京：三联书店，1995年。
倪玉平：《博弈与均衡：清代两淮盐政改革》，福州：福建人民出版社，2006年。
倪玉平：《清朝嘉道财政与社会》，北京：商务印书馆，2013年。
倪玉平：《清朝嘉道关税研究》，北京：北京师范大学出版社，2010年。
倪玉平：《清代漕粮海运与社会变迁》，上海：上海人民出版社，2005年。
彭立峰：《晚清财政思想史》，北京：社会科学文献出版社，2010年。
彭雨新：《清代关税制度》，武汉：湖北人民出版社，1956年。
彭泽益：《十九世纪后半期的中国财政与经济》，北京：人民出版社，1983年。

彭泽益编：《中国近代手工业史资料(1840—1949)》，北京：中华书局，1962 年。
祁美琴：《清代榷关制度研究》，呼和浩特：内蒙古大学出版社，2004 年。
申学锋：《晚清财政支出政策研究》，北京：中国人民大学出版社，2006 年。
史志宏、徐毅：《晚清财政：1851—1894》，上海：上海财经大学出版社，2008 年。
史志宏：《清代户部银库收支和库存统计》，福州：福建人民出版社，2008 年。
孙文学：《中国关税史》，北京：中国财经出版社，2003 年。
孙翊刚：《中国赋税史》，北京：中国财政经济出版社，1996 年。
汤象龙：《中国近代财政经济史论文选》，成都：西南财经大学出版社，1987 年。
汤象龙：《中国近代海关税收和分配统计：1861—1910》，北京：中华书局，1992 年。
王铁崖：《中外旧约章汇编》，北京：三联书店，1957 年。
王业键：《清代田赋刍论》，北京：人民出版社，2008 年。
吴承明：《中国的现代化：市场与社会》，北京：生活·读书·新知三联书店，2001 年。
吴琦：《漕运与中国社会》，武汉：华中师范大学出版社，1999 年。
吴廷燮：《清财政考略》，1914 年校印本，中国社会科学院经济研究所图书馆藏。
吴兆莘：《中国税制史》，北京：商务印书馆，1998 年。
谢世诚：《晚清道光咸丰同治朝吏治研究》，南京：南京师范大学出版社，1999 年。
徐义生：《中国近代外债史统计资料》，北京：中华书局，1962 年。
许大龄：《明清史论集》，北京：北京大学出版社，2000 年。
许涤新、吴承明主编：《中国资本主义发展史（第一卷）》，北京：人民出版社，1985 年。
严中平：《中国近代经济史（1840—1894）》，北京：人民出版社，2001 年。
严中平等编：《中国近代经济史统计资料选辑》，北京：科学出版社，1955 年。
杨端六：《清代货币金融史稿》，北京：生活·读书·新知三联书店，1962 年。
姚贤镐编：《中国近代贸易史资料(1840—1895)》》，北京：中华书局，1962 年。
张国辉：《洋务运动与中国近代企业》，北京：中国社会科学出版社，1979 年。
中国人民银行总行参事室金融史资料组编：《中国近代货币史资料》第 1 辑，北京：中华书局 1964 年。
中国史学会编：《第二次鸦片战争》，上海：上海人民出版社，1978 年。
中国史学会编：《鸦片战争》，上海：上海人民出版社，1957 年。
中国史学会编：《洋务运动》，上海：上海人民出版社，1961 年。
周伯棣：《中国财政史》，上海：上海人民出版社，1981 年。
周育民：《晚清财政与社会变迁》，上海：上海人民出版社，2000 年。
周志初：《晚清财政经济研究》，济南：齐鲁书社，2002 年。

五、论文

廖声丰：《清代常关与区域经济》，上海师范大学博士学位论文，2006 年。
刘光临：《市场、战争和财政国家——对南宋赋税问题的再思考》，《台大历史学报》第 42 期，2008 年 12 月。
刘隽：《咸丰以后两淮之票法》，《中国近代经济史研究集刊》2 卷 2 期，1934 年 5 月。
倪玉平：《王庆云〈石渠余纪〉所载道光关税额辨析》，《近代史研究》2008 年第 5 期。
彭泽益：《论鸦片战争赔款》，《经济研究》，1962 年第 12 期。
周育民：《晚清厘金历年全国总收入的再估计》，《清史研究》2011 年第 3 期。

六、外国学者论著

〔英〕哲美森：《中国度支考》，上海广学会，1897 年。

〔美〕马士：《中华帝国对外关系史》，张汇文等译，北京：商务印书馆，1960 年。

〔美〕费正清、刘广京编：《剑桥中国晚清史 1800—1911 年》，中国社会科学院历史研究所编译室译，北京：中国社会科学出版社，1985 年。

〔日〕香坂昌纪：《论清朝嘉庆年间的国家财政与关税收入》，《社会科学辑刊》1993 年第 3 期。

〔日〕日野勉：《清國鹽政考》，日本东京东亚同文会 1905 年。

〔日〕岩井茂树：《中國近世財政史の研究》，京都大学学术出版社，2004 年 2 月。

〔日〕佐伯富：《清代鹽政の研究》，京都东洋史研究会，1956 年。

〔英〕莱特：《中国关税沿革史》，姚曾廙译，北京：商务印书馆，1963 年 7 月。

E-Tu Zen Sun. The Board of Revenue in Nineteenth-Century China. *Harvard Journal of Asiatic Studies*，Vol. 24，1962-1963.

Harold C.Hinton. *The Grain Transport System of the Ch'ing Dynasty*. Far Eastern Quarterly Press， May，1952

Harold C.Hinton. *The Grain Tribute System of China (1845-1911)*. East Asia Research Center， Harvard University，1970

Vries Peer. State. *Economy and the Great Divergence: Great Britain and China, 1680s-1850s* . London: Bloomsbury Publishing, 2015.

William Guanglin Liu. The Making of a Fiscal State in Song China, 960.1279, *The Economic History Review* ,Volume 68, Issue 1, Feb. 2015.

索　引

D

F

G

H

J

K

L

M

N

P

Q

S

T

W

X

Y

Z